制度改革と経済政策

飯島大邦・谷口洋志・中野　守　編著

中央大学経済研究所
研究叢書 46

中央大学出版部

はしがき

　2008年9月以降顕在化した世界金融危機の影響が2009年に入っても尾を引き，各国経済や主要産業のなかには今なお回復が遅れているところもある。経済学や経済政策の歴史は200年を越え，理論的蓄積や実践的経験も多いはずなのに，なぜ現代においてもこうした大きな危機がたびたび発生し，各国経済を悩まし続けるのだろうか。これに対する解答がどうであれ，問題解決のために政府が立案・実施すべき経済政策の課題は今なお重要性を失わず，継続的かつ詳細な検討をわれわれに要請している。

　本書では，経済政策を立案・実施する上での与件としての役割を果たす制度やレジームに対してさまざまな角度から問題を整理し，重要な論点を提起している。われわれが特に制度に注目するのは，グローバル化や高齢化・情報化の進展によって各国の従来制度が維持できなくなり，制度の再構築や改革が大きな課題となっているからである。

　例えば，変動相場制・WTO体制の下での財貨・サービス・資本の移動が増大する一方，アジアNIEs・アセアン諸国・BRICs諸国の台頭によって従来の欧米日を中心とする国際競争が変質しつつある現状を考えてみればよい。しかもグローバル化と情報化の進展によって外国の影響が瞬時に国内経済に影響をおよぼすようになっている。各国政府は，国内と国外を平等・互恵に取り扱うことを要求するグローバル化に対応し，国内居住者・企業の国際競争力を強化すべく，経済戦略の構築を迫られるとともに，国際標準と矛盾しない形での国内制度の整備を迫られている。さらに，国内にあっては少子高齢化の進展によって従来の社会福祉・医療・年金制度が維持できるかどうかが問われている。諸制度の存在意義がこれほど問われるようになった時代はかつてなかったといってよい。

本書は，上記のような問題意識の下，中央大学経済研究所経済政策研究部会の研究員諸氏による論考を収集した論文集である。各章を構成する諸論文には，従来の制度・レジームの特性や存在意義を問い直し，制度の改革や構築の可能性を論じた論文のほか，全体の基礎的視点を提供すべく，マクロ的な経済動向と経済政策を論じた論文も含まれる。また，日本の公共部門や公的制度を取り上げた論文だけでなく，諸外国における制度改革を取り上げた論文も含まれる。全体を通じて，ダイナミックに変動するグローバル経済の下での経済政策や制度のあり方がさまざまな角度から問われるであろう。

以下では，各章の内容について簡単に紹介しておこう。

「第1章　長期不況期の日本のマクロ経済政策」（栗林　世執筆）では，1980年代のマクロ経済政策と対比して1990年代初頭以降の政策，特に，財政再建政策に制約された財政政策と金融政策との関係について整理し，今後のマクロ経済政策についての教訓を引き出すことを目的としている。

1980年代の日本経済は，2度にわたる石油ショックへの対応で膨らんだ財政赤字を抱え，国際通貨制度が変動相場制に移行し，定着する過程での急激な円高への対応に迫られた。財政再建制約下で円高に対応するため，金融政策では一貫して緩和政策が採られ，その結果バブルが生成され，破裂することとなった。この過程で，赤字国債発行ゼロという財政目標は達成されたが，バブルの破裂は膨大な不良債権を発生させ，金融機関や企業のバランスシートを毀損させることとなった。1990年代には，バブル破裂による不況対策と税収の下落で財政の赤字が問題となり，地価が下落し続けるなかでの不良債権の先送り（処理の失敗）は，デフレを招く結果となった。財政制約下での負債デフレへの対応で金融政策は，ゼロ金利政策から量的緩和政策へと進んだ。その結果，2002年以降の日本経済は，ますます輸出に依存する需要構造へと転換している。このような1980年代以降の日本経済の変遷に鑑みると，財政政策と金融政策の適切なミックスと資産インフレの制御の重要性を教訓として得ることができる。

「第2章　地方公共政策の分析視角——経済的制約と費用——」（寺本博美執筆）

では，地方における公共政策の実態を踏まえ，同時にこれまでの地方公共団体の政策過程における著者自身の個人的な体験から得られた知見に依りながら，現在の地方公共団体の政策モデルと制度の限界を経済的制約と費用概念を通して明らかにすることを目的としている。

「地方の時代」，「三位一体の改革」あるいは「地方分権の時代」などの政治的宣伝文句は時代の流れのなかで変わりはするが，その本質はシャウプが唱えたこととなんら変わらない。つまり，地方の自立と地方の平衡が戦後の日本が追求した方向であったが，実際には，いずれの目標も意図されたようには実現されていない。近年，地方公共政策の成功と失敗や地域間格差に関連した時論が増えつつあるが，地域間の経済格差をジニ係数で測ると，社会が安定化される領域を超えている。このような状況を改革するためには，これまで強調されることがなかった，信頼性，合理的期待，クラウディング・インとクラウディング・アウト，および複数均衡という4つの経済的制約と費用を考慮することが必要であることが示唆される。

「第3章　エスピン・アンデルセンの福祉資本主義の変容——OECD社会支出統計の公私分類の観点から——」（飯島大邦執筆）では，グローバリゼーションの進展にともなって，エスピン・アンデルセンによる3つの福祉レジームがどのように変化してきたか，さらには3つの福祉レジームの境界事例として指摘された国々がどのような状態にあるかについて，OECD社会支出統計を用いて，福祉サービスに対する公共部門の関与という観点から考察することを目的とする。

OECD諸国は，第2次世界大戦後，福祉国家として所得保障や社会サービスの充実を図ってきたが，1980年までに政治的イニシアチブの影響によって一様でないことが，エスピン・アンデルセンによって明らかにされた。しかしその後のグローバリゼーションの進展によって，各福祉レジームが，一見するとグローバリゼーションと両立しやすいと思われる自由主義レジームに収斂する可能性も考えられるが，本論の分析によって依然として多様性が維持されていることが明らかになった。とりわけ，3つの福祉レジーム間の比較において，

自由主義レジームと社会民主主義レジームは比較的安定しているが，保守主義レジームは急激な変化を遂げ，社会支出の規模は社会民主主義レジームのそれに匹敵する。さらに3つの福祉レジームの境界事例に関して，オランダは，すでに指摘されているように社会民主主義レジームと保守主義レジームの境界ケースではなく，社会民主主義レジームと自由主義レジームの境界ケースであると見なすことができることも明らかとなった。

「第4章　市場経済と貨幣制度——金融緩和政策とその効果——」（五井一雄執筆）では，オーストリア学派のミーゼスの論旨にしたがって，市場経済における貨幣の機能の重要性を理論的に解明することを目的とする。

市場経済は，貨幣を交換手段として財・サービスの取引活動を活発にしただけではなく，財・サービス価格を付与し企業の経済計算を可能にしている。この経済計算の手段としての貨幣の価値は，貨幣の需給関係によって決定される。また銀行が発行する信用手形・小切手は貨幣と同等の役割を演じるので貨幣供給と見なすことができる。ところでミーゼスによれば，貸付資金の供給は，銀行の信用創造の産物であり，貸付資金の増大による利子率の引き下げは好況を生み出す一方で，銀行経営を悪化させ，誤った投資の危険を生み出し，貸付資金の供給を抑制することにより，景気循環を引き起こす。

現行貨幣制度の下では，貨幣供給は政府の独占的管理下にあり，政府は不況対策として貨幣供給の増大と低金利による金融緩和政策の維持を図ることができる。しかしこのような政策は，一時的効果を生み出すことしかできず，持続することはできない。なぜならば交換手段としての貨幣の稀少性を軽視し，貸付市場における市場利子率の存在を無視しているからである。その結果，誤った投資による企業の倒産，銀行経営の破綻，株，債券などの長期資本市場の低迷がもたらされる。したがって経済の安定化のために，交換手段としての貨幣の稀少性を重視すべきであることが示唆される。

「第5章　制度，政策，成果の経済学」（中野守執筆）では，様々な制度と慣習の両立性を理論的に分析することを目的とする。

制度の経済学が近年再び関心を引き起こしている背景として，体制転換や日

本の競争力強化という国内的事情がある。すなわち，計画経済から市場経済への体制転換のなかで旧社会主義国は，いかなる制度の下で市場経済を構築するかが問われるようになった。というのは，資本主義国が採用する市場経済には多様性があり，異なる制度的特徴をもった市場経済の下で異なる経済成果が生じているからである。競争を重視する米国型，福祉を重視する北欧型，建前では競争を重視しながら国家（官僚）の干渉をかなり許している日本型の間では，経済成長率，1人当たり所得水準，社会保障の整備状況などの経済性格においてかなりの差がある。こうした差異が生じた原因や理由を解明することは経済学者に課された重要な課題である。

一方，国内的事情として1990年代以降の長期不況がある。政府は何度か需要創出政策を繰り返したものの，いっこうに出口が見えなかった。こうした状況下で小泉内閣の構造改革が導入された。これは国内的には規制緩和政策であり，かつ競争政策であった。また，この政策のもう1つの側面として，中国経済とのリンケージ強化があった。

以上のような観点は，制度を所与として政策を選択するという発想から外れて，よりラジカルに制度変更にまでさかのぼって，すなわち制度の選択をも政策判断する必要があることを示唆する。本章では，こうした制度選択を考えるための理論的基礎を検討する。

「第6章 公共部門改革とネットワークによるガバナンス」（植村利男執筆）では，公共サービスの供給において，官僚制ヒエラルキーと市場ネットワークのいかなる連結形態が効率的かについて，理論的および実証的に検討することを目的とする。

理論的側面では，Radner, R. の垂直的ランク・ヒエラルキーの分析と青木昌彦の水平的 tree 構造をもつ市場ネットワーク組織の分析が統合された分析枠組みに基づき，現在の官僚機構と市場ネットワークの連結組織の有効性について考察する。実証的側面では，政府と市場の中間組織の分析については多数先行研究があり，その意味で古くて新しい課題であったことが明らかにされる。

水平的ネットワークを通じた政府によるガバナンスの事例は，日本の産業政

策の遂行，政府によるPFIの導入，公共サービスの市場化による民間委託等に見られ，その連結組織の効率性の向上の鍵は，ちょうど特定目的会社（SPC）が組織連携を促進するのと同様なコーディネーターの創出にあると結論づけられる。今後は，中央政府による市場化テストの導入，streetレベルの公共サービスのネットワーク化の導入やそれらの効率性の改善がますます重要になることが明らかにされる。

「第7章　ガバナンス制度と経済的パフォーマンスとの間にはいかなる関係が存在するのか」（矢尾板俊平執筆）では，各国のガバナンス制度が経済的なパフォーマンスにいかなる影響を与えているのかについて，経済データや制度に関するデータを利用して検討することを目的とする。

本論では，経済的パフォーマンスの変化とガバナンス指標の変化の関係，ガバナンス指標における「汚職防止のコントロール」に着目し，その指標と経済的パフォーマンスの関係，さらにガバナンス指標間の相互関係性という3つの関係について検討が加えられている。

検討の結果，主に2つの示唆が得られた。第1に，時系列的な変化で捉えると，経済成長とガバナンス指標の変化は，同時期に並行して変化していくのではなく，タイムラグが存在するということである。そのタイムラグは，経済成長が先行し，その後にガバナンス指標の改善が行われるというものである。第2に，経済成長に負の影響を与えると考えられる「汚職」の問題について，クロスセクションの分析により，経済的な豊かさと汚職の関係性が説明され，その要因は，「政府の効率性」や「法の支配」といった指標であることが，制度間の関係性の視点からも説明できることが解明される。

「第8章　外国人労働力受け入れと公的年金制度──中位投票者モデルによる単純労働の受け入れの検討──」（久下沼仁笥執筆）では，外国人単純労働力の受け入れにともなう世代間および世代内での公的年金制度を通じた利害関係を分析することを目的とする。

外国人単純労働力の受け入れにともなう現役世代の平均賃金の下落は，所得代替率が一定の下では年金給付額の下落をもたらし，退職世代は外国人単純労

働力の受け入れに反対する。他方，現役世代のうち国内単純労働力には，競合する外国人単純労働力の受け入れにともなう賃金下落による不利益が生じる一方で，年金保険料の負担軽減という利益が生じる。さらに，現役世代の国内技術的・専門的労働力にとっては，補完関係にある単純労働力の受け入れにより，賃金上昇と保険料負担軽減という2つの利益が得られる。この関係から，外国人単純労働力の受け入れに関する社会的意思決定では，中位投票者である国内単純労働力が選好する水準を選択する。他方，個人の生涯所得を最大化する社会的に最適な受け入れ水準は，中位投票者である国内単純労働力が選好する水準を上回ることになり，民主主義による社会的決定は過少な受け入れ水準しか実現しないことが明らかにされる。

「第9章 公的不動産の処分方法に関する理論的考察」（前川俊一執筆）では，公的不動産の処分に関する問題のうち，一般の市場での売却か入札かの選択，入札の設計（個別の入札と一括の入札）という2つに焦点をあてて，売り手にとっての最適な売却方法の理論的検討を行うことを目的とする。

この問題は，赤字経営の「かんぽの宿」が，雇用の維持などを条件として，数十件の物件の一括入札によって，低い価格で落札されるような社会問題を検討するのに役立つ。検討の結果，一般の市場での売却か入札かの問題では，売り手の留保価格が低いほど，市場が不完全で買い手を探索しにくいほど，売り手の交渉力が弱いほど，入札を選択することが売り手にとって有利であることを示し，売り手が公的主体である場合入札を選択する合理的理由があることを明らかにした。入札方法に関しては最低落札価格を（たとえそれがマイナスでも）売り手の留保価格としたとき個別入札が有利であり，最低落札価格を留保価格より高く設定した場合は落札されない可能性が上昇し必ずしも個別入札が有利なわけでないといった重要な結論を得ることができた。

「第10章 北欧にみる労働市場改革と社会保障——レーン=メイドナー・モデルとその発展——」（丸尾直美執筆）では，北欧特にスウェーデンの労働市場政策の理論と実際に焦点をあてて紹介し，それが経済，雇用，社会保障に与える影響について検討することを目的とする。

世界同時不況の影響もあって，アメリカ型の経済成長方式への疑問が生じ，代わって福祉・環境・労働市場改革を重視する北欧（オランダも含む）型の経済成長方式，とりわけ労働市場改革への関心が高くなっている。しかし，日本はまだ労働市場改革ともいうべきものを経験していない。不況で雇用問題の解決が急務となっている今こそ労働市場改革で経済の再生を図るべきである。日本では，不況にともなう①雇用と物価の同時安定政策として，②生産性向上のため，③経済のグローバル化・市場化にともなう賃金格差拡大に対処するため，そして④社会保障財政改善のためにも労働市場改革が要請されている。そこで本論では，北欧特にスウェーデンの労働市場政策を検討して，日本の直面する経済的諸問題を同時に改善し，経済を活性化する政策の一環としてその理論と経験が有益であることが示唆される。

「第11章　中国における電気通信事業改革——制度改革の論理と背景——」（谷口洋志執筆）では，わずか10年間で大きな変革を遂げた中国電気通信事業を取り上げ，その制度改革がどのような論理で推進・実施されたのかを明らかにすることを目的とする。

中国の電気通信事業では，過去3度におよぶ再編成が実施された。独占的事業から移動通信・無線呼び出し・衛星通信を分離した2000–01年の第1次再編成，固定通信事業を南北2分割した2002年の第2次再編成，6社体制を3社体制に変えた2008年の第3次再編成である。本論では，3度の再編成がどのような論理と背景で実施されたかを明らかにするだけでなく，再編成前後で組織構造がどのように変化したかをも明らかにする。また，2008年の第3次再編成が目的とする第3世代携帯電話（3G）をめぐる規格の選択が政策および企業の観点からどのような意味をもつかについても論じる。

以上により，中国の電気通信事業再編成が「中国的特色をもった社会主義」政策の実践というより，「中国的事情を抱えた国家主義的介入」政策の実践という面をもつ一方，2008年改革は各社が置かれている環境や利害状況をうまく利用して，政府が非常に巧妙に仕組んだ仕掛けであったことが明らかにされる。

「第12章　EU加盟後のポーランド経済政策と経済成果」（木村武雄執筆）では，ポーランドに関するいくつかの経済指標の変化が，EU加盟前後において比較検討されている。

　ポーランドの経済指標が，1990年代前半と後半，さらにEUに加盟して2年後について，欧州の特定国・移行期経済国と比較されている。ポーランドの1人当たり経済水準は，EU先行国（オーストリア，ギリシャ，ポルトガル，スペイン）に接近したが，そのスピードはヴィシェグラード諸国で若干鈍化した。また，ポーランドの生産水準は6割増しになった。さらに，インフレによる金融抑制が収まったが，失業率は低下せず，財政赤字は増加している。しかし，直接投資は増加している。このように，ポーランド経済は，回復傾向にあるが，EUにおいては悪い方である。

　本書のとりまとめに際しては，中央大学経済研究所事務室の三輪多紀氏に大変お世話になった。ここに記して感謝を申し上げたい。また，我々の諸論考を研究所の叢書として刊行していただいた中央大学経済研究所（所長・音無通宏教授）および中央大学に厚く感謝したい。

　2009年7月10日

飯島　大邦
谷口　洋志
中野　　守

目　　次

はしがき

第1部　経済政策の理論と実際

第1章　長期不況期の日本のマクロ経済政策 ………栗林　世… 3
1. はじめに………………………………………………………… 3
2. 1980年度以降の日本経済の推移……………………………… 4
3. バブル破裂と負債デフレ……………………………………… 14
4. バブル破裂以降のマクロ経済政策…………………………… 22
5. 財政構造改革問題……………………………………………… 32
6. おわりに………………………………………………………… 42

第2章　地方公共政策の分析視角——経済的制約と費用——
………………………………………寺本博美… 45
1. はじめに………………………………………………………… 45
2. 経済モデルの役割……………………………………………… 47
3. 経済的な制約…………………………………………………… 50
4. 分析ツールとしての費用概念………………………………… 53
5. 問題解決の政策モデル………………………………………… 57
6. 地方公共団体の目標設定における制約……………………… 62
7. おわりに………………………………………………………… 67

第3章　エスピン・アンデルセンの福祉資本主義の変容
——OECD 社会支出統計の公私分類の観点から——
　……………………………………………………飯島大邦… 71
1. はじめに ………………………………………………………… 71
2. エスピン・アンデルセンの福祉レジームおよびその境界ケース … 72
3. OECD 社会支出統計の公私分類による福祉レジームの比較 ……… 74
4. OECD 社会支出の公私分類による3つの福祉レジームの境界ケースの検討 …………………………………………………………… 82
5. おわりに………………………………………………………… 101

第4章　市場経済と貨幣制度
——金融緩和政策とその効果——　……………五井一雄… 105
1. はじめに………………………………………………………… 105
2. 市場経済と経済計算…………………………………………… 106
3. 貨幣の需給関係と市場経済…………………………………… 109
4. 貨幣と国際取引市場…………………………………………… 116
5. 利子率と景気変動……………………………………………… 124
6. 現行貨幣制度と貨幣政策の問題点…………………………… 131
7. おわりに………………………………………………………… 137

第5章　制度，政策，成果の経済学 ………………中野　守… 139
1. はじめに………………………………………………………… 139
2. 若干の定義と分類……………………………………………… 140
3. 経済体制の定義………………………………………………… 142
4. おわりに——残された課題…………………………………… 146

第2部　公共部門改革

第6章　公共部門改革とネットワークによるガバナンス
　　　　　　　　　　　　　　　　　………………………植村利男… 149
1. はじめに………………………………………………………… 149
2. ランク・ヒエラルキーの効率性の基準……………………… 151
3. 官僚機構の稟議制システムの効率性………………………… 156
4. 垂直的ヒエラルキーと水平的ヒエラルキーの比較………… 159
5. ネットワーク組織の有効性の検討…………………………… 163
6. ヒエラルキーとネットワークの連結タイプの選択可能性… 168
7. 事例研究：特定目的会社（SPC）のネットワーク性……… 173
8. おわりに………………………………………………………… 182

第7章　ガバナンス制度と経済的パフォーマンスとの間には
　　　　　いかなる関係が存在するのか………………矢尾板俊平… 187
1. はじめに………………………………………………………… 187
2. GDPの変化とガバナンス制度の進展………………………… 189
3. 汚職と経済成長の関係………………………………………… 197
4. 制度間の関係性について……………………………………… 204
5. おわりに………………………………………………………… 208

第3部　日本における制度改革と経済政策

第8章　外国人労働力受け入れと公的年金制度
　　　　　――中位投票者モデルによる単純労働の受け入れの検討――
　　　　　　　　　　　　　　　　　………………………久下沼仁笥… 215
1. はじめに………………………………………………………… 215
2. 基本モデル……………………………………………………… 219

3. 移民受入率についての社会的選好……………………………………… 222
  4. 移民受け入れの社会的費用……………………………………………… 225
  5. おわりに…………………………………………………………………… 227

第9章 公的不動産の処分方法に関する理論的考察
　　　　　………………………………………………前川俊一… 229
  1. はじめに…………………………………………………………………… 229
  2. モデルの仮定……………………………………………………………… 231
  3. オークションか交渉市場の選択………………………………………… 237
  4. オークションにおける処分方法の選択………………………………… 243
  5. おわりに…………………………………………………………………… 250

第4部　諸外国における制度改革と経済政策

第10章　北欧に見る労働市場改革と社会保障
　　　　──レーン゠メイドナー・モデルとその発展──
　　　　………………………………………………丸尾直美… 257
  1. はじめに…………………………………………………………………… 257
  2. なぜ今労働市場改革か──労働市場政策の目的── ………………… 258
  3. スウェーデンの労働市場政策の特徴…………………………………… 266
  4. スウェーデンの積極的雇用・労働市場政策の体系…………………… 270
  5. スウェーデン経済とレーン゠メイドナー・モデル …………………… 272
  6. 労働市場政策とワーク・ライフ・バランス…………………………… 277
  7. スウェーデンの労働市場改革と各国への普及………………………… 280
  8. 北欧の経済・福祉・労働・環境政策──アメリカとの対比── …… 283
  9. 付　　論…………………………………………………………………… 285
  10. おわりに…………………………………………………………………… 286

第11章　中国における電気通信事業改革
　　　　──制度改革の論理と背景──　………谷口洋志… 289
1. はじめに………………………………………………………… 289
2. 1994-98年：政企分離と新規参入…………………………… 290
3. 1999-2007年：電気通信事業の再編成とその後の展開……… 294
4. 電気通信市場の動向…………………………………………… 306
5. 2008年：電気通信事業の再再編成 ………………………… 312
6. おわりに………………………………………………………… 321

第12章　EU加盟後のポーランド経済政策と経済成果
　　　　…………………………………………木村武雄… 329
1. はじめに………………………………………………………… 329
2. 1人当たりの経済水準………………………………………… 330
3. 生産水準は体制転換前の水準を回復しているか…………… 332
4. インフレによる金融抑制（クレジット・クランチ）……… 335
5. 失業と財政赤字の関係………………………………………… 337
6. 企業の生産性は西欧水準に到達しているか………………… 339
7. 直接投資の問題点……………………………………………… 341
8. 金融制度は健全か……………………………………………… 344
9. 実質賃金の低下………………………………………………… 345
10. EUにおけるポーランド経済概観（2006年）……………… 346
11. おわりに………………………………………………………… 350

第 1 部

経済政策の理論と実際

第 1 章

長期不況期の日本のマクロ経済政策

1. はじめに

　2008年12月現在,サブプライム・ローン問題に端を発した米国の金融危機は,世界の金融・資本市場に波及し,国際穀物価格の高騰や原油価格の乱高下と相まって世界経済に大きな悪影響を与えている。このため,2002年以降戦後最長の景気拡張局面にあった日本経済も,輸出に依存したものであったために,多くの経済指標から判断して2007年末から景気後退局面に入ったものと思われる。四半期別GDP速報によれば2008年4～6月期と7～9月期は2期連続して前期比マイナス成長であり,景気後退が確認されている。米国の金融危機は,日本のバブル破裂後の金融問題と極めて類似しているので,この影響は短期的には解決が困難な性格を有しているといえよう。財政構造改革の制約下で財政政策の発動が困難視され,金融政策のみに依存しているわが国の現状で,マクロ経済政策はどのようにすべきなのだろうか。

　本章の目的は,1980年代の政策と対比して1990年初頭以降のマクロ経済政策,特に,財政再建に制約された財政政策と金融政策との関係について整理し,今後の政策についての教訓を得ることである[1]。

---

1) 現在よく議論されている官から民への市場経済重視の構造改革がもたらした格差

本章の構成は，次のようになっている。第2節では，1980年度以降の日本経済の推移について鳥瞰する。国際経済動向，特に変動為替制度下での為替レートの変動に対する対応，米国等との経済摩擦，金融の自由化要求などが政府の政策を通じて日本経済にどのような影響を及ぼしているかを見る。その結果，マクロ的に見て日本経済にどのような大きな変化が起きているかについて整理する。第3節では，バブル生成と破裂について整理し，不良債権処理の先送り問題などバランスシートの毀損が1990年代に与えた問題について見る。デフレと不良債権処理についても整理する。第4節では，バブル破裂以降のマクロ経済政策について整理し，その問題点について論ずる。第5節では，1997年以降の財政構造改革について1980年代のそれとの比較において整理する。また，財政再建政策が財政政策を制約し，金融政策に過重な負担を負わせていることを見る。最後に，これまでのマクロ経済政策の教訓について整理する。

2．1980年度以降の日本経済の推移

2–1 3つの時期区分

1970年代は，原油価格の2度の高騰によるスタグフレーションへの調整期であった。1980年代初頭以降原油価格は下降し（逆石油ショック），世界経済はディスインフレ化に向かう。日本経済にとって，1980年度以降の時期は，国際通貨制度が変動相場制に定着していく下での為替レートの変動，特に急激な円高への調整・対応の時期といえよう。これは，グローバル化のなかでの金融自由化の進行とともに起き，対外経済摩擦の激化，企業の海外進出（海外直接投資）として現われている。この過程で，バブルの生成と破裂が起き，その後遺症でしばしば「失われた10年」といわれる長期の大停滞期が続いた。それは，バブルの破裂で，金融機関や非金融法人企業などが大きな負債を負いバランスシートが毀損するなかで，戦後初めての長期のデフレが発生したためである（負債デフレ）。

問題があるが，ここでは触れない。

第1章 長期不況期の日本のマクロ経済政策　5

図1-1　主要指標

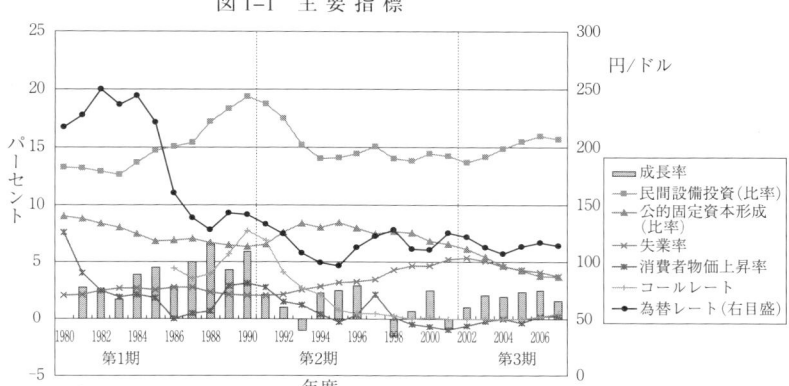

(出所) 成長率，民間設備投資，公的固定資本形成は『国民経済計算年報』(内閣府)。
　　　失業率，消費者物価は総務省統計局，コールレートおよび為替レートは日本銀行。

1980年度以降の日本経済に関するマクロの主要経済指標の動向を見ると，図1-1のようになっている。

ここでは，1980年度以降の時期を便宜的に3つの時期に区分する。第1期は，ほぼ1980年代であり，第2次石油ショックへの調整から回復し，急激な円高への調整過程でバブルが発生し破裂するまで (1991年半ば) の時期である。第2期は，不良債権処理が進まず先送りされるなかで，ある程度の景気回復が見られたが，1997年度に財政構造改革を急いだために深刻な不況になり，デフレがさらに昂進した時期である。ほぼ1990年代である。第3期は，2002年度以降好調な世界経済に支えられて輸出が日本経済を牽引し，長期の景気拡張が続いた時期 (2007年度まで) である。

2-2 景気循環

1980年度以降を景気循環の視点から見る。第2次石油ショックの第9循環の後退期間に始まり，第10〜13循環を経て，第14循環の拡張局面にいたっている。通常の谷−山−谷ではなく，山−谷−山の循環で見れば，5循環が含まれていることになる。すなわち，5つの拡張期間と5つの後退期間からなっている。季節調整済四半期データにより各期間の平均成長率を求めると，表1-1

のようになる。拡張期間だけをとって見ると，バブル期の成長率が最も高く 5.7％となっており，バブル破裂後では，2％台の成長となっている。2002 年第 1 四半期以降の拡張期間は，戦後最長ではあるが，成長率は最も低く 2.2％である。一方，後退期間を見ると，1980 年代では 3％ 近い成長であり，バブル破裂以降の拡張期間の成長率よりも高い。バブル破裂後の後退期間では，成長率は順に悪化しており，2000 年からの後退期では，マイナス 2.1％ の成長率になっている。ただし，後退期間は短くなってきている。石油危機やバブル破裂のような大きな衝撃の後の後退期間は長く（ほぼ 3 年）なっている。

全循環での成長率を見ると，表 1-1 の最後の列に示されているように，第 1 期では約 4％ 弱であり，第 2 期では 3％ ポイントほど低下し，約 1％ となっている。

表 1-1 景気循環局面別成長率

	谷	山	谷	拡張期間	後退期間	拡張期間	後退期間	全期間
				四半期数		％		％
第 9 循環	1977*1	1980*1	1983*1		12		2.7	
第 10 循環	1983*1	1985*2	1986*4	9	6	4.0	3.0	3.9
第 11 循環	1986*4	1991*1	1993*4	17	11	5.7	0.4	3.7
第 12 循環	1993*4	1997*2	1999*1	14	7	2.4	−1.5	1.1
第 13 循環	1999*1	2000*4	2002*1	7	5	2.6	−2.1	0.9
第 14 循環	2002*1	2007*4		23		2.2		

（注）1. 第 14 循環の山は仮置き。
　　　2. 年の後の数値は四半期を表す。例えば 1980*1 は 1980 年第 1 四半期。
（出所）「実質季節調整系列」（1993 年以前は 1995 年基準）内閣府ホームページ。
　　　筆者の成長曲線による計算。

2-3　各期間の概要

2-3-1　第 1 期　1980 年代

1983 年半ばまでの 3 年強は，第 2 次石油ショックへの調整期間である。諸外国に比較すると，日本はインフレを 1 桁台に抑制するのに成功したが，米国は高インフレを抑制するために金融引締めを行い，高金利のためにドル高となり，米国経済が停滞した。日本経済は下降局面にあり，1980 年 8 月の公定歩

合引下げ以降，公定歩合は順次引下げられていった。幾度かの経済対策はとられているが，事後的に見ると公的固定資本形成（以下，公的投資）は1982度以降4年間連続して減少している。1970年代の2度にわたる石油危機時に公債依存度が高まったことによる財政再建のため，財政政策は緊縮的になり，金融政策のみに依存していたことを示している。この間需要面から成長を維持したのは，円安による輸出と民間消費および政府消費である。金融緩和にもかかわらず，民間設備投資と民間住宅投資は停滞した。

原油価格は，1983年ごろから低下し始め，1986年に急減している。1983年ごろから米国の物価が沈静化し景気が回復すると，日本の輸出は急増し，民間設備投資が誘発されて増加し，日本経済は回復・拡張した。そこで発生したのが米国の経常収支赤字の拡大・持続と日本の経常収支黒字の拡大・持続の問題である（図1-2）。この問題は，現在まで続き，依然として未解決のままである。その結果，米国は債務国化，日本は債権国化し現在にいたっている[2]。日米の経常収支の動向は，貿易摩擦から構造協議や金融自由化などの経済摩擦へと発展した[3]。前川レポート（1986年4月）に代表されるように，日本は輸出依存ではなく，内需拡大による成長を指向したが，バブル期を除いては成功せず今日にいたっており，依然として大きな課題である[4]。

1985年9月のドル高是正のプラザ合意以降，円高が進み，特に1986年には急激な円高へと向かった。そのため，1985-87年度の輸出は停滞した。1986年度には輸出が5.2%下落し，景気は後退した（"円高不況"）。1986年度と1987年度の2年間にわたる積極的財政政策と金融緩和（1986年1月から1987年2月までに5回にわたる公定歩合引下げで2.5%ポイントの引下げ）により後退は短

---

[2] 米国は1987年に債務国化している。
[3] 以前から個別商品ごとの対外摩擦が起きていた。1980年代では，1984年に農産物交渉が開始され，日米構造協議は1989年に開始されている。1984年には，円ドル委員会報告が出されている。
[4] 2008年7月には"新前川レポート"ともいわれた『グローバル経済にいきる』（経済財政諮問会議「構造変化と日本経済」専門調査会）という報告書が発表されている。

図 1-2 日米経常収支（対 GDP 比）の比較

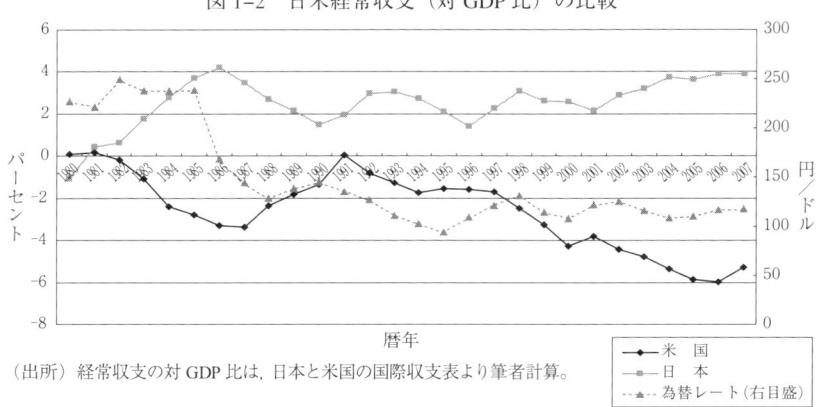

（出所）経常収支の対 GDP 比は，日本と米国の国際収支表より筆者計算。

期間で終わり回復から拡大に向かった。為替レートの円高への動き[5]を恐れ，景気拡張期に公定歩合を 2.5% という低い水準に 2 年 3 カ月にわたり維持したことなどのため，バブルが発生した。このバブル期の高成長は，失業率の 2.1%までの低下と赤字国債からの脱却という財政再建目標の達成をもたらした。しかし，バブルの破裂は，日本経済に長期の停滞をもたらすことになった。

2-3-2　第 2 期　1990 年代

1980 年代末には輸出と国内需要の両者の増加に支えられて高い成長が実現した。しかし，物価の上昇とともに株価と地価の高騰が続いた。そのため，長期間続いた低金利政策は，1989 年 5 月に公定歩合が引上げられ，引締めに転じた。公定歩合は，5 回にわたる引上げで，1990 年 8 月には 6% まで引上げられた。株価は 1989 年末でピークに達し，1990 年には下落に転じていた[6]が，依然地価は上昇しており，1990 年 4 月には不動産関連融資規制が行われた。地価は，1991 年にピークに達し，以降 2005 年まで低下し続けることになる（図

---

5) 図 1-2 に示されているように，為替レートは 1984 年度の 244.19 円／ドルから 1988 年度の 128.27 円／ドルへと 90.4% の円高となっている。1988 年 1 月 4 日には 1 ドル 120 円 45 銭となった。

6) 1990 年 1 月には，円・株・債券のトリプル安が起きており，バブル破裂の始まりとも見られている。

1-3 参照)。その結果,平成(バブル)景気は,1991年2月ピークに達し,後退に転じた。バブル破裂という資産価格,特に地価の大幅かつ持続的下落は,後に検討するように,各経済主体のバランスシートの毀損を通じて民間設備投資減退と民間最終消費停滞を招いた。その結果,公共投資等による景気刺激策にもかかわらず,第2次石油ショックに次ぐ長い景気後退期間(2年8カ月)となった。そして,1993年度の経済成長率はマイナス1%を記録した。これは,第1次石油ショック時の1974年度のマイナス0.5%を上回る戦後最悪の成長率であった。図1-1に示されているように,バブル期に盛り上がった民間設備投資比率は,4年連続して大幅に減退している。他方,それまで下降していた公的投資比率は景気刺激策によりバブル破裂後上昇に転じている。

図1-2に見られるように,米国では1991年にマイナス成長した後に好景気が続いたために経常収支赤字が拡大した。一方,日本は低成長で経常収支黒字が拡大した。そうしたことなどを背景に,バブル破裂後,円高が昂進した。1989年度に1ドル142.82円であった為替レートは1995年度には96.45円まで増価している[7]。

バブル破裂による不良債権発生とバランスシートの毀損からくる景気後退,

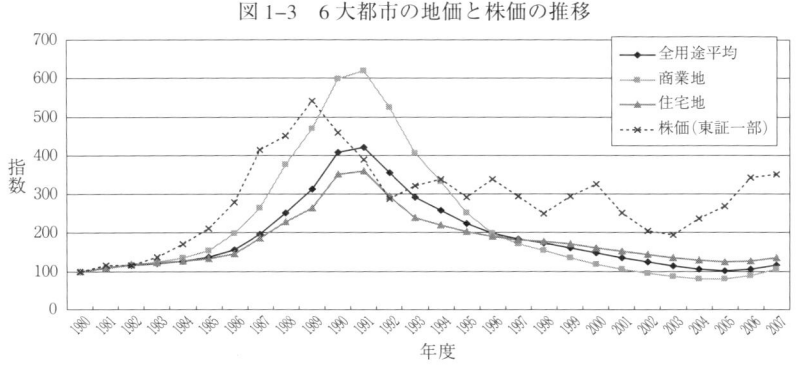

図1-3 6大都市の地価と株価の推移

(出所) 地価は日本不動産研究所研究部『市街地価格指数』,株価は東京証券取引所ホームページ。

---

7) 1995年4月19日には一時1ドル79.75円という市場最高値をつけた。

需給ギャップの拡大に基づくディスインフレからデフレへの動き，昂進する円高，失業率の上昇などを受けて，政府は，1992年から1995年まで7回にわたる経済対策を実施している。財政政策は，最初は公共投資による刺激策，後に1994年からは減税中心の刺激策がとられている。それにもかかわらず名目成長率が低かったために，財政赤字が拡大し，公債発行残高が高まり，財政再建としての財政構造改革が大きな問題として取り上げられた。

金融政策は，1991年7月以降一貫して公定歩合の引下げを行っており，1993年9月には過去最低の2.5%から1.75%に引下げられ，1995年9月には0.5%にまで引下げられている。しかし，バブル破裂と地価が下げ止まらないことによる不良債権の発生は，金融機関に大きな打撃となり，貸出が減少し，信用収縮が続いた。

景気は，1993年10月に底を打ち回復に向かうが，成長率は2%台に留まっていた。1994年度から3年間2%台の成長が続いたことにより，1997年度予算で政府は財政構造改革に着手し[8]，消費税の引上げ・特別減税の停止・医療保険患者負担と保険料見直しにより約9兆円の負担増を家計に課した。それにアジア通貨・経済危機が加わり，日本経済は1997年5月にピークに達し，急速に後退していった。1998年度は，1955年以降最悪のマイナス1.5%という成長を経験することになった。1997–99年度はゼロ%台ないしマイナス成長で最悪の3年間となった。その結果，それまで続いていたデフレが顕在化し，先延ばしされてきた不良債権処理とともに負債デフレ問題として日本経済に大きな衝撃を与えることとなった。1997年度には民間最終消費が初めて減少（−1%）すると同時に民間住宅投資が2年続けて大幅な減少となり，家計へのインパクトが大きかった。バブル破裂後から上昇し始めた失業率は，拡張期にも低下することなく上昇を続け，2002年度の5.4%まで達した（図1–1参照）。

金融政策は，大手金融機関の破綻を受け，金融制度の安定化のために2度にわたる資本注入が行われるとともに，1999年2月には「ゼロ金利政策」がと

---

[8] 第5節で述べているように1997年11月に財政構造改革に関する特別措置法が成立したが，1998年12月財政構造改革特別措置法は停止されている。

られるにいたった[9]。

　財政政策としては減税政策が中心として行われている。公的投資は，1996年度以降1998年度を除き減少し続けている。その結果，公的投資比率は，2007年度まで長期にわたり低下し続けている（図1–1 参照）。

　景気は，1999年1月に底を打ち，回復に向かったが，米国の不況による輸出下落や民間住宅投資の下落などで2001年度にはマイナス0.8％成長の不況に陥った。この拡張期間は戦後最短の21カ月であった[10]。財政面からの刺激策はとられず，金融政策では「量的緩和政策」が2001年3月に導入された[11]。この不況は比較的短期に終わり，2002年1月に谷に達し，回復に向かった。

2–3–3　第3期　2002年以降の動向

　2002年2月からの景気回復は，戦後最長といわれるいざなぎ景気の拡張期間（74カ月）を超えた息の長いものとなっているが，表1–1に示されているようにその平均成長率はこれまでの拡張期のなかで最低である。さらにこの間GDPデフレータは，持続して下落している。いわゆるデフレ下の成長であり，名目成長率は低く，しばしば"成長実感"に乏しいといわれる所以といえよう。

　この間の成長は，輸出とそれによって誘発された設備投資によって支えられたものである。公的投資は，毎年大幅に下落しており，政府最終消費支出も低い増加率に留まっている。その結果，2007年度の実質輸出の対GDP比は16.0％となり，実質民間設備投資を抜き，実質政府最終消費支出のそれに近づいている。名目では両者を上回り，輸出の方が民間設備投資よりも2％ポイント弱高くなっている。実質公的投資の対GDP比は，3.7％まで低下し，輸出の1％の増加は，公的投資のそれよりも約4倍成長に寄与する経済になり，海外経済への依存度が高まっている。

---

9) 財政と金融の制度的分離として，1997年6月新日本銀行法と金融庁設置法が成立している。1998年4月に新日本銀行法が施行され，新しい金融政策の仕組みが始まった。
10) この景気日付は暫定的なものである。
11) 2000年8月にはゼロ金利は解除されたが，2001年には再びゼロ金利に戻っており，この政策は問題視されている。

消費者物価は，1998年度以降持続的に下落し，デフレに転じており，金融政策は，量的緩和政策を続け，数度にわたり日銀当座預金残高の引上げを行い，2004年1月にはその目標を30～35兆円に設定している。その結果，2004年から2006年2月までは日銀当座預金は約33兆円で推移している。景気回復と消費者物価が0％台に安定してきたことを受けて，2006年3月には，量的緩和政策が，7月にはゼロ金利政策がそれぞれ解除されている[12]。

財政政策は，景気回復を受け，2005年に定率減税を1/2縮減し，さらに2006年には廃止している。そして，財政健全化目標として「2010年代初頭における基礎的財政収支の黒字化」目標が定められている。

2-4　1980年度以降のマクロ経済的特徴

以上1980年度以降を3期間に分け，各期間の主要なマクロ経済動向と政策について見た。ここでは，全期間を通じて，特にバブル破裂以降に見られるマクロ経済的に顕著なトレンドあるいは変化についてまとめておきたい。

第1は，1960年代後半から始まっていた経常収支黒字がさらに大きくなり，定着するとともに，海外直接投資の進行による債権国化である[13]。この海外資産の増加は以下のいくつかの変化をもたらしている。

第2は，第1の結果として対外所得収支が年々増加し，2005年度以降貿易収支の黒字を上回るにいたっていることである[14]（図1-4参照）。

第3は，為替レートの増価（円高）がトレンド的基調として進み，しばしば起きる急激な円高が日本経済に大きな衝撃を与えてきたことである。

第4は，第2次石油ショックの後，原油価格の低下・安定，世界的物価の

---

12) 消費者物価ではなくGDPデフレータを一般物価の指標と見れば，消費税引上げの影響を除けば，1994年から物価の持続的下落が続いており，デフレはこのときから始まっていたともいえる。そして，2007年度もなお続いていることになる。
13) 1984年度の経済白書は，「国際収支発展段階説」を取り上げ，この問題に接近している。
14) 2006年版通商白書では，「持続する成長力」を実現する1つとして「投資立国」の実現（所得収支の拡大）をあげている。

ディスインフレ傾向および円高基調を受け，物価がディスインフレを経て，バブル破裂以降デフレへと進んでいることである。

第5は，家計貯蓄率が傾向的に低下していることである。特にゼロ金利政策がとられた2000年度以降顕著である。

第6は，バブル期を除き，輸出に依存した成長を続けていたことである。その結果，輸出の対GDP比は，年々高まり，2007年度には，実質で民間設備投資よりも高く，名目では民間最終消費支出に次ぎ2番目に高くなっている。海外経済動向の影響をこれまで以上に強く受ける体質に変化している。今まで追求してきた内需による成長という目標はほとんど達成されていないことを示している。

第7は，部門別貯蓄投資バランスがバブル破裂以降大きな構造変化を示し民間部門がすべて貯蓄超過になっており，政府が貯蓄を吸収しきれず海外投資となっている（後掲の図1-16参照）。それは，貿易面での財貨・サービスの輸出超過と海外所得収支の黒字となっている。

第8は，大きなショック後に起きる財政再建問題がその後の財政政策の制約となり，経済調整の負担が金融政策に課されている問題である。これは，日本

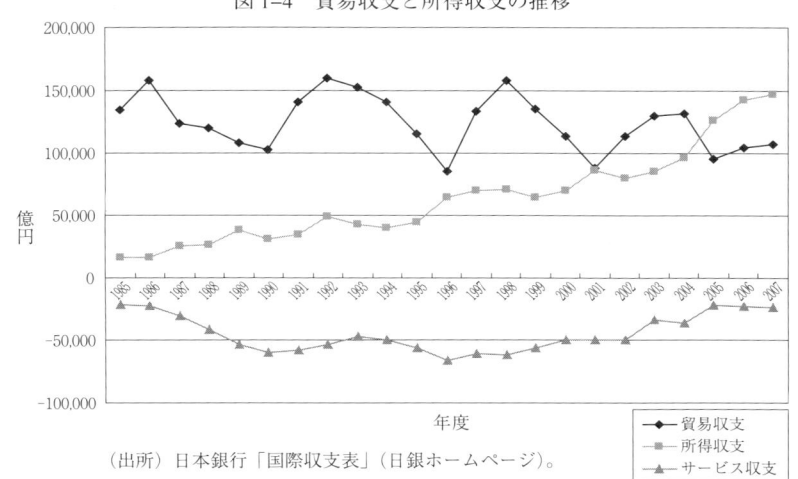

図1-4 貿易収支と所得収支の推移

（出所）日本銀行「国際収支表」（日銀ホームページ）。

だけでなく諸外国でもいえる問題である。

第9は，バブル破裂後，失業率が急激に上昇し，高止まっていることである（図1–1参照）。

3. バブル破裂と負債デフレ

3–1 バブル形成と破裂の経緯

前述したように，1980年代に入ると，2度の石油ショックに対応してとられた調整過程で生じた財政赤字を縮小するために財政再建が大きな課題とされた。そのため，景気調整は主として金融政策に依存していた。図1–1に見られるように，実質公的投資の対GDP比は，円高不況期に若干高まっているが，1980年度以降傾向的に低下しており，1990年度には1980年度より2.6％ポイント低くなっている。一方，為替レートが1985年以降急激に円高に向かっていたため，公定歩合は1980年8月以降好況期にも一貫して引下げられ，1987年2月以降は長期間（2年3カ月）にわたり2.5％に据え置かれた。景気拡張期間に為替レートが円安方向に向かっても金利が引上げられなかったために，資産価格が3年間急騰しバブルが発生することとなった。総需要の高まりとともに消費者物価上昇率も1989，1990年と高まった。1989年5月に公定歩合は引上げられ，金融の引締めに転じ，5回にわたり引上げられて，1990年6月には6％になった。1990年には不動産関連融資規制が行われ，地価も下落を始め，バブルは破裂することとなった。1983年度以降の株価の2桁の上昇と1986年度以降の地価の2桁の高騰は，相互に補完し合い，特に土地を担保とした貸出が増加し，マネーサプライが高まった。また，資産価格によるキャピタル・ゲインは，国内需要を増加させ，バブル景気を生み出した。

バブルの破裂とそれに続く不況は，十数年にわたる長期の大停滞を日本経済にもたらすことになった。株価の下落は，その瞬間には大きなキャピタル・ロスを発生させるが，実物面への影響を除き，金融的な清算は迅速に行われうるため短期的に対処可能である。ただし，銀行に対しては保有株の下落は資本不足をもたらし，その対策が重要となる。これに対して，地価が持続的に下落す

るときには，土地を担保とした借入によって投資したり，リゾート開発などのために土地を取得していた場合には，不良債権問題が深刻化する。不況下で売上が減少したり，不動産開発に失敗したときに，返済を迫られて土地を投げ売ると地価はさらに下落し，悪循環となる。その結果，不良債権化すると，銀行のバランスシートは悪化し，BIS 規制（自己資本比率規制）のために銀行は借手に返済を迫ると同時に，貸出を縮小させる。その結果，銀行からの借入に依存している経済主体の投資や消費を縮小させ，経済は縮小均衡に向かい，信用収縮が実物面に悪影響を与える。また，近い将来地価は上昇するであろうという期待をもてば，不良債権処理は先送りされることになる。そこで，1980 年度以降の物価，資産価格，キャピタル・ゲインまたはロスの動向を見た後，銀行の不良債権処理について整理する。

3–2 物価動向

第 2 次石油ショック後，石油価格の下落と円高の進行は，輸入価格の下落を通して国内企業物価の低下をもたらし，消費者物価は，ディスインフレ化した。このディスインフレ化は，世界各国の傾向でもある。図 1–5 は日本の物価関連指標の動向を見たものである。国内企業物価は，主として輸入物価の動向を反映した動きをしており，基調的には 1980 年代半ば以降 2003 年度まで下落を続けている。バブル期の上昇は，需要動向を反映してはいるが，輸入物価上昇の影響が大きい。1997 年度の上昇は，消費税引上げの影響である。これは，各物価に共通である。消費者物価は，国内企業物価と賃金の動きを反映した動向を示している。国内で新たに生み出された財貨・サービスの物価である GDP デフレータは，1980 年代はほぼ消費者物価と類似した動向を示しているが，バブル破裂以降は，消費者物価よりも低い増加率で推移している。消費者物価も GDP デフレータもともにバブル期には 3% 近い上昇率となった後，バブル破裂後は，上昇率が低下し，消費者物価は 1999 年度以降 2005 年度まで 7 年間持続的に低下した。一方，GDP デフレータは，1994 年度以降低下し続けている。日本経済は，1990 年代末にデフレに陥り，最も一般的な物価である

GDPデフレータで見る限り現在も続いていることになる。マネーサプライと物価の関係を見ると，1980年代は物価の上昇率に比較してマネーサプライの上昇率が極めて高くなっている。これは，後述する資産価格の動向と関連しているといえよう[15]。

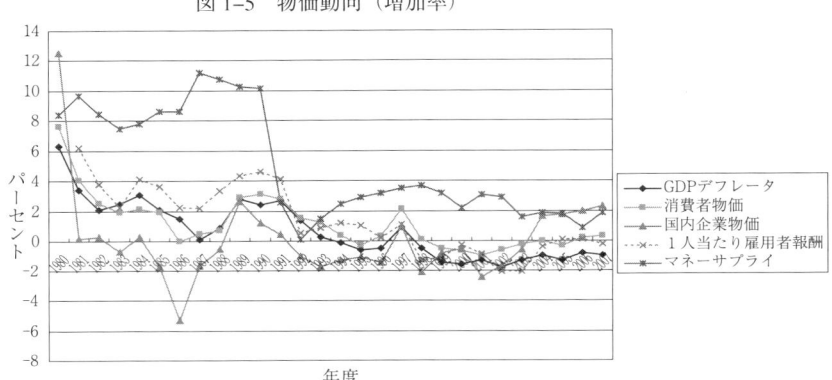

図 1-5 物価動向（増加率）

（出所）GDPデフレータ，雇用者報酬は内閣府ホームページ，消費者物価は総務省統計局ホームページ，国内企業物価，マネーサプライは日銀ホームページ，1人当たり雇用者報酬は筆者計算。

3-3 資産価格動向

前出の図 1-3 は，地価と株価の推移を示している。株価は，1983年度から2桁の上昇を加速的に続け，1989年度末には1980年度の5.4倍に達した。円高不況期にも高い伸びを記録している。一方，地価は，商業地が1985年度，全用途では1986年度から2桁の率で加速的に上昇し，1991年度には全用途で1980年度の4.2倍（商業地では6.2倍）に達した。前述したように，この間マネーサプライは10％台の高い伸び率となっている（図1-5参照）。またこの間銀行貸出も高い増加率となっており，公定歩合の持続的引下げと長期間にわたり2.5％という低い水準に維持したことが資産を担保とした貸出増加を通じてバ

---

[15] 日本の金融政策では，金利操作が主であり，マネーサプライをコントロール目標とはしていないと見られるので，マネーサプライは政策変数（外生変数）というよりは内生変数であると見た方が適切であろう。

ブルを生成した様子がうかがわれる。

　株価は，1990年1月の下落を端緒として3年連続して大幅に下落（3年間で約47%）し，その後は緩やかな下降趨勢線に沿って循環的に変動し2003年度まで達し，以後上昇している。一方，地価は，1992年度から2桁の下落率を5年間続けた後，さらに2005年度まで低下し続け，2006年度から上昇に転じている。バブルの破裂は，10年強にわたり資産価格の下落を招いたことを示している。その結果，日本経済は負債デフレに陥り，十数年間の長期停滞を経験することとなった。次に，この資産価格の動向は，どれだけの規模のキャピタル・ゲインとロスをもたらしたかを見ておきたい。

3-4　資本利得と損失

　現行の国民経済計算（以下93 SNA）では，国民資産・負債残高に関してその調整勘定において資産価格の変動にともなう名目保有利得が推計されている。そしてそれは，一般物価水準の変化にともなう資産価値の変動を表す「中立保有利得」と，資産の相対価格の変化による資産価値の変動分を表す「実質保有利得」に分けて推計されている。それをまとめたものが表1-2である[16]。

　資産価格が異常な投機的変動であるかどうかの判断は，収益還元価格と比較するのが適切であるが，ここでは名目GDPおよび期首の資産残高との比較で見ていく。バブルかどうかの判断というよりは，一般にバブルの生成と破裂といわれている時期にどのような動向になっているかを整理し，今後の参考とする。土地では，対名目GDP比で20%以上の年が1985-90年の6年間続いており，特に1987年には名目GDPの額を上回る利得が生じている。土地資産残高比で見ても2桁の比率が4年間続いている。収益率から判断しても異常といえよう。一方，株式は，1986-89年の4年間対名目GDP比で20%以上になっている。さらに，株式資産残高比では，1983-89年の7年間ほぼ20%以上になっている。総資産の名目保有利得は，1986-89年度の4年間ほぼ名目GDP

---

16)　制度部門別にも保有利得による正味資産の変動が推計されているが，ここでは触れない。

第1部 経済政策の理論と実際

表1-2 国民資産調整額

暦年	総資産調整額合計	名目保有利得 実額(兆円) 総資産	土地	うち実質保有	株式	うち実質保有	総資産額調整合計	名目保有利得 対GDP比(%) 総資産	土地	うち実質保有	株式	うち実質保有	総資産額調整額合計	名目保有残高比(%) 総資産	土地	株式
1981	104.97	111.80	93.00	72.18	13.34	10.17	40.1	42.7	35.5	27.6	5.1	3.9	3.5	3.8	12.4	11.9
1982	50.51	64.93	58.00	42.42	-0.64	-3.05	18.4	23.6	21.1	15.5	-0.2	-1.1	1.5	2.0	6.9	-0.5
1983	63.49	75.75	34.79	10.77	39.24	35.75	22.2	26.5	12.2	3.8	13.7	12.5	1.8	2.1	3.8	30.1
1984	67.96	84.40	31.74	1.29	35.60	29.97	22.2	27.5	10.3	0.4	11.6	9.8	1.8	2.2	3.4	20.8
1985	114.80	117.63	77.98	61.28	34.36	30.64	35.1	35.9	23.8	18.7	10.5	9.4	2.7	2.8	8.0	16.2
1986	383.97	393.92	263.38	252.14	131.54	128.80	112.3	115.2	77.0	73.7	38.5	37.7	8.4	8.6	24.8	51.9
1987	459.23	472.27	403.60	398.44	77.02	75.34	127.7	131.4	112.3	110.8	21.4	21.0	8.7	9.0	30.4	19.6
1988	359.12	369.86	184.75	165.65	184.17	178.66	92.9	95.6	47.8	42.8	47.6	46.2	5.9	6.1	10.7	38.0
1989	461.34	506.95	316.39	259.94	155.10	134.79	111.2	122.2	76.3	62.7	37.4	32.5	6.7	7.4	16.5	22.8
1990	-156.02	-144.35	206.17	148.11	-338.81	-361.03	-34.7	-32.1	45.8	32.9	-75.3	-80.2	-2.0	-1.9	9.2	-39.7
1991	-206.70	-183.25	-184.01	-249.69	-15.86	-29.86	-43.8	-38.8	-39.0	-52.9	-3.4	-6.3	-2.6	-2.3	-7.5	-3.0
1992	-391.40	-364.07	-216.22	-236.76	-139.85	-144.44	-80.9	-75.2	-44.7	-48.9	-28.9	-29.9	-4.9	-4.6	-9.5	-27.5
1993	-100.28	-95.06	-95.42	-100.58	26.97	26.05	-20.9	-19.8	-19.9	-20.9	5.6	5.4	-1.3	-1.2	-4.6	7.3
1994	-34.82	-9.02	-63.45	-55.67	73.01	74.57	-7.1	-1.9	-13.0	-11.4	15.0	15.3	-0.4	-0.1	-3.2	18.4
1995	-108.45	-89.39	-87.91	-76.53	-7.21	-4.40	-21.8	-18.0	-17.7	-15.4	-1.5	-0.9	-1.3	-1.1	-4.6	-1.5
1996	-66.37	-28.26	-39.60	-28.91	-20.78	-18.13	-13.1	-5.6	-7.8	-5.7	-4.1	-3.6	-0.8	-0.3	-2.2	-4.4
1997	-79.76	-63.20	-43.41	-62.78	-82.77	-87.33	-15.5	-12.3	-8.5	-12.2	-16.1	-17.0	-1.0	-0.8	-2.4	-19.0
1998	-187.81	-158.78	-74.42	-63.35	-14.92	-12.85	-37.3	-31.5	-14.8	-12.6	-3.0	-2.6	-2.2	-1.9	-4.2	-4.5
1999	59.31	80.30	-76.26	-46.62	192.17	197.74	11.9	16.1	-15.3	-9.3	38.5	39.6	0.7	1.0	-4.5	60.5
2000	-214.02	-192.40	-83.02	-60.57	-105.34	-98.24	-42.5	-38.2	-16.5	-12.0	-20.9	-19.5	-2.5	-2.3	-5.1	-20.5
2001	-207.41	-189.07	-91.83	-71.73	-95.23	-89.74	-42.0	-38.3	-18.6	-14.5	-19.3	-18.2	-2.5	-2.2	-6.0	-22.6
2002	-186.14	-170.50	-88.58	-59.01	-45.85	-39.04	-38.0	-34.8	-18.1	-12.0	-9.4	-8.0	-2.3	-2.1	-6.1	-13.8
2003	-22.39	6.37	-79.36	-60.16	116.53	120.67	-4.5	1.3	-16.1	-12.2	23.6	24.4	-0.3	0.1	-5.8	38.9
2004	16.51	30.14	-57.38	-49.22	64.43	67.02	3.3	6.0	-11.5	-9.9	12.9	13.4	0.2	0.4	-4.4	15.8
2005	258.53	271.23	-21.01	-2.64	263.26	270.18	51.3	53.8	-4.2	-0.5	52.3	53.6	3.2	3.3	-1.7	56.4
2006	68.92	59.33	2.67	7.91	3.79	6.91	11.6	11.6	1.5	0.7	0.8	0.7	0.7	0.2	0.5

(出所)『国民経済計算年報』(平成18年度確報および平成15年度確報)、内閣府経済社会総合研究所ホームページ。

を上回る額となっている。バブル期の資産の名目保有利得が如何に膨大なものであったかがわかる。この保有利得は，投資や消費への資産効果を通じて1987–90年の内需主導の高い成長率に貢献しているといえよう。

図1–3で見たような1990年代の資産価格の急落と地価の長期にわたる下落は，膨大な長期的資本損失を発生させ，長期的停滞をもたらした。特に地価の下落は，1991–93年の3年間で1年分の名目GDPに相当する資本損失をもたらすと同時に，以降2005年まで十数年間にわたり毎年平均名目GDPの十数％に相当する資本損失を発生させている。株価の下落も，1990–92年の3年間に1年強分の名目GDPに相当する資本損失を発生させた。しかし，株価はその後上下動しており，地価のような持続的資本損失を発生させてはいない。1993–2002年までの10年間の名目資本利得と損失を単純に累計すると，約80兆円の損失となる。前述したように株価は，1993年度以降なだらかな下降趨勢線に沿って循環変動していたことがわかる。したがって，表1–2の総資産の名目保有利得を見るとわかるように，バブルの破裂で資産価格が急落した1993年以降でも2000年代初頭まで資産デフレが続いていたことがわかる。

このような膨大な資本損失は，バブル期に借入によりその資産を獲得している場合に特に大きな問題をもたらすことは前述した。そこで次に，バブル破裂で発生した不良債権がどのように処理されてきたのかを見る。

3–5　不良債権処理

バブル破裂以降の不良債権処理状況を93 SNAの制度部門別貸借対照表勘定に基づきまとめると表1–3のようになっている。金融機関(貸出)の欄は，金融機関の不良債権処理総額を示している。他の欄は，不良債権を発生させ，金融機関が処理した借手としての制度部門の金額である。表1–2からわかるようにバブル破裂後1993年までに，土地で約496兆円，総資産で約787兆円の資本損失が生じている。これと，この間経済は深刻な後退期にあったことから判断して，かなり多くの不良債権が発生している可能性があるが，実際の不良債権処理はそれほど進まず，1991–94年の4年間で約12兆円の不良債権処理が

20　第1部　経済政策の理論と実際

表1-3　不良債権処理状況

(単位：10億円)

暦年	金融機関 (貸出)	非金融 (借入)	金融機関 (借入)	家　計 (借入)	非営利 (借入)	合　計 (借入)	対海外処理 (借入)
1991	-1,340.1	-817.5	-212.7	-197.6	-15.6	-1,243.4	-96.7
1992	-2,242.2	-1,386.9	-352.9	-330.1	-25.9	-2,095.8	-146.4
1993	-4,103.5	-2,515.5	-653.8	-632.8	-52.6	-3,854.7	-248.8
1994	-4,479.9	-2,592.8	-742.9	-793.3	-75.9	-4,204.9	-275.0
1995	-10,564.5	-6,068.8	-1,698.1	-1,977.9	-182.8	-9,927.6	-636.9
1996	-8,915.7	-4,967.8	-1,348.6	-1,770.5	-156.3	-8,243.2	-672.5
1997	-8,315.2	-9,165.4	-1,161.8	-1,777.8	-90.0	-12,195.0	3,879.8
1998	-19,754.2	-11,278.4	-2,520.3	-3,404.4	-319.1	-17,522.2	-2,232.0
1999	-14,633.7	-8,058.2	-1,923.1	-2,722.3	-254.5	-12,958.1	-1,675.6
2000	-7,754.0	-5,111.6	-805.3	-1,241.6	-112.9	-7,271.4	-482.6
2001	-6,122.0	-4,358.4	-531.5	-814.8	-80.6	-5,785.3	-336.7
2002	-8,474.4	-4,401.9	-1,237.5	-1,775.8	-191.4	-7,606.6	-867.8
2003	-7,259.9	-3,687.4	-1,155.3	-1,517.4	-166.1	-6,526.2	-733.7
2004	-8,111.5	-4,504.0	-1,163.3	-1,554.9	-169.5	-7,391.7	-719.8
2005	-5,027.5	-3,300.0	-553.0	-779.9	-75.3	-4,708.2	-319.3
2006	-2,738.4	-1,602.4	-330.9	-536.1	-45.4	-2,514.8	-223.6

累積

1991	-1,340.1	-817.5	-212.7	-197.6	-15.6	-1,243.4	-96.7
1992	-3,582.3	-2,204.4	-565.6	-527.7	-41.5	-3,339.2	-243.1
1993	-7,685.8	-4,719.9	-1,219.4	-1,160.5	-94.1	-7,193.9	-491.9
1994	-12,165.7	-7,312.7	-1,962.3	-1,953.8	-170.0	-11,398.8	-766.9
1995	-22,730.2	-13,381.5	-3,660.4	-3,931.7	-352.8	-21,326.4	-1,403.8
1996	-31,645.9	-18,349.3	-5,009.0	-5,702.2	-509.1	-29,569.6	-2,076.3
1997	-39,961.1	-27,514.7	-6,170.8	-7,480.0	-599.1	-41,764.6	1,803.5
1998	-59,715.3	-38,793.1	-8,691.1	-10,884.4	-918.2	-59,286.8	-428.5
1999	-74,349.0	-46,851.3	-10,614.2	-13,606.7	-1,172.7	-72,244.9	-2,104.1
2000	-82,103.0	-51,962.9	-11,419.5	-14,848.3	-1,285.6	-79,516.3	-2,586.7
2001	-88,225.0	-56,321.3	-11,951.0	-15,663.1	-1,366.2	-85,301.6	-2,923.4
2002	-96,699.4	-60,723.2	-13,188.5	-17,438.9	-1,557.6	-92,908.2	-3,791.2
2003	-103,959.3	-64,410.6	-14,343.8	-18,956.3	-1,723.7	-99,434.4	-4,524.9
2004	-112,070.8	-68,914.6	-15,507.1	-20,511.2	-1,893.2	-106,826.1	-5,244.7
2005	-117,098.3	-72,214.6	-16,060.1	-21,291.1	-1,968.5	-111,534.3	-5,564.0
2006	-119,836.7	-73,817.0	-16,391.0	-21,827.2	-2,013.9	-114,049.1	-5,787.6

(注)　1．各年処理額（債権者による不良債権の抹消）。
　　　2．対海外処理は，金融機関（貸出）と合計（借入）の差として推計。
(出所)　1995年以前は，『国民経済生産年報』（平成14年版（2002））による。
　　　　1996年以降は，同平成20年度版（2008）による。

行われたにすぎない。地価の持続的下落はこれまでに経験したことが無かったので，地価の先行き上昇を期待して処理の先送りが行われていたものと思われる。1981年以降の民間金融機関による不良債権処理状況を見ると，図1-6のようになっている。バブル破裂以前は，通常は国内銀行の貸出比率で0.1%弱の不良債権処理が行われており，1986年のように不況の年で0.2%強となっている。バブル破裂後，1991年から不良債権の抹消は貸出比率で見て上昇しており，特に1995年と1998年に比率が急増している。2006年には対貸出比率は約0.6%となっているが，バブル以前の比率と比較するとまだ高い。

　住宅専門会社（以下，住専）の不良債権処理問題が本格的に取り組まれ，公的資金の投入が行われたのは，1995年である。表1-3や図1-6に見られるように，1995年から不良債権処理が急増している。そして金融制度の安定化を図るために大手銀行への公的資本注入が行われた1998, 1999年に，それぞれ約20兆円と15兆円の不良債権処理が行われた。その後，6〜8兆円の処理が毎年行われ，2006年には落ち着いている。この間2005年までに約117兆円の不良債権の処理が行われている。この不良債権処理は，低金利政策により預金者（主として家計）の負担において行われ，家計の利子所得の減少は家計貯蓄

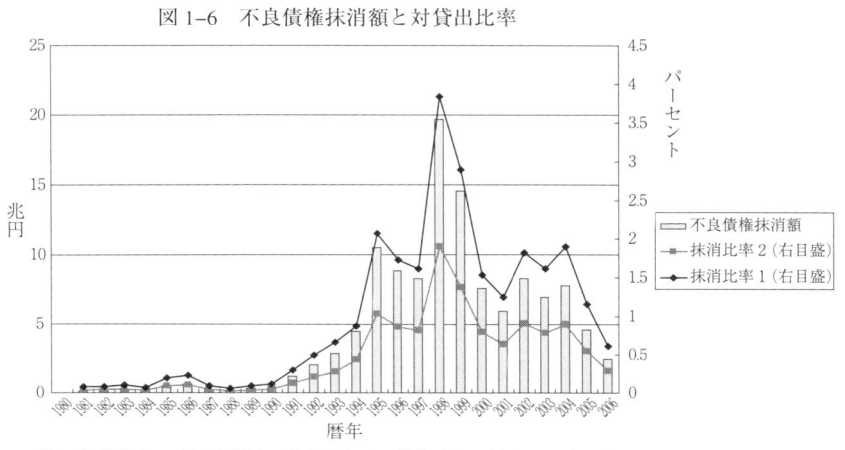

図1-6　不良債権抹消額と対貸出比率

(注) 抹消比率1は国内銀行の貸出残高（日銀統計）に対する比率であり，抹消比率2はSNAの民間金融機関の貸出残高に対する比率である。
(出所) 表1-3参照。

率低下の大きな要因の1つとなっている。

3-6 負債デフレ

これまで見てきたように，バブル期に主として土地を担保とした借入に依存していた主体は，バブル破裂後資産価格の急落と景気低迷により借入返済の困難に直面することになった。一方，貸手の金融機関は，一挙に不良債権を処理せずに資産価格の上昇を期待し，処理を先延ばしにしてきた。その間一時的回復は見られたが，成長率は低くデフレギャップを解消するにいたらなかった。そのため，図1-3および図1-5で見たように，金利の引下げにもかかわらず地価は下げ止まらず，物価はディスインフレからデフレへと進んだ。GDPデフレータは1994年度から，消費者物価は1998年度から持続的に低下し，デフレに陥った。これは処理されていない不良債権が多く存在しているときに起きており，1998年度以降の経済活動に大きな打撃となった。銀行は，BIS規制を満たすために貸出を減少させると同時に貸出資金の回収を行ったために，貸出残高も減少し，信用収縮が起きた。公共投資などの政府支出面からの刺激策はほとんど行われず，減税中心の刺激策がとられたが，十分ではなかった。また，金融政策では「ゼロ金利政策」と「量的緩和政策」がとられるにいたった。結局，不良債権の抹消が進むとともに，米国や中国など新興国の高成長と為替レートの円安方向への動きによる好調な輸出（外需依存）によって，日本経済は回復していくことになった。

4. バブル破裂以降のマクロ経済政策

4-1 金融政策

これまで財政・金融政策についてしばしば言及してきた。ここでは，主としてバブル破裂後のマクロ経済政策について整理しておきたい。第2次石油ショック後の1980年以降の金融政策について整理すると表1-4のようになる。1980年代のマクロ経済政策は，財政政策が財政再建に制約されていたために，主として金融政策に依存する度合が高かった。また，為替レートが急激

に増価し円高に向かうことに対する対応を迫られていた（為替レートについては図1-1参照）。そのため，公定歩合は，1980年8月に9%から8.25%に引下げられて以来，景気上昇期にも引上げられず一貫して引下げられ，1987年2月には2.25%まで引下げられた。その後景気拡張期にも2.25%に据え置かれ，この長期間にわたる低金利政策がバブルの引金の大きな要因の1つになった。前述したように（図1-5参照），いずれの物価指数で見てもディスインフレに向かっていたので，この間の金融政策は不況対策と為替レート目標に割当てられていたといえる。バブル景気の拡張局面で1989年における消費者物価の約3%近い上昇および資産価格の長期間にわたる高騰を受けて，公定歩合は5月に引上げられ，5度にわたる引上げで3.75%ポイント引上げられ，1990年8月には6%になった。さらに，地価対策として，1990年4月には不動産関連融資の総量規制が実施され，1991年12月末まで行われた。

1990年1月には株価が下落し，1992年からは地価も下落を始め，バブルは破裂した。景気は1991年2月に山に達し，下降局面に入った。金融政策は緩和に転じ，1991年7月に6%から0.5%ポイント引下げられ，10月には10年ぶりに預金準備率が引下げられた。以後，公定歩合は持続的に引下げられ，1999年2月にはゼロ金利政策にいたった（表1-4参照）。この間，1993年には定期性預金金利，1994年には流動性預金金利の自由化が行われている。金融政策の操作目標は，公定歩合から無担保コールレート（オーバーナイト物）（以下，単にコールレート）へと移行している[17]。

1998年4月からは新日銀法が施行され，デフレがますます悪化するなかで，金融政策決定の新しい体制がスタートした。以下，デフレからの脱却に新しい金融政策決定体制がどのように政策を進めてきたかを整理しておきたい（詳細は表1-4参照）。1998年9月にはコールレート目標を0.25%に引下げている。さらに，11月にはCPオペの積極的活用などオペレーションの拡充が行われ

---

17) 1995年9月8日に公定歩合が1.00%から0.50%に引下げられたときに，さらなる市場短期金利の低下を促すことが金融調整方針とされている。

表 1-4 金融政策の推移

年	月・日	金 融 政 策 (備考)
1980	2・19	公定歩合引上げ (6.25%→7.25%) (2月：景気の山)
	3・19	公定歩合引上げ (7.25%→9%)
	8・2	公定歩合引下げ (9%→8.25%)
	11・6	公定歩合引下げ (8.25%→7.25%)
1981	3・18	公定歩合引下げ (7.25%→6.25%)
	12・11	公定歩合引下げ (6.25%→5.5%)
1982		
1983	10・22	公定歩合引下げ (5.5%→5%) (2月：景気の谷)
1984		
1985	7・29	コール無担保取引開始 (6月：景気の山)
		(9月22日：プラザ合意)
1986	1・30	公定歩合引下げ (5%→4.5%)
	3・10	公定歩合引下げ (4.5%→4%)
	4・21	公定歩合引下げ (4%→3.5%)
	11・1	公定歩合引下げ (3.5%→3%) (11月：景気の谷)
1987	2・23	公定歩合引下げ (3%→2.5%) (2月21日：ルーブル合意)
		(10月19日：ブラックマンデー)
1988	11・1	日銀が新金融調節を開始
1989	1・20	新短期プライムレート導入
	5・31	公定歩合引上げ (2.5%→3.25%)
	10・11	公定歩合引上げ (3.25%→3.75%)
	12・25	公定歩合引上げ (3.75%→4.25%) (12月22日：土地基本法施行)
1990	3・20	公定歩合引上げ (4.25%→5.25%) (不動産関連融資の総量規制)
	8・30	公定歩合引上げ (5.25%→6%)
1991	7・1	公定歩合引下げ (6.00%→5.50%) (2月：景気の山)
	10・1	預金準備率引下げ (16日実施), 10年ぶり
	11・14	公定歩合引下げ (5.50%→5.00%)
	12・30	公定歩合引下げ (5.00%→4.50%) (12月末：総量規制撤廃)
1992	4・1	公定歩合引下げ (4.50%→3.75%) (東洋信金整理, コスモ証券破産)
	7・27	公定歩合引下げ (3.75%→3.25%)
1993	2・4	公定歩合引下げ (3.25%→2.50%)
	6・8	定期性預金金利の完全自由化等を決定 (6.21実施)
	9・21	公定歩合引下げ (2.50%→1.75%) (景気の谷)

年	月日	事項
1994	9・27	流動性預金金利自由化（10.17 より）
1995	4・14	公定歩合引下げ（1.75%→1.00%）　　　　　（木津信組破綻）
	9・8	公定歩合引下げ（1.00%→0.50%）
1996		
1997	6・11	新日銀法成立，金融庁設置法　　　　　　（5月：景気の山）
		（11月：三洋証券，北海道拓殖銀行，山一證券の破綻）
1998		3月10日：第1次公的資金注入（1.8156兆円）
		4月：新日銀法施行
	9・9	無担保翌日物コール（以下，コールレート）を 0.25% に引下げ
		10月：60兆円金融対策　　　　（10月：日本長期信用銀行国有化）
	11・13	CPオペの一層の活用などオペの拡充
		（12月：日本債券銀行国有化）
1999		2月：ゼロ金利政策（コールレートを 0.15% へ，さらに一層の低下へ）
		3月：第2次公的資金注入（7.45兆円）　　　（1月：景気の谷）
2000	8・11	ゼロ金利解除（コールレート目標を 0.25% へ）
		10.13 日銀，物価見通しを年2回公表することを決定。
		31日，初の物価見通し公表。　　　　（10月：景気の山）
2001	2・13	公定歩合引下げ（0.50%→0.35%）
	2・28	ゼロ金利政策へ復帰，補完貸付制度の新設
	3・1	公定歩合引下げ（0.35%→0.25%）
	3・19	量的緩和政策導入
		日銀当座預金残高 5兆円
	8・14	日銀当座預金残高 6兆円
	9・19	公定歩合引下げ（0.25%→0.10%）
	12・19	日銀当座預金残高 10〜15兆円へ
2002	10・30	日銀当座預金残高 15〜20兆円へ　　　　（1月：景気の谷）
2003	3・25	日銀当座預金残高 17〜22兆円へ
	4・30	日銀当座預金残高 22〜27兆円へ
	5・20	日銀当座預金残高 27〜30兆円へ
	10・10	日銀当座預金残高 27〜32兆円へ
2004	1・20	日銀当座預金残高 30〜35兆円へ
2005		
2006	3・9	量的緩和政策解除し，ゼロ金利政策へ
	7・14	ゼロ金利政策解除
		コールレート目標 0.25% へ

2007	2·21	公定歩合引上げ（0.10%→0.40%）
		公定歩合引上げ（0.40%→0.75%）
		コールレート目標 0.25%→0.50% へ
2008	7·15	情報発信の充実
	10·31	公定歩合引下げ（0.75%→0.50%）
		コールレート目標 0.5%→0.3% へ

（出所）主として日本銀行ホームページの関連資料より作成。

た。1999年2月にはコールレート目標を0.15%とし，さらに一層の低下を促すことが決定されている。「ゼロ金利政策」である[18]。2000年8月には一時ゼロ金利政策は解除せれたが，見通しを誤り，2001年2月にはゼロ金利政策に復帰し，公定歩合をさらに引下げている。さらに2001年3月には「量的緩和政策」がとられている。これは，主たる操作目標のこれまでのコールレートから日本銀行当座預金残高への変更である。「新しい金融調整方式は，消費者物価指数（全国，除く生鮮食品）の前年比上昇率が安定的にゼロ%以上となるまで，継続することとする。」となっている[19]。その後，5兆円から始まった目標値は，その後の8回にわたる引上げで2004年1月には30〜35兆円に達した。景気上昇と消費者物価指数の下げ止まりを受けて，2006年3月に量的緩和政策が，7月にゼロ金利政策が解除され，コールレート目標は0.25%，公定歩合は0.4%へと引上げられている。

また，大手金融機関の破綻を受け，金融制度の安定化のため，大手銀行に対する公的資金注入が2度にわたり行われた。日本銀行は，「金融システムの安定に向けた日本銀行の新たな取り組み」として，銀行の不安定要因の1つである金融機関保有株式の価格変動リスクを軽減する目的で，2002年11月から2004年9月まで，約2兆円の銀行保有株式を買い入れている。

---

[18] 1999年9月21日の会合の資料で「いわゆるゼロ金利政策」という用語が用いられている。「誘導目標であるコールレートが事実上ゼロ%で推移するよう促しています。」と記されている。

[19] 2006年3月9日の文書で，これは「明確な約束」と記されている。

これまで見たように，バブル破裂以降の日本における金融政策は，これまでに世界に類を見ない異常な事態であることがわかる。デフレに陥ったときの金融政策の難しさを示している。

4–2　財　政　政　策

4–2–1　1980年代の財政政策

　1980年度以降の経済対策や景気対策を中心として財政政策を整理すると，表1–5のようになる。経済あるいは景気対策をマクロ経済的に見て評価するときには，注意点がある。1つは，毎年度の政府予算が発表されるときには前年度実績ではなく，前年度予算との対比で行われることである。例えば，ある年に景気対策として補正予算で2兆円の政府支出を増加させたとすると，次の年の予算で前年度並みの支出とすれば，実績の政府支出は2兆円分減少することになり，景気抑制的になる。したがって，実績で支出を減らさないためには同じような対策で補正予算を2兆円組まなくてはならない。2つは，しばしば"真水"といわれるように，SNA上の最終支出になっているかという問題である。したがって，ここでは一般政府の最終消費支出（以下，政府消費），政府総固定資本形成（以下，政府投資）の動向と減税規模により見ていきたい。

　名目と実質について見た政府消費と政府投資の対GDP比および実質の両者の増加率を示したのが図1–7である。政府投資は，1986年度の円高不況を脱出するために1986，1987年度に景気刺激策がとられている。そのため，1980年度から低下していた対実質GDP比は，この2年間に上昇しているが，1990年度には1980年度より0.9％ポイント低下し，4.7％となっている。政府消費は，1980年代初めに第2次石油ショックへの調整や経済対策で比較的高い増加率であったので対GDP比が上昇しているが，その後は抑制的であり，政府消費の対実質GDP比は，1990年度には1980年度より0.7％ポイント低くなっている。両者合わせて，1.6％ポイント低下していることになる。表1–5に示されているように，1980年代にはしばしば経済対策や景気対策がとられているが，特例公債からの脱却という財政制約のために両者の対GDP比は低下傾

表1-5 財政政策の推移

年	月・日	財 政 政 策
1980		
		81年度予算で特例公債2兆円減額,歳出規模の抑制
1981		81年度は「財政再建元年予算」といわれる。
	3・16	第2次総合経済対策を決定
		財政再建のための「ゼロ・シーリング」(82年度予算要求)
		財政再建キャンペーン(84年度までに特例公債脱却)
	10・2	景気対策を決定
1982	3・14	景気てこ入れ策を発表
		83年度「原則マイナスシーリング(-5%シーリング)」
	10・8	内需拡大・不況産業対策など総合経済対策を決定
	12・15	補正で減額(-2.12兆円)
1983		特例公債脱却目標困難
		「90年度までに特例公債依存体質脱却」目標
	4・5	11項目の経済対策を決定
		84年度予算編成で「原則マイナス10%シーリング」
1984		84年度に所得減税
	4・27	対外経済対策を決定
1985		86年度予算編成:経常部門マイナス10%,投資部門マイナス5%
1986	4・8	内需拡大と景気浮揚を目的とした総合経済対策
	9・19	総額3兆6000億円の総合経済対策を閣議決定
1987	5・29	6兆円規模の緊急経済対策を決定
1988		
1989	4・1	消費税導入
	12・22	土地基本法施行
		15年ぶりに赤字国債を発行せずに,来年度予算編成
1990	4・1	不動産関連融資の総量規制(4.1実施)
		(補正予算で増収見込み:1.127兆円)
1991	1・25	総合土地政策推進要綱を閣議決定
		3月:湾岸平和基金救出金追加補正1.17兆円
		(補正予算で減収見込み:2.782兆円)
	12・20	総量規制12月末で撤廃
1992	3・31	緊急経済対策(前倒し) ①
	8・28	総合経済対策(10.7兆円) ②

		補正で約 2 兆円の公共事業追加
		(補正で減収見込み：2.256 兆円)
1993	4・13	新総合経済対策 (13.2 兆円)　③
		補正で約 2.2 兆円の歳出増 (公共事業：2.2 兆円)
	9・16	緊急経済対策 (6 兆 1500 億円)　④
		12 月：補正で緊急経済対策関連経費約 1 兆円
		(補正で減収見込み：5.477 兆円)
1994	2・8	総合経済対策 (15.25 兆円)　⑤
		2 月：補正で約 2.2 兆円の歳出増 (公共事業：1.9 兆円)
		本予算で特例公債発行再開
		約 4.2 兆円の減税(所得税特別減税 3.8 兆円：20% の定率)：1 年限り
		相続税減税 (定額控除と法定相続人比例控除)
1995	2・9	(94 年度補正で減収見込み：2.247 兆円)
	2・28	災害対策等で補正予算：約 1.0 兆円追加
		特別減税 1.4 兆円
	4 月	緊急円高・経済対策　⑥
	5・19	補正で約 2.7 兆円の歳出増
	9 月	経済対策 (14.22 兆円)　⑦
	10・18	補正で約 5.3 兆円の歳出増 (公共事業 2 兆円)
	12・19	住専処理を決定 (6850 億円の公的資金投入)
1996	2・16	(95 年度補正で減収見込み：2.912 兆円)
		特別減税 1.4 兆円
	12・19	「財政健全化目標について」閣議決定
1997	1・31	補正で約 2.7 兆円の歳出増 (通常)
	4・1	消費税率引上げ (3%→5%)
		当初予算では特別減税は行わず
		医療保険患者負担・保険料の見直し
	11・28	財政構造改革特別措置法成立
1998		1998 年分特別減税 (1.4 兆円の所得減税)
	4・24	総合経済対策 (16.6 兆円)，12.3 兆円の財政支出
	6・17	補正で約 4.6 兆円の歳出増
		1.4 兆円の特別減税の追加，投資減税 670 億円
	11 月	緊急経済対策 (17 兆円超)
	12 月	補正で約 5.7 兆円の歳出増
		(98 年度減収見込み：6.884 兆円)

1999		「財政構造改革特別措置法」停止
		約6兆円の恒久的減税（国・地方）：最高税率の引下げ
		（約3兆円の定率減税を含む）（法人税率の引下げ：1兆円）
		6月：緊急雇用対策（7月補正で約0.4兆円歳出増）
	11月	経済新生対策（18兆円）
	12月	補正で約6.8兆円の歳出増
		（減収見込み：1.441兆円）
2000	10月	日本新生のための新発展政策（11兆円）
	11月	補正で4.8兆円の歳出増
		（増収見込み：1.236兆円）
2001	10月	改革先行プログラムの実施
	11月	補正で約1.1兆円の歳出増
		（減収見込み：1.102兆円）
	12月	緊急対応プログラム
		「改革推進公共投資」（産業投資特別会計：2.5兆円補正）
2002	12月	改革加速プログラムの実施
2003	1月	補正で約2.5兆円の歳出増
		（02年度減収見込み：2.540兆円）
2004		
2005	2・1	災害対策等の補正で4.768兆円の支出増
		（04年度増収3.035兆円）
		定率減税縮減（1/2）
2006		定率減税廃止
2007		

（出所）主として各年の『財政金融統計月報』（予算特集）より作成。

向にあり，総じて景気抑制的だったといえる。この支出の抑制とバブル景気による税収増加により，特例公債からの脱却目標は1990年度に達成されることとなった。税制改革面では，1984年と1987年に所得税減税が行われているが，他の税項目では増税となっており，租税収入全体での減税（景気刺激策）にはなっていない。むしろ，1981年のように増税となっているケースが多い。

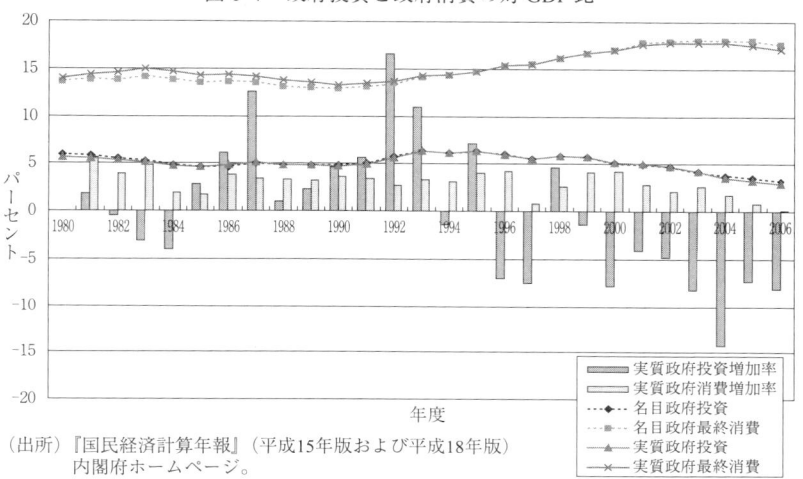

図 1-7 政府投資と政府消費の対 GDP 比

(出所)『国民経済計算年報』(平成15年版および平成18年版) 内閣府ホームページ。

4-2-2 バブル破裂以降の財政政策

バブル破裂後，1995 年度までに 7 回の経済対策が実施された（表 1-5 中の①～⑦)。バブル破裂以降の財政政策は，当初は政府投資が中心であり，1994 年度以降は主として減税中心の政策が行われている。図 1-7 に見られるように，政府投資は 1992，1993 年度にはそれぞれ 16.6%，11.0% の増加，1995 年度には緊急円高対策や経済対策で 7.1% の増加となっている。また，1994 年には所得税特別減税 3.8 兆円を含む約 4.2 兆円の減税が行われた。こうした財政面からの景気刺激策，前述したような一貫した金利引下げによる金融緩和政策，円高進行下での海外景気に依存した輸出の増加により景気は 1993 年 11 月から回復に向かい，平均 2.4% の約 3 年半におよぶ拡張期が続いた（表 1-1 参照)。しかし，前述したように GDP デフレータで見ると 1994 年度からデフレに陥っており，名目 GDP の増加率は，実質のそれよりも低く[20]，成長率に比較して所得の伸びが低いので税収も伸びず，財政赤字は急速に拡大し，1994 年度からは特例公債が再び発行されることとなった。そのため再び財政再建問題が浮上

---

[20] 名目成長率と実質成長率の逆転現象であり，この拡張期が実感に乏しい原因といわれた。

した。前に見たように，この間地価下落が続いておりフローでもデフレが進行しつつあるなかで銀行の不良債権処理は先延ばしされていたが，1995年に公的資金投入による住専処理が決定され，不良債権処理が緒に就いた。

政府は，経済は正常化したものと判断し，1996年12月に「財政健全化目標」を定め，1997年度予算から財政再建に着手し，前述したような増税等による財政赤字削減策をとった。そのため経済は，1997年6月から後退局面に入り，デフレが進むと同時に深刻な不況へと向かうことになった。大手金融機関の破綻を受けて，金融システム安定化のために大手銀行への公的資金投入が2度にわたり行われ，不良債権処理も本格化することになった。デフレがさらに悪化するなかで，金融政策はゼロ金利政策から量的緩和政策へと移行していった。

財政政策は，1998年に2回にわたる特別減税で約2.8兆円の減税を行い，1999年以降は約3兆円の定率減税等を行っている。この年には，特別減税を含めて約6兆円におよぶ恒久的減税（最高税率の引下げや法人税率の引下げなど）が行われている。なお，景気回復とともに3兆円の特別減税は，2005年に半減され，2006年に廃止されている。

政府投資は，1998年度に景気対策で引上げられているが，それ以降は，毎年減少し，対実質GDP比は，1998年度の5.9%から2006年度の2.9%へと3％ポイント低下している。

5. 財政構造改革問題

5-1 1980年代の財政再建状況

第1次石油ショックに対する不況対策で特例公債の発行が1976年度から再開された。毎年特例公債の発行が増加し，第2次石油ショック時には約8兆円規模に達していた。1980年代初頭には，公債残高（普通国債残高）は，対GDP比約30%に達した。それを受けて政府は，1981年度から財政再建に取り組み，政府支出の抑制と税収確保のための増税に着手した。予算編成では，「ゼロシーリング」や「マイナスシーリング」などが取り入れられた（表1-5参照）。税制改正では，所得税減税が行われても他の税項目で増税を行い，税構

成を変え全体では増税気味の税制改正が行われた。例えば，1984年に平年度約8兆円強の所得税減税が行われたが，法人税引上げ，酒税引上げなどで全体では増税となっている。1987年の大規模な所得税減税[21]についても同様である。

当初「84年度までに特例公債からの脱却」が財政再建目標であったが，達成が困難になり，「90年度までの脱却」に変更され，それが実現されることとなった。この間の一般会計での公債発行状況を見ると，新規国債発行額は1981年度以降1983年度に約13.3兆円でピークに達し，その後低下し1991年度には約5.3兆円になっている。公債残高の対GDP比は，1986年度に42.4％でピークに達しその後低下し，1991年度には36.3％になっている。

この財政再建目標が達成された状況を一般政府の支出と収入面から見ておきたい。政府消費，政府投資および一般政府可処分所得（以下この節では単に，可処分所得）の対名目GDP比を見ると図1-8のようになる。政府消費の対GDP比は，1984年度以降わずかに低下している。政府投資の対GDP比も，傾向的に低下している。図1-7で見たように，政府投資は1982-84年度は減少しているが，この間には財政再建目標は達成されず，その後の投資を増加させた期間に目標が達成されている。一方，可処分所得の対GDP比を見ると，傾向的に上昇しており，特に1987年度以降1991年度までの上昇が急激である。さらに，一般政府のバランス（貯蓄投資差額）を実額ベースで見ると，図1-9のようになる。政府消費に比較し可処分所得がより急激に増加しているために，政府貯蓄が増加している。その増加が政府投資のそれよりも大きいために，政府バランスは黒字になり，新規公債発行額を減少させると同時に特例公債の発行をゼロにすることが可能になった。これは，支出面での動向よりは高成長による収入面での動向が財政再建に貢献していることを物語っている。

---

21) 1989年4月の消費税導入と対になっている。

34 第1部 経済政策の理論と実際

図1-8 政府支出の対GDP比

凡例：政府消費、個別消費、集合消費、政府投資、固定資本減耗、可処分所得

（注）1995年度までは1995年基準，1996年以降は2000年基準である。
（出所）『国民経済計算年報』（平成15年版および平成18年版）内閣府ホームページ。

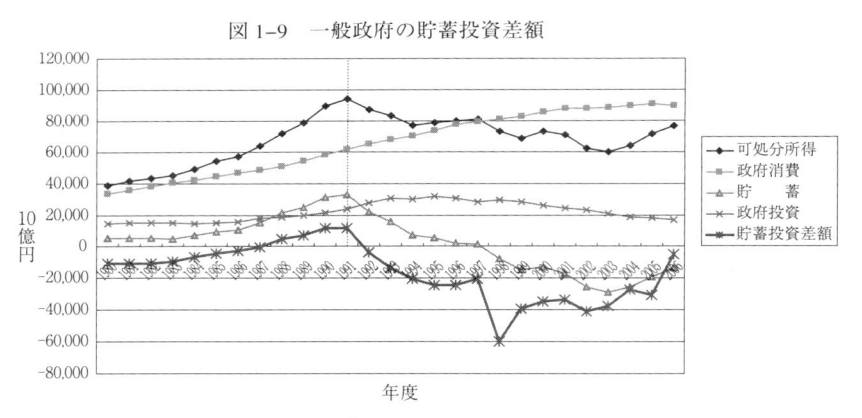

図1-9 一般政府の貯蓄投資差額

凡例：可処分所得、政府消費、貯蓄、政府投資、貯蓄投資差額

（注）出所と注に関しては，図1-8参照。

5-2 1990年代の財政バランス悪化と財政構造改革問題

5-2-1 財政バランスの悪化要因

図1-9を見ると明らかなように，バブル破裂後1992年度より財政バランス（貯蓄投資差額）は2002年度まで急速に悪化し，その後改善方向に向かっている。特に，1998年度の悪化が著しい。貯蓄投資差額は約60兆円の赤字（資金

不足)となり,普通国債残高は約37兆円増加している[22]。この年度から政府貯蓄がマイナスになっている。2006年度には,可処分所得が1997年度水準に近づくにつれて貯蓄のマイナスも小さくなっている。

　こうした政府バランスの悪化は,支出面での増加というよりは収入面での減少が大きな要因となっている。可処分所得は,2006年度でも過去最高であった1991年度の水準の約81%に留まっている。そこで,可処分所得の推移を見ると図1-10のようになる。1987-91年度の5年間では可処分所得は年平均7.4兆円増加していたのに対して,1992-94年度の3年間には年平均5.7兆円減少している(図1-10中の棒グラフ参照)。景気回復にともない1995-97年度には可処分所得は増加に転じているが,年平均1.3兆円程度であり,1998年度から2003年度までは2000年を除きまた減少し,2003年度の可処分所得は1987年度のそれよりも低くなっている。その結果,1996年度以降政府投資は減少しているが,政府バランスはほぼ一貫して悪化し続けた。2002年度以降の景気回復にともない2004年度から可処分所得が回復に向かうと,政府バランスも回復し始めている(図1-9参照)。

　可処分所得を構成項目ごとに見ると,財政バランスの悪化は2つの要因に分けられる(図1-10)。1つは,所得・富等に課される経常税(以下,所得税)収入の低下であり,2つは,社会保障収支(社会負担(純受取))が1998年以降マイナス幅を拡大させていることである。第1次所得バランス(以下,政府所得)は,生産活動に関連した政府の所得であり,生産・輸入品に課される税(以下,間接税)から補助金を控除し財産所得(純受取)を加えたもので,その性格からほぼ名目GDPと連動した推移を示している。むしろ,政府所得の対名目GDP比は,なだらかな上昇トレンドとなっている(図1-11参照)。政府所得の中心である間接税と名目GDPとの関係を,消費税の導入,税率の引上げの区間別に推定すると表1-6のようになる。限界税率は高まっているが,適合度は低下している。

[22) 1998年度には,金融対策などとしての約34兆円の資本移転が大きな赤字要因となっている。

36　第1部　経済政策の理論と実際

図1-10　政府可処分所得

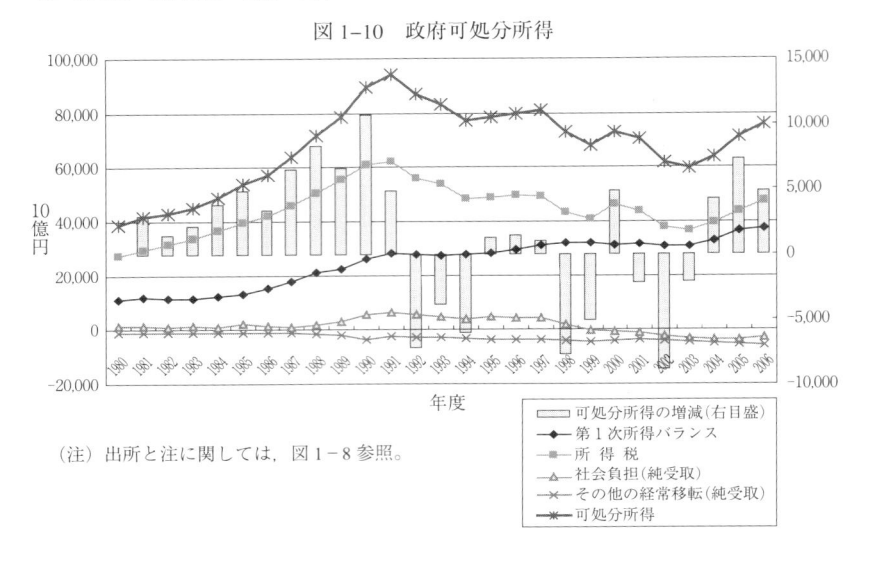

(注) 出所と注に関しては，図1-8参照。

図1-11　一般政府受取（対名目GDP比）

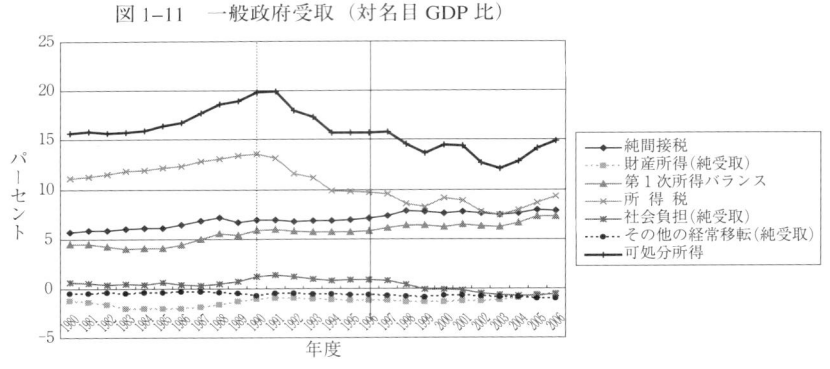

(注) 出所と注に関しては，図1-8参照。

　所得税の対名目GDP比を見ると，1992年度以降急激に低下している（図1-11）。所得税の対名目GDP比は，1990年度の13.5%から1994年度の9.8%まで3.7%ポイント低下している。不況とデフレで名目GDPが停滞した以上に所得税が減少したことを物語っている。1998年度から2003年度までも対GDP比は低下傾向にある。財政政策の項で述べたように，1994年度と1998，1999年度に減税を行っているのがそれぞれの年度の対GDP比を引下げている。所

表 1-6　間接税関数

推定期間	定　数	GDP	R^2	s	d
1980-1989	-4680.7	0.0904	0.99	556.6	1.31
	(-4.31)	(27.04)			
1990-1997	-11429.5	0.1010	0.91	706.4	1.00
	(-2.06)	(8.64)			
1998-2006	-9602.3	0.1043	0.52	647.3	1.34
	(-0.57)	(3.09)			

(注) 1. R^2 は自由度修正済み決定係数，s は標準偏差，d はダービン・ワトソン比。
　　 2. カッコ内は t 値。

図 1-12　部門別所得税

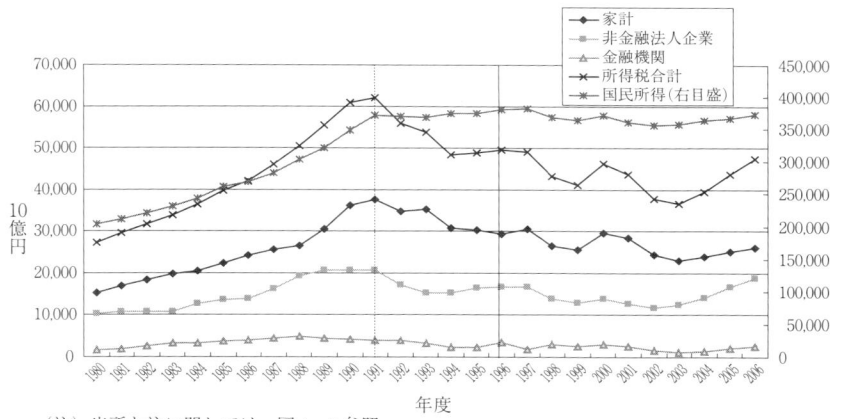

(注) 出所と注に関しては，図 1-8 参照。

得税を各制度部門別に見たのが図 1-12 である。国民所得は 1997 年度までは わずかに上昇トレンドであり，1998 年度以降 2003 年度まで下降トレンドであ るが，いずれの部門の所得税も 1992 年度から国民所得以上に強い低下傾向に あり，国民所得と同様 2004 年度から上昇している。

5-2-2 部門別所得と所得税

そこで部門別に所得と所得税の関係を見ておきたい。家計所得税は，所得税全体の約 60% を占めており[23]，景気がよくて法人税が増加すると低くなり，逆に不況期には高まる。家計所得税と家計所得との関係を見ると，図 1-13 のようになっている。1980-93 年度の期間では，1990，1991 年度の家計所得税が所得に比較し高くなっているが，所得とほぼ同じ動きをしている。この期間の所得弾性値は約 1.40 である。これに対して 1994 年度以降の期間では，前述したような 1994，1998，1999 年度の特別減税等で該当する年度に所得税の急激な減少が見られるが，ほぼ所得に平行に変動しており，この期間の所得弾性値は約 1.32 で，若干低下している[24]。この両期間で家計所得税関数を推定すると表 1-7 のようになる。1998，1999 年度には減税を反映して，約 2.7 兆円定数が下方にシフトしている。また，後の期間での定数は約 2 兆円小さくなっている。さらに，限界課税係数も小さくなっている。以上より，家計課税所得

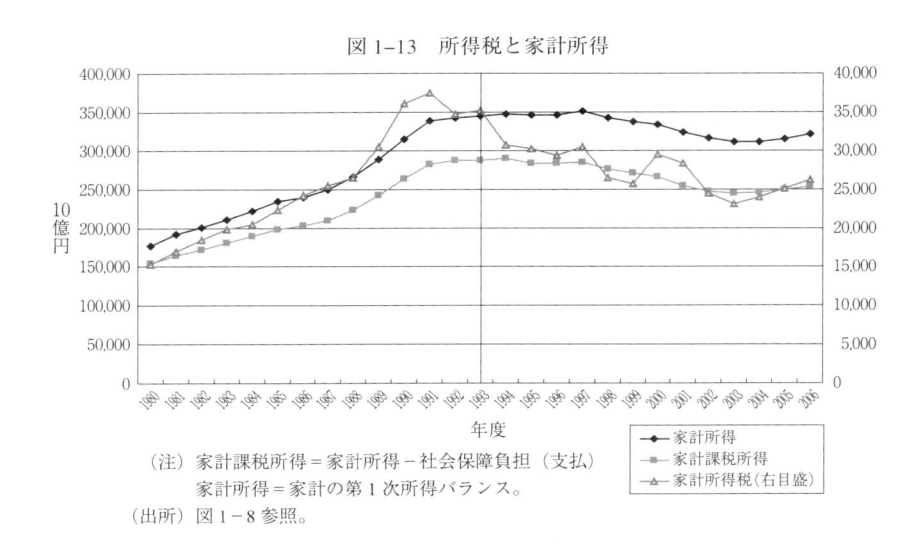

図 1-13 所得税と家計所得

(注) 家計課税所得 = 家計所得 − 社会保障負担（支払）
　　　家計所得 = 家計の第 1 次所得バランス。
(出所) 図 1-8 参照。

---

23) この期間の最低は 1988 年度の 52.3%，最高は 1993 年度の 65.5% である。2006 年度は 55.1% となっている。
24) 1999 年の税制改正で最高税率が 50% から 37% に引下げられている。

表 1-7　家計所得税関数

推定期間	定　数	ダミー	家計課税所得	R^2	s	d
1980–1993	−9306.1		0.162	0.97	1336.8	1.16
	(−5.25)		(20.29)			
1994–2006	−11330.2	−2707.6	0.147	0.82	1153	1.23
	(−2.13)	(−2.99)	(7.29)			

(注)　家計課税所得については，図1-13の注参照。ダミーは1998，1999年度のみ1。
　　　その他は，表1-6の注参照。

と所得税の関係は税率のフラット化で若干弾性値が低下しているが，所得税の減少傾向は主として家計所得の減少傾向に起因していることがわかる。

次に法人税を民間非金融法人企業と民間金融機関に分けて所得税と企業所得との関係を見る（図1-14）。バブル破裂以前には，所得の変動の方がやや激しいが，1989年から法人税率が引下げられている[25]ので1989年で所得税と所得との間にギャップが生じていることを除けば，ほぼ所得と所得税とは並行して推移している。非金融法人企業の場合には，バブル破裂後も1995年度までは平行した推移となっている。しかし，1996年度以降2004年度までは，両者の差が拡大している。法人所得税率が1998年に37.5％から34.5％へ，さらに1999年に30％に引下げられていることが基本的には反映しているものと考えられる[26]。一方金融機関の場合には，バブル破裂後一貫して所得税と所得の差が拡大している。これは不良債権処理のためである。不良債権処理は政府の税収にも大きな影響を与えていることがわかる。

以上より，バブル破裂以降の所得税の低下は，家計所得の低下と税率構造のフラット化，法人所得の伸び悩みと法人税率の引下げ，および金融機関の不良債権処理に起因していることがわかる。これまでの税制改正は税率のフラット化の方向であり，所得が増加しても税収が伸びない構造（自動安定機能の低下）

---

25)　1989年には，1987年税制改正で1986年の43.3％から37.5％に引下げられている。
26)　1992年には法人特別税が創設され（約4800億円），1994年に廃止されている。

図 1-14　法人税と法人所得

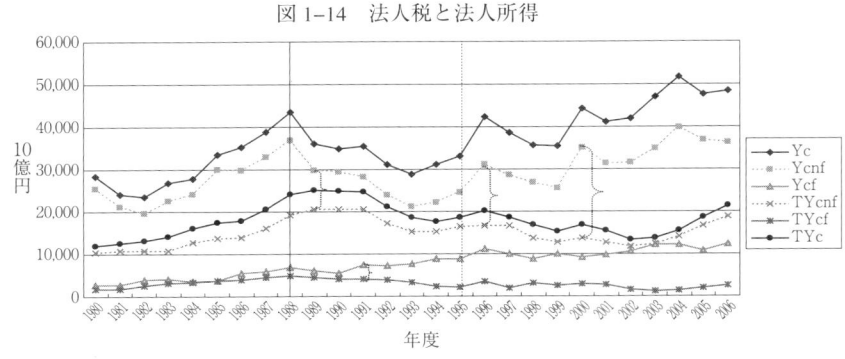

(記号) Yc=民間法人所得，Ycnf=民間非金融法人所得，Ycf=民間金融機関所得
　　　TYc=法人税，TYcnf=民間非金融所得税，TYcf=民間金融機関所得税
(注) 出所と注に関しては，図 1-8 参照。

となっており，財政再建にとっては厳しくなっている。

5-2-3　財政構造改革問題

　前述したように，政府は 1996 年 12 月に「財政健全化目標について」を閣議決定し，財政構造改革に着手し，1997 年 11 月には「財政構造改革特別措置法」が成立した。しかし，1997 年度の緊縮財政政策は，景気後退を悪化させ，アジア通貨・経済危機の影響もあり，1997 年度はゼロ成長，1998 年度にはマイナス 1.5％ 成長というバブル破裂後最悪の落ち込みとなった（表 1-1 に見られるように後退期の落ち込みが最も大きい）。その結果，1998 年 12 月に財政構造改革特別措置法は停止されることとなった。前に見たように，1998，1999 年度には大手銀行に 2 度にわたる公的資本注入が行われると同時に，この 2 年間に約 34.4 兆円の不良債権処理が行われている（表 1-3 参照）。1998 年以降のデフレの悪化と急激な経済停滞は，減税政策と相まって政府バランスの悪化を招いた（図 1-9 参照）。2002 年度以降の輸出主導型の景気回復の結果，国民所得の増加が所得税を増加させ，特別減税の廃止もあり政府貯蓄と政府バランスは改善に向かっている。政府バランスの改善には政府投資の抑制も貢献している。

　現在政府は，「2010 年代初頭における基礎的財政収支の黒字化」を目標（プライマリーバランス均衡化目標）とした財政構造改革を進めている。これまで見

てきたように，1980年代の特例公債からの脱却や1990年代の財政バランスの悪化は，①高い名目成長率が確保され，所得税を中心とした税収が増加しない限り財政再建は困難であること，および②社会保障の負担と給付のバランスを安定させること，の必要性を教えているといえる。財政支出の削減のみに依存すると，金融政策のみに加重がかかり輸出に依存した経済構造に変わり，外国の経済状況に依存する度合が高まり，これまで20年以上目標としてきた内需中心の経済成長達成は困難となる。

公債残高の対名目GDP比と名目成長率および利子率の関係に関してはドーマーの公式がある。ここで，公債残高を $B(t)$，政府支出を $G(t)$，租税を $T(t)$，利子率を r，名目GDPを $Y(t)$ とする。さらに，名目GDPは一定の率 q で成長し，政府支出と租税は名目GDPの一定比率であるとする。すなわち，$Y(t)=Y(0)e^{qt}$，$G(t)=gY(T)$，$T(t)=xY(t)$ とする。公債残高の対名目GDP比は以下のようにして求められる。

財政の収支バランスは

$$G(t)+rB(t)=dB(t)/dt+T(t)$$

であり，これより

$$dB(t)/dt=(g-x)Y(t)+rB(t)$$

を得る。

この微分方程式を解くと，次の解が得られる。

$q \neq r$ のとき，$B(t)/Y(t)=(g-x)/(q-r)$
$\qquad\qquad + \{B(0)/Y(0)-(g-x)/(q-r)\}e^{-(q-r)t}$，

$q=r$ のとき，$B(t)/Y(t)=B(0)/Y(0)+(g-x)t$。

これより，$g>x$ で毎年支出が収入を上回ときとき，$B(t)/Y(t)$ は，$q \leq r$ なら発散し無限大となり，$q>r$ なら一定値 $(g-x)/(q-r)$ に収束する。このことは次のことを示唆している。①支出を削減し，$(g-x)$ を小さくすることは，公債残高の対GDP比の収束値を引下げる（税負担率を上げるのも同様），しかし②名目成長率が名目金利よりも低ければ公債残高の対名目GDP比は無限大に発散する。したがって，g や x を決定する政策がデフレを招き，名目成長率を引き

下げ，$q \leq r$ とならないようにすることが重要である。ちなみに国債利回りと名目成長率の関係を見ると，図1-15のようになっている。バブル破裂以降は，名目成長率の方が小さくなっており，公債残高の対名目GDP比は発散する条件になっている。デフレから脱却し，名目成長率を高めることが急務である。

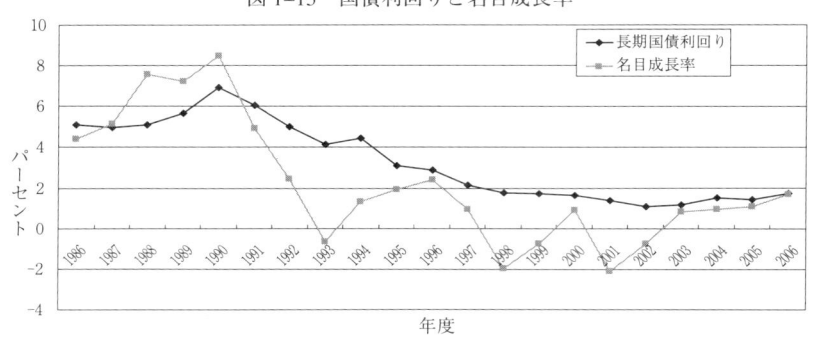

図1-15 国債利回りと名目成長率

(注) 国債利回りは，1988年までは東証上場国債(10年)最長期流通利回り，1989年以降は長期国債(10年)新発債流通利回り。
(出所) 国債利回りは日本銀行ホームページ，名目成長率は内閣府ホームページ。

6. おわりに

1980年度以降の日本経済は，国際通貨制度が変動相場制に移行し，定着する過程で，時に急激な円高をともなった円高トレンドへの対応に迫られてきた。1980年代には，1970年代の2度にわたる石油ショックへの政策対応で悪化した財政バランスが制約となり，物価がディスインフレ化傾向にあったので金融政策は景気対策および為替レート対策に割当てられた。その結果，公定歩合は一貫して引下げられ，好景気下で低金利が長期間続いたために通貨供給量が増加し，バブルが生成され，破裂することとなった。1990年代はバブル破裂への調整の遅れで，しばしば「失われた10年」と呼ばれる事態に陥った。バブルの破裂は，膨大な不良債権を発生させ，不良債権処理の先送りおよび財政再建を急いだことは金融制度の不安定化とデフレを惹起した。多くの負債が存在するなかでのデフレ（負債デフレ）は，深刻な長期の停滞を招来した。財

政制約が重視され，大規模な財政面からの景気浮揚策がとられないなかで，バブル破裂後の金融政策は一貫して金利の引下げを行い，ゼロ金利から量的緩和へと進むこととなった。その結果，1980年以降目標としてきた内需主導型成長への転換はできず，輸出に依存した成長になり，日本経済はますます輸出依存度が高まり，為替レートおよび海外の経済動向に影響される度合が高まっている。この間のマクロ経済バランスの大きな変化は，部門別貯蓄投資バランスに端的に現れている（図1-16）。

バブル破裂以前は，家計が主とした貯蓄超過主体であり，非金融法人企業の吸収しきれない分が海外投資として海外に流出していた。そして1980年代前半のように不況期には政府も吸収していた。それに対して，バブル破裂後は，家計の貯蓄超過が縮小し金融機関が貯蓄超過となり，低金利下で家計から金融機関に所得移転が行われ金融機関の貯蓄超過で不良債権が処理され，家計の貯蓄超過は縮小している様子がうかがわれる。さらにデフレ下で，非金融法人企業も外部資金に依存することを避け，内部留保内で投資をしており，貯蓄超過に転じている。その結果，民間部門での貯蓄超過を政府が吸収しきれず，海外投資となっている。2002年度からは海外投資の度合が高まっている。このこ

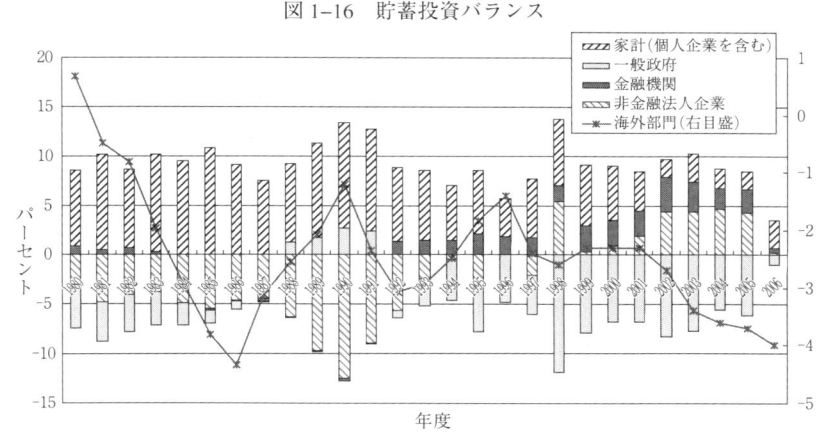

図1-16 貯蓄投資バランス

(注) 家計は非営利団体を含む。
(出所)『国民経済計算年報』（平成15年版および平成18年版）内閣府ホームページ。

とは，経常収支面から見ると，輸出が輸入をますます大幅に超過することにより成長が維持されていることを意味する。その結果，前述したように輸出の対GDP比が高まっている。

経済発展の段階として貯蓄超過となり海外投資が行われることは容認されるとしても，経済政策としては，中長期的に過度に輸出に依存することなく，民間投資や民間最終消費を中心とした内需主導型の需要構造に転換するように，経済構造の転換とともに財政政策と金融政策の適切なミックスを考えることが求められる。財政均衡は，デフレから脱却し，経済が健全にならないと達成困難であることをこれまでの経験は教えている。さらに，今後資産インフレがバブル化しないように，資産価格に対する政策手段の開発が重要な課題となっている。

本章では，統計に基づき記述的分析を行ったが，これらの分析を基に中長期の計量経済モデルを推定し，定量的政策を検討することが今後の課題である。

参 考 文 献

岩田規久男編著（2004）『昭和恐慌の研究』東洋経済新報社。
岩田規久男・宮川努編（2003）『失われた10年の真因は何か』東洋経済新報社。
栗林世（2002）「負債デフレの克服」（『研究レポート』(7)）シンクネット・センター21。
経済企画庁（各年）『経済白書』。
貞廣彰（2005）『戦後日本のマクロ経済分析』東洋経済新報社。
財務省財務総合政策研究所編（各年）『財政金融統計月報』（予算特集）。
内閣府（各年）『経済財政白書』。
原田泰・岩田規久男編著（2002）『デフレ不況の実証分析』東洋経済新報社。
村松岐夫・奥野正寛編（2001）『平成バブルの研究』（上・下）東洋経済新報社。

第 2 章

地方公共政策の分析視角
——経済的制約と費用——

1. はじめに

「地方の時代」,「三位一体の改革」あるいは「地方分権の時代」など政治的宣伝文句は時代の流れのなかで変わりはするが,その本質は,1949年にShoup博士が唱えたことと何ら変わらない。地方の自立と地方の平衡が,戦後の日本が追求すべき方向であるとして明らかにされていたのである。しかし実際には,いずれの目標も意図されたように実現されていない。地方あるいは地域の繁栄と困窮とは二重構造を成し,1960年代の二重構造は,現代では格差という言葉で置き換えられている。

近年,地方公共政策の成功と失敗や地域間格差に関連した時論が増えつつある。地域間の経済格差はジニ係数で測ることができる。ジニ係数を課税対象所得について求めてみると,2007年度について都道府県のレベルでは,0.529,地方行政改革に新風を吹き込んだといわれる三重県の市町の場合では,0.627である(総務省統計局(2009)の計数を用いて算出)。また,2005年度県民総所得について求めてみると0.617である(県民総所得の計数は内閣府(2008)に依る)。一般に所得分配については0.4を超えると社会の安定に危険とされている。

一部の地方で既に成し遂げられている繁栄は,イノベーション,政治的また

は文化的な生活，多様性の経済利益（the gains from diversity）を踏まえた，多元主義の同時的な進展によるものである。青木（1995）やKay（2005）が異口同音に問いかけるように，ユニバーサルな経済モデルなどはない。こうした見方は，比較制度分析（Comparative Institutional Analysis, CIA）に特徴的である。

地域間格差あるいは地方公共政策に関連する研究論文のなかでも特に注目したいのは，経済学者によるもの，あるいは経済学の思考を基礎にしているものである。何故ならば，合理的経済主体の政策への反応とそうした反応を誘った文脈の方が，政策の結果を理解する上で決定的に重要であるからである。政治的説明はわかりやすく現実的かもしれない[1]。しかし，経済学を無視して政治学に基づく分析に集中すると，多くの重要な現象を不完全にしか検証できなくなる（Glazer and Rothenberg（2001），p.2）。

現代経済学は，機械的，数理的であるといわれる。そのため，人びとの感情による批判の対象になりやすい。しかし，経済学の理論は，数学的な構造と日常言語に基づく解釈とを組み合わせたものと見なすことができる（Gilboa-Schmeidler（2001））。経済学は，「Marshallの経済騎士道」や「経国済民」（「経世済民」）に基づいた実践の基礎を提供する。そのとき，経済的な制約がどのように政策の結果を動かしているのかについて包括的に研究しなければならない。

本章では，地方における公共政策の実態を踏まえ，同時にこれまでの地方公共団体の政策過程における個人的な体験から得られた知見に依りながら，現在の地方公共団体の政策モデルと制度の限界を経済的制約と費用（costs）概念を通して明らかにしたい。

ここで注意しておきたい点が2つある。第1は，行政単位である中央と地方についてである。すなわち，近年，地方公共団体を地方政府（local government）とする表現が，連邦制の国と同様に日本において使われることが多い。

連邦制国家について，いわゆる「連邦制の第1世代理論」はTiebout（1954）やOates（1972）によって代表され，地方政府の直轄間で生じる民間主体の可

---

[1] 近年の小泉構造改革の文脈と自らの経済政策について，例えば国会議員中川（2008）を参照。

動性を特性とする。これに対して「第 2 世代理論」(Qian and Weingast (1997)）は，連邦制の配置が，一面では，政府にハードな予算制約を促すためのコミットメント装置であることを強調する。これらの理論の背景には，地方政府は，政治上の権限が認められた地理的な管轄下において，特定のクラスや利益集団の規制を選択できるという点で自律性が与えられており，国民的規模以外での公共財の供給主体としてデザインされている。周知のとおり連邦制の顕著な事例は，北アメリカ 13 州である（青木（2001），165-187 ページ）。

しかし，日本の場合，理念と実態との間には乖離があり，現実の地方公共団体をそのまま欧米のように地方政府と呼ぶには限定的である。そこで本章では，日本国憲法にしたがって中央政府は国，地方政府は地方公共団体（一般的な呼称は地方自治体）とする。

第 2 は，経済政策に空間的次元を取り入れた地域（region）という分析概念である。日本において地域という言葉が流行語のように使われるようになったのは 1960 年代以降であるが，例えば，行政上の単位である都市と，実質的に都市的な生活が営まれている地理的領域との間にくいちがいがあることを認識しておかなければならない。地域を限界づける規準は用いられる分析のフレームワークによって決まる。地域は研究の便宜のための 1 つの作業仮説であり，分析の目的によって設定される手段である（笹田（1964），15-19 ページ）。

また，公共政策（経済政策を含む）における行政次元の地方と空間的次元の地域とが常に一致しないことにも留意しておく。

2. 経済モデルの役割

経済学の入門的教科書は，ほぼ例外なく，消費者や企業などの個々の経済主体のミクロの行動と経済それ自体のマクロの動きの間を，標準的に区別している。そのため，これらの教科書は，経済を具象化するための基礎を用意し，マクロ経済学においては，国内的・国際的公共政策の基礎となり優勢が続いてきた。しかし，マクロ経済とミクロ経済との関係は，「合成の誤謬」（fallacy of composition）に結びつけて説明されることがあり，他方で，マクロ経済学のミ

クロ的基礎に論究されてきた。この関係を日本の政策実施レベルに投影し，国の政策と地方公共団体の政策の関係に置き換えると，その関係は，欧米の連邦制における国と地方政府（州政府）との関係と異なり，政策の実効性（enforcement）は，今日的には地域間格差の文脈で注目されることが多い。問われなければならないことの1つは，国の家父長的な公共政策と地方の中央依存型で福祉国家的公共政策の便益整合性である。そして，もう1つは，個々の住民に成立することが，地方の，あるいは地域社会全体にも成立するという錯覚の存在である。

経済学の利点と，それが個人や組織の意思決定を分析するツールとして広く利用されている理由の1つは，分析者は検討の対象とするプロセスの主要な構成要素を明確にしなければならないことである。経済学のモデルは，意思決定者（Decision maker），目的（Goals），選択肢（Choices），選択と結果の関係（Relationship between choices and outcomes）を厳密に特定しなければならない（Besanko, Dranove, Shanley and Schaefer（2004），p. 2）。

公共政策の実効性を考えるとき，2つの経済モデルが想起されるであろう。1つは国の集権的決定の最適性を明らかにするBergson（1938）の社会的厚生関数モデル（計画経済モデル）に代表される最適分配モデルであり，もう1つは分権的決定の最適性をOatesの分権化定理に基づいて説明する資源配分モデルである。前者は国の温情主義に基づいたナショナル・ミニマム論を支えるモデルであり，後者は地方住民の選好に基づいたローカル・オプティマム論の基礎になっている。

ナショナル・ミニマムに関連した政策は，日本では日本国憲法25条1項「すべて国民は，健康で文化的な最低限度の生活を営む権利を有する」に法的根拠を求め，ナショナル・ミニマムは，分配の平等主義を表現している。これは，国の政策全般を支配する強い価値判断であるが，内容を特定することは容易ではない。他方，ローカル・オプティマムの議論とその現実への適用は，地方公共団体の分配状態と賦与された資源を所与として，当該行政区域内で生活を営む住民の生活の質（Quality of Life, QOL）を維持・改善することにある。その

際，もちろん，費用便益（cost-benefit）基準による所与の資源の配分効率が求められるが，地方公共政策の目標が住民に予め受け入れられているならば，便益ではなくてむしろ効果（effectiveness）が問われる。言葉を換えれば，ローカル・オプティマムは，住民の選好にしたがった政策からもたらされる便益に対する機会均等を最小の費用で実現すること意味している。

ローカル・オプティマムが基礎に置く考え方は，費用を所与とした便益最大化か便益を所与とした費用最小化か，費用主導型の価値設定か価値主導型の費用管理か，である。

費用主導型の価値設定とは，公共政策の費用からスタートし，それに対応させて税率（租税価格）設定を行うことである。これに対して，価値主導型の費用管理では，住民が進んで支払う税率（租税価格）を設定し，公共財・サービスの設計段階から供給の管理・運営までの許容される費用を明らかにする。住民が進んで支払う税率（租税価格）についての情報が用意されなければならないが，それがマーケティングである。税率（租税価格）を所与として，費用分析を行うこと，すなわち，住民価値の創造と税率（租税価格）主導型の費用管理がこれからの公共経済の考え方になるであろう。住民にとっての価値と，それを生むために要した資源と費用についての情報こそ基本である。活動基準原価計算（Activity-Based Costing，ABC原価計算），価値主導型費用管理（Price-Led Costing），経済連鎖原価計算（Economic-Chain Costing），経済的付加価値分析（Economic Value Added，EVA），ベンチマーキング（Bench-Led Marking）など，会計の新理論と概念を理解しておかなければならないであろう[2]。

しかし，依然としてナショナル・ミニマムに依った考え方は政治算術の世界では正論であり，常識である。そのため，上で述べた経済最適性に基づいた考え方は忌避される傾向にある。経済算術と政治算術との相克は容易に克服できないでいる[3]。持続可能な発展を求める地方公共団体，財政赤字に悩む地方公

---

2) ここでの論点は，Drucker（2004）に負っている。
3) 「経済算術と政治算術」という表現は，加藤（2000）が，Blinder（1987）のHard head と Soft heart を言い換えたものである。また，*Public Choice*, Vol. 137, December 2008 の特集論文を参照。経済政策には，明確で首尾一貫した基準によって立案されるべ

共団体（早期健全化団体，財政再生団体），限界集落の切り捨てを危惧する地方公共団体が，問題解決の基本的な考え方をどこに求めるか，その分析の視角は何か，明らかにしておく必要があろう。

　ここで「問題」とは一定の枠組み（制約）におけるインプットからアウトプットまでのシステム体系と見なされる。問題意識とはこのアウトプットと「曖昧な」理想との距離を示し，原因は問題を構成するパラメータ（変数）である。問題解決とは，始点（アウトプット）すなわち現状を終点すなわち理想へ変換する方向（方針）を規定するパラメータ（評価基準）によって表されたベクトル（手続き・組織・態度・制約・感情など）の集合である（竹村（1999），2ページ）。

3．経済的な制約

　公共政策の経済的な制約は，Glazer and Rothenberg（2001）にしたがって，信頼性（Credibility），合理的期待（Rational expectation），クラウディング・イン（Crowding in）とクラウディング・アウト（Crowding out），および複数均衡（Multiple equilibria）の4つを考える。これらを地方公共団体が公共政策を進めるなかで成功するか失敗するか，という文脈で考えてみよう。

　信頼性は，市場での行動がそうであるように政策当局が経済行動するときの必要かつ十分条件である。政策当局者が，企業や個人に費用を要し後戻りできないとき，すなわち，回避不可能な費用と見なされるが将来に期待利益を見込む投資をさせようとする場合に，具体的には，制度を含む社会資本の整備に関わるときに重要となる。

　一般的信頼について，荒井（2006）は，今日の日本における信頼崩壊の主要因を新古典派経済学の自由の概念に求める。新古典派経済学の方法論と思想では，個人主義が前提とされており，選択の自由が保障されている。この点が強調され，組織的価値，言い換えれば，集団主義に基づいた公共心が欠落すると

き政策と，政治的判断が不可欠な政策がある。しかし日本では，前者の政策に関しても首尾一貫した基準によってではなく，既得権益集団の政治力によって決められている（八田（2008））ことは衆人の知るところである。

いう。しかしながら，社会心理学者山岸（1998）は，信頼のパラドックスの文脈のなかで逆に，集団主義それ自体に信頼崩壊の萌芽があることを指摘する。関係内部での協力態勢の強化は，人間性一般に対する信頼の成長を阻害するという[4]。それぞれの説明に対して理論レベルでの論点を評価するのか，それとも現実レベルでの論点を評価するのかによって賛否両論は否めないが，政策の信頼性を問うとき，政策当局が利用可能な手段について制限的であることから，信頼性を保つことはしばしば困難になるのが現実である。

　合理的期待は，政策意思決定当局が情報を収集して，それに洗練された形で反応することを意味する。合理的期待は，その長期的効果を限定的にする。その場合，政策は失敗する。特にそれは金融政策の効果について見られるが，財政政策においても，国が地方に補助金を支給するとき，直接の需要者である住民に財政錯覚を引き起こさせ，継続的な歳出増を要求させる。政策意思決定当局に蠅取り紙効果（flaypaper effect）を結果することの可能性が検証されている[5]。多くの住民は，実は，公共政策の主たる受益者は既存の政治家など個別利害関係者たちであって，自分たちではなさそうだということに気づき始めている。確かに，すべての経済主体が合理的期待をもっているわけではない。政策立案者は経済主体がある所与の政策にしたがう形でしか行動しないと想定すべきではない。納税者たちは「半合理的」（semirational）であり（Shapiro and Slemrod (1995)），感情で反応する。合理性は経済学の主要な分析概念であり，期待効用関数で意思決定を説明する標準がある。しかし，最新の行動経済学では経済の主体である人間の行動，その判断と選択を心理学の観点から分析する。行動経済学と神経経済学の教えるところに依れば，例えば初期に意図された定額給

---

[4]　これは，効率性の文脈では，Leibenstein の非効率（X－非効率）に関連する。また，組織構成員の投入・産出関係は，現実には，80 対 20 の法則として観察される。80 対 20 の法則の基本原理が発見されたのは 1897 年，発見者は Vifred Pareto であり，Pareto の法則では富の分布における不均衡ばかりでなく，投入と産出，原因と結果，努力と報酬の間に不均衡がある。その不均衡の割合はおおよそ 80 対 20 である。そのことから 80 対 20 の法則と呼ばれる。Koch（2008）を参照。
[5]　所得効果のみをもつと想定されているような政策も心理的に代替効果をともなう場合がある。Bailet（1999），pp. 233-260 を参照。

付金の喜びよりも消費税率の引き上げのショックの方がはるかに大きい，ということになろう[6]。

政策当局の行動が，民間や個人の行動にどのような影響をおよぼすか。この影響をクラウディング・インおよびクラウディング・アウトと呼ぶ。行政当局の関わりが大きければ，それだけ民間の活動は抑制されることになる。例えば，博物館やオーケストラへの慈善的な寄付，歴史的建造物の保存に向けられる民間基金の創設などは，地方公共団体が補助金を増加させれば，減少するかもしれない。これはクラウディング・アウトの例である。反対に，環境保護運動などのように熱狂的な状態にある活動に誰かが参加すると，参加することがより魅力的になって，参加者を増加させる場合には，クラウディング・インが生じている。近年，日本において，特に地方で参加と協働が注目されているが，企業，市民団体，NPOなどの「共」と「協」に支えられた活動量は，クラウディング・インの指標である[7]。極端な場合，クラウディング・イン行動が非常に強力に起きるために，たとえ地方公共団体が環境や福祉など意図した分野で積極的な政策を実施しなくても，経済はある均衡から別の均衡に移動して，個人や事業所は地方公共団体が望む行動をとり続けるようになる[8]。

複数均衡は，地方公共団体の政策の結果における多様性を表しており，インプットと制度が同じでもアウトプットが異なる，すなわち，異なる結果が同じ環境の下で生じる理論的，実証的な可能性を意味している。複数均衡は，現代経済全体における制度配置の複雑性と多様性を捉える概念であり，理論的に

---

6) モッテルリーニ（2008）を参照。
7) 例えば，環境問題に関連して日本各地での取り組みが盛んな販売・消費行為におけるマイバック運動の展開は，クラウディング・インの1つの例である。プラスティックバック（プラスティック製のレジ袋）の使用禁止条例は，アメリカではサンフランシスコが最初（2007年11月施行）であるが，サンフランシスコ湾対岸のバークレーでは条例なしにサンフランシスコより早い時期に取り入れられている。この例は，クラウディング・インが関連する主体の自己組織的な要因に依存する一方，規制や制限がクラウディング・インを誘発することを示している。
8) Glazer and Rothenberg（2001），p. 8を参照。この場合，クラウディング・インへの一次近似は，計数では，例えば県内総生産に対する一般会計歳出額の減少と見なすことも可能であろう。

は，ゲーム理論的枠組みで理解される。その具体的な1つの事象として地方公共政策の結果の相違に見出すことができる。霞ヶ関による中央集権的な制度を縦割り的・階層的に投影するのが地方公共団体である。そこには制度的な相違は基本的には存在しないはずである。

4. 分析ツールとしての費用概念

　分析ツールとして，費用がなぜ重要な役割を果たすのか。答えはある意味では単純である。しかし，その理解は決して容易ではないようである。個人は合理的であろうがなかろうが，日々の生活において不断に経済計算に直面する。企業の生産・販売の段階でも同様である。そこで考えられている費用は実際の支出額，支払い額である。それぞれの経済主体が，利潤（＝売上－費用）の最大化，あるいは純便益もしくは余剰（＝総便益－総費用）の最大化を求めるとき，費用は経済計算では決定要因である。

　経済学では，費用は，機会費用（opportunity cost）で把握される。これは，経済学が合理的な選択の科学であることを表現している。機会費用の概念は，特定の活動に資源を配分することの経済費用（economic costs）が，その資源を予測しうる最善の代替的用途に配分したときに得られる価値に等しいというものである。個々の経済主体の計算では，選択の過程で諦めたあるいは失われた便益を費用として計上するのである。経済費用はこの機会損失を反映したものであり，個人は私的には選択の費用である機会費用と選択後に発生する選択の状態を維持していく費用の合計を総費用とする。

　しかし他方で，個々の主体の意思決定と行動は相互依存の関係にある。例えば市当局が地域活性化政策として都市再開発プロジェクトを行う場合，このプロジェクトに関連する人すべての合意を得る，すなわち全員一致であることは理想である。実際に観察されるのは，総論賛成・各論反対のジレンマである[9]。民主主義的手続きとしての合意形成ルールである多数決ルールによっ

---

9) 社会資本の整備，公共事業と密接に関係するのが土木事業である。合意形成に関する研究は，近年，土木学界おいても重要なテーマになっている。土木学会誌編集

て，議会での決定，また都市計画審議会での承認を経て，このプロジェクトが着手される。意思決定に直接加わらない市民の一部に損失をもたらす可能性がある。ある主体の選択と行動は関係する他者に影響をおよぼす。そのとき発生するのが外部費用（external costs）である。この外部費用は市場では評価されない，あるいは評価されにくい，事後的に生じる費用である。これを経済費用として含めるためには社会的費用（social costs）という概念が用意されている。実は，公共政策の費用として計上される多くのものに，この費用が含まれるが，明示して分離することは容易ではない。

意思決定において費用を考える際には，その意思決定が実際に影響をおよぼす費用のみを考慮すべきである。埋没費用（sunk costs）と回避可能費用（avoidable costs）がある。埋没費用は，どのような意思決定をしても負担する性質のもので，避けることのできない費用である。国，地方公共団体では，通常，政策過程において審議会，協議会，懇談会などの各種委員会を設置する。政策の内容に重複が見られることもしばしばである。こうした会議の開催，運営，意思決定に関係する費用は埋没費用である。公共政策の意思決定には，国と地方とを問わず，この種の費用が審議会，協議会，懇談会などの各種委員会の数に比例して多いことに注意しておこう。埋没費用の反対の概念に回避可能費用がある。意思決定において費用を考えるときには，埋没費用については無視し，回避可能費用のみを考慮すべきである[10]。

委員会編（2004）参照。
10) 三重県松阪市では2008年度に松阪駅西側の都市再開発が計画されていた。開発は民間主導の組合方式（松阪駅西地区再開発準備組合）が採られ，総事業費94億円，ホテル，マンションなどの建造物の他に「保険医療福祉総合センター（仮称）」という公的施設を市が購入する予定であった。長時間にわたる都市計画審議会の審議の結果，再開発が認められたが，折りからの原油価格の高騰と建設資材費の増加にともない，当初計画費用を大きく超過することになり，費用分担について，松阪市役所と開発組合との間で合意が得られず，当初の開発計画が断念された。計画作成までに投入された税は明らかに埋没費用である。そして審議に要した時間は機会費用と埋没費用を合わせた費用である。国からの補助については返還することになるが，都市再開発の合意形成にともなう費用計算まで考慮されない。こうした便益中心の経済計算ケースが，多くの地方公共政策に見られる。

この他に，意思決定の際に考えられる費用に，制度や組織と不可分の取引費用（transactions costs）がある。この概念は，Coase（1937）に起源する[11]。本来，企業活動のなかで自社で行うと節約できるが，外部市場を使うと掛かる費用のことを意味しており，取引のために発生する費用として，情報収集費用，取引する場への移動費用，交渉費用，契約書作成費用，および契約が遵守されているかどうかを監視する費用などから構成される。経済理論上想定されるのは取引費用ゼロである。

　しかし実際には，民間経済活動の分野でも公共経済活動の分野でも，ある部分は外部に依存しており，取引費用は常に正である。特に，国および地方公共団体は，公的生産主体というよりもむしろ外部市場を使った公的供給主体であり，取引費用を看過するわけにはいかない。

　日本において，2005年3月，国の行政改革との関連において，総務省は地方公共団体に対して公的部門の準市場化（公的事業の機能的民営化・市場化）を求めて，「集中改革プラン」の作成とそれに基づいた行政効率の向上，費用削減に努めることをルール化した。たとえば，総合文化会館や図書館などの公的施設の管理・運営を指定管理者制度の下に置くことは，取引費用の検討を要求している。つまり，取引費用の検討はガバナンス様式（市場，ハイブリッド組織，民間機関，公共機関）の費用と能力という戦略の上で行われなければならないであろう。

　以上の費用概念に加えて，費用に関わる時間の概念が重要である。すなわち費用と時間に関連して，固定費と変動費の区分がある。公共経済活動の支出を使途別に見れば，直接人件費や物件費は，公共財・サービスの供給量の増加にともなって増加する変動費であり，公債費は公共財・サービスの供給量の増加にかかわらず一定である固定費に仕分けられる。もっとも，固定費と変動費の

11）　取引費用の分析は，「取引費用経済学」（Transaction Cost Economics）として展開されており，取引費用の存在が組織構造や制度の選択にどのような影響をおよぼすのかの分析である。取引費用に関する近年の文献が提起している最も根本的な問題のいくつかを扱った研究書として，例えばMenard（1997）を参照。

区分は，往々にして曖昧である。

　固定費と埋没費用は混同しやすいが，これら2つの概念は同一ではない。例えば，コミュニティバスを運行する部局にとって，路線を継続すれば，バス1台と運転手1人は固定費用であり，必ずしも埋没費用ではない。何故ならば，もし，部局がバスの運行を廃止しても市民団体や商工会などが引き継いで運行することも可能だからである。もっとも，地方公共交通の実状は，民間バス会社の路線廃止に歯止めがかからず，地方公共団体の補助金を必要とし，地方公共団体にとっては固定費となっている場合が多い。

　固定費か変動費かの区別は，公共財・サービスの供給量を決定するにあたって考慮する期間に依存している。すなわち，短期費用と長期費用である。一度部局の規模を決めたら，行政当局が供給量を変える手段は，部局の規模以外のインプットを変化させることに限られる。部局の規模を変更できない程度の時間を短期と呼ぶ。部局の規模ごとに固有の短期平均費用関数が存在する。一般的に，公共政策は会計年度の制約で短期的である。

　短期平均費用関数の下方包絡線で表されるのが長期平均費用関数である。これは，行政組織がその規模を最適に変更できるとの前提で，特定の公共財・サービス供給量に対して実現可能な最小の平均費用を長期平均費用という。長期平均費用は規模の経済を示す。つまり，特定の部局の規模を決定する前の，地方公共団体にとっての平均費用関数である。最小平均費用を実現するためには，地方公共団体は大規模な組織を編成するだけでなく，大規模組織が真に最適であるために十分な供給量を確保しなくてはならない。供給が自ら需要を創出できること，そのことが，規模の経済を実現するための必要条件となろう[12]。

　政策の現場で重要なことは，ここで述べられた費用が公共政策の領域において，供給主体である行政当局および需要者である住民，そして住民の代表であ

---

12) 「平成の合併」では，必ずしもこの条件を満たすように費用関数を求め，仕組まれたわけではない。供給面からの接近ではなく，むしろ増加する財政需要への対応と国の役割の縮小が主眼となっていた。したがって長期平均費用をもとに地方公共団体の行動を評価すると合併をさらに進める，例えば近年論議されている道州制に導かれる。

る議員がどの程度理解しているかである。

5. 問題解決の政策モデル

　現代においては，多くの公共政策が経済と経済学の概念に関わっている。他方において，経済的変数の操作は，集合的かつ公共的観点，すなわち政治的で法的な文脈において深く結びついている。地方公共団体の公共政策の目標とその構成，そして目標実現のために必要な手段の選択と組み合わせ，さらに政策遂行のための制度について順次検討しよう。そのために，まず地方公共政策の領域における問題解決のモデルを考えてみよう。

　政策モデルとして，公共選択のモデル（Public Choice Model, PCM）は，明示的であれ，そうでない場合でも，レント・シーキング・モデルとして一定の評価を得ている[13]。他方，法と経済学のモデル（Law and Economics Model, LEW）がある。政策の決定は政治的であり，決定された政策とその価値は法律として確定される。いうまでもなく，政策の実行は行政組織に委ねられる，ということに留意しておこう。

　政策モデルを構成する要因はあるいは変数は，独立変数にしろ従属変数にしろ，著しく政治的な分枝をもっている。その意味では，説明は，政治的に明確な要因に向けられている。政治的要因を純粋に利他的な世界に求めるのではなく，純粋に利己的な世界に求めたのが，公共選択である。

　もし政治家が正しい誘因をもち，個別利害関係者の政治力が弱ければ，政府は国の便益を最大にするような政策を採用して実施することができる。公共選択は，政策の失敗を主として，堕落した，見誤った，あるいは正しい情報をもたない政治家や，自己増殖的な特定の利害関係者の所為にする。しかし，日本において，小泉内閣時に展開された「構造改革」の理論的基礎となったといわれる公共選択の仮説を経済学の文脈において見れば，その妥当性は，Keynesが前提とした賢人政治すら，財政赤字は内生化されるという現実によって否定

---

13) イギリスの地方行政改革を公共選択と経済学の視点から分析したものとして，Baily（1999）を参照。

的である。国あるいは地方公共団体が成功するのか，あるいは失敗するのかは，先に見た経済的な制約がどのように政策の結果を動かしているのかを見極めなければならないであろう。

公共選択からは，合理的な選択が行われるルールの検証を通して，選択の立憲的な分析が生まれた。それは制度を強く意識した立憲的なデザインを対象とした経済学である。具体的には，選挙制度の公共政策におよぼす効果，代議制民主主義における政策決定過程の影響，公共政策策定におよぼす分権化の効果，「経済憲法」と見なされる法律や規制の経済効果など制度的な側面を重要視している (Congleton and Swedenborg (2006), p. 3)。

公共選択モデルに対して，アメリカ合衆国では，民事法，刑事法，公法を問わず，法の経済効果を主としてミクロ経済学の手法を活用して分析する「法と経済学」が，経済学・法学の双方からの取り組みによって発達を遂げている。法と経済学という新しい学際分野を切り開くことに先駆的な貢献をしてきた Posner (1973) は，固有の法律現象を対象に経済学的分析や解釈がいかに可能であり，有効であるかを問い，また，Posner は Becker とともに，個人，家族，企業，そして政府とそれらに関わる事柄を理解するのに役立てるよう，インターネットのもつ潜在力を活用して，ブロガーとして現代の経済的問題を論じている（ベッカー゠ポズナー (2006)) [14]。

政策は，市場経済の失敗を契機に法律として制定されてはじめて意味をもつ。したがって，政策を実行する仕組み，すなわち網の目のように張り巡らされた法の有効性の検証は，経済学研究の延長線上にあり，経済政策分析の領域にある[15]。

法と経済学とが協働可能であるかどうかは，問題解決の場の状態，すなわ

---

14) 日本では 2003 年 2 月に「法と経済学」学会が設立されている。学際的であるため分析手法の確立が容易ではない。しかし，効率と衡平の問題を同時に解決する手段の模索というよりも，むしろどの手段を用いるにしても政策をめぐる費用を計算するという視点は決定的に重要であろう。
15) 以下の論述は，寺本 (2006) の一部を修正して引用している。

ち，社会の構成員が合理的な選択を行うことができ，同時に，先に見た取引費用が無視できる状況にあるのかどうかに関係する。

図2-1は，この関係を法改正の効果を例に概念的に捉え表現している。基本的には政策前後の経済主体の厚生分配状態を判断する基準であるKaldor–Hicksの事後的仮説補償原理を応用している。関係する2人のあるいは2集団の効用，U_i, U_jについて，法の変更がPareto改善的な形（P点からR点への移動）で行われた後に，U_jに分配上の判断で有利になるよう再分配（R点からS点への移動）が行われるとしよう。その際，法が変更される前の状態から見てS点に留まれば，効率の観点ばかりでなく分配上の公平の観点からも望ましい変更である。しかしながら，法変更によって期待され想定されたフロンティア

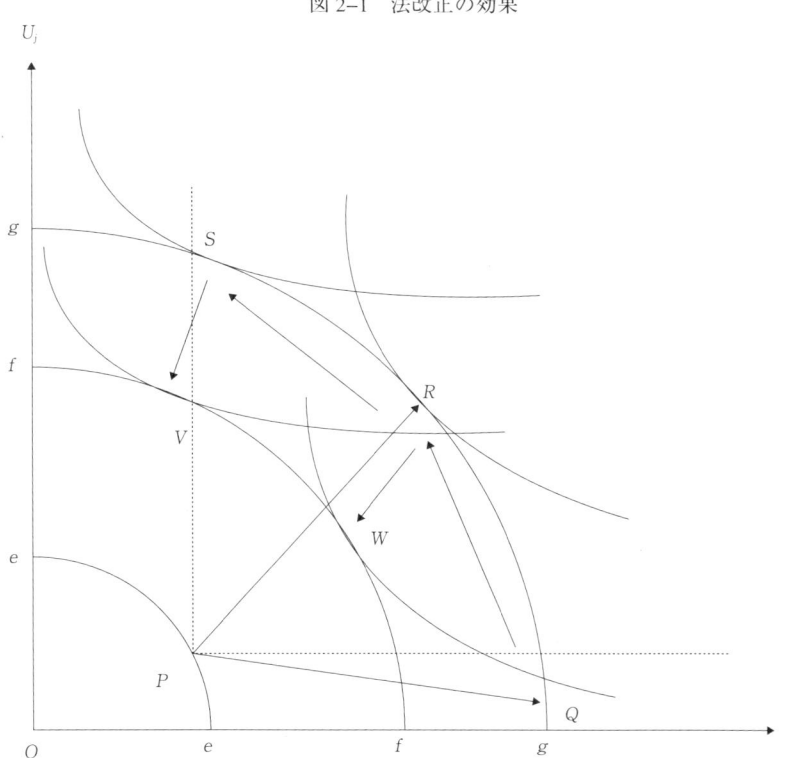

図2-1 法改正の効果

が, gg である保証はない[16]。再分配による不利益に依って個人あるいは集団は, 心理的に負のインセンティブに支配されるかもしれない。そうだとすれば, 期待されるフロンティアは ff であるかもしれない。選択が V 点であれば, 効率の観点ばかりでなく分配上の公平の観点からも望ましくない。P 点から Q 点を経て R 点への移動であれば, 効率の観点ばかりでなく分配上の公平の観点からも制度改革は望ましい。ただし再分配の心理的影響を考慮して, フロンティアが ff に下方収縮するかもしれない。W 点が実現される。フロンティアの心理的収縮は, 周知の X 非効率として理解されるであろう。概念的であるが, 伝統的な厚生基準を基礎にした議論である。

先に言及した取引費用がゼロでないのが現実世界では一般的である。法制度の設計は, 効率性に大きな影響を与える。取引費用ゼロの世界が事実に反するとしても, 事実に反することはしばしば啓発的である。事実に反することを用いて「理想的な」システムが何を成し遂げるかを示し, しかる後に, どのような要因が市場の欠落をもたらして, しばしばそれに対処するための非市場組織形態を生み出すことになるのか (Arrow (1963))。また, どこでなぜ正の取引費用が生じて, 財産権の割り当てに依存して配分効率に影響を与えるようになるのかを考察することが, 分析の視角であり, 方向性の 1 つであろう。

Coase (1978) は, 経済学が様々な事象をシステム概念で捉える点に経済学の社会科学における卓越性があると指摘する。つまり経済学者は経済システムを統一的な相互依存システムとして研究しており, 1 つの社会システムにおける基本的相互関係を発見しやすい立場にある。経済学者は, 刑罰を重くすれば犯罪や交通事故が減るかなどとは議論せずに, たんにどの程度の犯罪が減るかという問いに答えようとする。制度設計におけるインセンティブが重視されるのである。

取引費用ゼロのフィクションは財産権の研究に主として応用されているとい

---

[16] 静学の一般均衡論の仮定では, 制度変更はフロンティアの変更をともなわない。ここでは, フロンティアを形式的に $F(U_i, U_j ; X) = 0$ で表現する。ただし, X は慣性を表し, $0 \leq X \leq 1$ であるとする。

われるが，組織の研究においても応用可能である。もちろん，取引費用の存在と経済学に固有の費用である機会費用を計算に入れなければならない。取引費用がゼロでも選択が行われる限り機会費用は存在する。それゆえ，公平の基準にしたがって現在の分配状態に変更を加えることを目的とした法改正は，法を改正するための直接的な費用（立法費用），改正後の法を実施するための費用（行政費用），および法改正によって被る費用（外部費用）を合計した総費用を最小にすることが要請される。費用最小化は経済学思考の基本である。

　費用最小化，同時に，法改正による期待総便益と比較することによって期待純便益の最大化を基準とすることがある。政策立案過程，立法過程，実施過程のいずれにおいても，政策（国会や地方議会に提案される法案および各省庁や地方行政機関により準備される行政立法案など）の効果を予測することは重要である。量的結果を予測することはもちろん教育，福祉，医療などの質的結果を予測することは，国や地方公共団体が有する説明責任（accountability）を果たすための必要条件である。

　法効果の技術的予測手段として，一国レベルで見れば，例えば規制影響分析（Regulatory Impact Analyses）がある。RIAがアメリカ合衆国において正式の政府要件として用いられたのは，1980年代Reagan政権下である。RIAsにおいては，費用便益分析（Cost-Benefit Analysis）が中核をなした。定量的な分析には不可欠の手法であるCBAは，効率性の基準として決定的な役割を演じる。しかし，RIAsにはCBAの他に費用効果分析（Cost-Effectiveness Analysis），遵守費用分析（Compliance Cost Analysis），リスク・リスク分析（Risk-Risk Assesment）などの技法が政策評価に用いられている[17]。

---

17) 法と経済学において経済効率性の追求を主に理論が組み立てられるが，不法行為，契約，財産権，また消費者保護，さらには民事訴訟法，倒産法，商法あるいは企業関連法など私法は，人間の経済活動を規制対象としている（宍戸・常木（2004））。経済学と同様に人間の合理的な活動を前提に立法されており，その意味では「法と経済学」による分析に法律学も適している。

6. 地方公共団体の目標設定における制約

地方公共団体が地方公共政策の目標を設定する局面を見てみよう。伝統的には，経済政策の目的は社会的厚生（Social Welfare, SW）の最大化である。SW はいくつかの下位の目的変数の集合として表される。それは大きく2つに分けられる。1つは経済的な変数（経済的厚生）であり，もう1つは非経済的な変数（非経済的厚生）である。前者がもっぱら経済分析の対象とされてきた。国民所得の増大（経済成長），安定，そして公平な分配を達成するための諸条件を明らかにすることが理論的に探求されたのである。

他方，稀少性の世界とは無縁であった自然環境，歴史的あるいは文化的な遺産，音楽・演劇・美術などの芸術，教育，医療・福祉など，むしろ今日的には市場の失敗という分析概念のなかで捉えられるのが，後者の非経済的な変数である。

また，SW は，個人主義的には，個々の国民の効用の合成であり，例えば，東京都民であろうが沖縄県民であろうと関係なく，国民は主体的均衡条件を満たすように行動し，時間や空間的な次元は考慮されていない。したがって，地域経済，地方財政などを分析するときには，SW モデルは制限的である。SW モデルの地方への応用は，約半世紀前に Tiebout（1954）によって示された「足による投票」モデルである[18]。

先に言及したように，地方公共団体が最上位の目標に置くのは，生活の質（QOL）の向上である。QOL は，一般的には，質的変数であると理解されている。しかし，操作性の観点から見れば，質的変数もまた何らかの形で量的変数に変換されることが多い。この QOL の比較を通して住民が競争的に移動するモデルが Tiebout モデルである。

地域間格差発生は Tiebout モデルでは問題の外にある。したがって，このモデルは理論上の限定的な仮定もあり，容認されない傾向にある。しかしなが

---

[18] 1956年に提唱された Tiebout モデルの25年後の評価に関連する論文が，Zodrow（1983）によってまとめられている。

ら，最近，地方公共政策の体系としての役割を担うものとして示された「定住自立圏構想」（総務省，2008年12月26日）は，足による投票モデルに基づいた住民移動モデルの1つの応用モデルとして考えられる。定住自立圏構想は，一般的なモデルとしての役割が期待されるかもしれない。しかし，小規模自治体については，例えば，上勝町（徳島県），伊達市（北海道），犬山市（愛知県）など，すでにそれぞれに固有のモデルが展開されている[19]。

住民の選好を所与として実現される均衡が定住の意味であり，Pareto最適である。つまり，怠惰で信頼できない住民からなる地域社会で実現する資源配分も，勤勉で信義に厚い住民からなる地域社会で実現する資源配分も，ともに効率的ということになる（荒井（2006），115ページ）。

政策決定の制度は，霞ヶ関で標準化され，各地方公共団体間に大きなバラつきはない。しかし，地方公共団体は，資源の初期賦存量と所与の所得分配状態の下で，それぞれ固有の公共政策を展開している。上で言及された3市町とは対称的に，北海道夕張市（人口12,068人（2008年3月31日，住民基本台帳））の財政運営は近年の失敗例の典型として言及されることが多い。課税対象所得納税義務者1人当たり225.2万円，実質収支比率マイナス791.1％，公債比率28.9％である。地方公共団体の破産は，そこで生活を営んでいる住民に重大で決定的な影響をおよぼす。他方，人口2,014人（2008年3月31日，住民基本台帳），課税対象所得納税義務者1人当たり223.1万円，実質収支比率5.3％，公債比率13.2％である徳島県上勝町は，小さな町の特異な持続可能性に関わる政策の成功例として取り上げられる（人口を除く計数は総務省統計局（2009）に依る）。東京都の繁栄と大阪府の困窮とを対峙させることもできよう。

こうした地方公共団体の実情は，団体運営にユニバーサルなモデルがないことの現れでもある。そもそも公共政策の限界と可能性は，地方レベルよりも国レベルで考えられることが多い。そして，医療，教育，宇宙開発など国の政策の結果における相違に対する大方の説明は，政治的に明確な要因に関心を向け

---

[19] 具体的な事例である上勝町については，例えば寺本編（2007），笠松・中嶋（2007）を，伊達市については桐山（2008），犬山市については高野（2006）を参照。

ている。しかしながら，時間と空間の要素が欠落しているのが一般均衡論の特性であるが，ここでは複数均衡の存在が想定されているものと考えられる。

中央が補助金によって地方を拘束するという1970年代まではそこそこ有効であった「土建国家」的地方利益論，あるいはローカル・レント・シーキングのシステムが，事業の効率を低下させ，また族議員の跋扈を許してきた（榊原(2002)）。住民がローカル・オプティマムを求めた選択の結果であると理解することもできよう[20]。しかし，だからといって，そうした政治の時代から経済の時代への転換が容易になるわけではない。地方公共団体が解かなければならない問題は，福祉国家的な政策集合の形成である。地域経済を特に雇用の面で支えてきた地元建設業者と公共事業，他方で環境，地域文化などに対する住民の欲求を制約として，行政当局には，「計画行政」という枠のなかで「総合計画」の策定が義務づけられている。

総合計画作成過程の現実を説明するモデルの1つに，Nashモデルがある。Nashモデルは，地方公共団体に見られる首長の強い選好，あるいはいわゆる「声の大きい」方向で解が得られる傾向にあることを説明してくれる。問題解決集合（政策集合）をParetoの厚生規準が適用される集合に限定する。2つの政策を想定しよう。一方を経済的政策（z_i），他方を非経済的の政策（z_j）の水準とする。図2–2において，現状をP点とし，それぞれの政策の受益集団が支持する政策の組み合わせをR点およびQ点とする。これらの政策の組み合わせは，他方の集団の犠牲の上に成立している。例えば，Q点が議会において受け入れられるとすれば，集団iは集団jに強制費用を課すことによって利益を受ける（R点は集団jが集団iを犠牲にして利益を得ている）。このままでは組み合わせは不決定である。しかし，均衡点は，2つの制約，すなわち，aPbで表されるNeumann–Morgenstern領域（Pareto領域）内で，かつR点とQ点とを結んだ直線上のE点となる。ここでもし集団iが，集団jの要求が変わらない

---

20) 田中康夫元長野県知事，さらには最近の東国原英夫宮崎県知事や橋下徹大阪府知事の誕生，最近の地方政治における首長選挙の結果を公共選択に依ってローカル・レントの発生とそれに反対する住民の選択として説明することは可能であろう。

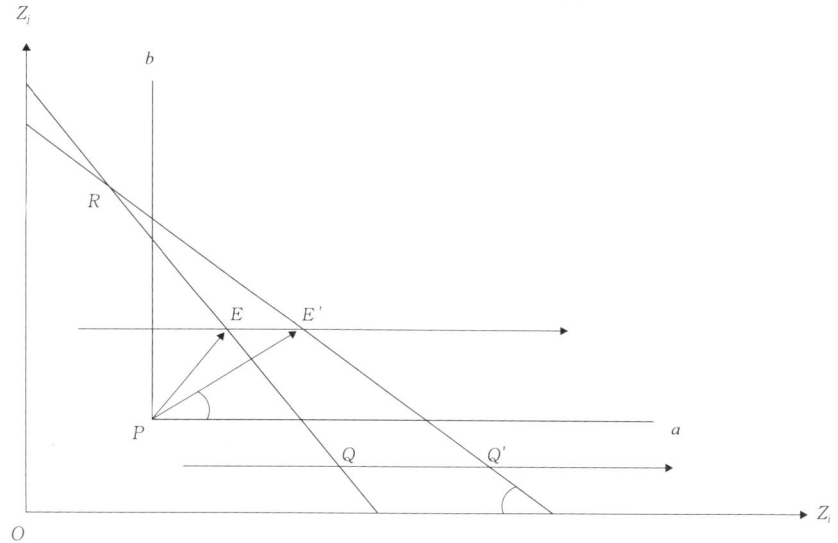

図2-2 政策目標組み合わせの力学

という前提でさらに強く要求し続けていくと，均衡の方向は，E や E' で表されるように，一方的に集団 i が有利になるように政策の組み合わせが決まっていく[21]。

政策決定は，一般的に賛否で決せられる。その際，それぞれの集団は自らの利益を優先する政策の組み合わせに固執する傾向にある。この場合，決定者にとって考慮される総費用（平均費用）も追加的費用（限界費用）もゼロである。全員一致でない限り，強制費用（外部費用）は発生する。

正の強制費用とゼロの限界費用は，クラウディングの文脈ではただ乗り問題に結びつき，選択された政策の組み合わせが成功するか失敗するかの決定要因になる。Z_i が，地方公共団体の生産，すなわち地方公共団体による直接的あるいは間接的な財の生産あるいはサービスの供給に関わる政策の集合であるとしよう。このとき，次の3つの疑問に答えなければならないであろう（Glazer And

---

[21] 集団 j に有利な方向での均衡も考えられる。Nash 均衡の特徴である。詳細な理論的な展開はゲーム理論に譲る。

Rothenberg (2001), p. 99)[22]。

1. 地方公共団体は，民間部門によっても生産される財の総供給量を増加させることができるのか，あるいはクラウディング・アウトによってこのような政策は損なわれるのか。
2. 地方公共団体は，民間投資を必要とする財を生産することができるのか，あるいは政策の変更についての心配がこのような努力を妨げるのか。
3. 民営化など適格性基準を緩和させ供給量を増加させようとする避けがたい圧力があっても，地方公共団体は効果的に，信頼を得て，生産を制限できるのか。

地方公共団体の生産は，すでに行われている民間による財やサービスの生産を補うことを目的とすることが多い。このことは，行政学の分野においては補完性の原理として知られている。地方公共団体の特徴である慈善的あるいは博愛的行動に対する補助は一般的な例である。しかし，クラウディング・アウト，信頼性，合理的期待が，地方公共団体の生産・供給活動を制約しており，政策効果が常に正であると見なすわけにはいかない[23]。

マクロ経済政策の効果は，経済指標に現れる。ミクロ経済政策の効果は，基本的には市場で評価される。しかし，国や地方公共団体の公共政策の効果は政

---

[22] 地方公共団体が生産物を生産すべきか，あるいは新公共経営（New Public Management：NPM）で取り上げられている契約による合意の下で，民間市場に供給させるべきかはよく議論される問題である。例えば道路サービス，医療サービス，教育サービス，一般廃棄物処理などの民間委託，指定管理者制度，さらには官民連携（Public Private Parnership）の仕組みが取り入れられている。

[23] 例えば，2009年2月6日に誕生した当時全国最年少33歳の市長が示した松阪市の目的関数（マニフェスト）は，投入変数は医療・福祉7，教育・子育て8，産業・経済7，文化・観光・環境9から構成されている。目的実現のための行政改革（市政改革）9からなる制約の下で着手されることになる。優先順位は医療・福祉にあるようである。しかしながら，投入変数間の関係が代替的か補完的か独立的かということについての説明と評価は必要条件である。政治的にはマニフェストとして公表されることが流行しているが，政策は周到な経済計算に基づいて体系的に構成されていなければならないし，それを忠実に遂行していく行政の能力に大きく依存している。

図 2-3 政策評価の局面

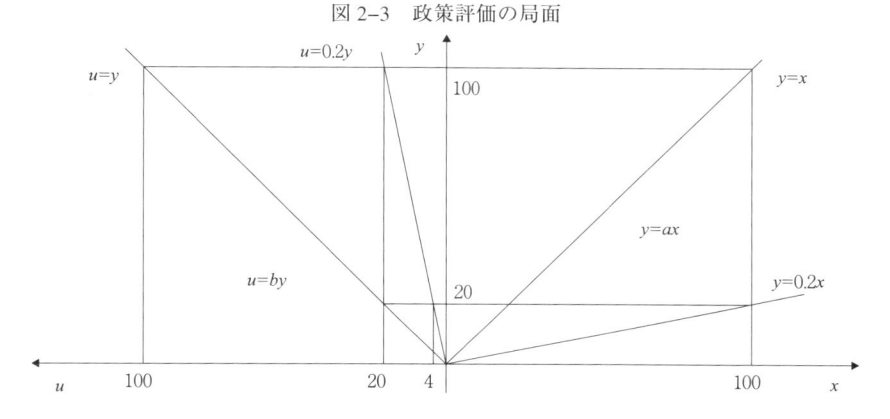

策評価の領域で数値目標の設定と実現値によって表現され，それが次期政策目標の設定にリンクされる。政策全体の効果は，投入空間，投入・産出空間，産出・便益（効用）空間において評価される。投入空間では配分効率，投入・産出空間では技術効率が基準となる。産出・便益空間では定性的な基準が導入される。図 2-3 は単純化してこれら基準の関係を線形で示している。x を投入，y を産出とし，投入・産出関係を $y = ax$ とすれば，a を評価し，産出・便益空間では，$u = by$ の b を計測する。図 2-3 の投入・産出空間では，投入の 100 に対して 20% の産出しかもたらさない。産出・便益空間で，20% の産出が 100% の便益を実現すれば，投入・産出空間の無駄は表面化しない。しかし，20% の産出が 20% の便益しかもたらさないならば，大半の資源が浪費されているということが明らかになる。

7．おわりに

行政改革，政治改革の必要性が不断に問われ，その実行に際しては，学習効果もなく繰り返し失敗に終わっている。政府の失敗を是正できる安易な制度改革は存在しない。市場を取り入れた改革の便益が何であれ，政治制度に固有の内生性と民主主義の性質そのものが，信頼性と民間部門と比較して，問題の多いものにしてしまう。

経済学にしたがって政策過程における政策主体の行動と結果が理解されなければならない。生態系の循環過程は無駄（waste）がない。しかし，自然を所与とした人工的な社会では，無駄と費用が発生する。この費用が分析には不可欠である。人びとは経験の積み重ねによって，より合理的に，経済的に考えることができるかどうか。上述の信頼性，合理的期待，クラウディング・インとクラウディング・アウト，および複数均衡の4つの経済的制約と費用について，公共政策の領域では，不幸にもそのことを強調する声は限りなく小さいようである。

地方公共団体の政策過程を投入・産出モデルと産出・成果モデルで評価する手法に改良が加えられ，地方公共政策の現場ではその導入が強く要請されるようになってきた。政策を立案する行政，それを議会に提案する首長，提案された議案を審議・決定し立法化する議会，そして展開される個々の政策について，関連する部局に審議会，協議会などの委員会が設置される。委員会の他に，例えば，地方行政改革の旗手となった三重県では，現時点でも政策過程に県民の意見を反映させる仕組み（みんなで創ろう「みえの舞台」会議）について社会実験が続けられている。決定的に重要な少数（圧倒的な影響力をもつ少数）と取るに足りない多数（ほとんど影響力がない多数）との差に着目するところから改革が始まる。政策過程それ自体が制度的な特徴を有するが，こうした政策過程におけるミクロ分析にどれだけ上述の経済的制約と費用に関する議論が寄与するかを見極めるためには地方公共団体とそこにおける個別政策を対象にさらに検証する必要があろう。

参 考 文 献

青木昌彦（1995）『経済システムの進化と多元性』東洋経済新報社。
荒井一博（2006）『信頼と自由』勁草書房。
笠松和市・中嶋信（2007）『山村の未来に挑む――上勝町が考える地域の活かしかた』自治体研究社。
加藤寛（1990）『体験的「日本改革」論　経済算術と政治算術』PHP研究所。
桐山秀樹（2008）『この街は，なぜ元気なのか？』かんき出版。
ゲーリー・S. ベッカー，リチャード・A. ポズナー（2006）『ベッカー教授，ポズ

ナー判事のブログで学ぶ経済学』東洋経済新報社(鞍谷雅敏・遠藤幸彦訳)。
榊原英資(2002)『分権国家への決断』毎日新聞社。
笹田友三郎(1964)『地域の科学』紀伊國屋書店。
宍戸善一・常木淳(2004)『法と経済学:企業関連法のミクロ経済学的考察』有斐閣。
総務省統計局(2009)『統計でみる市区町村のすがた 2009』財団法人日本統計協会。
高野史枝・愛知県犬山市都市整備部監修(2006)『よみがえれ城下町―犬山城下町再生への取り組み』風媒社。
竹村哲(1999)『問題解決の技法』海文堂。
寺本博美(2006)「経済政策における制度的要因―法と経済学の意味連関について―」(『三重中京大学研究フォーラム』第1号)17-26ページ。
寺本博美編(2007)『循環型地域社会のデザインとゼロ・ウェイスト』(三重中京大学地域社会研究所叢書、第8巻)和泉書院。
土木学会誌編集委員会編(2004)『合意形成論 総論賛成・各論反対のジレンマ』社団法人土木学会。
内閣府(2007)『県民経済計算年報 2007年』。
中川秀直(2008)『官僚国家の崩壊』講談社。
八田達夫(2008)『ミクロ経済学Ⅰ 市場の失敗と政府の失敗への対策』東洋経済新報社。
マッテオ・モッテルリーニ(2008)『経済は感情で動く はじめての行動経済学』紀伊國屋書店(泉典子訳)。
山岸俊男(1998)『信頼の構造―こころと社会の進化ゲーム』東京大学出版会。
Aoki, Masahiko (2001) *Toward a Comparative Institutional Analysys*, Cambridge, Massachusetts : The MIT Press. (瀧澤弘和・谷口和弘訳(2001)『比較制度分析に向けて』NTT出版)
Arrow, Kenneth J. (1963), "Uncertainty and the Welfare Economics of Medical Care", *American Economic Review*, No. 53. pp. 941-73.
Bailey, Stephen J. (1999), *Local Government Economics Principles and Practice*, Macmillan Press Ltd.
Bergson, Abram (1938), "A Reformulation of Certain Aspects of Welfare Economics", *Quarterly Journal of Economics*, Vol. 52, No. 2, pp. 310-34.
Besanko, David, David Dranove, Mark Shanley and Scott Schaefer (2004), *Economics of Strategy*, John Whily & Sons, Inc., third edition.
Blinder, Alan S. (1987), *Hard Heads, Soft Hearts : Tough-Minded Economics for a Just Society*, Harvard University Press.
Coase, Ronald H. (1937), "The Nature of the Firm," *Economica*, No. 4, pp. 386-405.
――― (1978), "Economics and Contiguous diciplines", *Journal of Leagal Studies*, No. 7, pp. 201-11.
Congleton, Roder D. and Birgitta Swedenborg (2006), "Introduction : Rational Choices Politics and Political Institutions", In Roger D. Cogleton and Birgitta Swedenborg

eds. *Democratic Constitutional Design and Public Policy*, Cambridge, massachusetts ; London, England : The MIT Press.

Drucker, Peter F. with Joseph A. Maciariello (2004), *The Daily Drucker 366 Days of Insight and Motivation for Getting the Right Things Done*, HarperBusiness. (上田惇生訳 (2005)『ドラッカー 365 の金言』ダイヤモンド社)

Gilboa, Itzhak and David Schmeidler (2001), *A Theory of Case-Based Decisions*, London : Cambride University Press. (浅野貴央・尾山大輔・松井彰彦訳 (2005)『決め方の科学——事例ベース意思決定理論』勁草書房)

Glazer, Amihai and Lawrence Rothenberg (2001), *Why Government Succeeds and Why It Fails*, Cambridge, Massachusette ; London, England : Harvard University Press. (井堀利宏・土居丈朗・寺井公子訳 (2004)『成功する政府 失敗する政府』岩波書店)

Kay, John (2005), *Culture and Prosperity*, NewYork : HarperBusiness. (佐和隆光監訳・佐々木勉訳 (2007)『市場の真実——「見えざる手」の謎を解く』中央経済社)

Koch, Richard (2008), *The 80/20 Principle : The Secret of Achieving More with Less*, New York : Doubleday, second edition.

Menard, Claude, ed. (1997), *Transaction Cost Economics : Recent Developments*, Chetenham, UK : Edward Elger Publishing Company. (中島正人・谷口洋志・長谷川啓之監訳 (2002)『取引費用経済学——最新の展開——』文眞堂)

Oates, Wallace E. (1972), *Fiscal Federalism*, New York : Harcourt Brace Jovanovich.

Posner, Richard A. (1973), *Economic Analysis of Law*, Little, Brown.

Qian, Y. and B. Weingast (1997), "Federalism as a Commitment to Preserving Market Incentives," *Journal of Economic Perspective*, Vol. 11, pp. 83-92.

Shapiro, Matthew D. and Joel Slemrod (1995), "Consumer Response to the Timing of Income—Evidence from a Change", *American Economic Review*, Vol. 85, pp. 274-283.

Tiebout, Charles (1954), "A Pure Theory of Local Expenditures", *Journal of Political Economy*, Vol. 6, pp. 416-424.

Zodrow, George R. ed. (1983), *Local Provision of Public Services : The Tiebout Model after Twenty-Five Years*, New York : Academic Press, Inc.

第 3 章

エスピン・アンデルセンの福祉資本主義の変容
——OECD 社会支出統計の公私分類の観点から——

1. はじめに

 OECD 諸国は,福祉国家として所得保障や社会サービスの充実を図ってきたが,その具体的な内容は一様ではない。なぜならば,各国の福祉国家としてのあり方は,政治的イニシアチブをはじめさまざまな要因の影響を受けるからである。

 1980 年までに,それぞれの福祉国家は,エスピン・アンデルセンが指摘したように,政治的イニシアチブなどの影響を受けて 3 つの福祉レジームに分類されるほど多様性示すようになった。ところが 1980 年代以降,新自由主義の影響力が強まり,さらに 1989 年の冷戦の終結後,グローバリゼーションが進展し世界中に市場主義経済が広まった。その結果それぞれの福祉国家は,共通のルールの下で競争せざるを得なくなり,それ以前と比べると多様性が許容されにくい状況の下に置かれることになった。

 本章ではこのように相対的に多様性が許容されにくくなっている状況下において,エスピン・アンデルセンの福祉レジーム論において分析対象とされたOECDに加盟する 18 カ国が,果たして多様性を維持しているのかどうか,OECD SOCX 2008(OECD Social Expenditure Database 2008 edition, 以下では単に

OECD 社会支出統計と呼ぶ）を用いることにより検証する。とりわけ，福祉国家の多様性に対するグローバリゼーションの進展にともなう市場主義経済の拡大の影響を考慮するにあたり，社会支出に対する公共部門の関与の程度という観点から検証する。

以下，まず第 2 節において，エスピン・アンデルセンによって類型化された 3 つの福祉レジームの概略，およびそれに対する議論から指摘された福祉レジーム間の境界ケースについて簡潔に説明する。第 3 節において，1980 年から 2005 年までの OECD 社会支出統計を用いて，社会支出に対する公共部門の関与の程度という観点から，3 つの福祉レジームの特徴を比較する。第 4 節において，1980 年から 2005 年までの OECD 社会支出統計を用いて，社会支出に対する公共部門の関与の程度という観点から，3 つの福祉レジームの境界ケースとして指摘されている国々の特徴について検証する。第 5 節において，本章の分析の結果をまとめ，今後の課題について述べる。

2. エスピン・アンデルセンの福祉レジームおよびその境界ケース

1990 年代より，エスピン・アンデルセンの福祉レジーム論に対してさまざまな議論が展開され，さまざまな福祉国家の類型論が提示されてきた。

エスピン・アンデルセンは，統合脱商品化度によって次のように OECD 18 カ国を 3 つの福祉レジームにクラスター化した[1]。

自由主義レジーム： アメリカ，カナダ，イギリス，アイルランド，オーストラリア，ニュージーランド

保守主義レジーム： ドイツ，フランス，イタリア，スイス，フィンランド，日本

社会民主主義レジーム： オーストリア，ベルギー，デンマーク，オランダ，ノルウェー，スウェーデン

自由主義レジームの特徴は，市場原理が重視され，社会福祉システムが残余

---

1) 統合脱商品化スコアは，Esping-Andersen（1990）52 ページの表 2.2 に示されている。

的であることなどである。また保守主義レジームの特徴は，強いキリスト教民主主義の影響力，カトリックの補完性原理に基づく家族主義，職域的な社会福祉システムなどである。さらに，社会民主主義レジームの特徴は，強い社会民主主義政党，普遍的な社会福祉システム，高水準の公的支出などである。

このようなエスピン・アンデルセンの福祉レジーム論に対する先行研究より，図3-1に示されるように，3つの福祉レジームの境界ケースが指摘されている。

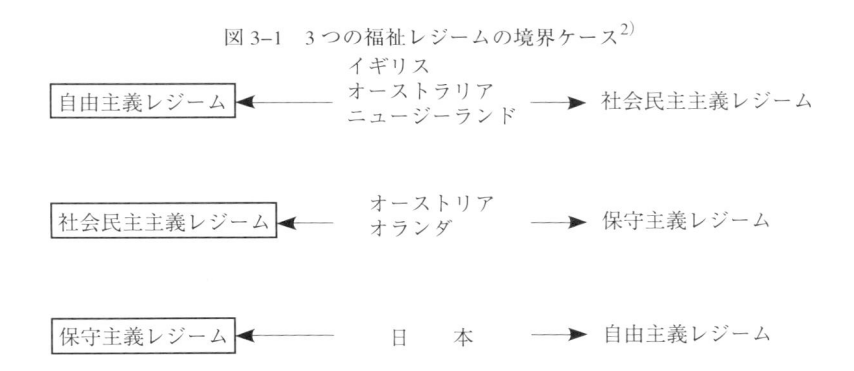

図3-1 3つの福祉レジームの境界ケース[2]

| 自由主義レジーム | ← | イギリス オーストラリア ニュージーランド | → | 社会民主主義レジーム |

| 社会民主主義レジーム | ← | オーストリア オランダ | → | 保守主義レジーム |

| 保守主義レジーム | ← | 日　本 | → | 自由主義レジーム |

第1に，イギリス，オーストラリア，ニュージーランドは，エスピン・アンデルセンによって自由主義レジームに分類されているが，自由主義レジームと社会民主主義レジームの境界ケースではないかと指摘されている。例えば，イギリスは，労働党と保守党の間で政権が交代し，労働党の影響力が強いときに，自由主義レジーム的な状況から社会民主主義レジーム的な状況に変化する可能性がある。また，オーストラリアやニュージーランドは，キャッスルズによって「賃金稼得者の福祉国家」と呼ばれている。これらの国々においては，早くから賃金稼得者の雇用と所得保障が重視され，自由主義レジーム的ではなく社会民主主義レジーム的な政策が実施された。したがって，イギリス，オーストラリアおよびニュージーランドは，両福祉レジームの境界ケースではないかと指摘されている。

---

2) 太枠で囲まれた福祉レジームは，エスピン・アンデルセンによる分類を示す。

第2に，オーストリアやオランダは，エスピン・アンデルセンによって社会民主主義レジームに分類されているが，社会民主主義レジームと保守主義レジームの境界ケースではないかと指摘されている。具体的には，オーストリアやオランダにおいて，保守勢力であるキリスト教民主主義と，社会民主主義勢力である労働運動との競合のなかで，福祉国家が形成されてきたため，両福祉レジームの境界ケースであると指摘されている。

　第3に，日本は，エスピン・アンデルセンによって保守主義レジームに分類されているが，自由主義レジームと保守主義レジームの境界ケースではないかと指摘されている。具体的には，日本は，階層的な社会福祉システムや家族主義という保守主義レジーム的な特徴をもっていると同時に，低い給付水準や再分配効果という自由主義レジーム的な特徴をもっているので，両福祉レジームの境界ケースではないかと指摘されている。

　以上のように，さまざまな福祉レジームの境界ケースが指摘されている。しかし，エスピン・アンデルセンが指摘しているように，それぞれの国々がどの福祉レジームに属するかは，それぞれの国々における政治的イニシアチブによって左右される。さらに，政治的イニシアチブは時とともに変化するものであるので，それぞれの国々が属する福祉レジームも，一般的に時とともに変化する可能性があることに注意する必要がある。

　このような福祉レジームの境界ケースについて分析する前に，境界ケースに該当するかどうかを判定するための基準，つまりそれぞれの福祉レジームの特徴を把握する必要がある。そこで第3節において，OECD社会支出統計を用いて社会支出に対する公共部門の関与の程度という観点から，3つの福祉レジームを比較する。

3．OECD社会支出統計の公私分類による福祉レジームの比較

　本節では，エスピン・アンデルセンによって分類された3つの福祉レジーム，すなわち自由主義レジーム，保守主義レジームおよび社会民主主義レジームを比較し，それぞれの福祉レジームの特徴について検討する。

そのためにまず，1980年から2005年までのOECD社会支出統計[3]の公的社会支出 (public social expenditure)[4]，義務的私的社会支出 (mandatory private social expenditure)[5]，任意私的社会支出 (voluntary private social expenditure)[6]のそれぞれに関して，各福祉レジームの平均値の動向を概観する。

その上で以下の3つの指標について，1980年と2005年におけるそれぞれの福祉レジームの平均値を比較して，各福祉レジームの特徴について検討する。第1の指標は，[公的社会支出＋義務的私的社会支出＋任意私的社会支出]の対GDP比[7]である。この指標により，それぞれの国々が社会支出に対してどれだけのウエイトを置いているのかを見る。第2の指標は，[義務的私的社会支出＋任意私的社会支出]の公的社会支出に対する比率[8]である。この指標により，それぞれの国々の社会支出における公私の比率を見る。第3の指標は，義務的私的社会支出の任意私的社会支出に対する比率[9]である。この指標により，私的社会支出に対する公共部門の介入度を見る[10]。

各福祉レジームに関する社会支出の動向を見る前に，何れかの福祉レジーム

---

3) OECDの定義によると，「社会支出」とは，厚生が低下している状況に直面している家計や個人を支援するための，公的または私的機関による給付である。
4) 「公的」と「私的」の区別は，資金の管理者による。つまり「公的」とは，一般政府が資金を管理しているケースである。一方，非政府機関によって資金が管理されているケースが，「私的」である。日本における公的社会支出の例として，国民年金，厚生年金などがある。
5) 「義務的私的社会支出」とは，非政府機関によって資金が管理されている社会支出のうち，政府による法的奨励を受け，または強制をともなうケースである。日本における義務的私的社会支出の例として，国民年金基金，厚生年金基金などがある。
6) 「任意私的社会支出」とは，非政府機関によって資金が管理されている社会支出のうち，強制をともなわないケースである。日本における任意私的社会支出の例として，税制適格年金などがある。
7) 以後，[公的社会支出＋義務的私的社会支出＋任意私的社会支出]の対GDP比を，$(P+M+V)/GDP$と表す。ただし，Pは公的社会支出，Mは義務的私的社会支出，Vは任意私的社会支出である。
8) 以後，[義務的私的社会支出＋任意私的社会支出]の公的社会支出に対する比率を，$(M+V)/P$と表す。
9) 以後，義務的私的社会支出の任意私的社会支出に対する比率をM/Vと表す。
10) 第1の指標によって社会支出の量的側面を測り，第2および第3の指標によって，公共部門の関与という観点からその構造的側面を測る。

に含まれる国々全体の動向を見る。図3-2には，公的社会支出，義務的私的社会支出，任意私的社会支出，それぞれの対GDP比について，何れかの福祉レジームに含まれる18カ国全体の平均値が示されている。公的社会支出の対GDP比の平均値は，1980年時点において19.90%であったが，その後3.98%ポイント上昇して，2005年時点において23.88%である。義務的私的社会支出の対GDP比の平均値は，1980年時点において0.42%であったが，その後0.50%ポイント上昇して，2005年時点において0.92%である。任意私的社会支出の対GDP比の平均値は，1980年時点において1.34%であったが，その後1.79%ポイント上昇して，2005年時点において3.13%である。このように，公的社会支出および私的社会支出（＝義務的私的社会支出＋任意私的社会支出）ともに，対GDP比で上昇している。また私的社会支出の対GDP比は，公的社会支出のそれを大きく下回っているが，上昇率においてはそれを大きく上回っている。

　何れかの福祉レジームに含まれる18カ国全体の動向に引き続き，自由主義レジームに関する社会支出の動向を見る。図3-3には，公的社会支出，義務的私的社会支出，任意私的社会支出，それぞれの対GDP比について，自由主義レジームに属する国々の平均値が示されている。公的社会支出の対GDP比の平均値は，1980年時点において14.67%であったが，3.00%ポイント上昇して，2005年時点において17.67%である。義務的私的社会支出の対GDP比の

図3-2　公私分類別OECD社会支出対GDP比の平均値の時系列変化（18カ国全体）

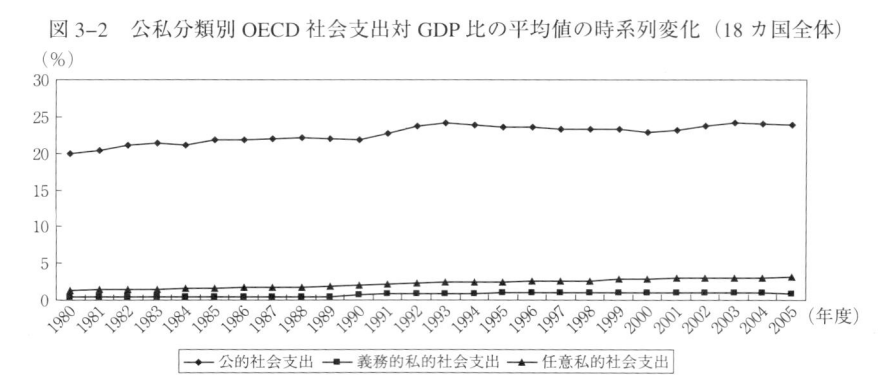

（出所）SOCX 2008に基づいて筆者作成。

平均値は，1980年時点において0.10%であったが，0.27%ポイント上昇して，2005年時点において0.37%である。任意私的社会支出の対GDP比の平均値は，1980年時点において1.93%であるが，2.39%ポイント上昇して，2005年時点において4.32%である。

全期間において，公的社会支出の対GDP比および義務的私的社会支出の対GDP比について，自由主義レジームの平均値は，全体のそれよりも低い水準である。一方任意私的社会支出の対GDP比について，自由主義レジームの平均値は，全体のそれよりも高い水準である。

図3-3 公私分類別OECD社会支出対GDP比の平均値の時系列変化
（自由主義レジーム）

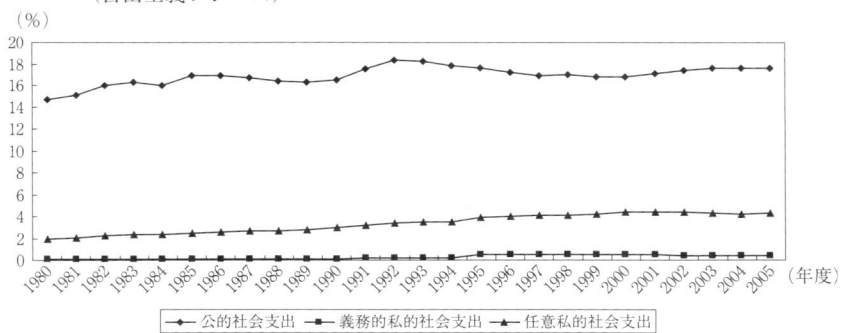

（出所）SOCX 2008に基づいて筆者作成。

次に，保守主義レジームに関する社会支出の動向を見る。図3-4には，公的社会支出，義務的私的社会支出，任意私的社会支出，それぞれの対GDP比について，保守主義レジームに属する国々の平均値が示されている。公的社会支出の対GDP比の平均値は，1980年時点において21.77%であったが，6.81%ポイント上昇して2005年時点において28.58%である。義務的私的社会支出の対GDP比の平均値は，1980年時点において0.80%であったが，1.00%ポイント上昇して2005年時点において1.80%である。任意私的社会支出の対GDP比の平均値は，1980年時点において0.65%であるが，1.30%ポイント上昇して2005年時点において1.95%である。

全期間において，公的社会支出の対GDP比および義務的私的社会支出の対

78　第 1 部　経済政策の理論と実際

図 3-4　公私分類別 OECD 社会支出対 GDP 比の平均値の時系列変化（保守主義レジーム）

（出所）SOCX 2008 に基づいて筆者作成。

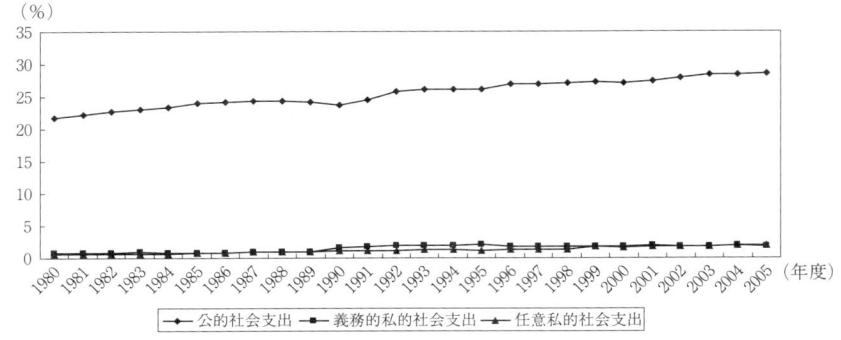

GDP 比について，保守主義レジームの平均値は，全体のそれよりも高い水準で推移している。一方任意私的社会支出の対 GDP 比について，保守主義レジームの平均値は，全体のそれよりも低い水準で推移している。

さらに，社会民主主義レジームに関する社会支出の動向を見る。図 3-5 には，公的社会支出，義務的私的社会支出，任意私的社会支出，それぞれの対 GDP 比について，社会民主主義レジームに属する国々の平均値が示されている。公的社会支出の対 GDP 比の平均値は，1980 年時点において 23.27% であったが，2.13% ポイント上昇して 2005 年時点において 25.40% である。義務的私的社会支出の対 GDP 比の平均値は，1980 年時点において 0.37% であったが，0.21% ポイント上昇して 2005 年時点において 0.58% である。任意私的社会支出の対 GDP 比の平均値は，1980 年時点において 1.45% であるが，1.67% ポイント上昇して 2005 年時点において 3.12% である。

全期間において，公的社会支出の対 GDP 比について，社会民主主義レジームの平均値は，全体のそれよりも高い水準で推移している。一方義務的私的社会支出の対 GDP 比について，社会民主主義レジームの平均値は，全体のそれよりも低い水準で推移している。さらに任意私的社会支出の対 GDP 比について，社会民主主義レジームの平均値は，全体のそれよりもおおむね低い水準で推移している。

図3-5　公私分類別OECD社会支出対GDP比の平均値の時系列変化(社会民主主義レジーム)

凡例：公的社会支出　義務的私的社会支出　任意私的社会支出

(出所)　SOCX 2008に基づいて筆者作成。

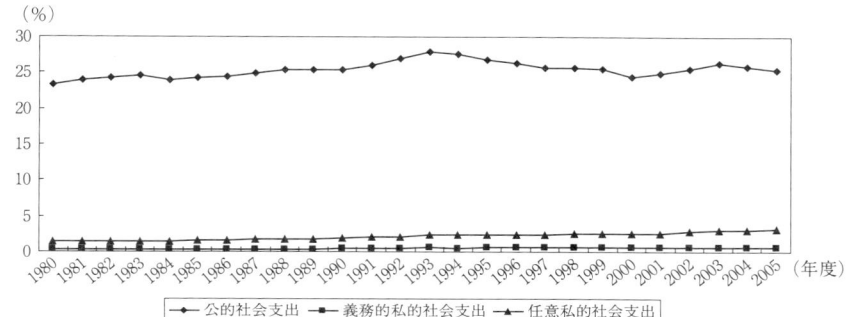

表3-1　1980年の3つの福祉レジームに関する3つの指標の平均値

	自由	保守	社会
(P＋M＋V)/GDP	16.70	23.22	25.08
(M＋V)/P	0.14	0.07	0.08
M/V	0.03	0.58	0.43

(出所)　SOCX 2008に基づいて筆者作成。

表3-2　2005年の3つの福祉レジームに関する3つの指標の平均値

	自由	保守	社会
(P＋M＋V)/GDP	22.35	32.33	29.10
(M＋V)/P	0.27	0.16	0.15
M/V	0.10	1.67	0.48

(出所)　SOCX 2008に基づいて筆者作成。

　以上の3つの福祉レジームに関する，公的社会支出，義務的私的社会支出，任意私的社会支出の動向に基づいて，1980年時点および2005年時点における，(P＋M＋V)/GDP，(M＋V)/PおよびM/Vの各福祉レジームの平均値は，表3-1および表3-2のようになる[11]。

---

11)　各表の「自由」，「保守」，「社会」は，それぞれ「自由主義レジーム」，「保守主義レジーム」，「社会民主主義レジーム」を表す。また(P＋M＋V)/GDPのみ単位は％である。

表3-3 1980年の3つの福祉レジームに関する3つの指標の変動係数

	自由	保守	社会
(P+M+V)/GDP	0.16	0.50	0.15
(M+V)/P	0.78	0.66	0.60
M/V	1.47	1.41	1.44

(出所) SOCX 2008に基づいて筆者作成。

表3-4 2005年の3つの福祉レジームに関する3つの指標の変動係数

	自由	保守	社会
(P+M+V)/GDP	0.17	0.31	0.09
(M+V)/P	0.75	0.77	0.73
M/V	1.58	1.42	1.25

(出所) SOCX 2008に基づいて筆者作成。

さらに，1980年時点および2005年時点における，(P+M+V)/GDP，(M+V)/PおよびM/Vの各福祉レジームの変動係数は，表3-3および表3-4のようになる。

表3-1から表3-4より，(P+M+V)/GDPの平均値は，すべての福祉レジームにおいて上昇している。ただし1980年時点において，保守主義レジームの(P+M+V)/GDPの平均値は，自由主義レジームよりも高く，社会民主主義レジームよりも低い水準であったが，2005年時点において，社会民主主義レジームの水準よりも高くなっている。つまり1980年から2005年までの間に，保守主義レジームの(P+M+V)/GDPの平均値は，他の福祉レジームと比較して急激に上昇して3つの福祉レジームのなかでは一番高い水準を示し，社会支出の量的側面において大きな変化が生じている。一方(P+M+V)/GDPの変動係数は，他の2つの指標のそれと比べると小さい。しかし1980年時点および2005年時点における(P+M+V)/GDPの変動係数を比べると，自由主義レジームはそれほど変化してないが，社会民主主義レジームと保守主義レジームのそれは小さくなっている。つまり社会民主主義レジームと保守主義レジームそれぞれにおいて，(P+M+V)/GDPに関して，収斂化の傾向が見られる。

(M + V)/P の平均値に関して，1980 年時点および 2005 年時点において，保守主義レジームと社会民主主義レジームに対して，自由主義レジームの水準が高い。したがって自由主義レジームは，他の福祉レジームと比較して，社会支出の GDP に対する比率が低いだけではなく，私的社会支出の公的社会支出に対する比率が高いことが確認できる。これは，自由主義レジームの特徴である残余主義や市場主義を示すものである。また 1980 年時点および 2005 年時点における変動係数を比べると，各福祉レジームにおいて，(M + V)/P の散らばり具合に関してそれほど大きな変化はないが，(P + M + V)/GDP のそれと比べると大きい。

M/V の平均値に関して，1980 年時点および 2005 年時点を比べると，両時点において自由主義レジームの水準が，他の福祉レジームと比較すると低いこと，さらに 2005 年時点において保守主義レジームの水準が，他の福祉レジームと比較すると非常に高いことがわかる。つまり自由主義レジームでは，私的社会支出に対する法的奨励や強制の程度が小さく，同レジームの特徴である市場主義性が示されている。また，2005 年時点における保守主義レジームの水準は際だって大きいが，同レジームのなかで M/V の水準が一番高いスイスを除いて平均値を再計算しても 0.68 であり，依然として他の福祉レジームよりも高い水準である。したがって保守主義レジームの特徴として，M/V の水準が高い，つまり私的社会支出に対する法的奨励や強制の程度が大きいことを指摘できる。さらに，1980 年時点および 2005 年時点の変動係数を見ると，M/V の散らばり具合は，(M + V)/P の散らばり具合と比べるとかなり大きいことがわかる。したがって，社会支出に対する公共部門の関与の程度を詳細に見れば見るほど，それぞれの福祉レジームのなかでの多様性はより明確になる。

以上の本節の分析より，次のことが明らかになった。第 1 に，自由主義レジームは，他の 2 つの福祉レジームと比較して，社会支出の対 GDP 比が低く残余主義的であり，さらに私的社会支出の公的社会支出に対する比率が高く，さらに義務的私的社会支出の任意私的社会支出に対する比率が低く，市場主義的であることが示された。第 2 に，保守主義レジームは，3 つの福祉レジーム

のなかで最も大きな変化を遂げ，その社会支出の対GDP比の平均値は，急激に上昇し社会民主主義レジームのそれを上回る水準になった。第3に，保守主義レジームは，私的社会支出の公的社会支出に対する比率において，社会民主主義レジームと同様の水準を示す。しかし両福祉レジームの間で，義務的私的社会支出の任意私的社会支出に対する比率が異なり，保守主義レジームは，より私的社会支出に対して法的奨励や強制の程度が強い。第4に，社会支出に対する公共部門の関与の程度を詳細に見れば見るほど，それぞれの福祉レジームのなかでの多様性はより明確になる。

このような3つの福祉レジームに対する特徴を考慮して，第4節において，福祉レジームの境界ケースについて分析する。

4. OECD社会支出の公私分類による3つの福祉レジームの境界ケースの検討

本節では，エスピン・アンデルセンによって類型化された3つの福祉レジーム論に対する先行研究において指摘された各福祉レジームの境界ケースを，前節の分析で利用した3つの指標を用いて検討する。

まず，エスピン・アンデルセンによると自由主義レジームに属するが，自由主義レジームと社会民主主義レジームの境界ケースとも指摘されるイギリスについて検討する。ただし，イギリスと自由主義レジームとの関係を考えるにあたり，自由主義レジームに属する国々の平均値ではなくアメリカのデータと比較する。なぜならば，エスピン・アンデルセンの福祉レジーム論において自由主義レジームに属する6カ国のうち，イギリスのほかにオーストラリアとニュージーランドが自由主義レジーム以外の福祉レジームとの境界ケースと指摘されているため，自由主義レジームに属する国々の平均値よりも，自由主義レジームの特徴である残余主義および市場主義を強くもつアメリカと比較する方が，より明確な比較ができると考えられるからである。

まず社会支出の対GDP比の動向を見る。図3-6には，社会支出の対GDP比について，イギリス，アメリカ，社会民主主義レジームに属する国々の平均

図 3-6　OECD 社会支出対 GDP 比の時系列変化
　　　　（自由主義レジームと社会民主主義レジームの境界ケース：イギリス）

（出所）SOCX 2008 に基づいて筆者作成。

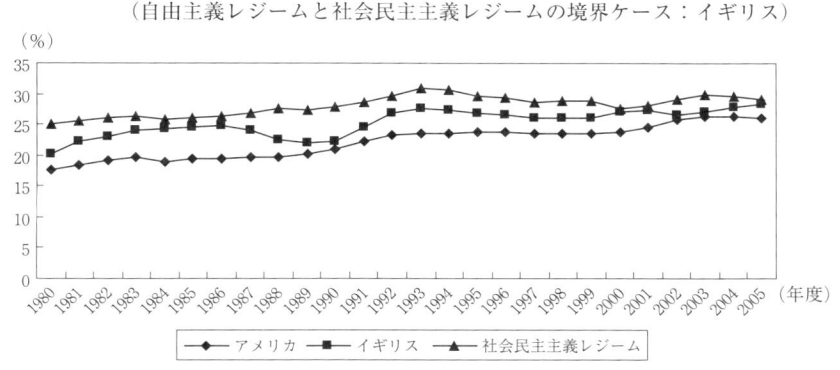

値が示されている。全期間において，イギリスの社会支出の対 GDP 比は，アメリカと社会民主主義レジームの間で推移している。実際 1980 年から 2005 年にかけて，社会支出の対 GDP 比は，イギリス，アメリカ，社会民主主義レジームそれぞれにおいて，20.30% から 28.40%，17.70% から 26.00%，25.08% から 29.10%，に上昇している。その結果 2005 年時点において，イギリスの社会支出の対 GDP 比は，自由主義レジームのなかでは一番高い。

　図 3-7 には，公的社会支出の対 GDP 比について，イギリス，アメリカ，社会民主主義レジームに属する国々の平均値が示されている。全期間において，公的支出の対 GDP 比は，社会民主主義レジーム，イギリス，アメリカの順に低くなっている。この傾向は，社会支出の対 GDP 比と同様であるが，より鮮明である。実際 1980 年から 2005 年にかけて，公的支出の対 GDP 比は，イギリス，アメリカ，社会民主主義レジームそれぞれにおいて，16.70% から 21.30%，13.10% から 15.90%，23.27% から 25.40% に上昇している。この結果 2005 年時点において，イギリスの公的社会支出の対 GDP 比は自由主義レジームのなかで一番高い。

　図 3-8 には，義務的私的社会支出の対 GDP 比について，イギリス，アメリカ，社会民主主義レジームに属する国々の平均値が示されている。イギリス，アメリカ，社会民主主義レジームそれぞれは，1990 年代以降，約 0.7%，約 0.4

84 第1部 経済政策の理論と実際

図3-7 OECD社会支出の公的社会支出対GDP比の時系列変化
(自由主義レジームと社会民主主義レジームの境界ケース：イギリス)

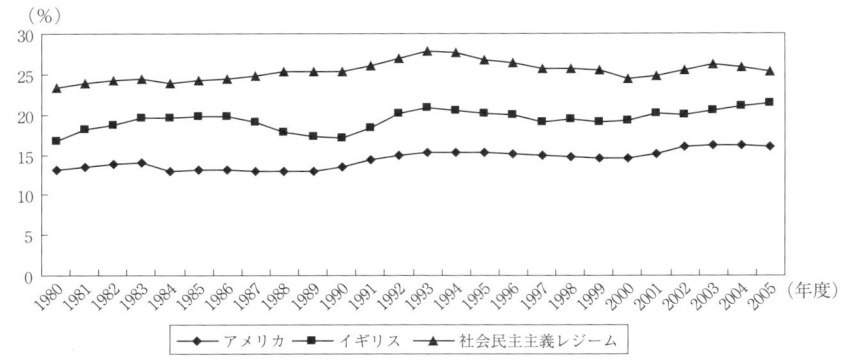

(出所) SOCX 2008に基づいて筆者作成。

図3-8 OECD社会支出の義務的私的社会支出GDP比の時系列変化
(自由主義レジームと社会民主主義レジームの境界ケース：イギリス)

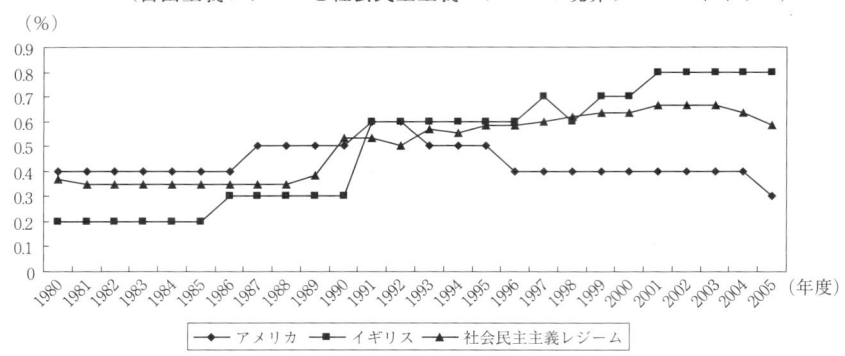

(出所) SOCX 2008に基づいて筆者作成。

%，約0.6%の水準で推移している。その結果，2005年時点における義務的私的社会支出の対GDP比は，イギリス，アメリカ，社会民主主義レジーム，それぞれにおいて，0.80%，0.30%，0.58%である。

図3-9では，任意私的社会支出の対GDP比について，イギリス，アメリカ，社会民主主義レジームに属する国々の平均値が示されている。1980年から2005年にかけて，任意私的社会支出の対GDP比は，アメリカ，イギリス，社会民主主義レジームそれぞれにおいて，4.20%から9.80%，3.40%から6.30

図3-9 OECD社会支出の任意私的社会支出対GDP比の時系列変化
（自由主義レジームと社会民主主義レジームの境界ケース：イギリス）

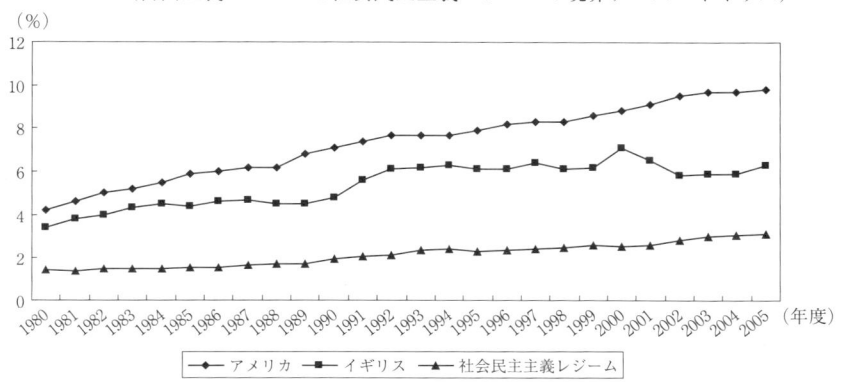

（出所）SOCX 2008に基づいて筆者作成。

％，1.45％から3.12％に上昇している。2005年時点において，イギリスの任意私的社会支出の対GDP比は，オランダ（7.60％）を除く社会民主主義レジームの国々よりもかなり高く，さらにアメリカと並んで自由主義レジームのなかで代表的な国であるカナダ（5.50％）よりも高い。

以上のイギリス，アメリカ，社会民主主義レジームの平均値に関する，社会支出，公的社会支出，義務的私的社会支出，任意私的社会支出の動向に基づいて，2005年時点におけるそれぞれの（P＋M＋V）/GDP，（M＋V）/PおよびM/Vを計算すると表3-5のようになる。

表3-5に示されているアメリカの（P＋M＋V）/GDPは，自由主義レジームのなかではイギリスに次いで極めて高い。すでに述べたように，アメリカにつ

表3-5　アメリカ，イギリスおよび社会民主主義レジームの3つの指標

	アメリカ	イギリス	社会民主主義レジーム
(P＋M＋V)/GDP	26.00	28.40	29.10
(M＋V)/P	0.64	0.33	0.15
M/V	0.03	0.13	0.48

（注）（P＋M＋V）/GDPのみ単位は％である。また社会民主主義レジームの数値は同レジームの平均値である。
（出所）SOCX 2008に基づいて筆者作成。

いて，公的社会支出の対 GDP 比は低いが，任意私的社会支出の対 GDP 比が極めて高いために，(P＋M＋V)/GDP は，自由主義レジームのなかでかなり高い。ところで自由主義レジームの (P＋M＋V)/GDP の平均値は，22.35% である。さらにイギリスの (P＋M＋V)/GDP は，自由主義レジームのなかで一番高く，しかも社会民主主義レジームの平均値にかなり近い。したがって (P＋M＋V)/GDP を見る限り，イギリスは社会民主主義レジーム的な特徴をもっていると見なすことができる。

イギリスの (M＋V)/P は，社会民主主義レジームの平均値よりも高いが，アメリカよりもかなり低い。しかしイギリスの (M＋V)/P は，オランダを除く社会民主主義レジームの国々よりもかなり高く，さらに自由主義レジームのなかでアメリカに次ぐカナダ (0.33) と同水準である。したがって (M＋V)/P を見る限り，イギリスは自由主義レジーム的な特徴をもっていると見なすことができる。

イギリスの M/V は，アメリカと同様に，社会民主主義レジームの平均値を大きく下回る。さらにイギリスの M/V は，自由主義レジームの平均値 (0.1) とほぼ同水準である。したがって M/V を見る限り，イギリスは自由主義レジーム的な特徴をもっていると見なすことができる。

次に，エスピン・アンデルセンによると自由主義レジームに属するが，「賃金稼得者の福祉国家」とも呼ばれ，自由主義レジームと社会民主主義レジームの境界ケースとも指摘されるオーストラリアおよびニュージーランドについて検討する。ただし，オーストラリアおよびニュージーランドと自由主義レジームとの関係を考えるにあたり，自由主義レジームに属する国々の平均値ではなく，自由主義レジームの代表的な国であるアメリカおよびカナダのデータと比較する。

図 3-10 には，社会支出の対 GDP 比について，オーストラリア，ニュージーランド，アメリカ，カナダ，社会民主主義レジームに属する国々の平均値が示されている。全期間において，社会支出の対 GDP 比について，社会民主主義レジームに属する国々の平均値は，他の 4 カ国の水準よりも高い。一方自由主

義レジームにおいて，1990年代初めまで，ニュージーランド，アメリカおよびカナダの水準は，互いに同じように推移していたが，オーストラリアの水準は，それらの国々よりも低く推移していた。その後，ニュージーランドおよびカナダの水準は低下し，オーストラリアのそれは上昇することにより，それら3カ国の水準は互いに近くなった。アメリカの水準はいっそう上昇を続け，社会民主主義レジームのそれに近づいている。その結果2005年時点において，社会支出の対GDP比は，社会民主主義レジーム，アメリカ，カナダ，オーストラリア，ニュージーランドそれぞれについて，29.10％，26.00％，22.00％，20.80％，18.90％である。

図3-10 OECD社会支出対GDP比の時系列変化
（自由主義レジームと社会民主主義レジームの境界ケース：賃金稼得者の福祉国家）

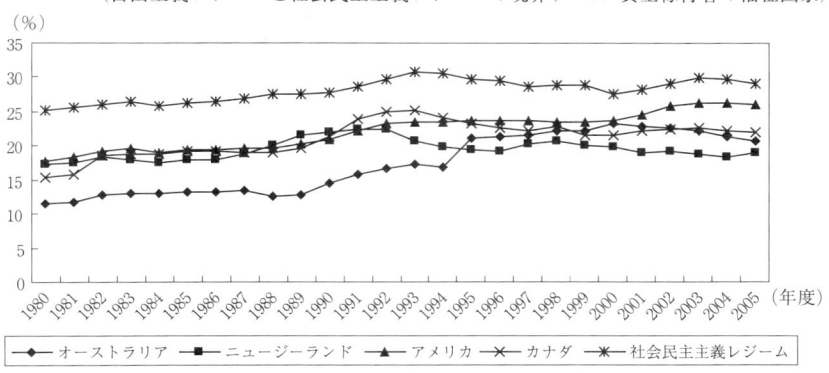

（出所）SOCX 2008に基づいて筆者作成。

図3-11には，公的社会支出の対GDP比について，オーストラリア，ニュージーランド，アメリカ，カナダ，社会民主主義レジームに属する国々の平均値が示されている。全期間において，公的社会支出の対GDP比について，社会民主主義レジームに属する国々の平均値は，社会支出の対GDP比と同様に他の4カ国の水準よりも高い。一方自由主義レジームの4カ国のなかでは，1990年代半ばまで，ニュージーランドとカナダの水準が相対的に高かったが，その後4カ国の水準は互いに収斂し，社会民主主義レジームの水準よりもかなり低い。2005年時点において，公的社会支出の対GDP比は，社会民主主義レジー

図 3-11 OECD 社会支出の公的社会支出対 GDP 比の時系列変化
(自由主義レジームと社会民主主義レジームの境界ケース：賃金稼得者の福祉国家)

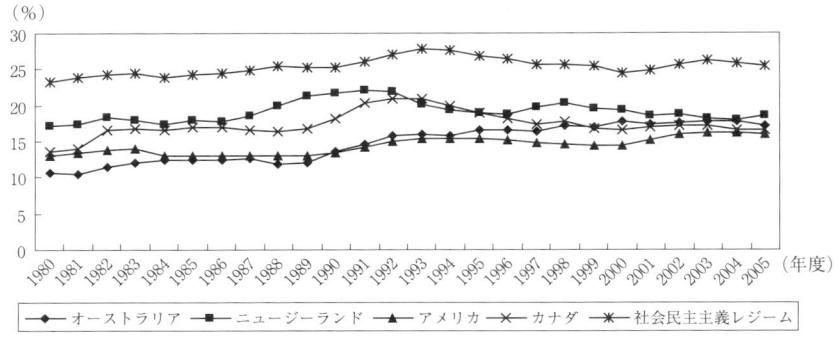

(出所) SOCX 2008 に基づいて筆者作成。

ム，ニュージーランド，オーストラリア，カナダ，アメリカそれぞれについて，25.40%，18.50%，17.10%，16.50%，15.90% である。

図 3-12 には，義務的私的社会支出の対 GDP 比について，オーストラリア，ニュージーランド，アメリカ，カナダ，社会民主主義レジームに属する国々の平均値が示されている[12]。アメリカと社会民主主義レジームの水準は，1990

図 3-12 OECD 社会支出の義務的私的社会支出対 GDP 比の時系列変化
(自由主義レジームと社会民主主義レジームの境界ケース：賃金稼得者の福祉国家)

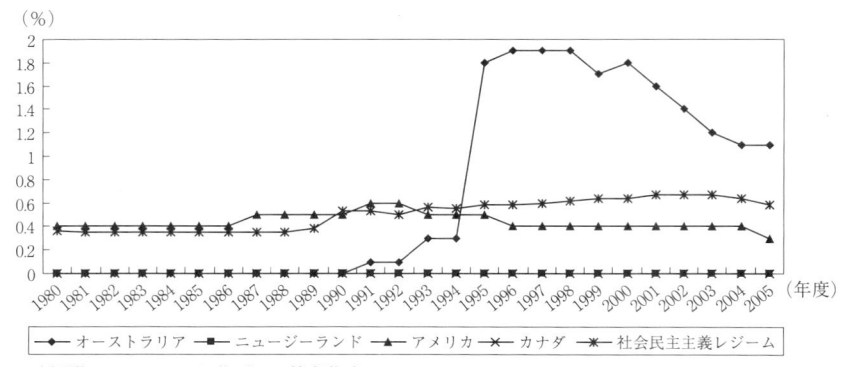

(出所) SOCX 2008 に基づいて筆者作成。

---

12) ニュージーランドとカナダの義務的私的社会支出のデータは，全期間にわたって存在しない。またオーストラリアの義務的私的社会支出のデータは，1988 年まで存在しない。データが存在しない場合，0 としてグラフを作成している。

年代半ばまでは互いに同じように推移しているが，それ以後社会民主主義レジームの水準が，アメリカのそれを上回っている。オーストラリアの水準は，1990年代半ばから2000年までは高い水準で推移しているが，2001年から低下している。2005年時点において，義務的私的社会支出の対GDP比は，オーストラリア，アメリカ，社会民主主義レジームそれぞれについて，1.10％，0.30％，0.58％である。

図3-13には，任意私的社会支出の対GDP比について，オーストラリア，ニュージーランド，アメリカ，カナダ，社会民主主義レジームに属する国々の平均値が示されている[13]。ニュージーランドの任意私的社会支出の対GDP比は，全期間において最も低い水準で推移している。またオーストラリアと社会民主主義レジームの任意私的社会支出の対GDP比は，1990年代半ば以降互いに同じような水準で推移している。さらに全期間において，アメリカとそれに次ぐカナダの任意私的社会支出の対GDP比は，両国以外の国々の水準を下回ることはない。2005年時点において，任意私的社会支出の対GDP比は，社会民主主義レジーム，ニュージーランド，オーストラリア，カナダ，アメリカそ

図3-13 OECD社会支出の任意私的社会支出対GDP比の時系列変化（自由主義レジームと社会民主主義レジームの境界ケース：賃金稼得者の福祉国家）

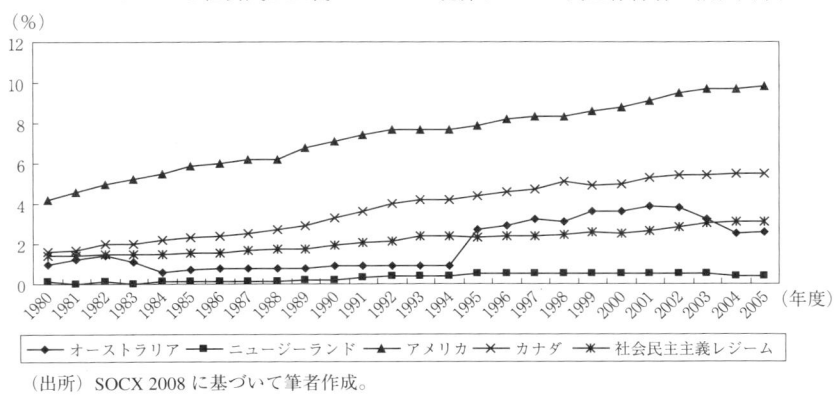

(出所) SOCX 2008に基づいて筆者作成。

---

13) ニュージーランドの任意私的支出のデータは，1981年および1983年に限り存在しない。データが存在しない場合，0としてグラフを作成している。

表 3-6 2005 年の賃金稼得者の福祉国家，アメリカ，カナダ，社会民主主義レジームに関する 3 つの指標

	オーストラリア	ニュージーランド	アメリカ	カナダ	社会民主主義レジーム
(P＋M＋V)/GDP	20.80	18.90	26.00	22.00	29.10
(M＋V)/P	0.20	0.02	0.64	0.33	0.15
M/V	0.42	0	0.03	0	0.48

(注) (P＋M＋V)/GDP のみ単位は％である。また社会民主主義レジームの数値は同レジームの平均値である。
(出所) SOCX 2008 に基づいて筆者作成。

れぞれについて，3.12％，0.40％，2.60％，5.50％，9.80％ である。

以上のオーストラリア，ニュージーランド，アメリカ，カナダ，社会民主主義レジームに属する国々の平均値に関する，社会支出，公的社会支出，義務的私的社会支出，任意私的社会支出の動向に基づいて，2005 年時点におけるそれぞれの (P＋M＋V)/GDP，(M＋V)/P および M/V を計算すると表 3-6 のようになる。

表 3-6 より，2005 年時点において，オーストラリアおよびニュージーランドの (P＋M＋V)/GDP は，社会民主主義レジームのその平均値よりもかなり低い。さらにオーストラリアおよびニュージーランドの (P＋M＋V)/GDP は，社会民主主義レジームのなかで一番低いノルウェーの水準 (23.70％) よりも低く，また 3 つの福祉レジームのなかでは自由主義レジームの平均値 (22.35％) に最も近い水準である。したがって (P＋M＋V)/GDP を見る限り，オーストラリアおよびニュージーランドは，自由主義レジーム的な特徴をもっていると見なすことができる。

ニュージーランドの (M＋V)/P は，自由主義レジームのなかで一番低くかつ極めて低い水準で，自由主義レジームの平均値 (0.27) を大きく下回るだけでなく，社会民主主義レジームの平均値も下回る。しかし社会民主主義レジームに属する 6 カ国中 4 カ国の (M＋V)/P は 0.1 未満であり，さらに極端に高い数値を示すオランダを除いて社会民主主義レジームの平均値を再計算すると

0.11である。ゆえに (M+V)/P を見る限り，ニュージーランドは社会民主主義レジーム的な特徴をもっていると見なすことができる。一方オーストラリアの (M+V)/P は，自由主義レジームの平均値と社会民主主義レジームのそれの中間の水準である。ところですでに述べたように，自由主義レジームの6カ国のうち3カ国が他の福祉レジームとの境界ケースであると指摘されている。そこで，自由主義レジームの代表的な国であるアメリカとカナダの (M+V)/P の平均値を計算すると 0.48 であるので，オーストラリアの (M+V)/P は，アメリカとカナダの平均値を大きく下回り，社会民主主義レジームの平均値に近い水準である。したがって (M+V)/P を見る限り，オーストラリアは社会民主主義レジーム的な特徴をもっていると見なすことができる。

ニュージーランドの M/V [14] は，アメリカやカナダの水準，および自由主義レジームの平均値 (0.10) と同様に，社会民主主義レジームの平均値と比較して極めて低い。ゆえに M/V を見る限り，ニュージーランドは自由主義レジーム的な特徴をもっていると見なすことができる。一方オーストラリアの M/V は，社会民主主義レジームの平均値に近い水準である。したがって M/V を見る限り，オーストラリアは社会民主主義レジーム的な特徴をもっていると見なすことができる。

次にエスピン・アンデルセンによると保守主義レジームに属するが，保守主義レジームと自由主義レジームの境界ケースとも指摘される日本について検討する。

図 3-14 には，社会支出の対 GDP 比について，日本，保守主義レジームに属する国々の平均値，自由主義レジームに属する国々の平均値が示されている。1990年代初めまで，保守主義レジームの平均値と自由主義レジームのそれの差は，ほぼ6から7%ポイントである。その後，保守主義レジームの平均値は上昇し続けるが，自由主義レジームのそれはほぼ一定水準を維持し，両者の差は拡大している。一方日本の水準は，1980年時点において保守主義レジー

---

14) 先に述べたように，ニュージーランドの義務的私的社会支出のデータは存在しないので，0 として M/V を計算した。カナダも同様である。

図 3-14　OECD 社会支出対 GDP 比の時系列変化
　　　　（保守主義レジームと自由主義レジームの境界ケース：日本）

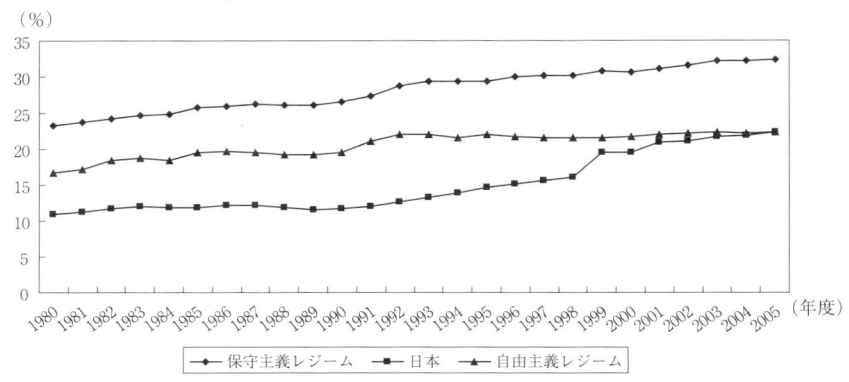

（出所）SOCX 2008 に基づいて筆者作成。

ムと自由主義レジームの平均値を大きく下回っていたが，1990 年代から上昇し始め，2005 年時点において自由主義レジームの平均値と同水準に達している。2005 年時点における社会支出の対 GDP 比は，保守主義レジーム，自由主義レジーム，日本それぞれについて，32.33%，22.35%，22.40% である。

図 3-15 には，公的社会支出の対 GDP 比について，日本，保守主義レジームに属する国々の平均値，自由主義レジームに属する国々の平均値が示されて

図 3-15　OECD 社会支出の公的支出対 GDP 比の時系列変化
　　　　（保守主義レジームと自由主義レジームの境界ケース：日本）

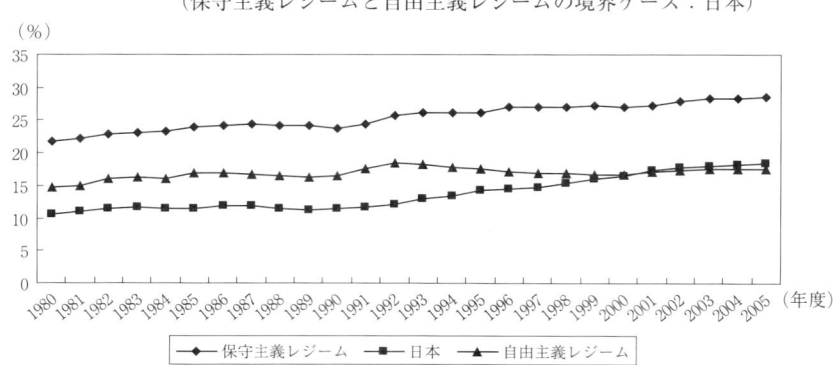

（出所）SOCX 2008 に基づいて筆者作成。

いる。日本，保守主義レジームの平均値および自由主義レジームのそれは，社会支出の対GDP比とほぼ同様な推移を示す。すなわち，1990年代初めまでは，保守主義レジームの平均値と自由主義レジームのそれの差はほぼ一定であったが，その後両者の差は拡大した。一方日本の水準は，1980年時点において保守主義レジームと自由主義レジームの平均値を下回っていたが，1990年代から上昇し始め，2001年より自由主義レジームの平均値を少し上回って推移している。2005年時点における公的社会支出の対GDP比は，保守主義レジーム，自由主義レジーム，日本それぞれについて，28.58%，17.67%，18.60%である。

図3-16には，義務的私的社会支出の対GDP比について，日本，保守主義レジームに属する国々の平均値，自由主義レジームに属する国々の平均値が示されている。保守主義レジームの義務的私的社会支出の対GDP比の平均値は，全期間において自由主義レジームのそれよりも高い水準で推移している。一方日本の義務的私的社会支出の対GDP比は，全期間においてほぼ自由主義レジームの平均値の周りで推移している。2005年時点における義務的私的社会支出の対GDP比は，保守主義レジーム，自由主義レジーム，日本それぞれについて，1.80%，0.37%，0.50%である。

図3-16 OECD社会支出の義務的私的支出対GDP比の時系列変化
（保守主義レジームと自由主義レジームの境界ケース：日本）

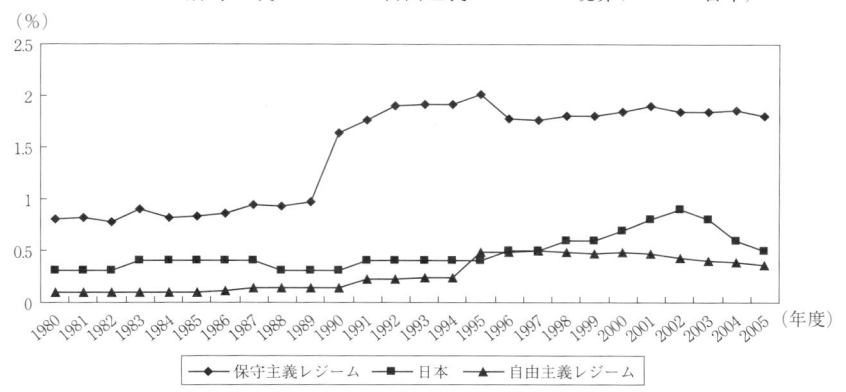

（出所）SOCX 2008に基づいて筆者作成。

図 3-17 には，任意私的社会支出の対 GDP 比について，日本，保守主義レジームに属する国々の平均値，自由主義レジームに属する国々の平均値が示されている[15]。全期間において，自由主義レジームの平均値は，保守主義レジームのそれを上回っている。一方日本の任意私的社会支出の対 GDP 比は，2002年以降保守主義レジームの平均値から自由主義レジームのそれへ向けて上昇傾向を示している。2005 年時点における任意私的社会支出の対 GDP 比は，保守主義レジーム，自由主義レジーム，日本それぞれについて，1.95%，4.32%，3.30%である。

以上の日本，保守主義レジームに属する国々の平均値，自由主義レジームに

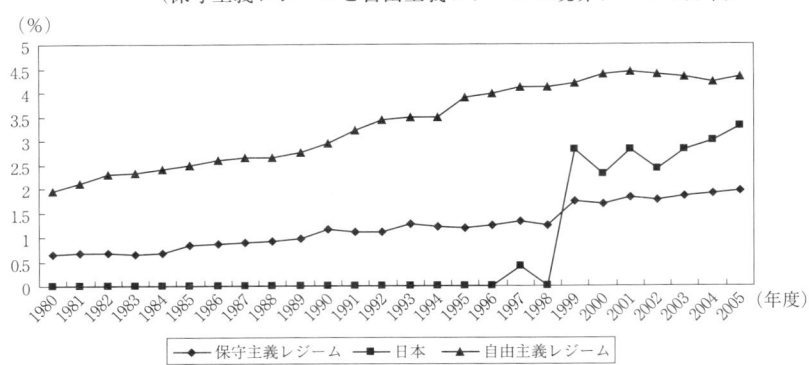

図 3-17 OECD 社会支出の任意私的支出対 GDP 比の時系列変化
(保守主義レジームと自由主義レジームの境界ケース：日本)

(出所) SOCX 2008 に基づいて筆者作成。

属する国々の平均値に関する，社会支出，公的社会支出，義務的私的社会支出，任意私的社会支出の動向に基づいて，2005 年時点におけるそれぞれの (P + M + V)/GDP，(M + V)/P および M/V を計算すると表 3-7 のようになる。

表 3-7 より，日本の (P + M + V)/GDP は，保守主義レジームの平均値を大きく下回り，自由主義レジームの平均値にほぼ等しい。ゆえに (P + M + V)/GDP を見る限り，日本は自由主義レジーム的特徴をもっていると見なすこと

---

15) 日本の任意私的支出データは，1994 年まで存在しない。そのため，1980 年から 1994 年までの日本の任意私的支出データを 0 としてグラフを作成している。

表3-7　2005年の日本，保守主義レジームおよび自由主義レジームの3つの指標

	日本	保守主義レジーム	自由主義レジーム
(P＋M＋V)/GDP	22.40	32.33	22.35
(M＋V)/P	0.20	0.16	0.27
M/V	0.15	1.67	0.10

（注）(P＋M＋V)/GDPのみ単位は％である。また自由主義レジームの数値は同じレジームの平均値である。
（出所）SOCX 2008に基づいて筆者作成。

ができる。

　日本の(M＋V)/Pは，保守主義レジームの平均値と自由主義レジームのそれの中間の水準である。ところで，自由主義レジームの6カ国のうち他の福祉レジームとの境界ケースであると指摘されている3カ国以外で，同福祉レジームの代表的な国であるアメリカとカナダの(M＋V)/Pの平均値を計算すると0.48である。したがって日本の(M＋V)/Pは，アメリカとカナダの平均値を大きく下回り，保守主義レジームの平均値に近い水準である。

　日本のM/Vは，自由主義レジームの平均値と保守主義レジームのそれの中間の水準であるが，自由主義レジームのそれに近い水準である。また，保守主義レジームに属する国々のなかでM/Vの水準が非常に大きいスイスを除いて同レジームの平均値を再計算しても0.68であるので，日本のM/Vは，保守主義レジームの平均値よりも明らかに低い水準である。したがってM/Vを見る限り，日本は自由主義レジーム的特徴をもっていると見なすことができる。

　次にエスピン・アンデルセンによると社会民主主義レジームに属するが，社会民主主義レジームと保守主義レジームの境界ケースとも指摘されるオーストリアとオランダについて検討する。

　図3-18には，社会支出の対GDP比について，オーストリア，オランダ，社会民主主義レジームに属する国々の平均値，保守主義レジームに属する国々の平均値が示されている。1990年代半ばまでは，社会民主主義レジームの平均値は，保守主義レジームのそれを上回って推移しているが，それ以降，保守主義レジームの平均値が社会民主主義レジームのそれを上回って推移してい

図 3-18　OECD 社会支出対 GDP 比の時系列変化
　　　　（保守主義レジームと社会民主主義レジームの境界ケース：オーストリアとオランダ）

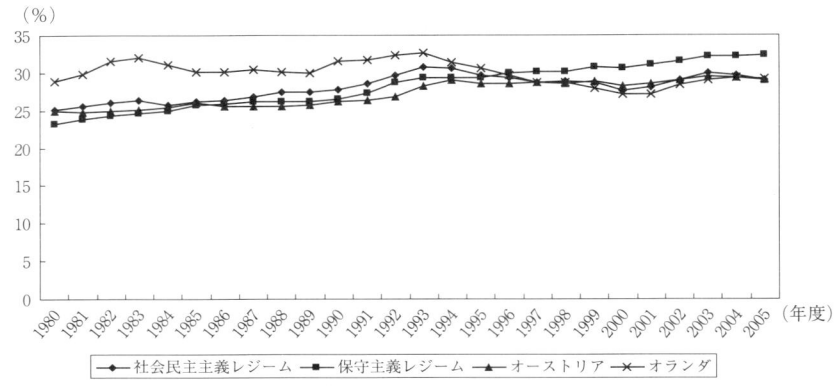

(出所) SOCX 2008 に基づいて筆者作成。

る。一方 1990 年代半ばまで，オーストリアの水準は，社会民主主義レジームの平均値を下回って推移し，オランダの水準は，社会民主主義レジームの平均値を上回って推移した。しかしそれ以降，両国の水準は社会民主主義レジームの平均の周りで推移している。2005 年時点における社会支出の対 GDP 比は，オーストリア，オランダ，社会民主主義レジームに属する国々の平均値，保守主義レジームに属する国々の平均値それぞれについて，29.10%，29.20%，29.10%，32.33% である。

図 3-19 には，公的社会支出の対 GDP 比について，オーストリア，オランダ，社会民主主義レジームに属する国々の平均値，保守主義レジームに属する国々の平均値が示されている。1990 年代半ばまでは，社会民主主義レジームの平均値は，保守主義レジームのそれを上回って推移しているが，それ以降，保守主義レジームの平均値が社会民主主義レジームのそれを上回って推移している。一方オーストリアの水準は，全期間において社会民主主義レジームの平均値の周りで推移している。つまり，1990 年代半ばまでは社会民主主義レジームの平均値を下回って推移し，それ以降は社会民主主義レジームの平均値を上回って推移している。しかし，オーストリアの水準と保守主義レジームの平均

図3-19　OECD 社会支出の公的社会支出対 GDP 比の時系列変化
　　　（保守主義レジームと自由主義レジームの境界ケース：オーストリアとオランダ）

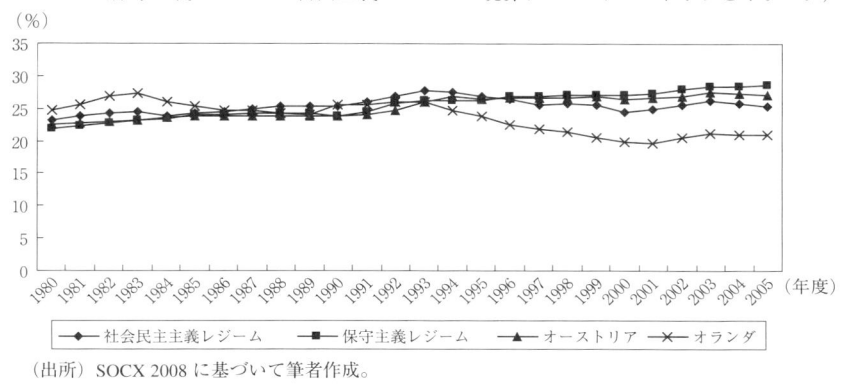

凡例：社会民主主義レジーム　保守主義レジーム　オーストリア　オランダ

（出所）SOCX 2008 に基づいて筆者作成。

値の差は，概してオーストリアの水準と社会民主主義レジームの差よりも小さい。またオランダの水準は，1980年代半ばまでは社会民主主義レジームの平均値を上回って推移しているが，それ以降は社会民主主義レジームの平均値を下回って推移し，とりわけ1990年代前半から急激に低下している。2005年時点における公的社会支出の対 GDP 比は，オーストリア，オランダ，社会民主主義レジームに属する国々の平均値，保守主義レジームの平均値それぞれについて，27.20%，20.90%，25.40%，28.58% である。

図3-20には，義務的私的社会支出の対 GDP 比について，オーストリア，オランダ，社会民主主義レジームに属する国々の平均値，保守主義レジームに属する国々の平均値が示されている。1990年代半ば以降，オーストリアとオランダの水準は，社会民主主義レジームの平均値よりも高い水準で推移しているが，保守主義レジームの平均値を下回って推移している。2005年時点における義務的私的社会支出の対 GDP 比は，オーストリア，オランダ，社会民主主義レジームに属する国々の平均値，保守主義レジームに属する国々の平均値それぞれについて，0.90%，0.70%，0.58%，1.80% である[16]。

---

16) 保守主義レジームと自由主義レジームの境界ケースである日本と，義務的私的社会支出の対 GDP が非常に高い水準であるスイスを除いて，ドイツ，イタリアおよびフランスのデータを用いて2005年時点の保守主義レジームの平均値を再計算すると

図 3-20　OECD 社会支出の義務的私的社会支出対 GDP 比の時系列変化
　　　　（保守主義レジームと社会民主主義レジームの境界ケース：オーストリアとオランダ）

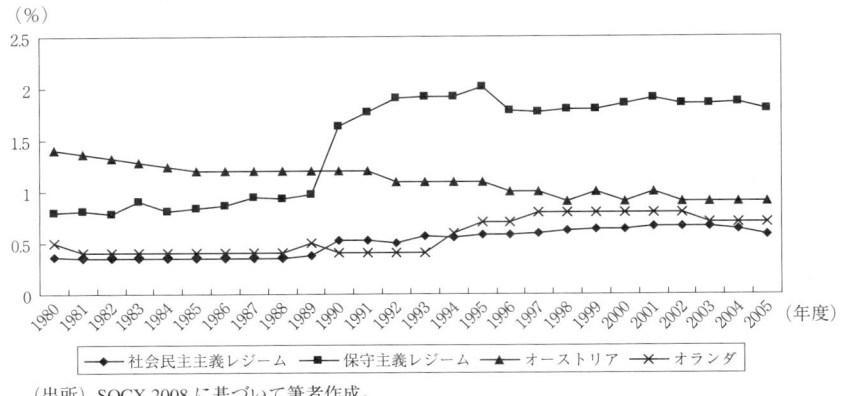

(出所)　SOCX 2008 に基づいて筆者作成。

　図 3-21 には，任意私的社会支出の対 GDP 比について，オーストリア，オランダ，社会民主主義レジームに属する国々の平均値，保守主義レジームに属する国々の平均値が示されている。全期間において，社会民主主義レジームに属する国々の平均値は，保守主義レジームのそれを上回って推移している。オランダの水準は，全期間においてその他の国々と比較して高い水準で推移し，その上昇は顕著である。一方オーストリアの水準は，1998 年までは保守主義レジームの平均値の周りで推移しているが，それ以降それを下回っている。2005 年時点における任意私的社会支出の対 GDP 比は，オーストリア，オランダ，社会民主主義レジームに属する国々の平均値，保守主義レジームに属する国々の平均値それぞれについて，1.00％，7.60％，3.12％，1.95％である。これらのうち，オランダの水準は，自由主義レジームにおける代表的な国であるアメリカ（9.80％）やカナダ（5.50％）と同様に高い。

　以上のオーストリア，オランダ，社会民主主義レジームに属する国々の平均値，保守主義レジームに属する国々の平均値に関する，社会支出，公的社会支出，義務的私的社会支出，任意私的社会支出の動向に基づいて，2005 年時点

1.00％である。したがって，保守主義レジームに属する代表的な国々の水準と比較しても，オーストリアやオランダの水準はそれを下回る。

図 3–21　OECD 社会支出の任意私的社会支出対 GDP 比の時系列変化
　　　　（保守主義レジームと社会民主主義レジームの境界ケース：オーストリアとオランダ）

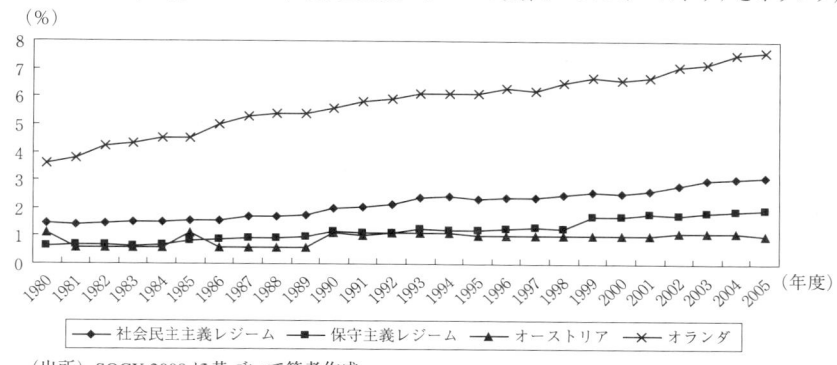

（出所）SOCX 2008 に基づいて筆者作成。

表 3–8　2005 年のオーストリア，オランダと 3 つの福祉レジームの 3 つの指標

	オーストリア	オランダ	保守主義レジーム	社会民主主義レジーム	自由主義レジーム
(P＋M＋V)/GDP	29.10	29.20	32.33	29.10	22.35
(M＋V)/P	0.07	0.40	0.16	0.15	0.27
M/V	0.90	0.09	1.67	0.48	0.10

（注）(P＋M＋V)/GDP のみ単位は％である。また各レジームの数値は，それぞれのレジームの平均値である。
（出所）SOCX 2008 に基づいて筆者作成。

におけるそれぞれの (P＋M＋V)/GDP，(M＋V)/P および M/V を計算すると表 3–8 のようになる[17]。

　表 3–8 より，2005 年時点において，オーストリアおよびオランダの (P＋M＋V)/GDP は，社会民主主義レジームの平均値と同水準であり，保守主義レジームの平均値を下回っている。しかも，オーストリアおよびオランダの (P＋M＋V)/GDP は，1990 年代半ば以降，保守主義レジームの平均値ではなく社会民主主義レジームのそれの周りで推移している。したがって (P＋M＋V)/GDP を見る限り，オーストリアおよびオランダは社会民主主義レジーム的な

---

[17] 特に，オランダについて検討するときに利用する自由主義レジームの平均値もあわせて示してある。

特徴をもっていると見なすことができる。

　オーストリアの (M+V)/P は，3つの福祉レジームのなかでは一番低い社会民主主義レジームの平均値よりもさらに低い水準である。また1983年以降の (M+V)/P を見ると，社会民主主義レジームの平均値は，常に保守主義レジームのそれを下回っている。ゆえに (M+V)/P を見る限り，オーストリアは社会民主主義レジーム的な特徴をもっていると見なすことができる。一方オランダの (M+V)/P は，3つの福祉レジームのなかでは一番高い自由主義レジームの平均値を上回っており，さらに自由主義レジームにおける代表的な国であるアメリカとカナダの平均値 (0.48) に近い水準である。したがって (M+V)/P を見る限り，オランダは自由主義レジーム的な特徴をもっていると見なすことができる。

　オーストリアのM/Vは，社会民主主義レジームの平均値や自由主義レジームのそれを上回っている。ところで保守主義レジームのなかで一番高い水準を示すスイスを除いて，同福祉レジームの平均値を再計算すると0.68である。このように再計算した保守主義レジームの平均値を考慮すると，オーストリアの水準は，保守主義レジームの平均値に一番近い。ゆえにM/Vを見る限り，オーストリアは保守主義レジーム的な特徴をもっていると見なすことができる。一方オランダのM/Vは，社会民主主義レジームおよび保守主義レジームの平均値よりも低い水準であり，自由主義レジームの平均値とほぼ同じ水準である。したがってM/Vを見る限り，オランダは自由主義レジーム的な特徴をもっていると見なすことができる。

　本節の分析の結果をまとめて，境界ケースになるそれぞれの国々について，3つの指標がどの福祉レジーム的な特徴をもっているかまとめると表3–9のようになる。

　表3–9より，第1に，境界ケースとして指摘されている6カ国のうち5カ国は，3つの指標を見る限り，従来の議論において指摘されている2つの福祉レジームの境界ケースであると考えることができる。しかし社会民主主義レジームと保守主義レジームの境界ケースとして指摘されているオランダは，む

表3-9 境界ケースとなる国々の3つの指標の特徴[18]

	イギリス(自由)	オーストラリア(自由)	ニュージーランド(自由)	日本(保守)	オーストリア(社会)	オランダ(社会)
(P+M+V)/GDP	社会	自由	自由	自由	社会	社会
(M+V)/P	自由	自由	社会	保守	社会	自由
M/V	自由	社会	自由	自由	保守	自由

しろ社会民主主義レジームと自由主義レジームの境界ケースと見ることができることは特筆すべきである。

　第2に，社会支出を量的側面から測る第1の指標を見ると，境界ケースとして指摘されているイギリスと日本を除く国々は，エスピン・アンデルセンの分類にしたがっている。イギリスは，エスピン・アンデルセンの分類にしたがうと自由主義レジームであるが，社会民主主義レジーム的な特徴をもっており，日本は，エスピン・アンデルセンの分類にしたがうと保守主義レジームであるが，自由主義レジーム的な特徴をもっている。

　第3に，公共部門の関与という観点から社会支出の構造的側面を測る第2および第3の指標を見ると，イギリスとオランダを除く境界ケースとして指摘されている国々は，複数の福祉レジーム的な特徴をもつ。ただし，これらの国々の第2および第3の指標によって示されるパターンは同じになるわけではない。

5．おわりに

　統合脱商品化度によって福祉国家諸国をクラスター化した，エスピン・アンデルセンによる福祉レジーム論に対して，それを修正するさまざまな議論が展開されてきた。しかしその議論の多くは，政治的イニシアチブや社会保障制度の特徴を重視する制度論的なものである。それに対して本章では，社会支出に

---

18) 表3-9において，「自由」，「保守」，「社会」は，それぞれ自由主義レジーム，保守主義レジーム，社会民主主義レジームを示す。また，国名の横の括弧のなかには，エスピン・アンデルセンの分類したがう福祉レジームが示されている。

対する公共部門の関与という限られた視点ではあるが，新たに OECD 社会支出統計を用いて $(P+M+V)/GDP$，$(M+V)/P$ および M/V という3つの指標によって福祉国家諸国の分類の再検討を行った。それにより，新たなる結論も含めて次のことが明らかになった。

まず3つの指標による福祉レジーム間の比較により，以下の3つの点が確認された。第1に，自由主義レジームは，他の2つの福祉レジームと比較して残余主義的および市場主義的であることが改めて確認された。第2に，保守主義レジームは，3つの福祉レジームのなかで最も大きな変化を遂げ，その社会支出の対 GDP 比の平均値は，急激に上昇し社会民主主義レジームのそれを上回る水準になった。第3に，保守主義レジームは，私的社会支出の公的社会支出に対する比率において，社会民主主義レジームと同様の水準を示す。しかし両福祉レジームの間で，義務的私的社会支出の任意私的社会支出に対する比率が異なり，保守主義レジームは，より私的社会支出に対して法的奨励や強制の程度が強い。第4に，社会支出に対する公共部門の関与の程度を詳細に見れば見るほど，それぞれの福祉レジームのなかでの多様性はより明確になる。

さらに3つの指標による福祉レジームの境界ケースについて，以下のことが確認された。第1に，3つの指標を見る限り，境界ケースとして指摘されている6カ国のうちオランダを除く5カ国は，すでに指摘されている2つの福祉レジームの境界ケースであると考えることができる。一方オランダは，すでに指摘されているように社会民主主義レジームと保守主義レジームの境界ケースではなく，社会民主主義レジームと自由主義レジームの境界ケースであると見なすことができる。第2に，社会支出を量的側面から測る $(P+M+V)/GDP$ を見ると，境界ケースとして指摘されている6カ国のうち，イギリスと日本を除く4カ国はエスピン・アンデルセンの分類にしたがっている。第3に，公共部門の関与という観点から社会支出の構造的側面を測る $(M+V)/P$ および M/V を見ると，自由主義レジームと社会民主主義レジームの境界ケースであるイギリスとオランダは，ともに自由主義レジーム的な特徴をもっている。しかし，それ以外の4カ国は，$(M+V)/P$ および M/V に関して互いに異なるパターン

をもっていることが確認された。

　以上のように本章においては，社会支出に対する公共部門の関与という視点から，OECD 社会支出統計を用いて簡単な指標を作成して，福祉国家諸国の現状について検討した。その結果，グローバリゼーションの進展にもかかわらず，福祉国家諸国は依然として多様性を示していることが確認された。しかしながら，本章の分析にとって次のような課題が残されている。第 1 に，社会福祉政策の分野別支出を考慮して分析する必要がある。第 2 に，各国の違いをもたらす要因を，計量経済学的に明らかにする必要がある。第 3 に，本章のような指標を用いる直感的な分析ではなく，より客観的な分析をする必要がある。これらの課題に対して，別稿にて検討を加えることとする。

参 考 文 献

荒川敏光・井戸正伸・宮本太郎・眞柄秀子著（2004）『比較政治経済学』有斐閣。
国立社会保障・人口問題研究所（2004）「社会保障費用の国際統計の動向—ILO, OECD, EUROSTAT を中心として—」（『海外社会保障研究』No. 146）80-87 ページ。
──────（2004）「OECD 社会支出データベース 2004 年版」（『海外社会保障研究』No. 149）59-67 ページ。
──────（2005）「日本の OECD 基準による社会支出 2002（平成 14）年度更新について—平成 15 年度社会保障給付費公表，独自推計の背景と方法」『海外社会保障研究』No. 153）76-83 ページ。
──────（2006）「国際比較からみた日本の社会支出—OECD SOCX 2006 Edition の更新—」（『海外社会保障研究』No. 157）90-95 ページ。
──────（2008）「社会保障費の国際比較統計—SOCX 2008 ed. の解説と国際基準の動向—」（『海外社会保障研究』No. 165）92-100 ページ。
Alcock, P. and G. Craig (2001), *International Social Policy*, Palgrave Publishers.（埋橋孝文他訳（2003）『社会政策の国際的展開』晃洋書房）
Castles, F. (1986), *Working Class and Welfare*, HarperCollins Publishers.（岩本敏夫訳（1991）『福祉国家論：オーストラリア・ニュージーランド』啓文社）
Esping-Andersen, C. (1990), *The Three Worlds of Welfare Capitalism*, Polity Press.（岡沢憲芙，宮本太郎監訳（2001）『福祉資本主義の三つの世界：比較福祉国家の理論と動態』ミネルヴァ書房）
OECD (2007), *The Social Expenditure Database : An Interpretive Guide SOCX 1980-2003*. (http://www.oecd.org/dataoecd/54/43/39091497.pdf)

第 4 章

市場経済と貨幣制度[1]
――金融緩和政策とその効果――

1. はじめに

　現代社会の経済システムは，周知のように貨幣を媒体とした市場経済システムである。市場経済は元来個人の所有する財・サービスの自由な直接交換市場から出発したが，貨幣という媒体が交換手段として市場取引に利用されて間接交換システムに移行してからは，市場で取引される財・サービスの種類と量は飛躍的に増大し，1国内の市場経済でけでなく国際市場の急速な発展にまで導いた。かつて市場経済システムに反対して計画経済システムを採用していた計

---

[1]　本章はミーゼスの『ヒューマン・アクション』(Mises, Ludwig von (1949), *Human Action ; A Treatise on Economics,* Yale Univ., Fourth Revised ed., 1996 San Francisco.) の主題に関する議論の骨子の要約を試みたものである。
　なおこのミーゼスの主著については村田稔雄訳 (1991)『ヒューマン・アクション』春秋社がある。この翻訳書はミーゼス教授に師事した村田氏によって適確に翻訳されており，ミーゼス教授の『ヒューマン・アクション』に展開されたオーストリア学派の経済学を理解するには好個の訳書である。なお，同訳書は 1966 年に刊行されたミーゼスの前掲書の第 3 改訂版の全訳であるが，筆者が利用した第 4 改訂版とその内容において重要な差異はないと思料される。ただしこの小論におけるミーゼスの議論と見解に関する注釈はすべて 1996 年の第 4 改訂版から引用することにした。

画経済諸国も，現在ではそのシステムを放棄して市場経済システムへの移行を促進している。

以上のように，市場経済諸国の急速な経済的発展にまで導いた駆動力としての貨幣の経済特的異性はなにか，換言すれば，計画経済システムの下でも貨幣は存在したが，計画経済諸国の経済発展の駆動力にならなかったのに対して，市場経済諸国の下では経済発展の駆動力になった経済的理由はなにか，またそれにかかわらず，貨幣を媒体とする市場経済諸国ではしばしば景気循環的的変動が生じるが，その原因はなにか。本章の課題は以上の問題についてオーストリア学派のミーゼス教授の所説を手がかりとして理論的に解明し，市場経済諸国の健全な経済発展のための貨幣政策とそれを支持する貨幣制度のあり方を検討する手がかりを得ることにある。

2. 市場経済と経済計算

2-1 市場経済の機能

市場経済は生産手段の私有の下での社会的分業システムである。この社会的分業システムは市場によって操作される。市場ではいかなる個人の経済活動も他人の必要を充足させることを目標とするが，同時に彼自身の必要の充足を目標としている。したがって市場は個人が彼の仲間の人たちの必要の充足に最も善く奉仕するように個人の経済活動を指導するチャンネルである。

市場は個人に彼自身および他の人びとの福祉を最も善く促進する仕方を指導し，社会全体の福祉を最も善く促進する仕方で社会システム全体を秩序づけるので，市場経済における最高の権力者である。市場は分業の下で協力する諸個人の貨幣を交換手段とした取引活動の相互作用によって変化するプロセスである。このように市場状態の変化を決定する諸力は，これら諸個人の取引活動に関する価値判断と，これらの価値判断によって選択された彼らの取引行為である。すべての市場現象は市場社会の構成員の取引行為に関する一定の価値判断とその選択に還元することができる。

市場経済における国家の役割は，変化する市場経済の円滑な機能とその維持

に対する破壊的な妨害行為を阻止するためにのみ人びとを服従させる権力を行使することである。かくして国家は変化する市場経済が安全に機能するような環境を創造し保持する任務を遂行することができる[2]。

2-2 貨幣タームによる経済計算

　より豊かな生活への道を目指す第一歩の出発点は貯蓄である。この目的のために蓄積された生産物は生産プロセスの中間段階にある生産手段（生産用具）と半製品および生産期間中の生存欲求を充足するのに必要な消費財である。これらの財は資本財と呼ばれる。かくして貯蓄とその結果である資本財の蓄積は人間の物質的生活条件を改善する出発点となる。生産活動のために使用される資本財の総体は貨幣タームで評価されるとき，その合計額は資本と呼ばれる。この意味での資本概念は経済計算の出発点である[3]。

　生産活動の直接的目的はこの資本の増加もしくは資本の維持である。この資本を減少させることなしに一定期間に生産された生産物の総体を貨幣タームで評価するとき，その合計額は所得と呼ばれる。もし消費が利用可能な所得を超えるならば，その差額は資本消費である。もし利用可能な所得が消費よりも大きいならば，その差額は貯蓄と呼ばれる。経済計算の主要な課題は所得，貯蓄，資本消費の大きさを確立することである[4]。

　資本概念は貨幣タームでの経済計算が可能な市場経済から分離することはできない。それは生産手段の私的所有の社会システムにおいて自己自身の判断で取引する諸個人の計画の記録のなかでのみ役割を演じて貨幣タームでの経済計算の可能な社会システムの下で発展したものである[5]。

　資本は特定の期日における企業の生産活動に向けられたすべての資本財の総体の貨幣等価物の合計額からすべての負債の貨幣等価物の合計額を差し引いた

---

2) Ibid., p. 258.
3) Ibid., p. 260.
4) Ibid., p. 261.
5) Ibid., p. 262.

ものである。資本概念について留意すべきことは，生産活動に向けられた資産は建物，設備，生産用具，原材料，半製品，在庫品等の中間生産物だけでなく，受領可能な有価証券および現金，預金から構成されており，その形態が実物であるか，貨幣であるかは問題にならないことである。

資本概念について過去において経済学者が犯した第1の誤謬は，資本概念から土地，労働の本源的生産要素のみならず，現金・預金の貨幣，受領可能な有価証券などの二次的交換手段を排除して生産施設，機械等の実物資産のみを重視して実物資本の概念を構築し，会計学の発展がもたらした資本概念を無視したことである[6]。

資本概念について経済学者が犯した第2の誤謬は，資本が利潤を生み出すという発想から資本利潤率という概念を構築したことである。企業活動の結果生じる利潤は企業の売上げ収益から生産費を差引いた差額である。企業の生産活動の目的は利潤を生み出すことである。市場経済では貨幣と交換される財・サービスは価格で表示される。したがって利潤は支出された貨幣額を超えて受領された貨幣額の余剰として現れる。他方，損失は受領された貨幣額を超えて支出された貨幣額の差として現れる。企業がどれだけ利潤または損失を生み出したかは貨幣額で確認することができる。

変化する現実の世界では補完的生産要素価格の合計額と生産物価格との間の差額が繰り返し現れる。貨幣利潤と貨幣損失をもたらすものはこのような差額の変動である。企業家は常に将来の不確実な諸条件の下で取引をする。彼らの成功と失敗は不確実な事象に関する彼らの期待の正確さに依存する。企業家の利潤が生じる唯一の源泉は，将来の消費者需要を他の競争的企業家よりも適確に予想する企業家の能力であって資本ではない[7]。もし彼が起こるべき将来の事態を適確に洞察する能力を欠くならば，彼は損失を蒙むることになる。もしすべての企業家たちが彼らの財市場の将来状態を正確に予想したとするならば，その財の価格とその財の補完的生産要素価格の合計は等しくなるように調

---

6) Ibid., p. 263.
7) Ibid., p. 264.

整されてこの財の生産に乗り出した企業には利潤も損失も生じないだろう。

3. 貨幣の需給関係と市場経済

3–1 交換手段としての貨幣

　市場経済では財・サービスとの間の交換には単一の，または複数の交換手段が介在する。そのようなものとして一般に利用される交換手段は貨幣または通貨と呼ばれる。

　交換手段は人びとの現在の直接的消費のため，または彼らの直接生産活動の使用のためだけでなく，後日の消費または生産のために利用しようとする財・サービスを交換する意図で獲得する財である。換言すれば，貨幣はそれを後日の交換において交換手段として利用しようと欲している人たちによっても獲得される最も市場性の大きい財である。かくして貨幣は一般的に受領されるものとして役立つ共通の交換手段である。人びとが貨幣に帰する他のすべての機能，例えば財・サービスの価格表示，価値保蔵，支払い手段としての貨幣機能は交換手段としての機能から派生したものである。

　交換手段としての貨幣は経済財である。それは希少であり，それに対する需要が存在する。市場経済では貨幣を獲得しようとして彼らの財・サービスと交換する用意のある人たちがいる。貨幣は交換において価値をもっているからである。交換手段としての貨幣の特異性は貨幣で表現できないという事実である。販売される財・サービスの価値は価格で表示できるが，貨幣についてはその価値はさまざまな財・サービスに対する購買力で測られる[8]。

　社会の大多数の人びとはさまざまな販売可能な財・サービスを保有するだけでなく，貨幣を保有しようと欲している。彼らの貨幣保有は単なる消費に支出されなかった残金ではない。彼らの貨幣保有額は慎重な貨幣需要によって決定される。そして他の財・サービスの価格の変化と同様に貨幣と他の財・サービスとの間の交換比率すなわち貨幣の購買力または価値の変化を決定するもの

---

8) Ibid., p. 402.

は，貨幣の保有需要と供給の関係の変化である。

3-2 貨幣の需要と供給

多くの経済学者は貨幣保有のための貨幣需要と貨幣供給という意味での需要と供給の用語を適用することを回避している。というのは，彼らは銀行家によって使用されている現行の用語，すなわち貨幣需要を短期貸付資金の需要と，この貸付資金の供給を貨幣供給と呼んで，このような短期貸付市場を貨幣市場と呼んでいるからである[9]。そして多くの人たちは短期貸付資金の利子率の上昇傾向が支配的ならば貨幣は希少であり，短期貸付資金の利子率が低下傾向にあるならば貨幣は豊富であると考えている。このような用語法は貨幣の概念と資本の概念を混同させ，貨幣供給の増大は利子率を低下させると信じさせている。しかし貨幣需要の問題を決定するものは諸個人の価値判断である。彼らが財・サービスの購入を減らしまた所有する有価証券を売却して貨幣保有を増やしたり，逆に財・サービスや有価証券の購入を追加して貨幣保有を減らしたりして，貨幣需要を変化させる事態は，他の財・サービスに対する需要の変化と同様に彼らの価値判断に依拠している。

貨幣と財・サービスとの間の交換比率は，貨幣保有需要と貨幣供給によって決定される。貨幣数量説は貨幣の購買力の決定を他の財・サービスの交換比率の説明のために使用される同じ推論に依拠して説明する試みであったが，その短所はこの理論が全体論的解釈に依拠して国民経済における貨幣の総供給量の変化のみを見て個人や企業の貨幣保有需要と貨幣供給の関係を見なかったことである[10]。この誤った視点からの産物は，貨幣供給量と貨幣価格の変化の比例性が優先するという理念であった。

3-3 貨幣購買力の決定

市場経済において貨幣は消費または生産のために利用する人びとによってだ

---

9) Ibid., p. 403.
10) Ibid., p. 405.

けでなく，貨幣を交換手段として保持し，後日の交換の必要に際してそれを手放すことを欲している人びとによっても需要されるならば，貨幣に対する需要が増大する。他のすべての財・サービスの価格と同様にこのような貨幣需要の増大は貨幣の交換価値を上昇させる。もし人びとが貨幣を交換手段として利用することを停止するならば，貨幣需要は消滅してその価値はゼロにまで下落するだろう。かくして交換手段としての貨幣の価値，換言すれば貨幣の購買力は，財・サービスの価格の場合と同様に，貨幣供給を一定とすれば貨幣需要の変化によって決定される。

　貨幣供給の変化は個人や企業によって所有される財・サービスの配置を必然的に変化させる。市場経済システムにおいて利用できる貨幣供給の増加または減少によってもたらされた価格構造の変化は財・サービスの価格を同じ範囲と同じ時点で一様に上昇または下落させることはない。

　いま政府が国債の発行を担保として貨幣供給量を追加したと仮定しよう。政府はこの貨幣の追加量によって財・サービスの購入または負債への支払いや負債の利払いを計画する。これらの理由がなんであれ，政府は財・サービスに対する追加需要によって市場に参入し，以前よりも多くの財・サービスを購入できる立場にある。政府が購入する財・サービスの価格は直ちに上昇し，他の財・サービスの価格は暫くの間変化しないであろう。しかし政府が購入した財・サービスの売手は以前よりも多く財・サービスを購入することができ，したがって彼らが支出する財・サービスの価格も上昇する。かくしてすべての財・サービスの価格は波及的に上昇するがその範囲と程度は異なっている。債務者は債権者の犠牲によって有利となり，ある人たちはより富裕になり，他の人たちは相対的に貧困化する。すなわち貨幣供給の増加は所得・富の再分配をもたらす。貨幣数量説の主要な短所はこの所得・富の再分配の問題を無視したことにある。

3–4　貨幣購買力の変化と市場経済

　貨幣購買力の変化は財・サービスの側からまたは貨幣の側からも生ずる。

財・サービスの需給関係から生ずる貨幣購買力の変化を財・サービス誘発的変化と呼ぶならば，貨幣の側から生ずる貨幣購買力の変化は貨幣誘発的変化と呼ぶことができる[11]。

貨幣誘発的変化が市場経済に重要な影響をおよぼす典型的例は，政府の国債発行による貨幣の追加供給が市場経済におよぼす効果である。

貨幣誘発的購買力の変化が市場経済に与える第1の効果は，既述したように財・サービスの価格構造の変化による個人間の富・所得の分配構造の変化である。

貨幣誘発的購買力の変化が生み出す第2の効果は政府の公共支出の拡大によって生産のために利用可能な貯蓄すなわち資本財の減少に導くことである。

第3の効果は貨幣供給量の増大によって生じた公共支出の増加は浪費に終ることである。市場経済の作動力は貨幣の需要と供給を一致させる水準で貨幣の購買力の最終状態を決定するので貨幣の過剰とか不足ということは決してありえない。すべての個人は貨幣の利用から引き出しうる利益を十分に享受しており，貨幣供給量の大小には関係がない。こうした観点から見ると，国債発行による政府支出の増大は所得や富の分配の変化を惹き起こすのみで浪費的であると呼ぶことができる[12]。

第4の効果は市場経済における経済計算の有効性を低下させ，交換手段としての貨幣の機能を弱めることである。経済計算は市場で決定された財・サービス価格を考慮するが，もし政府の国債発行が追加されるならばそれによる貨幣誘発的購買力の持続的低下はこのような経済計算を歪める。なぜなら貨幣購買力の持続的低下の条件の下で示された利潤計算は，貨幣購買力の低下が始まる以前の状態で計算された利潤とは異なって過大に評価されるからである[13]。経済計算は購買力が急速かつ大きく変化しない貨幣の下でのみ市場経済における企業の生産活動の成果を正確に表現することができる。

---

11) Ibid., p. 419.
12) Ibid., p. 421.
13) Ibid., p. 425.

第 5 の効果は，交換手段としての貨幣の機能を低下させ，人びとの貨幣需要を最低限にまで縮小して間接交換の市場経済から直接交換の実物経済に後退する可能性が強まることである。もし人びとが貨幣量の増加が継続してすべての財・サービスの価格はとどまることなく上昇すると期待するならば，誰でもができる限り財を購入し，彼の貨幣需要を最低限にまで切り詰めるであろう。なぜなら，このような状況の下では貨幣購買力の持続的低下によって貨幣保有需要の利益は消滅するからである。理由がなんであれ貨幣供給の増加を通じて貨幣購買力の低下が進行する事態に直面すれば誰でもが実物財の購入に熱心になり，貨幣保有需要を限りなく減少させるならば，結局は貨幣は交換手段として利用されなくなり，交換手段を媒介とした市場経済は崩壊して個人間の財の直接交換経済に後退するだろう[14]。

3-5　貨幣と銀行信用

支払能力があり，かつ支払い意欲についてなんらの疑問もない確実な債務者例えば銀行に対する請求権は人びとがこの請求権の本質的特徴を完全に熟知している限り，貨幣がなしうるすべてのサービスを個人に提供する。このような請求権は貨幣と同等な役割を演じるので貨幣代替物と呼ばれる。貨幣代替物には銀行券，代用貨幣（小額銭造貨幣），要求払いの普通預金から振り出される小切手と当座預金勘定から振り出される信用手形（約束手形）がある[15]。

もし銀行が支払い債務者としてこれらの貨幣代替物に対して支払い可能な準備金として現金形態の貨幣を保有しているならば，これらの貨幣は狭義の貨幣と呼ぶことができる。しかしこの支払い準備金としての狭義の貨幣は，人びとの貨幣保有のための需要を満足させるのに十分な量には増大しない。支払い準

---

14) Ibid., p. 427.
15) Ibid., p. 432. 銀行券が貨幣代替物として示されているのは，元来銀行券は金貨の代替物であり，金本位制の下では金と等価の価値を表現した貨幣代替物であり，金と兌換万能な紙幣であったからである。現在では中央銀行のみに銀行券発行の権限が与えられており，銀行券が法貨であり，国内では準備金として利用され，または貨幣（通貨）として流通している。

備金としての狭義の貨幣は貨幣供給にも，また貨幣需給関係にも，したがって貨幣の購買力にも影響をおよぼすことはない。

　もし発行された貨幣代替物の総額が支払い準備金としての狭義の貨幣総額を超えるならば，この差額を表わす貨幣代替物は流通手段（fiduciay media）と呼ぶことができる。貨幣代替物のうちどれだけが流通手段であるかの区別は銀行の貸借対照表によって認知することができる。支払い準備金としての狭義の貨幣は銀行が貸付け業務の遂行に利用できる資金を増加させない。普通預金から振り出される小切手のみを発行し，流通手段を発行しない銀行は自己資金と顧客の預金のみを利用する商品信用を供与するにすぎない。流通手段の発行はこのような限界を超えて貸付け可能な資金を拡大することができる。それは商品信用だけでなく，流通手段の発行から供与される流通信用を創造する[16]。

　流通信用の創造は貸付け業務を行う銀行が支払い能力のある個人や企業に対し当座預金勘定を開設させ，銀行の支払い満期日と貸付け利子を条件として彼らの当座預金勘定に一定の貸付資金を供与することから開始される。取引銀行に当座預金勘定を開設した顧客が，取引相手に振り出された手形は銀行の支払い満期日まで流通する。これらの流通手段は貨幣と同じような仕方で市場に影響する。これらの流通手段の量的変化と回転は貨幣購買力と物価に影響し，そして一時的に利子率にも影響をおよぼす。

　ここで留意すべき点は，貸付け業務を行い銀行の流通信用の供与は必ずしも信用拡張を意味しないことである。もし以前に発行された銀行の流通手段量が市場に対してそのすべての効果を発揮して価格，賃金率および利子率が貨幣の総供給量に調整された場合に，新たな流通信用が追加されなければ，信用拡張

---

16) Ibid., p. 433. 流通手段とは市場経済における財・サービスの取引において交換手段として流通する貨幣を意味し，貨幣市場における貨幣の需給関係を議論する場合の貨幣と同義語である。しかし狭義の意味では流通手段は銀行が貸付け業務において顧客に供与する流通信用（信用手形）であり，それから派生した用語である。しかしこの流通信用は貨幣と同様な交換手段として市場に流通することからミーゼスはこの狭義の流通手段に市場経済において個人が現金形態で保有する貨幣と同等な意味を付与している。

は起こらない。信用の拡張は銀行の流通手段の追加的発行によって流通信用が拡張されるときにのみ現れる[17]。

3-6 銀行信用の限界

銀行信用によって発行される流通手段としての貨幣代替物の増大または減少は貨幣量の変化と同様に貨幣購買力の決定に影響を与える。したがって流通手段の量的拡大を図る銀行の貸付け業務に限界があるか否かは貨幣購買力の決定に重要な意味をもっている。

もし流通手段を発行して信用を供与する銀行が市場経済の構成メンバーを顧客として含めているならば、銀行の流通手段発行に対する限界は貨幣供給量の増加に対して画された限界と同じである。すなわち銀行は以下の規則にしたがって貸付け業務を遂行しなければならない[18]。

第1に銀行はその顧客に疑念をもたせるような行為を避けねばならない。顧客が銀行に対し信頼を失い始めるや否や彼らは預金の返還を要求し、預金の引き出しに取りかかるであろう。銀行が顧客の預金を失わずにどれだけ貸付け業務を拡大し流通手段の発行を増大できるかは銀行に対する顧客の心理的要因に依存する。

第2に銀行は財・サービス価格の上昇が加速的に持続するだろうと顧客が予想するような速度で流通手段を増加させてはならないことである。なぜならもし顧客が物価上昇傾向が持続すると信じるようになるならば、彼らは実物財の購入に逃避して貨幣保有需要を減少させ、銀行預金を引き出して銀行の貸付け業務の崩壊に導くからである。この破局への接近は、顧客の銀行に対する信頼の消滅にあるという仮定なしでは想定することはできない。銀行は倒産する。もし政府が介入して銀行が契約条件にしたがって顧客に預金を返済する義務を免除するかまたは預金の返済を制限するならば、預金は流通手段としての機能を喪失するだろう。その結果、銀行はその独立的機能を喪失して政府の政策の

---

17) Ibid., p. 434.
18) Ibid., pp. 435–436.

道具となり政府に従属する機関となる。

　銀行の最も価値のある資産は顧客の銀行に対する評判と信用である。この信用と支払能力に関して疑問が生ずるや否や破産にまで進まなければならない。

4. 貨幣と国際取引市場

4-1　貨幣保有需要の変化と外国貿易

　国際貿易において貨幣が演ずる役割は国内取引に演ずる役割と異なるものではない。貨幣は国内取引における交換手段であるのと同様に外国貿易においても交換手段である。

　いま A, B 両国が共通の貨幣を利用していると仮定しよう。もし人びとが意図的に彼らの貨幣需要の規模を増加または制限するならば，その場合にのみ財・サービスの購入と販売は人びとの貨幣需要の一時的変化以上の変化をもたらす。A 国の住民が B 国の住民よりも貨幣保有需要の増加を熱心に追求しているならば，余剰の貨幣が A 国に流入する。B 国から紙幣が流出するのは B 国の住民が A 国の住民よりも貨幣保有需要を減らすのにより熱心である場合にのみ生ずる。B 国から A 国への貨幣の移転が A 国から B 国への逆方向の移転によって相殺されないのは国際商取引の意図せざる結果ではない。それはいつも住民たちの意図的な貨幣保有需要の変化の結果である[19]。

　A 国が外国で利用されない貨幣を利用する場合にも住民の貨幣保有需要が流通手段の供給増加によって余剰を生み出すならば，A 国の住民たちは彼らの国内の財・サービスのみだけでなく，外国の財・サービスの購入を増加させることによって余剰な貨幣を減らすことに熱心になるだろう。その結果，余剰な貨幣は輸入を増大させるが，見返りに外国に流出するのは，外国貿易準備金である外国通貨，外国為替のみであって国内の流通手段である貨幣は流出しな

---

19)　Ibid., p. 454. この議論においてミーゼスは A, B 両国の共通の貨幣として金本位制下の金を決裁手段としているが，本章では単に共通の通貨を決済手段として記述した。

い[20]。対外支払準備金としての外貨のみが流出するので流通手段部分の国内通貨は国内に残る。流出しない国内通貨量は国内の財・サービスの価格の上昇を招いてこれら流通手段の貨幣の購買力を低下させる。

したがって貿易赤字による外貨の流出または対外債務の増大は不当な貿易の結果ではなく，過剰となった流通手段を住民が減らそうと試みた結果である。

4-2 貿易赤字と外国為替市場

もし1種類以上の貨幣が交換手段として使用されるならば，これらの間の相互交換比率は貨幣の購買力によって決定される。異なる種類の貨幣によって交換された財・サービスの価格は相互に比例している。これらの貨幣の間の最終的な交換比率は財・サービスに関する購買力を反映している。

もしこれら2つの異なる貨幣の購買力に差異が生ずるならば，有利な取引機会が現れ，この機会を利用するのに熱心な企業家の努力はこの乖離を利用して購買力の上昇した貨幣を外国為替市場で売って購買力の低下した貨幣を購入するという裁定取引を通じてこれら2つの貨幣の購買力比率を元の水準に復帰させる傾向がある。購買力平価理論は価格決定の一般理論をこの異なる貨幣の共存に適用したものにすぎない。

A国のみにおいてインフレーションが生じた場合を例として考察しよう。国内の流通手段量の増大は最初には若干の財・サービスのみに影響する。残りの他の財・サービス価格はしばらくの間なお以前の状態にとどまる。国内通貨と外国通貨との間の交換比率は，外国為替市場では仲介業者が将来のこれら通貨の交換比率の変化について他の人びとよりも早く予想する。その結果，外国為替市場の価格構造は国内の財・サービスの価格構造よりも早く新しい貨幣関係を反映する。

多くの人たちはこの事実を誤解してきた。彼らは外国為替相場の上昇は国内の財・サービス価格の上昇を予想しているにすぎないことを認識できないで，

---

[20] 唯一の例外はドルである。ドルは国際通貨として容認されているのでアメリカの輸入超過はドルの海外流出を生み出している。

それは貿易収支の赤字によってまたは邪悪な投機家の策謀によって生じたと誤認し，この外国為替に対して支払われるより高い価格は輸入財の国内価格の上昇に導き，国内生産物の価格もそれに追随して上昇するに違いないと主張した[21]。

彼らの通俗的かつ人気のある主張の誤謬は容易に示すことができる。もし国内住民の名目所得がインフレーションによって増加しなかったならば，彼らは輸入または国内生産物の消費を制限しなければならず，その結果輸入は減少し輸出は増加したであろう。

それにもかかわらず，彼らは上記のような推論は正常な状態でのみ妥当するが，食料や生産に不可欠な原材料の輸入を必要とする国の場合には妥当しないと反論する。彼らによれば，これらの食糧や重要な原材料の輸入を最低限以下に削減することが許されないような国の場合には，どのような価格であろうとも輸入されなければならない。このような不可欠な財の輸入に必要な外国為替が輸出によって確保されなければ，貿易収支は赤字になるので外国為替レートはますます上昇するに違いない，と。

この議論もまた幻想である。A国の住民がある財，例えば食糧や燃料に対する需要がいかに緊要かつ不可欠であるとしても，彼らは市場で市場価格を支払ってのみこの需要を充足することができる。もしA国の住民がB国の小麦を購入したいと欲するならば，彼らはB国の通貨で市場価格を支払わなければならない。A国の住民は直接B国に，または他の国に財を輸出することによってB国の通貨を確保してのみB国の小麦を輸入することができる。いまA国の通貨の購買力はB国のそれに比較して低下し，さらにA国の住民の名目所得が不変であるとすれば，B国の小麦の市場価格は上昇してA国住民はB国の小麦の消費の節減を余儀なくされるだろう。この場合A国政府がインフレーション政策に乗り出してA国住民のポケットにA国通貨量を増やすならば，A国住民は高い輸入小麦価格を支払ってのみ必要なだけB国の小麦を

---

21) Ibid., p. 456.

購入できるだろう。しかしインフレーション政策によってA国の通貨の購買力は低下しB国の為替レートは上昇する。したがってB国通貨の為替レートの上昇はA国政府のインフレーション政策の結果であってA国の貿易赤字の原因ではない。A国の貿易赤字の原因はA国の財・サービスの輸出によって獲得されるB国通貨の不足であってA国通貨の不足ではない[22]。

投機は外国為替レートの決定に関与しない。投機家たちは単に期待される外国為替レートの変化を予測するにすぎない。もし彼らのこの予測が失敗するならば，国内インフレーションによる価格構造と外国為替レートの変化が彼らの期待に対応しないために彼らは損失を支払わねばならないだろう。

外国為替相場は貿易収支差額によって決定されるという重商主義者の理論は特殊なケースを不当に一般化したものである。もしA国の住民が彼らの貨幣保有需要の規模を減らし，B国の住民が彼らの貨幣保有需要の規模を増やすことに専念するならば，A国の貿易収支は赤字となり，B国の貿易収支は黒字となるだろう。この場合，A国とB国の2つの地域が同じ種類の貨幣を利用しているならば，貨幣はA国からB国に流出するだろう。しかしA国とB国が異なる種類の貨幣を利用している場合には，外国為替市場で決定された交換比率で，A国住民はA国通貨でB国通貨を購入してそれをB国に輸出しなければならない。この場合外国為替市場でA国のB国通貨に対する需要が増大するためにB国通貨の為替レートは上昇し，A国通貨の為替レートは相対的に低下するだろう。

4–3 利子率と国際信用取引

貨幣はビジネス取引において演じるのと同様な役割を信用取引においても演じる。銀行のローンは通例として貨幣で貸し付けられ，その利子と元本は貨幣で支払われる。ローンの借手は受け取った貨幣を消費または投資に支出する。ローンの利子率の差異は，借手すなわち債務者の健全性と信用によって，また

---

22) Ibid., p. 457.

契約条件の差異によって生じる。これらの条件によって生じた利子率の差異は消滅する傾向がある。なぜなら信用の申込者はより低い利子率を要求する貸手に接近し，貸手はより高い利子率を支払う用意のある借手に接近する。貸付け市場のこのような状態は他のすべての市場と同様に貸付け利子率を均一化する。

地域間信用取引に関して貨幣の地域間交換比率に利用通貨の差があれば，それを考慮して利子率が決定される。A国とB国の2国の場合を考察しよう。A国はドル通貨を，B国は円通貨を採用している。A国からB国に貨幣を貸付ける貸手は，まず第1にドルを売却して円に替え，後でローンの期間満了の時点で借手から受領した円を売却してドルに替えなければならない。もしこのローンの返済期日において外国為替市場で円通貨のドル通貨に対する交換比率が下落したならば，B国の債務者が円通貨で支払う元本は，A国の貸手が以前に円通貨を調達するために売却したドル通貨よりも少ないドル通貨量に換算されるだろう。したがってA国の信用供与者はA国とB国との間の市場利子率の差がドル通貨に対する円通貨の交換比率の低下をカバーするのに十分に大きい場合にのみB国の借手に信用を供与するだろう[23]。

国際信用取引における利子率が外国為替市場における貸手国通貨と借手国通貨との交換比率の変動によって変化するというプロセスはまったく誤解されてきた。多くの人は外国為替レートの安定を維持し外国の投機家の側からの攻撃に対して国民の利益を守ることが中央銀行の神聖な義務であると信じている。また一部の人たちは国内の市場利子率の引き下げを妨害するのは外国為替の安定性を維持しようとする金貸し業者たちの国際的団体の陰謀であると非難している。しかしこの非難は真実ではない。外国為替レートの上昇は国内のインフレ主義的政策によって市場利子率が引き下げられた結果であって国際信用取引における投機家の陰謀ではない[24]。

現在，中央銀行はますます政府に従属し信用拡張とインフレーション遂行の

---

23) Ibid., p. 459.
24) Ibid., p. 460.

ための手段となっている。ローンの金利の引き下げによって信用を拡大している銀行はどこの国においても今日ではインフレーション政策を遂行する政府の協力機関にすぎない。そのため外国為替市場に介入する手段として多くの政府は中央銀行よりも外国為替平衡化勘定を選択している[25]。

この外国為替平衡化勘定の主要な特徴は，第1に政府はこの平衡化勘定の操作を秘密にしていることである。第2に外国為替価格の決定は官僚たちの恣意的判断に委ねられていることである。新聞にB国の通貨は弱いと報道されるとき，それはより適確にいえば，B国政府がA国の外国為替価格を高めることを決定したということである。

外国為替平衡化勘定は外国為替価格の安定を目的としているが，それは外国為替価格の上昇をもたらすインフレーションの害悪を除去するための政策ではない。もし国内のインフレーションと信用拡張が存在するならば，外国為替価格の安定を維持する努力は失敗するに違いない[26]。

4-4 二次的交換手段と国際資本移動

市場経済では貨幣の市場性と財・サービスの市場性との間に実質的な差異がある。しかし財・サービスのグループの間にもその市場性について差異がある。最良の債券は住宅よりも市場性は高い。最良の債券は市場で遅滞なく容易に最高の価格を支払う用意のある買手を見つけるからである。このように二次的市場性の高い財ストックを所有している人は彼の貨幣保有需要を制限できる立場にある。彼は貨幣保有を増加させる必要に直面した場合，これらの高い二次的市場性の高い財を遅滞なく最高の市場価格で売却することができる。かくして個人または企業の貨幣保有の規模は，彼らが高度の二次的市場性を有する財ストックを保有しているか否かによって影響される。貨幣保有の規模とそれを維持するためのコストは，もし高い二次的市場性の所得創出的財が利用でき

---

25) Ibid., p. 461.
26) Ibid., p. 462.

るのであれば，減少させることができる[27]。

その結果，貨幣保有コストを減らすために二次的に高い市場性を有する財を熱心に保有しようとする人たちの側でこのような財に対する需要が現れる。これらの財価格は部分的に彼らの需要によって決定される。これらの財はいわば二次的交換手段である。

貨幣保有によって蒙るコストは，貨幣が投資されたときに生み出す利子額に等しい。二次的交換手段のストックを保有することによって生ずるコストはこの目的のために購入した証券の利子額と二次的交換手段としての役割に適していない財の高い収益額との間の差である。

もちろん二次的交換手段として役立つ請求権は二次的交換手段として役立つのに適していない財の請求権の収益等よりも低い利子率ではあるが，広汎な市場をもっており，政府および企業の債務者たちは二次的交換手段を求めている人たちに魅力あるものとして惹きつけるような仕方で国債，社債の発行とそれらの販売の宣伝に懸命である。同様な仕方で銀行も二次的交換手段需要の増加に配慮している。銀行は顧客に有利な条件を提供し，通知預金の通知期間の短縮，定期預金の解約条件の緩和によって銀行間の競争を始めた。また普通預金にも利子を払うようになった。若干の銀行はこのような競争の行き過ぎで支払能力を危険にさらしている。

最近数十年間の経済情勢は多くの国の政府がインフレ政策を推進し銀行預金，債券等の二次的交換手段の名目利子率の低下だけでなく実質利子収入の減少をもたらしている。

二次的交換手段の所有者たちはこのような事態を回避するために彼らの資金の一部を流動化することによって彼らの財産を保護することに熱心である。彼らは差し当たり彼らの二次的交換手段の実質的利子収入を没収するような危険の少ない外国に彼らの銀行預金残高を移して預金の安全を確保し，その預金で外国証券の購入を増やしたりする。

---

27) Ibid., p. 463.

これらの二次的交換手段の流出は国際資本市場における資本の移動を説明するが，人びとがホットマネーについて問題にするとき，彼らが思い浮かべるのはこの資本の移動をもたらした銀行預金残高の流出である。ホットマネーは国際金融市場を動き回る投機的な短期資本を意味しているが，貨幣問題としてのその意義は中央銀行による単一準備金制度に基因している[28]。中央銀行が信用拡張に乗り出すことを容易にするために，政府は一国の支払い準備金として金を中央銀行に集中し銀行券発行の独占権をこの銀行に与えてきた。銀行券発行の特権を与えられない他の民間銀行は準備金としての現金保有を日常的取引の必要額に制限された。顧客たちがこのノーマルな日常取引金額以上に預金を引き出すときは　これらの民間銀行は必要とされる資金を中央銀行から借り入れる。そのため民間銀行は中央銀行が見返りに貸し出しをするような担保または再割引するような為替手形を十分に所有しなければならない。

　ホットマネーの流入が始まると，一時的に預金を受領したその国の民間銀行は預託された追加資金をビジネスに対する貸付けを増やすことに使用する。これらの銀行はその国の政治経済情勢に不安が懸念されるや否や預託された追加資金が引き揚げられることを知っているが，その結果について心配しなかった。一方において顧客が通知によって短期間に引き出す権利をもっている大量の預金，他方において後れた時期においてのみ償還され得るビジネスへの貸付金の存在，したがってこれらの銀行の支払い準備金の不足は明白である。

　いまＡ国の民間銀行にＢ国から大量のホットマネーが流入していたと想定しよう。ところで後になってＡ国でもＢ国と同様な通貨価格切り下げの政策に同調するのではないかという懸念がホットマネーの預金者に生じたならば，これら預金者たちはＡ国の民間銀行に預金の払い戻しを請求するだろう。準備金が不足しているため預金の払い戻しに応じられないＡ国の民間銀行の唯一の逃げ道は中央銀行からの借り入れであり，この借り入れによって預金の一部を返還できるだろう。しかし預金の払い戻しを受けたホットマネーの預金者

---

[28]　Ibid., p. 464.

たちはA国の中央銀行に対して通貨価値の安定した外国為替での償還を要求するだろう。もしA国の中央銀行の準備金が不足してこのような要求を受け入れることができないとすれば，A国の中央銀行は流出するホットマネーの全額を自国通貨で償還することになろう。そのため自国通貨の支払い準備金も枯渇したならばA国の貨幣システムは崩壊するだろう。このような事態に直面してA国政府が選択する唯一の解決策はB国に追随してインフレ政策を採用しA国の通貨価値を切り下げることになろう。

ホットマネーの問題に対処するには中央銀行が不意の引き揚げに対して全額を払い戻すだけ十分な外国為替を準備しておくことであるが，それが不可能であれば，ホットマネーを持ちこんだ顧客に対して外貨規制を適用して事実上の支払延期を課することを要求することであろう。これは偽装されたモラトリアムである[29]。

5. 利子率と景気変動

5–1　本源的利子

利子は現在財の価値をそれと同等額の将来財の価値よりも高く評価することによって得られる時間差収益である。具体的にいえば，95万円の現在財価値はそれと同等額の将来財価値を例えば1年後の将来財価値を100万円の比率で評価されるならば，それによって得られる時間差収益5万円が利子である。利子率は現在財価値に対する将来財価値の割引率で示される。先の例でいえば，利子率は現在財価値95万円に対する1年後の将来財価値100万円であるから将来財価値に対する年5％の割引率である。

本源的利子率は将来財の価値と現在財価値との差の百分比で示されるが，市場経済では価値は貨幣タームで測られるので，それは将来財価格と現在財価格との間の差の百分比で示される。本源的利子率は資本または資本財の需要と供給の関係によって決定されるものではなく，逆に資本または資本財の需要と供

---

[29]　Ibid., p. 466.

給の関係を決定する。また本源的利子率は貸付け市場で決定されるような利子率ではない。むしろ貸付け市場では貸付け利子率は本源的利子率の変化に調整されて変動する[30]。

　社会における人びとの行為が将来の消費の増大よりも現在の消費の拡大により熱心になるならば，本源的利子率はよりいっそう上昇し，反対に現在の消費の増大よりも将来の消費の拡大に人びとが熱心になるならば，現在の消費が抑制されて本源的利子率は低下するだろう。

　資源に稀少性が存在する限り，本源的利子率はいかなる経済社会システムにも存在する。経済的データに変化のない均等循環経済，換言すれば単純再生産の経済においても本源的利子が存在し，そのために年々消耗する資本を一定の水準に保持し，一定の取得を繰り返し生み出すことを可能にしている。また生産手段の私有が禁止されて私企業が存在しない社会主義計画経済においても資源の稀少性が存在する限り，本源的利子率が存在する。もし本源的利子率が無視されるならば，消費財の生産に関係のない国家投資のために資本が投入され消費財生産は縮小して人民の生活を窮乏化させるだろう。現在の享楽のために消費財を費消して将来の財の生産に無関心な歓楽郷の世界においてのみ本源的利子率は存在しない。

　もし本源的利子が将来財の生産のために資本を提供する資本所有者に支払われないならば，資本所有者はもはや資本の提供者でなくて資本の消費者に転化するだろう。なぜなら，本源的利子が支払われなければ，資本所有者は資本の消費を抑制する理由を見出さないからである。したがって任意の制度，法律または銀行操作の工夫によって利子を廃止するという問題は起こりえない[31]。利子をゼロにするような法律や命令は資本所有者が利子を受け取る権利を否定するにすぎない。しかしこのような法律や命令は資本の消費に導き，社会の貧困化に導くものである。

---

30)　Ibid., pp. 526–527.
31)　Ibid., p. 532.

5–2　本源的利子の生成プロセス

　本源的利子率は企業家の投資活動を指導する。それは待ち時間とすべての産業部門における生産期間の長さを決定する。本源的利子率は単なる時間の経過だけで生ずるが，市場経済では時間の経過と生産プロセスの進行とともに補完的生産要素にますます多くの価値が生じ，生産プロセスの終点で時間の経過は生産的価格に本源的利子の完全な分け前を生み出す[32]。この生産プロセスの終点で，ある財は高く評価され，他の財は低く評価される。これらの変化は企業家に利潤または損失をもたらす。市場の将来状態を適確に期待した企業家の投機的行動のみが本源的利子を含めた生産費支出を上廻る販売収入を獲得し，したがって利潤を得ることができる。将来の市場の変化を正確に期待できなかった，換言すれば投機に失敗した企業家は投下資本の本源的利子を含む生産費支出を完全にカバーしない価格での販売収入であるので損失を蒙る。生産物の販売収入の不足から本源的利子を含む利潤を得られなかった企業家は企業自体の利潤を得るのに失敗しただけでなく，企業家自身の労働支出価格（賃金），投下資本の利子も受け取ることができない。

　本源的利子は不断に変動する市場経済の変化に対する評価の産物であり，それはまた評価の変化に応じて変化する。市場経済では，市場経済全体における一様な本源的利子率の確定に向う傾向がある。もし市場の1部門で，他の部門で支配的な現在財価格と将来財価格との間の格差から乖離してより大きい価格差マージンが生じるならば，資本は価格マージンの低い部門を回避して価格差マージンのより大きい部門に入り，最終的な本源的利子率はすべての部門で同一となる[33]。

5–3　貸付け市場における利子率

　貸付け市場における慣習は，貸付け契約期間全体に対し一様な利子率を規定して利子を計算するのが通例である。しかし貸付け市場における貸付け契約の

---

32)　Ibid., p. 534.
33)　Ibid., p. 536.

条件は貸付け期間から独立していない。貸付け市場における市場利子率は貸付け期間の相違によってのみならず，本源的利子率の変化をもたらす諸要因によっても影響されるので，本源的利子率の変化に応じて異なって決定される。

市場経済では本源的利子率はまず第1に貸付け利子率に現われる。問題は貸付け利子率は本源的利子率に対応する水準から永続的に乖離させることができるかということである。貸付け市場における貨幣の貸手は銀行である。貸手である銀行は貸付けに貨幣の一部または全部を失う危険に直面する。この危険にに対する銀行の評価は顧客である借手との契約条件の交渉のなかで決定される。信用供与は決して安全ではない。債務者やその保証人は支払不能者になるかもしれない。また見返りの担保物件の価値は低下するかもしれない。貸付け市場における貸付け利子率を粗利子率と呼ぶならば，こうした危険に対するプレミアムが銀行の企業家的成分として粗利子率に含まれる。この危険プレミアムとしての成分を含む粗利子は貸付け投機に成功した貸手によってのみ獲得される。貸付け市場に対する政治的干渉はこの粗利子率に含まれる危険プレミアムに対して否定的な影響を与えるが本源的利子率の水準に影響することはない[34]。

企業家成分としての危険プレミアムの他に粗利子率に影響する成分は貨幣需要と貨幣供給との関係から生ずる単位当たり貨幣の購買力の変化である。この第2の成分は価格プレミアムと呼ぶことができる。価格プレミアムは貨幣購買力の変化を予想している投機の産物であり，インフレ傾向が進行しているという期待が存在する場合には粗利子率を名目的に引き上げる。粗利子率の第2の成分である価格プレミアムはまず短期貸付け市場に現れ，次いで長期貸付け市場に波及する。

貸付け市場で決定される粗利子率は，それに含まれる危険プレミアムが変化するので，決して一様ではない。もちろん貸付け市場でも粗利子率を均等化する傾向が支配的である。なぜなら，他の事情が等しい限り，貸手は低い利子率

---

34) Ibid., p. 541.

よりも高い利子率を選択し，借手は高い利子率よりも低い利子率を選択するからである。しかし貸付け市場は同質的ではない。最も顕著な相違は危険プレミアムから生じる。信用供与は借手に対する信頼と期待に基づいているので貸手が最も関心をもつのはこの危険プレミアムだからである。

　粗利子率に含まれる本源的利子率は，データが繰り返し変化する変動する経済では想像されるような最終状態に到達しない。本源的利子率は価格や賃金と同様に変化し恒久的なものではない。

5-4　信用拡張と本源的利子率

　預金の裏付けのない貸付金の増加，換言すれば信用供与による流通手段の増大は貸付け市場における粗利子率を引き下げることができるだけでなく，本源的利子率にも影響をおよぼす。なぜなら，粗利子率の引き下げはそれと並行して現在財価格に対する将来財価格の上昇を惹き起こすことによって本源的利子率の低下を招くからである[35]。

　しかし流通手段が信用供与によって持続的に増大するならば，現在財である消費財価格の上昇が加速し，将来財である資本財価格の上昇を超えるようになると，本源的利子率が上昇し始めるだろう。インフレーションが進行するならば本源的利子率はさらに粗利子率の水準を超えて上昇するだろう。

　インフレーションが本源的利子率にもたらす最終的効果はなにか。

　もし流通手段の増大が最初に貸付け市場に流入するならば，それは既述したように貸付け市場の粗利子率と本源的利子率との間の調和を攪乱する。粗利子率は貸付け市場に提供された流通手段量の増加に応じて低下するが，この粗利子率の低下は本源的利子率の水準の変化となんらの関係もない。粗利子率は本源的利子率の水準の変化と関係しない。粗利子率は本源的利子率によって決定された水準から乖離するが，貸付け市場ではこの乖離を本源的利子率の水準に対応する比率に粗利子率を調整する傾向を生み出す諸力が作用する。この粗利

---

35)　Ibid., p. 544.

子率と本源的利子率との間を調整するプロセスが価格プレミアムである[36]。この価格プレミアムは信用拡張の初期には生じないが，貨幣の追加供給が財・サービスの価格に影響し始めてくると，粗利子率に対する圧力が継続して粗利子率は正の価格プレミアムを計算に入れて上昇しなければならない。しかし信用拡張が進むにつれて粗利子率は本源的利子率と価格プレミアムの双方をカバーする水準まで追いつくことはできない。なぜなら物価の一般的上昇の下では価格プレミアムは物価の期待上昇率によって追い抜かれるからである。

5-5 信用拡張と景気変動

信用拡張のプロセスは貸付け市場への流通手段の追加的供給によってもたらされた粗利子率の低下によって開始される。粗利子率の低下は企業家の経済計算を誤まりに導く[37]。なぜなら粗利子率の引き下げは，利用可能な資本財の需要と供給を均衡させる本源的利子率に基づいた正確な経済計算では実行不可能な生産プロジェクトが実行可能なように企業家の計算を狂わせるからである。その結果，企業家のビジネス活動は粗利子率の引き下げによって刺激され，ブームが到来する。このブームは最初に資本財需要を増加させ，資本財価格を上昇に導くが，さらに賃金率をも上昇させる。そして賃金率の上昇とともに労働者の消費支出も増大する。企業もまた粗利子率の引き下げに幻惑され，投資ブームで消費支出を拡大する。かくして消費財支出の増加によって消費財価格は上昇する。

全般的物価上昇は楽観主義を生む。もし資本財価格のみが上昇し，生産物の価格はそれによって影響を受けないならば，企業家は彼らの計画の健全性に疑念をもつようになるだろう。しかし企業家たちはコスト上昇にもかかわらず物価上昇によってペイすると楽観的に確信し生産を拡大する。

もちろんすべての企業が信用拡張によってもたらされた拡大した規模で生産を続行するためには投資資金の追加を必要とする。もし信用拡張が1回だけで

---

36) Ibid., p. 546.
37) Ibid., p. 551.

終わるならば，ブームは間もなく停止するだろう。しかし信用拡張が継続して追加貨幣量が企業に貸付けられるならば，生産の拡大は可能となり企業が購入する資本財価格は持続的に上昇する。初期段階では，資本財価格の上昇は消費財価格の上昇を超えるので，本源的利子率は下落する傾向をもたらすだろう。しかし信用拡張のさらなる進行とともに消費財価格の上昇は資本財価格の上昇を凌駕し，さらに賃銀，俸給，資本家，企業家，地主たちの追加所得の上昇は，消費財需要を増加させ，彼らたちの消費財需要の増大は消費財価格の上昇に導くことは確実である。かくして消費財価格と資本財価格との間のギャップ，換言すれば現在財価格と将来財価格との間のギャップは拡大し，本源的利子率の上昇傾向は信用拡張の初期段階に作用していた本源的利子率の低下傾向に取って代わる。

　ブームが続くと期待する企業家たちは，高い粗利子率でも銀行からの借り入れを進める。

　粗利子率は信用拡張以前の高さよりも上昇し続けているにもかかわらず，本源的利子プラス危険プレミアムおよび価格プレミアムをカバーする水準に後れる。ブームを生み出し維持させているのは，銀行の信用拡張による流通手段の継続的増加である[38]。

　信用拡張ブームの本質は過剰投資でなく誤投資である。企業家が特定プロジェクトに着手することを誘導するのは高価格でも低価格でもなく，必要資本の利子を含む生産費と生産物の期待価格との間の差額すなわち利潤である。信用拡張によってもたらされた粗利子率の引き下げは以前には採算のとれなかったプロジェクトが有利なように見せかける効果をもっている。しかしこのプロジェクトは資本財の実際の供給量を無視しているので必ず失敗する。銀行の信用拡大は資本財を供給することはできない。健全な生産の拡大に必要なものは資本蓄積（貯蓄）によって生ずる資本財の増加であって流通手段の増加ではない[39]。信用拡張によるブームは銀行券の砂上に建築されているので崩壊しな

---

38)　Ibid., p. 553.
39)　Ibid., p. 561.

けらばならない。銀行が信用拡張を控えるや否やブームは崩壊する。その結果として多くの企業は銀行からの借入金を返済できないので銀行は不良債権を抱えて破産の危機に直面する[40]。

貸付け市場における流通手段供給の減少するケースでは貸付け市場における粗利子率が一時的に上昇する傾向が生ずる。その結果，以前には収益が期待されたプロジェクトは消滅して資本財価格の下落傾向が生じ，さらに後れて消費財価格も下落する傾向が発展する。不況は企業家たちが資本財の購入と労働者の雇用を差し控えた結果である[41]。

不況からの回復と正常な経済への復帰は，物価と賃金率が低下して多くの人たちが物価と賃金率の低下が完全に停止したと判断したときにのみ始まる。したがって不況期を短くする唯一の手段は物価や賃金率の低下を阻止したり，遅延させたりするような試みを回避することである。それはまた粗利子率の引き上げを阻止したりするような安易な貨幣政策を回避することである[42]。

世論は本源的利子率が銀行の操作によって廃止されうるものではないことを認識できない。世論と政府は貸付け利子率を低く抑えるか，または廃止することが政府の義務であるというドグマにとらわれている。現代の多くの国の政府は信用拡張は「石塊をパンに代える」奇蹟を生み出すと主張し安易な貨幣政策を支持している。ブーム期とその後の不況期の繰り返しは信用拡張の手段である貸付け市場における粗利子率を低下させる試みの不可避的な結果である。信用拡張政策の帰結として生ずるブームの崩壊を避ける手段はない。

6. 現行貨幣制度と貨幣政策の問題点

6-1 政府と貨幣制度

交換手段としての貨幣の存在は市場から派生したものである。ある財を貨幣ないし交換手段にするのは市場取引の行為である。もちろん政府は法貨を制定

---

[40] Ibid., p. 562.
[41] Ibid., p. 569.
[42] Ibid., p. 570.

する権利をもっている。しかし金本位制の下では，政府の強制がない限りグレシャムの法則が作用して市場は悪貨を駆逐するので，政府が貨幣政策によって市場介入する試みは失敗に終った。

　貨幣制度を操作する権力を政府に与えた歴史的経緯はまず古典派経済学者の貨幣観にまで遡ることができる。古典派経済学者たちは金貨の生産と維持に含まれるコストを浪費と見なした。すなわち彼らは金貨の代わりに紙幣を代用することによって貨幣的目的のために必要な金貨の生産に投下される資本と労働を節約して他の人間的欲望を充足する財の生産のために使用できるメリットがあると主張した。こうした古典派経済学者の見解から金本位制の維持に含まれた浪費を減らすために兌換紙幣と金為替本位制の原則が採用されたことは周知の事実である。

　金本位制では諸個人の貨幣保有は金貨から成っていた。金為替本位制下でも個人の貨幣保有は完全に兌換紙幣（銀行券）という貨幣代替物から成っていたが，これらの貨幣代替物は法定平価で金と兌換可能であり，また金本位制ないし金為替本位制の外国為替と交換可能であった。しかし金為替本位制は，その後公衆が中央銀行から金貨を引き出すことを阻止して，中央銀行に金保有を独占させ，それを為替相場の安定を保持するために利用することを目的とした政府によって貨幣供給量操作を容易にするための便利な歯車に変質した[43]。

　第1次世界大戦と第2次世界大戦との間に発展した金為替本位制の新しい変形は伸縮的金為替本位制で固定的本位制から伸縮的本位制に移行した。この伸縮的本位制の下では中央銀行または外国為替平衡勘定は一国の法貨を金または外国為替と自由に交換でき，またはその逆のケースについても自由に交換できるが，これらの交換取引が処理される交換比率は固定された比率ではなくて変化する比率であり，換言すれば平価は伸縮的である。しかしこの伸縮性はほとんどいつも下方への伸縮性である[44]。この伸縮的本位制を通じて政府は金または金為替と等価の外国通貨のタームで国民通貨（平価）を切り下げる権限を

---

43)　Ibid., p. 787.
44)　Ibid., p. 788.

行使した。

　政府は決して自国通貨の価値つまり平価を引き上げるような指導を試みることはなかった。もし自国の通貨の価値が引き上げられたとすれば，それは他国の通貨価値が低下した結果にすぎない。要するに伸縮的本位制の目的は，インフレ政策を通じて自国通貨の価値を外国通貨に対して低下させていることを追認することであった。

6-2　貨幣価値引き下げの目的

　伸縮的本位制はインフレーションを起動させるための手段である。伸縮的本位制を容認する唯一の理由は，政府が可能な限り簡単に流通手段の追加発行を繰り返し操作することができるからである。ブームの不可避的な帰結である不況を克服するために一時しのぎに採用された手段が平価切り下げであった。

　平価切り下げによって政府が目指した目的は，①実質賃金の引き下げ，②ブーム期における企業債務（銀行からの借入金とその支払い利子負担）の軽減，③輸出の促進と輸入の抑制，④外国人旅行者の優遇と自国民の外国旅行の抑制の4点であった[45]。

　しかしインフレ主義的政府の視点からでなく経済学者の視点から見れば，平価切り下げの利益は一時的なものにすぎない。まず第1に平価切り下げの利益は，他の諸国が平価切り下げに同調しないという条件の下で一国のみが平価切り下げをする場合にのみ，得られるにすぎないからである。もし他の国も同様な比率で平価を切り下げるならば，③と④に見られるような外国貿易におけるいかなる有利な変化も現れないだろう。外国貿易で有利な状態になろうとする諸国家間の平価切り下げ競争はその結果として一国の平価切り下げ効果を相殺することになるからである[46]。

　平価切り下げは賃金稼得者の実質賃銀を低下させ，債務者である企業の負担を軽減することは確実である。この場合有利になるのは誤投資によって損失を

45）　Ibid., pp. 789-790.
46）　Ibid., p. 791.

招いて債務を増大させた企業であり，犠牲になるのは賃金稼得者と，債券や保険に投資し，さらに銀行預金に投資したりする大衆投資家である。

　伸縮的本位制の利点を強調する主要な議論のひとつは国内貨幣市場の利子率を引き下げることができるということである。古典的金本位制または厳格な金為替本位制の下では国は国際的貨幣市場の利子率と国内貨幣市場の利子率との間を調整しなければならないが，伸縮的本位制の下では，もっぱらその国自身の国内政策のために利子率を決定する自由があるというのが，それである。

　しかしこの議論は，外国に対する債務超過国に対して適用できない。なぜなら，いかなる外国の銀行も対外債務超過国の通貨での貸付けを契約したり，またはこれらの国の債券の発行を引き受けたりすることを回避するからである。外国信用に関する限り，債務国の国内通貨の条件のいかなる変化も利用することはできない。国内信用に関してのみ平価切り下げは以前契約された債務を軽減するにすぎない。しかしそれは正の価格プレミアムを生じさせるので新規債務の粗市場利子率を高めることになろう。

　このことは債権国における利子率に関しても妥当する。利子率は貨幣的現象ではなく，長期的には貨幣的手段によって影響されるものではないという論証以外に追加する必要はない[47]。

6-3　政府と信用拡張政策

　信用拡張はもっぱら貨幣市場に対する政府の干渉手段として見ることはできない。信用拡張の手段である流通手段の発行──銀行の当座預金勘定口座の開設による信用貸付のもたらす信用創造──は元来政府の政策手段として存在しなかった。信用による流通手段の発行は銀行が預金された資金の一部の貸付けを始めたとき銀行自身の主要な業務になったのである。

　銀行は金庫にある預金の全部を維持しなくても無害であると考え，たとえ預金の一部を小切手や手形の形で貸し出しても銀行業務を遂行できる立場にある

---

47)　Ibid., p. 792.

と確信した。彼らの発行した小切手や手形は規制されない市場経済の内部では流通手段となった。つまり信用拡張を始めたのは銀行自身であって政府ではなかった。

しかし今日では信用拡張はもっぱら政府当局の仕事である。民間銀行が流通手段の発行主体である限り流通手段の役割は単に補助的なものにすぎない。規制されない市場経済では銀行が操作できる信用拡張の規模はきびしく制限されているからである。しかし政府は信用拡張の最大限利用を目指している。信用拡張は市場経済に対するインフレ主義的政府の最大の干渉手段である[48]。政府当局の手中にあるとき信用拡張は資本の稀少性を無視して貸付け市場における粗利子率を引き下げ，企業家にブームの持続という幻想を与え，多くの人に繁栄を期待させる魔法の杖となる。多くの経済学者は景気上昇は信用拡張によって開始され，信用拡張なしには好況は発生も継続もできないこと，そして信用拡張の進展が停止するとき，好況は不況に転換せざるをえないことを容認している。インフレ主義的経済学者も信用拡張によるブームは不況の不可避な条件であることを否定しない。それにもかかわらず信用拡張を抑制する提案には反対する点で彼らの理論は矛盾している。換言すれば，彼らは不況に直面すると，再び信用拡張政策を採用することを提言するからである[49]。

6-4 インフレ主義者の目的の基礎にあるもの

すべてのインフレ主義者によって展開された教義の本質的要素は，不況の開発は市場経済機能それ自体に内在する現象であるという信念である。それゆえインフレ主義者はいわゆる市場経済の不安定性を排除するような仕方で市場経済に干渉する権利を政府に与える。

もし彼らが不況対策から信用拡張政策を放棄するならば，換言すればインフレ政策を直ちに放棄するならば，市場経済は不況を克服し，正常な状態に復帰するだろう。しかしながら彼らはこのような措置を拒絶して信用拡張政策を続

---

[48] Ibid., p. 794.
[49] Ibid., p. 795.

けて不況から脱出しようと試みる。

インフレ主義者の理念においては，政府は市場経済の外に立って市場経済の機能に干渉する権利を与えられ，その目的はなんであれ，自由に利用できる手段と資金を所有しており，これら手段と資金を目的達成のために利用するという干渉主義者的理念が基礎にある[50]。

干渉主義者の間で最も喧伝された不況期の治療策は公共事業と公企業に対する政府支出の増大である。しかし問題はこれらの公共事業や公企業にどのように投資資金を調達するかということである。もし政府が市民に課税するならば，ケインズ主義者のいう総支出額の追加を必要としないだろう。それは個人の消費支出を削減するか，課税がなければ予定された投資支出を削減するだけである。しかしながら干渉主義的政府がインフレ的資金調達方法に依拠して公共支出の拡大を継続するならば，それは不況の出現を短期間遅れさせるかもしれないが，その不可避的な帰結は直接交換経済への後退である。この後退は政府のインフレ政策を延長させればさせるほどより深刻なものになる[51]。

干渉主義者にとっては公共支出を抑制し，市民の税負担を軽減するという発想は生じない。民間支出は利用可能な所得収入規模に対応して制約されるが，干渉主義者はそのような制約条件を否定して，公共収入は公共支出の規模に応じて拡大されねばならないという非合理的な原則に依拠しているからである[52]。

干渉主義者は経済的不況と大量失業という悲劇的結果を資本主義経済の不可避的特性であると説明しているが，事実はその逆で制約のない公共支出の拡大，安価な信用拡張政策といった市場経済に対する干渉主義的政策の結果として資本の浪費に導いた不可避的な帰結である。

---

50) Ibid., p. 798.
51) 第1次世界大戦後のドイツ経済および第2次大戦後の日本経済の経験はその歴史的事例を示している。
52) Ibid., p. 857.

7. おわりに

　以上，ミーゼス教授の所説を援用して市場に導入された貨幣の特異性は市場で交換される財・サービスの交換価値と価格で表示し，市場で取引する生産者の経済的活動の成果を利潤または損失の形で明確に計算できる経済計算の手段を提供し，市場経済システムの下では資源の効率的配分と経済発展の原動力として機能していること，また貨幣はそれ自体，購売力＝価値をもった交換手段であることから他の市場経済諸国との間で財・サービスの取引を活発にし国際市場取引を拡大して市場経済をグローバル化したことを明らかにした。

　そして最後に市場経済における景気変動の原因は銀行の預金者に銀行の支払い準備金の不足を懸念させるほど，信用手形を発行している銀行に対する預金者の信頼の喪失にあること，過剰生産や過小消費は景気変動の結果であって，原因ではないことを理論的に解明した。またいわゆる金融緩和政策は政府が中央銀行を通して貨幣を追加発行し，預金者の信頼を失うほど貸付け業務を拡大した民間銀行に貨幣を低利で貸付けて救済を図るだけでなく，むしろ積極的に企業に対する貸付資金を増やして景気を回復させようとする貨幣政策であるが，このような貨幣政策は一時には景気を回復させ好況を生み出すが，貨幣の追加的発行による貸付け資金の増大は誤投資を招いて，その帰結は不況という景気の後退であり，市場経済における景気変動を解決するものではないことを示唆した。

　では市場経済システムの下での健全な経済発展を進めるためにはどのような貨幣政策が必要であるか，またそのような貨幣政策を支持する貨幣制度はどうあるべきか，の問題が検討されねばならないが，この問題の検討は今後の研究課題として残しておこう。

第 5 章

制度, 政策, 成果の経済学

1. はじめに

　比較制度経済学が盛んになった1990年代は，歴史的大転換すなわち社会主義体制の崩壊があり，旧社会主義体制が市場経済に移行したことにともない，市場経済がますますグローバル化したことによって特徴づけられる。同時に，次のような問題が当時提起された。旧社会主義経済が市場経済に移行するといっても，どのような市場経済に移行するのか。アメリカ型か，西ヨーロッパ型か，あるいは日本型か。つまり，これまで市場経済として同一範疇に属していると考えられたこれらの先進資本主義諸経済はその性質，つまり制度を異にしていることが次第に明らかになった。なぜならば，これら先進市場経済は経済成長率，労働生産性，失業率，物価上昇率，福祉水準などの経済成果を異にしていたからである。経済成果の違いは主として各国経済の歴史，資源の所有，自然環境，制度と組織の違いを反映しているものと考えられる。そのなかでも，とりわけ制度と組織の違いが注目されたといってよいだろう。以下においては，比較制度経済学を参照にしながら問題点を整理していくことにする。
　標準的経済政策論では経済政策の主体，目標，手段が定式化され，問題とされるが，制度は与件と考えられるか，少なくとも明示的に問題とはされない。

勿論，このような考えには当然異論がある。なぜならば，なんらかの制度変更を政策手段のなかに組み込むことは可能だからである。例えば，労働形態の規制緩和によって失業を減少させかつ企業の競争力を高めることをねらう，といった場合が考えられる。この場合には，制度変更を経済政策の一部とかんがえればよいということになる。つまり，経済政策の範囲をどこまでとるかという問題になる。このような問題があるにせよ，一般的には次のように定式化できる（図5-1）。

図 5-1　制度を含む経済政策

制度　→　政策　→　成果

制度を経済政策論のなかに明示的に取り込むことによって引き起こされる問題は実のところ単純ではないが，ここでは議論を先に進めることにする。

2. 若干の定義と分類

比較制度経済学は分類学，あるいは定義を探求する分野ともいわれてきたが，その意味は経済体制の差異が異なる制度的，地理的，政治的枠組の下での経済成果を研究するということである。

従来，経済体制とは封建主義，資本主義，社会主義などと分類されてきた。この分類法は生産手段の所有関係という特徴によって体制を確定した。さらに資源配分という特徴を導入することも可能である。われわれは今しがた導入された2つの特徴（制度）によって資本主義と社会主義を特徴づけてみよう。

図5-2には単純な視点から資本主義経済を第1象限に，社会主義経済を第3象限に位置づけた。歴史的には複雑な形態が存在したことはよく知られている。ここでは次のような定義を導入しよう。

経済体制をそれらの制度的特徴によって定義する。その場合，制度とは企業，法律体系，議会，連合，経済的慣行における特徴によって表される。制度の普遍的な定義は存在しないが，経済学者はその制度の下で経済的意思決定が

図 5-2　資本主義と社会主義

```
                         市場
                          │
                          │　資　　資本主義経済
                          │　源
      国有 ────────────────┼──────────────── 私有
                    (生産手段│の所有関係)
                          │　配
          社会主義経済     │　分
                          │
                          │
                         計画
```

なされる「ゲームのルール」としての役割に注意を向けるのである。例えば，賄賂に対する罰則が甘い法律の下では賄賂が助長されるであろう。逆に，よく生産することに対して利益があがる税体系の下では企業は生産に励むであろう。ダグラス・ノースによれば，「制度は社会のゲームのルールである，あるいは人間の相互作用を形成する，人間によって工夫された制約条件である」。しかし，行動のルールが存在するときにはいつでも，これらの行動ルールを強制する手段がなければならない。かくして，制度はルールのみならずルールの強制手段からもなるのである。ボイト（Voigt）とエンゲラー（Engerer）は図5-3のようなゲームのルールとしての制度を述べた。

ここでルールは国家制度または私的制度によって強制される。しきたりは一般に受け入れられた慣行であり，成文化されていない規範やルールをさす。倫理的規則とは顧客に欠陥あるいは危険商品を売らないという慣行であり，受け入れられた行動規準に商人が拘束されることによって自己強制される。慣習と

図 5-3　社会制度：ゲームのルール

ルールの型	強制手段
しきたり	自己強制的
倫理規則	自己拘束
慣　習	インフォーマルな社会的抑制
私的規則	組織的私の強制
国　法	組織的国の強制

は，公務員が私利より公利のために行動するというインフォーマルな社会的規制——受託された責任と呼ばれる——であり，自治体オーナーによる解雇または減俸の脅威によって強制される。私的規則は会社や組合によって社員や組合員の行動を管理するルールである。国法は国によって定められた法律や規制のことである。もし国法が破られるならば，司法や裁判所によって罰せられるであろう。

3. 経済体制の定義

ここでAssar Lindbeckによる経済体制の定義を採用する。経済体制とは生産，所得，消費に関する意思決定と決定の実現のための制度の集合のことである。経済体制の構成要素はメカニズム，組織構造，および意思決定ルールからなる。したがって，経済体制はその構造，その機能，時間を通じて変化するその順応性によって異なるのである。経済体制ES（Economic System）はその制度Iあるいは特徴によって次のように区別あるいは定義される：

$$ES = f(I_1, I_2, I_3, \cdots, I_n)$$

ここでは経済体制を区別する5つの一般的制度に注目しよう。

1. 意思決定を行う組織：構造
2. 情報提供と調整のためのメカニズム（ルール）：市場と計画
3. 所有権：統制と所得
4. 目標設定と人々に行動するよう誘因するメカニズム：インセンティブ
5. 公的意思決定の手続き：政府の役割

これら5つの特徴は経済体制を特徴づけるだけでなく，経済成果に影響をおよぼすために選ばれたのである。

3–1 意思決定を行う組織

完全競争の経済学では完全情報を前提として，われわれは完全に合理的な意思決定を行うと仮定するが，現実には完全情報を欠いているためにわれわれは指針（ガイドライン）としてのルールの使用に目を向けることになる。つまり，

会社は一般的雇用規則や，最小収益率に関する指針などあらゆる場合に最適とは限らないが不確実性の条件の下では機能する標準を設定する。組織は取引費用に直面せざるをえない。取引費用とは情報探索，交渉，監視，執行のための費用のことである。これらの費用は市場取引を円滑に行うためには考慮せねばならない費用である。このようなコストが高いとき，組織は個々のケースごとに個々の意思決定を行う代わりにルールを用いようとする。組織はそのなかにいくつかのサブグループをつくり，課題を付与し，活動を調整し，活動を監視し，インセンティブ制度の性質を述べる，一連のルールを定める。これらのルールは，文化的・歴史的影響力とともに，その組織の性質を決定しかつ経済体制の重要な区別へと導くのである。

3–2　市場と計画

　市場と計画は情報提供と組織内の意思決定を調整するための2つの主要なメカニズムである。通常，集権化は計画と結びつけられ，分権化は市場と結びつけられるが，意思決定のレベルと調整メカニズムとしての市場と計画の利用との間にはなんら単純な関係はない。計画経済は代理人（企業）が上級機関（計画局）によって定式化された指令あるいは指示によって調整され，かつ計画文書によって広められる経済である。参加者たちはそれに見合ったインセンティブまたは脅し——それらは計画当局によって立案された——によってその命令を実行するよう誘導される。市場経済では，市場は——需要と供給の諸力によって——資源利用についての意思決定をするよう組織に誘導するシグナルを提供する。市場はそれによって意思決定単位の活動を調整する。指示的計画化（indicative planning）では市場が資源配分のための主要な手段としての役割を果たすが，計画が意思決定を導くために準備される。究極的な意思決定者は市場経済では消費者であり（消費者主権），計画経済では計画者主権である。また市場経済では基本的均衡が成り立ち，計画経済では基本的不均衡が成り立つ。

3-3 所有権（財産権）

制度は所有権の所有の仕方次第で異なったものとなる。所有権は個人が対象物に対して，あるいは対象物やサービスに関する請求権に対してもつ諸権利の混合物であり，これらの権利はその対象物の処分またはその利用に影響する。所有権は次の3つのタイプに分割される：

ア．問題となっている対象物の処分，例えば私的所有の自転車を売るというような所有権の他人への移転。

イ．利用権，すなわち所有者（厳密に表現すれば，利用権を有する者）が適切な仕方で問題の対象物を利用することができる。

ウ．ここでの所有権は問題の商品によって生成された生産物やサービスを使用する権利をさす。

上述した所有権のタイプとは別に，以下に述べる所有権の3つの形態が存在する：

　　　　私的所有権・公有・集団有

所有権の差異は経済的成果に影響する。上述の財産権の3つのタイプすべてが個人に属するような経済を考えてみよう。財産権の所有者たちは自らの生涯所得を極大化しようとするので，資本はともなうリスクに等しくなるまで最高の収益率を生み出すべく支出されるだろう。これとは逆に，もし資本が国家によって所有されているならば，結果は違ったものになるだろう。国は長期的な社会的収益率にもっと注意を払うであろう。時間選好や所得分配も所有形態によって異なる。私有制の下では財産所得は個人に生じるし，公有ならば国家に生じる。

最後に，所有制度は経済体制の分類において重要である。大部分の経済体制はさまざまなタイプの混合体制なのである。したがって，市場経済あるいは資本主義経済として分類される経済体制であっても，私的所有制の性質に大きな差異があったり，経済の主要部分が公的所有（公的部門）によって支配されているのである。混合所有体制が経済成果にどのような効果をもつかについてはわれわれはかならずしもよく知っているとはいえない。このテーマは比較経済

体制論にとって依然として挑戦的研究テーマである。

3-4 インセンティブ

　組織がどのようなインセンティブ・メカニズムをもつかにより，制度が特徴づけられる。目標設定とそれを達成するための手段としてのインセンティブは所有権と情報投入物を有効な行動へ変換するのを理解する上で重要な結合物なのである。

　インセンティブ・メカニズムは下位レベルの参加者（代理人）を誘って上位レベルの参加者（主人）の命令を達成するよう導くようにデザインすべきである。ここで有効なインセンティブ・メカニズムが満たさねばならない3つの条件を説明しよう：

　　ア．報酬を受け取る代理人はその報酬の目的である結果に影響をあたえることができなければならない。
　　イ．代理人の主人は課題（仕事）がうまくいっているか否かを知るために部下に確認することができなければならない。
　　ウ．代理人にとって潜在的報酬は重要でなければならない。

　上司が部下に対して拘束力のある命令を発することができるヒエラルキーの下では，もし主人が完全情報をもっているならば，インセンティブはかならずしも必要でない。しかしながら，現実世界のプラスの取引費用の下では，上司は部下に完全に詳細な指示を出すことはできない。部下は上司よりもローカルな問題についてよく知っている。したがって，上司の不完全情報のゆえに，上司は部下が上司の利益になるように行動するように誘因をあたえるインセンティブ制度を工夫する必要がある。もしインセンティブ制度に欠陥があれば，部下は上司の利益追求から乖離した行動をとるであろう。

　代理人に比較して上級機関の情報不利益という問題は体制がつくられる仕方に影響をあたえる。もし上級機関の利益になるように代理人を自発的に働かせることができなければ，ヨリ集権的体制が求められることになる。

3-5　公共選択の様式

社会は公共選択のための制度をもっている。政府は公共財——道路，橋，学校，病院——を提供せねばならない。国防や警察もしかり。公共選択の意思決定はさまざまな政治的制度にしたがって異なった仕方でなされる。独裁体制と純粋民主主義では意思決定は異なる。ここで純粋民主主義とはどのような公的選択も住民の投票にゆだねられ，かつ多数決で決定される。現実の民主主義は代議制民主主義である。この代議制民主主義の下では投票者は代議士を選び，当選した代議士が議会に集まるのである。

4．おわりに——残された課題

以上の理論的枠組みの下で実証研究が宿題として残されることになった。すなわち，現実の経済体制をその特徴によって区分けしてそれぞれの経済の経済成果と対応させるのである。資料の整理などに時間がかかり，続編で論ずることになる。

2009年度は日本経済にとっても極めて重要な制度変更の年になるかもしれない。すなわち，政権交代があった。現在，さまざまな分野で民主党による制度変更が試みられている。それが功を奏するか否かはまだわからないが，国民にとって希望がもてるかもしれない挑戦，いや実験といってよいだろう。

参 考 文 献

ティモシー・J. イェーガー著，青山　繁訳（2003）『新制度派経済学入門』東洋経済新報社。

ベルナール・シャバンス，宇仁宏幸他訳（2007）『入門制度経済学』ナカニシヤ出版。

Gregory, Paul R., Robert C. Stuart (2004) *Comparing Economic Systems in the Twenty-First Century*, HOUTON MIFFLIN COMPANY.

第2部

公共部門改革

第 6 章

公共部門改革とネットワークによるガバナンス

1. はじめに

　日本における規制緩和・民営化の諸政策については極めて多様な手法が導入されるにいたっている。筆者もかつて，その手法の全体像を明らかにし，そこにおける課題を提示している。すなわち，公共部門の民営化，独立行政法人化，PFI，外部委託，等の組織形態の選択の問題が存在し，その選択の根拠を明らかにしようとしたものであった（植村（2006）また，官僚機構内部のX非効率については，植村（2008）参照）。これらの多様な広義の民営化手法はイギリスにおいてはすでに，1980年代末から，日本の独立行政法人に近いエイジェンシーの導入や，PFIの導入が始まっている。それに比較すると日本は約10年遅れていることになる。そのイギリスの改革は，新行政管理（New Public Management : NPM）という理論的背景をもっていた。日本においてもそこで論じられた多様な手法が推進されてきている。

　これは旧来の公共部門の官僚制度による公共サービスの供給システムから，中央政府や地方政府のさまざまな公共サービスの供給システムのなかに市場システムを導入するという，極めて特徴的な制度転換の様相を示しているといってよい。この趨勢こそ本論文において検討を加えたいと考えている課題であ

り，現行経済システムは官僚制ヒエラルキーと市場ネットワークのさまざまな連結システムを生み出し，そこにシステムの多様な連結形態間の相対的な効率性比較の問題，すなわち，いかなる連結形態が効率性という点においてより優れているのかという問題が重要性を増してきたといえる。

この問題について理論的に考察した，Radner（1992）によれば，「大企業に関する組織とマネッジメントにおけるヒエラルキーの経済的意義は何か？」（p. 1383）という質問に焦点をあてて，検討しているが，「ある共通のモデルの中でヒエラルキー組織と非ヒエラルキー組織の相対的効率性を比較する理論的研究は今日まで出ていない」（p. 1384）と理論的分析の状況について指摘している。現在も同様な状況にあるといえる。

他方，政府と市場の関係についての実際のネットワークに関する研究においては，例えば，Goldsmith and Eggers（2004）の共著のタイトルが『ネットワークによるガバナンス』であるがごとく，まさに現代の公共部門ないしは政府が直面する課題は，政府組織と多様なネットワークとの連結の問題であり，実際に多くの事例の検討を通じて新しい政府のあり方について問題提起している。

本論文はこのような，公共部門に典型的なヒエラルキー組織と市場ないしは民間部門に典型的なネットワーク組織の連結の問題に焦点を置くが，企業組織におけるヒエラルキー組織も公共部門の官僚組織におけるヒエラルキー組織と同様な特徴を共有するものとして，先のRadnerの理論的貢献を公共部門のヒエラルキー組織の問題の解明にも有効であるとの視点から検討するとともに，実証面ではGoldsmith and Eggersの考察の対象となっている多種多様なネットワーク形態をも視野に入れて検討する。

以下では，まず，Radner，青木昌彦等のランク・ヒエラルキー分析等を考察し，そこにおけるネットワーク効率性の基準について検討する。その上で，Goldsmith and Eggersの考察している多様なネットワーク形態の連結の可能性について比較・検討する。そして事業形態の事例研究としては，特にPFIの導入時に必ず設立されている特定目的会社（SPC）について，その特徴について検討する。そこに本論文がヒエラルキーとネットワークの連結というときの

ネットワーク組織の理念型としてのSPCの重要性が明らかになる。最後にネットワークの連結という視点から見た場合のストリート・レベルの官僚制により提起されている、いわゆる現場レベルの官僚制問題について考察し、今後の課題を展望する。

2. ランク・ヒエラルキーの効率性の基準

垂直的ヒエラルキー構造の効率性を企業組織のレベルで考察した研究に、Radner（1992）の研究がある。その分析の視点は、ある一個人が企業の直面するあらゆる側面の環境情報に関して情報処理を行い、それに対処するための適切な活動を意思決定し実行するという管理活動のすべてを行うことは不可能であるとの想定、すなわちMarch and Simon（1958）の指摘する限定された合理性（bounded rationality）の仮説を踏襲し、企業の管理活動を経済学的に検討することが意図されている。それゆえ、企業組織の構成員間に情報処理の分権化を推進することが必要であると見る。そして、異なる部門の情報に応じて異なる個人による管理の分権化がなされ、意思決定の分権化が実行される。そのとき、投入される管理能力を効率的に利用する分権的組織構造がいかに組織化されるかが問題とされる。Radnerの検討の結果の結論の1つが、たとえ企業が権限や監督の視点から高度に集権化されていたとしても、個人の能力の限界に伴う情報処理活動における分権化の中ではヒエラルキー構造は驚くほど効果的（effective）であるということである（Radner, p. 1393）。情報処理には費用が掛かりそれゆえ節約しなければならないので、情報処理過程、すなわち環境データを観察し、それを処理する個々の個人や装置の処理能力とその数、オリジナルであるか一部加工されたデータの伝達と切り替えの通信ネットワーク、そしてここにおけるデータの観察から意思決定の実行の間に生じる遅れ（遅れた決定とは決定の陳腐化を意味する）が生じるプロセスに焦点があてられ、その効率性が問題とされる。さらに、そこにおける情報処理と活動選択を結ぶ関係性は、情報処理活動の一部として、各項目の変数を処理した後に、その変数のベクトルの値のパターンを、これまでの多くの蓄積されたデータとの類似性が発見さ

図 6–1 ランク・ヒエラルキー

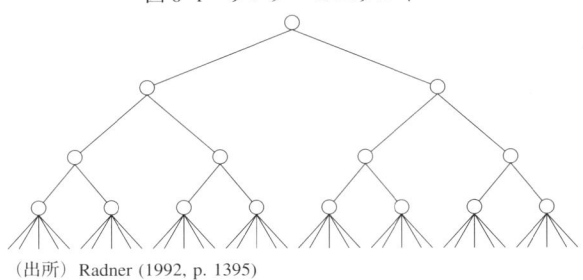

（出所）Radner (1992, p. 1395)

れることによって，必要な活動へと結びつけられ，望ましい意思決定が実行されることになる。

　その分析のなかで利用されている tree 構造のヒエラルキーは本論文の分析概念の共通基盤となっており，ここでその特徴を確認する。ここでは図 6–1 を例に検討する。丁度，トップ管理層から tree 構造をとる連結グラフとして，トップの根から下方にある下層管理層に拡大する根付きの tree 構造と見る。このとき，対象となる組織は例えば企業の内部組織となる。〇印で示されている各頂点（vertex）あるいは結節点は直接的な上部の結節点に対して従属し，直接的な下部の結節点に対して「優越（superior to）」する。その上下構造は複数の下位部門が 1 つの上位部門のなかに内包されるという包含関係にある。ここにおいて結節点間の関係性である「優越」という意味は上位の結節点の方が下位の結節点よりもより大きな公式の権限をもつことを意味している。その意味で通常の企業の組織チャートに近い。

　図 6–1 では最下層の情報処理の対象が 40 項目あることがわかる。これらの 5 つずつの項目を上位の結節点となる処理者が処理することになる。この処理者をランク 1 とし，それより上位の結節点はランクが 1 ずつ上がり，それぞれの直属の関係で結ばれたランク・ヒエラルキーとなっている。図 6–1 の tree 構造ではランク 4 がトップであり，全体的なレベルの意思決定者となる。また，ランク構造はときには後出の図 6–3 c におけるように最下層の項目が直接ランク 4 に直属する場合もあり得る。ただしこの場合は，最下部の 5 個の項目

を連結する辺の部分をひとまとめにした部分を三角形によって直属となっている結節点で一括処理されることを示している。

この図では項目数は 40 であり，情報処理者の総数は 15 である。第 1 ランクが 8，第 2 ランクが 4，第 3 ランクが 2，そしてトップの第 4 ランクが 1 である。これも，企業の情報処理をするための，典型的なヒエラルキー構造による分権化の例である。

これを企業組織や官僚組織のヒエラルキーと見たとき，その効率性を環境変数から意思決定・活動の実施へ変換する際に，例えば，会計情報の演算のように，線形の決定ルールを仮定し，さらには情報のパターンにおける近接性を測度とする。そのとき，情報処理の遅れを効率基準とする。その遅れは下位ランクから直属の上位ランクへ情報を伝達して処理する 1 本の辺を 1 サイクルとし，その数が多いほど多くのサイクルが必要となり，処理に時間が掛かり，遅れが大きくなる。それゆえ，項目の数（ここでは 40 と仮定されている）を一定として，必要な情報処理者の数を可能な限り削減し，これ以上に削減できない状態を情報効率的と定義する。それは，図 6-1 から，同時処理が可能な余力がある場合は情報処理を上部に委任することにより，tree の形状が例えば，図 6-2 のように 5 項目をまとめて三角形にした図から始めて，さらに図 6-3 のように一部を上位に委任し，最も効率的な状況として最終的には図 6-3 c となる。この最も効率的な構造は情報処理者が 8 である。このとき，各サイクルを結ぶヒエラルキーとしてのネットワーク効率性が最も高いといえる。

しかし，もし，図 6-1 のように，頂点が 15 であれば，サイクルは第 1 ラン

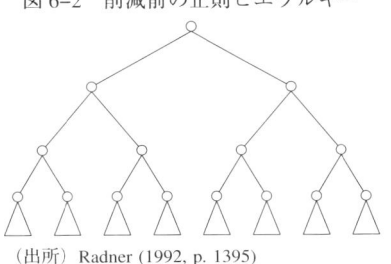

図 6-2　削減前の正則ヒエラルキー

（出所）Radner (1992, p. 1395)

154　第 2 部　公共部門改革

図 6-3　削減後の正則ヒエラルキー

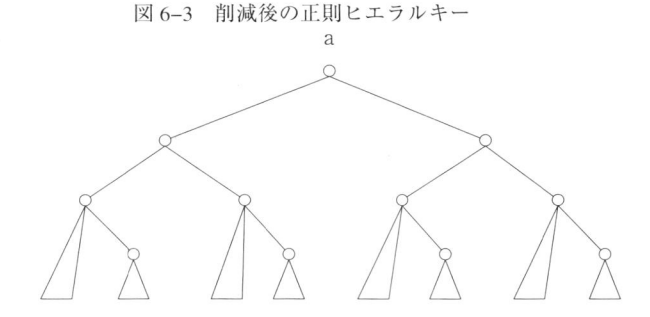

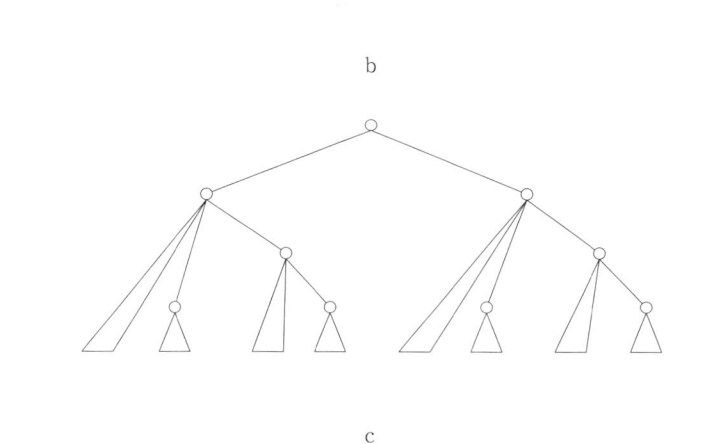

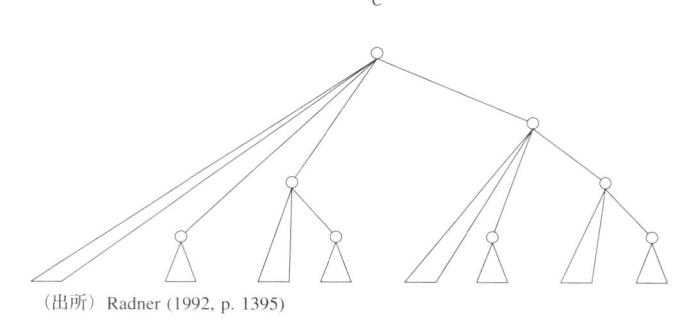

a

b

c

（出所）Radner (1992, p. 1395)

クから上に行くにしたがって，5 + 2 + 2 + 2 = 11 となる。また逆に，情報処理者が 1 ならば，サイクルは最多の 40 となる。この関係が表 6-1 に示されている。このとき，情報処理者数と最小のサイクル数はトレードオフの関係になっ

表6-1　40項目を加算したときの最小の遅れ

処理者数 Processors	最小の遅れ Cycles	
1	40	＊
2	21	＊
3	15	＊
4	12	＊
5	11	＊
6	10	＊
7	9	＊
8	8	＊
9	8	＊
10	8	
11	8	
12	8	
13	7	＊
・	・	
・	・	
20	7	
・	・	
・	・	
40	7	

＊は効率的ネットワークを示す
(出所) Radner (1992, p.1395), 表記を一部修正している。また最小のCの導出については, p.1396を参照のこと。

ている。情報処理者の増大はサイクル数を減少させて情報効率を高めるが，情報処理者のコストを増大させる。逆に情報処理者を削減すれば，サイクル数が増大し，情報効率を低下させる。このトレードオフの存在からある組み合わせが企業にとって望ましいことが推察される。さらに，項目数の増大による企業組織規模の拡大の効果はサイクル数を拡大させるために効率を引き下げるゆえに，規模に関して収穫逓減となる。

　このように，Radnerが提示した情報の分権構造の効率的設計の重要性は論をまたないが，他方で，同時に指摘されている各個人によって誘因が多様であるという意味で誘因の分権的構造のために，そこに，ゲーム理論的行動を各経済主体がとるとき，本人・代理人問題 (principal-agency problem) における非効

率要因や連携関係（partnership）における非効率要因として，モラルハザード，アドバース・セレクション，フリーライダー等の問題が発生する点も指摘している。これらの指摘はそのとおりであり，さらに，Leibenstein（1966）の指摘するX-Efficiencyが生じるならば，さらに非効率は拡大するであろう。それは後続の部分においてさらに言及することになる。

　少なくともこの議論の展開における効率性測度が意思決定の遅れや必要な活動の遅れの増大にあるとすれば，各頂点において効率的に監督できる下位の情報項目数や人数などの統制範囲（span of control）の大きさの程度が大きいほど，頂点を上下に結ぶ辺の数で表されるサイクル数が情報の流入量と頻度を決めるゆえにそれを統合して少なくするほど，結果としてランク・ヒエラルキーの効率性を高めることになるといえる。本論文でも，このことが情報の分権構造に関わる効率基準の指標と想定することも十分に妥当性をもつと考える。さらに，誘因面での影響は本人代理人問題のように，本人の希求水準を基準にして代理人の誘因構造を所与としたときになんらの誘因両立的な報償システムを設計できなければ，効率性は代理人の目的追求行動によって低下すると見なすことが有効である。

3．官僚機構の稟議制システムの効率性

　ここでは前項のランク・ヒエラルキーに関する諸前提に基づいて，官僚機構の典型的な意思決定メカニズムである稟議制度に関する効率性について検討する。稟議制度はボトムアップ型の意思決定機構の典型である。この制度についての具体例として，辻清明（1986，156ページ）の図6-4によれば，まず当該部局のなかにおいてすべて承認を得て（決済印を得る），それから，関連部局に回されて逐次承認を得ていくメカニズムである。図では最下段左の起案者から稟議書が回されていき，それぞれの部局において検討されていく経路が示されている。最終的な決定権者は最上位の大臣ということになる。このとき，起案者と決定権者との間の距離は，各部局を審議のために通過する必要があり，「時間的にも空間的にも極めて長くなる」といえる。この起案書の部下から上司へ

の流れをRadnerのいうサイクルと見れば，最大のサイクル数を実現していることになり一番情報効率は低いといわざるをえない。もしこの審議過程において内容の不備が見つかれば追加的な修正も行われるので，情報処理の継続時間がそれだけ長くなり，意思決定の時間的非効率が増大する。

このランク・ヒエラルキーについて対応するtree構造を想起すると，丁度前項においてRadnerが例示した図6–1の場合より1ランク多く，5ランク存在するが，第4ランクにおいて，官房長を頂点とする部分treeが追加された構造になっている。この構造の特徴は各課の頂点においてその課の審議状況が明らかになるとともに，最終的に官房長がすべての稟議書に目を通すことになっており，大臣と同じく当該省内のすべての情報が官房長に集まる仕組みになって

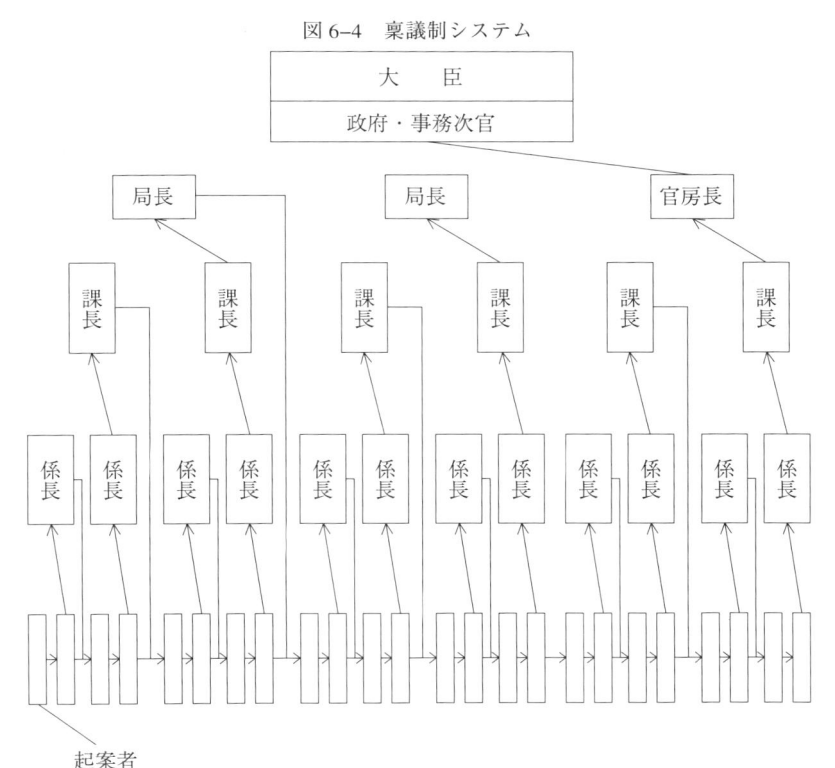

図6–4 稟議制システム

起案者
(出所) 辻清明 (1986, 156ページ)

いる。また，この情報の流れには排除されている部局がなく，その意味で，単一の道グラフ（path graph）であり，さらに方向が一定であることから，情報の流れの向きを表す矢印を持ったダイグラフ（digraph）であることがわかる。さらに，辻の図には記載されていないが，稟議書についてその経路のある結節点の部分で不備が発見された場合にはその点を修正した稟議書が当初の起案者に戻され，修正されることになる。それを考慮すると，起案者以外のところからは常に起案者に稟議書が戻されるという意味でのフィード・バック経路が設定されていると思われる。それゆえ，この省庁の内部ではRadnerが仮定している情報の分権構造はどうかというと，情報面においてはすべての頂点を同一の情報が通過するゆえに，情報の分権構造とは言い難い。しからば，図6-4におけるtree構造は何を意味するのか。それは，同一省内における情報の共有構造を維持しながらさらに細分化された担当分野に関する新規起案等を行う上での権限に関する分権構造が存在しているということが可能であると思われる。また，この既存の権限に関するtree構造のなかで当該省庁の人事異動が行われるゆえに，民間企業における人事異動が企業の全部署を移動して企業内においてジェネラリストを育成していくように，省庁があたかも個別企業のごとく，他の省庁との関係では独立性をもったいわゆるタテワリ行政，青木昌彦の指摘する「省あって国なし」という官僚制多元主義構造を支える省内情報構造が確立されていることが確認されるといえる。省内情報共有構造と省庁間情報分権構造が骨格になっているのが官僚機構のランク・ヒエラルキーのもつ特徴であるといえる。それゆえ，省庁間にわたる懸案事項は各省庁において確立されている独特の自己の省庁を重視する価値基準が互いに相克する場合が多く，省庁間折衝によらざるをえないことになる。

　このことから官僚機構の効率化を意図する対策は，結節点の数を削減すること，すなわち，結節点をある程度まとめたグループ化を図り，そのグループ内でのある共通視点，例えばコスト面からの検討を集中的に行うことができれば，可能であると思われる。すなわち，官僚機構が効率性を改善するためには，ある程度の部局の統合により，情報上の効率性を発揮させることであるこ

とが推察される。実際に官僚機構の改革は常に，省庁内の統合的階層構造をいかに築くか，そしてその基盤の上に省庁間の分権的構造をいかに導入するか，という視点から組織改革が行われることが多く，分権と統合の最適な組み合わせの追求という古くて新しい課題に直面することになる。少なくともここではtree 状の連結グラフのなかに上下間，隣接部局間の相互の情報の往来を容易にする結節点の集合ないしは連携を組み込むことが効率の改善に資することが確認できたと思われる。

　このような試みのいくつかは実は，平成13年版の『労働経済分析』によれば，情報通信技術の進展により企業の中間管理職の中抜きとして，（財）未来工学研究所の1997年の調査によると，社長から，第一線の社員までの平均的な管理階層数は調査時点の5年前には7.3階層であったが，調査時点では7階層と減少している。さらに，6階層が望ましいとして，さらにフラット化が進みつつあるといえる。これは明らかにヒエラルキー構造自体の縦の長さ，いわゆるヒエラルキーの深さを短縮する試みであるといえる。そこでは，IT化によって階層構造のtree構造の深さを引き下げたが，逆に水平面での幅が大きくなっていると推察され，上下の伝達はITの導入で改善したかもしれないが，同一階層内の個人相互の情報の結びつきが改善したかどうかは必ずしも明らかではなく，同一の個人によって管理される人数が増えた分だけ，相互の関連性は疎になった可能性さえもある。

4．垂直的ヒエラルキーと水平的ヒエラルキーの比較

　青木昌彦（1988）および青木・奥野（1996）は日米の自動車産業の企業間関係，特に部品等のサプライヤー・システムにおける企業間関係を比較することによって，企業内外における情報の分権と集権の構造，そして意思決定権限における分権と集権の構造の組み合わせに際だった異なる特徴があることを論証している。青木の分析視点は本論文におけるランク・ヒエラルキー構造とネットワーク構造の分析に極めて深く関連しているので，以下でその内容を検討する。

160　第 2 部　公共部門改革

図 6-5 a　水平的 tree 構造

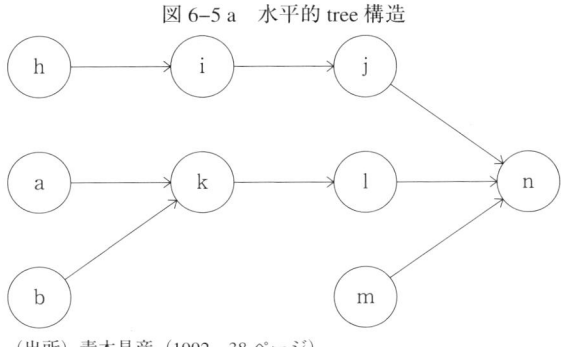

(出所) 青木昌彦 (1992, 38 ページ)

図 6-5 b　水平的準 tree 構造

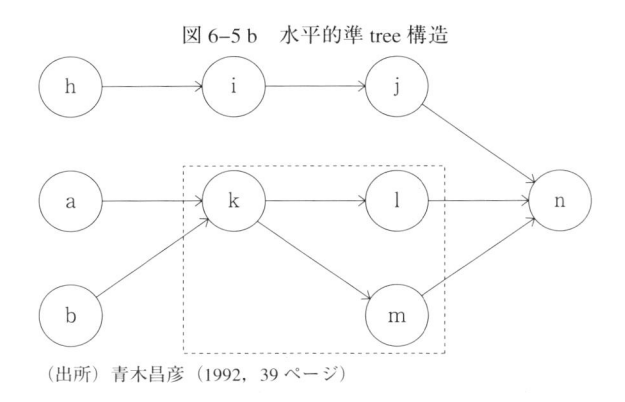

(出所) 青木昌彦 (1992, 39 ページ)

　企業の情報構造に関して，アメリカ型の企業の情報構造はヒエラルキー的ないわゆるトップダウン型であり，それに対して日本型の企業の情報構造は水平的情報ネットワーク型である。A 企業と J 企業の情報構造を対比するのに，A 企業は伝統的な垂直型ヒエラルキー構造をとるのに対して，J 企業は水平的 tree 構造をとっており，部品から，半製品を経て最終製品に組み立てていく水平的生産物の流れをトヨタ看板システムの水平的ネットワーク構造モデルとして把握して検討している。そこでは，「このような水平的な調整機構では，職場自体が，コミュニケーション・ネットワークの結節点になり，上流の職場に下流の職場が『命令する』ことになる」(青木 (1992, 39 ページ))。すなわち，右端の最終製品に対する消費者の需要こそが左端の供給システムへと需要の連

鎖を作り出し，これがトヨタ看板システムとしての情報の流れを意味する。ただし，準 tree 構造として示されている図 6-5 b においては，k，l，m の職場関係が，例えば，k を鋳造部門とし，l をトランスミッション製造部門，m をエンジン製造部門としたとき，k と l，m が直接関係はないが生産工程においては前段階において製造されたものから，後段階の製造が可能となり，さらに最終製品において組み立てられる。このとき，点線の部分をグループとして 1 つの部門を作ると見なすことによって，全体の準 tree 構造が維持される。このような部門のグループ化を考慮することによって，多くの組み立て産業は準 tree 構造と見ることが可能であると指摘している。

しかし，ここで明らかになったことは，情報の流れに関しての J 企業における水平的 tree 構造が，水平的企業間生産決定システムをサポートし，A 企業における情報の垂直的ヒエラルキー構造が意思決定におけるトップダウン方式を補完するという，特徴をもっている。それゆえ，安定的経済情勢のときにはトップ経営陣の意思決定の重要性は失われ，現場の判断で状況に適した意思決定が有益となるのに対して，大きな景気情勢の変化が生じてそれに対するトップ経営陣の判断が不可欠となるような緊急事態においては，大局的判断が不可欠になる。このような，経済情勢を考慮すると A 企業と J 企業の意思決定メカニズムは，その特性が発揮される環境条件が異なってくるということに帰結する。

それでは情報の効率性指標の適用はどのようになるであろうか。A 企業においては Radner のランク・ヒエラルキーに対応した情報の分権構造になっており，変わるところはない。また，意思決定構造に関しては個々の結節点には意思決定権限はなく最高ランクの頂点に権限が集中されていることを典型と見る。情報の分権構造と権限の集権構造が組み合わされている。これに対して J 企業は情報の流れにおいて水平的 tree 構造になっており，かつ意思決定においては水平的分権システム，すなわちトップによらず現場での意思決定によって活動が実行される。本論文においても青木の結論が妥当すると見る。この水平的情報構造についての詳細な研究は浅沼萬里（1995，273 ページ）によってトヨ

タ自動車の例として示されている。

　しかしこの水平的tree構造を，情報の分権構造が企業内部にとどまらず，企業間関係においても保持されている状況として，すなわち，単に情報処理の効率性をヒエラルキー内部で検討するという従来の情報効率性の発想視点ではなく，企業間関係のあり方に連結したいわゆる水平的ネットワークとしての効率性指標としての分析視点が提示されたこと自体が極めて重要な分析ツールを提示していることに気づくべきである。すなわち，青木の提起した水平的ネットワークの効率性指標こそ，そこから企業間関係をtree構造以外の構造をもつネットワーク構造を広く分析の対象として摘出し，効率指標を適用するというネットワーク分析の可能性を提示していると見るのが本論文の考察の帰結である。この視点から，先に紹介したネットワークによるガバナンスの問題を検討するのが，次節以降の課題である。

　この理論的帰結から，さらに重要な分析ツールの拡張が可能であると思われる。すなわち，従来の垂直的ヒエラルキー構造の分析手法を特定の企業組織内部に限定しないで，組織間関係のヒエラルキー構造の分析に拡張する視点の導入である。これは丁度青木が企業内部の部品の組み立てラインとの同型性（iso-morphic）を企業間の部品サプライチェーンに適用したように，垂直方向においてもランク・ヒエラルキーの同型性を拡張することが理論的には可能であり，そこに，複数の組織間関係を含む拡大された垂直的ヒエラルキー構造の効率性指標を想定することも同様に理論的に可能であるはずである。この垂直的構造の拡張が適切な事例としては，例えば，日本の社会保険庁に関連する採用人事決定構造が，厚生労働省—社会保険庁—地方の社会保険事務所の三層構造になっており，権限の垂直的構造と見ることも可能である。まさに異なる組織間にわたる垂直的ヒエラルキー構造が見て取れる。このヒエラルキー構造の特徴は，情報の分権構造と意思決定の分権構造が併存する組織構造になっている点である。もし人事権が本省のトップに集中されているならば，この組織間関係は拡大ヒエラルキー構造をとっているが，基本的には単一のランク・ヒエラルキー構造に近似した特徴を保持していると言い得たはずであるが，実際の構造

は意思決定においても分権構造が保持されており，青木の指摘した，企業間の水平的 tree 構造を垂直的な tree 構造に置換した組織構造ということが可能である。したがって，青木が指摘したのと同様な効率性指標も適用が可能であると推察される。また，さらに情報処理構造としての分権制の下で，それらの情報が同時にトップに集約されて集権的意思決定構造に近似する構造になっているならば，Radner の提示したネットワークの情報効率性指標も適用しうると推察される。

かくして，ここまでの分析結果から，本論文の課題である垂直的ヒエラルキー構造と水平的ネットワーク構造の連結の効率性評価という問題を解く鍵が，A 企業と同型（isomorphic）の垂直的情報構造による組織間連結と，J 企業と同型の水平的情報構造による組織間連結を同時に併せもつ構造的構成物としての理念型を抽出することが可能となる。この理念型こそ，先に Radner の指摘として引用した「ある共通のモデルの中でヒエラルキー組織と非ヒエラルキー組織の相対的効率性を比較する理論的研究は今日まで出ていない」(p. 1384) という現状に対して，理論的分析の基盤を提供する「共通のモデル」でありうるというのが本論文の視点である。

次節ではネットワークによるガバナンスに関する視点からの考察に移る。

5. ネットワーク組織の有効性の検討

政府と企業，そしてその中間的な領域である公共部門のネットワーク領域については，日本でも早くから研究がなされている。今井賢一（1982）の中間組織の視点からの考察によれば，アメリカ型の政府と企業の関係は反トラスト政策と公益事業規制を 2 本柱として形成され，政府部門に私企業部門が対置する形で形成されていたが，非市場的領域の拡大と経済と政治の相互浸透の進展とともにこのような部門の対立的な構造に基づいた理念型的な政策運営は困難になってきており，この中間領域の発展が契約による行政領域として新たに発展している状況が指摘されている。すなわち，国防，研究開発，教育，社会福祉等の公共的分野において企業や他の私的組織と契約を結び政府の代わりにサー

ビス供給を行う方式である。この方式が増えてきたのは，入札による定型化された財・サービスを供給するという供給方式によるのみではなく，非定型的な事前に財サービスの内容を規定できない多様な公共サービスを供給する必要があり，そのために政府と私的組織の間の直接的な契約方式が増えたとしている。

　それでは官民関係は日本においてはどうであろうか。まず想起されるのは日本における密接な官民協力関係の有効性が長く指摘されてきたことである。その典型的事例としては産業政策システムが指摘できる。小宮隆太郎等（1984）の共同研究によれば，このシステムに関わる政策策定関連主体として，省庁原局，業界団体，審議会，財界，金融機関，等が指摘されており，それらの各経済主体の協力関係を基盤としており，官民の中間領域の組織化事例の１つということができる（20 ページ）。その具体的運営形態は，産業の振興を意図した，いわゆる産業政策を策定実施する官民協力による国家プロジェクトタイプの構造を持っているといえる。

　さらに，政府と市場の視点の代わりに市場と企業組織一般との関係性の視点から考察するならば，市場と内部組織の相互浸透領域の存在の可能性を考慮することが可能であり，そのような視点からの日本の産業組織の分析事例として今井・伊丹・小池（1982）らの指摘する「中間組織」という理念型が提示されている。この市場と組織の両特性を同時に保持する中間組織の組織構造の具体例として，トヨタ生産方式の一部分としてその有効性が高く評価されているサプライヤー・システムないしは下請け系列組織があげられる。アメリカの自動車企業においては企業内組織である部分が日本の自動車組織，例えばトヨタではトヨタ本体からは分離された外部組織として市場を通じた取引形態によって連結されている。それゆえ，トヨタにおいて下請け企業の御三家と呼ばれるような基幹的な下請け企業は，本社との情報の連結の程度は極めて高く，アメリカ企業では内部組織に該当しており，日本の系列関係は企業本体の外部組織ではあるが，極めて内部組織に近く，その意味で市場組織と内部組織の中間領域にあるものといえる（藤本（1995, 51 ページ））。

また逆に，市場と企業組織の関係については，それぞれの資源配分機能に関わるコスト面から比較することによって，当該取引の諸条件，例えば規模の経済性の存在などに応じた適切な取引システムを選択することが可能となるというWilliamson（1975）の指摘も重要であり，そこには市場と企業の内部組織との間の代替性が明確に意識されているといえる。

政府組織が官僚組織からネットワーク型組織に移行しつつあるとの指摘は，米国および英国における民営化の潮流のなかで発展してきた民営化手法として，国有企業の民営化，外部委託（contracting out），あるいは公共サービスの市場化（marketization），社会資本の民間資金の活用による供給（Private Financial Iniciative, PFI）が広範に活用されるにおよび，まさに市場ネットワークを活用した契約による行政サービスの供給領域が飛躍的に拡大してきたと思われる。この流れこそ，現在の公共部門改革の潮流であり，組織面では官僚組織からネットワーク組織への重点の移行としての構造転換が進んでいるといえる。

このネットワーク型政府への移行の促進がもたらすメリットについて，民営化政策の導入によって実現が期待されるコスト面の効率化がまず思い浮かぶところであるが，もちろんそれのみではなく，さまざまな側面におけるメリットを包含するものである。それに対して，ネットワーク型政府への移行によって新たに直面することになった多くの課題もまた指摘されてきたように思われる。

これらのメリットとデメリットの諸要因に関連して，Goldsmith and Eggers（2004）の研究において，まず外部組織連携型政府（third-party government）として，公務員ではなく民間企業や非営利組織を活用する政策実施を通じて，そこに種々のメリットが得られるが，同時にまた新たな課題が出現していることが指摘されている（pp. 28-37）。すなわち，メリットに関しては，ある政策目標の達成に向けて遂行しうるあらゆる組織形態の選択を視野に入れることができるため，世界の最先端の民間企業のノウハウをも利用できるという①専門特化のメリットをもち，さらには広範な選択肢が複数の組織間において検討されることから新たな②イノベーションを促進し，政府の人的調達システムとは違い環

境変化への対応において③スピードと柔軟性を発揮することができ，さらには公共サービス供給範囲を拡大するために地理的にも④範囲拡大が容易である，等の諸メリットが指摘されている。

　これらの意義をここで簡単に検討しておこう。政府があらゆる外部組織を視野に入れて活用することができるということは，その対象となる企業ないし組織が唯一のノウハウを保有していたり，唯一の技術を保有していたりする場合には，政府自身がその唯一の専門的・特化組織のメリットを実現することができ，通常の政府組織が内部的・組織的な公共部門の拡張によって自ら実現するには極めて多くのコストと長い時間を不可欠とする。それに対して，それらがすべて節約できることを意味するといえる。この点で，民間が積極的に開発しうる分野においては政府の少ない財政資金を節約するためにも，民間部門にまかせ，もし必要とあれば，その市場組織を通じて活用可能となる。そこで，政府が資金を投下すべき分野は民間部門が積極的でない領域であるという，いわゆる市場の失敗を補完する機能に特化することによって，民間との役割分担が正当と評価しうる。

　第2のイノベーションを促進するメリットについては，民間の複数組織間に政府との連携を通じて情報が流れ，ある意味では異種分野間の接合の利益が実現しうる可能性を提供しうる。情報交換にともなうメリット，あるいは新結合を実現しうる機会の提供も，民間部門にその機会を十分に活用する企業家精神があるかどうかに依存するといえる。

　さらに，第3のスピードや柔軟性，そして第4のサービス供給の範囲の拡大，等に関連するメリットは，実は，政府が関与することによって，極めて大きな可能性を提供するものであるといえる。その根拠は，新規事業に必要とされる許認可事項が省庁間の調整を政府自身が行うことによって促進されると推察されるからである。

　これらのメリットに対して，他方で，課題として彼らが指摘している事項は，ネットワーク内の参加者間において①目的の統一化を図ることの難しさがあり，重層的なネットワーク参加者を②適切に監督することに困難があり，各

組織間において③コミュニケーションの崩壊が生じうることがあり，各組織間の全体的な調整が困難となり実際には④断片的な調整にならざるをえず，データの収集自体においても⑤データの欠如と不適切なベンチマークの設定がなされる危険があり，組織全体の管理に関する⑥管理能力の欠如が生じる場合もあり，さらに組織間相互における⑦関係の不安定性が生じることもありうる，等が指摘されている。

　これらのデメリットは政府が活用しようとしている組織が，複数あるため，重層的ネットワークを形成し，それゆえコミュニケーションの崩壊が生じるケースといえる。これらのネットワーク組織間の安定的な調整システムが構築できるかどうかがすべての鍵であると推察される。関連する組織の数が多ければ多いほど，そしてネットワークが重層的であればあるほど，さらにネットワーク間の人・物・金・情報の流れが稀薄であればあるほど，これらの全体的調整システムの構築は難しく，彼らの指摘するデメリットが影響する可能性は高くなる。その結果，デメリットの④，⑤，⑥，⑦で指摘されている不十分な結果が生じると推察される。それゆえ，ネットワーク化の推進はこれらのデメリットを確実に改善することが期待される諸条件を作り出すことができる場合においてのみ積極的に推進しうるといえる。したがってこれらのメリットとデメリットを対比し，さらにデメリットを引き下げるサブシステムを内在させたネットワーク化が必要となる。そのため，官僚組織からネットワーク組織の活用への移行を考慮するという場合には，Radnerが指摘する，コーディネーターの存在が不可欠となる（p. 1410）。彼の指摘によれば，水漏れをしている堤防があるとき，適切な場所に，適切な数の砂袋を設置することが重要であり，誰が運ぶか，ボランティアかどうか，などは重要ではなく，その仕事を誰かに割り当てるコーディネーターが必要である。さらには，ゲーム論的な用語で表現するならば，非協力ゲームに類する状況の場合には，各ゲームプレーヤーを説得し，利害調整をして，適切な均衡解を発見し，その均衡へ導くという，問題解決に至るまでの仕事を遂行しうるコーディネーターが必要である。このような視点はメカニズム・デザインあるいはメタゲームの設計といわれるが，オリ

ジナル・ゲームの再設計とともに，さまざまな次元での利害対立を調整することが仕事として要求されることになる。

かくして，ここで議論されている垂直的，ならびに水平的ネットワークの連結においてはそれらの制度的革新を生み出すという意味で，ネットワークを設計する能力や，さらにそこで生じる諸対立を解決する能力をも併せもつという極めて有能なコーディネーターの確保が可能であるかどうかに鍵があることがわかる。次には，垂直的ヒエラルキー構造と水平ネットワーク組織の連結のタイプについて検討する。

6. ヒエラルキーとネットワークの連結タイプの選択可能性

ネットワークによるガバナンスを検討するときに，いかなる組織連結のタイプが望ましいであろうか。Goldsmith and Eggers の研究によれば，すべての分野を完全に網羅している訳ではないが政府のニーズの条件と合致しうる分野として，以下の6分野を適合分野として指摘している（p. 71）。

それらは図6-6のごとく，ネットワークの特性に関する評価基準は当該事業分野における「政府の関与度合い」としている。政府が関与する関連ネットワークの各タイプを図表におけるような場所に位置づけている判定の根拠については以下のように指摘されている（pp. 69-75 ページ）。

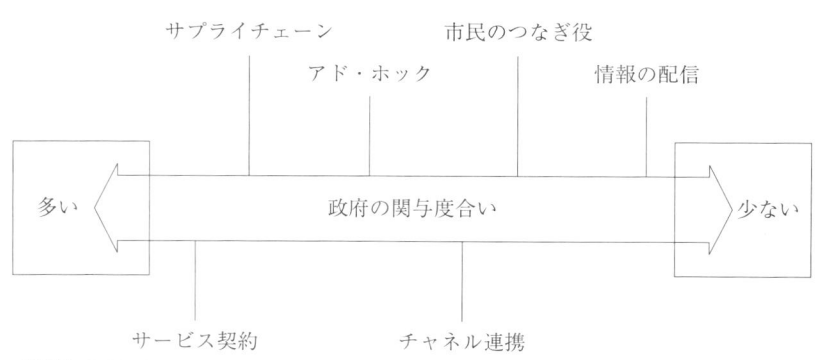

図6-6　官民のパートナーシップの類型

```
           サプライチェーン      市民のつなぎ役
                アド・ホック        情報の配信

   ┌──┐ ←─────────────────────────→ ┌──┐
   │多い│         政府の関与度合い         │少ない│
   └──┘ ←─────────────────────────→ └──┘

              サービス契約      チャネル連携
```

（出所）Goldsmith and Eggers (2004, p. 71)

① サービス契約：契約業者との契約によって，政府の関与は決定されるが，契約業者とその下請け業者の契約や関係は縦横無尽となる。このネットワークの具体的事例として，医療，精神医療，福祉，児童福祉，交通，防衛などをあげている。

② サプライチェーン：政府に対して複雑な製品，例えば，ジェット戦闘機や複合的な交通システムなどの提供に見られるとし，主に防衛と交通の分野の事例をあげている。

③ アド・ホック：特定の状況，緊急事態に対してネットワークを作るときに見られるとし，感染症の防衛，自然災害やサイバー攻撃への対処などのように，病院，医者，公衆衛生，司法機関などによるアド・ホックなネットワーク事例をあげる。

④ チャネル連携：企業や非営利団体が政府機関のための業務を行うとして，多くの民間企業がオンラインサービスの一環として公共分野の取引を組み込む例であり，例えば自動車販売店による車登録，スポーツ用品店による魚釣りライセンスの購入，などのチャネル連携があげられる。

⑤ 情報の配信：公共的な情報を発信しうる非営利団体や民間企業と政府が連携して有益な情報を提供する。事例では，アース911という団体が全国的環境ネットワークにより，各地元のオイルフィルター・リサイクル企業情報を提供することがあげられる。

⑥ 市民のつなぎ役：ある市民組織があるサービスを提供する場合に，他の組織がもつ資源を必要としている場合に，両組織を結びつけることを実現するネットワーク形成者の役割である。事例では，ホームレスケア施設と食品貯蔵施設との連携や，信用力の低い持ち家取得希望者の住宅取得カウンセリングと債務整理の手助け，金融機関との仲介などのサービスをまとめて提供することがあげられている。

これらの事例の検討により，従来の官僚システムにより政府が公共サービスを供給する際に，すでに公共機関の工夫によって多様なネットワーク組織を活用している事例が存在していることが確認できる。それゆえ，ネットワーク政

府の有り様について考察するというテーマ自体は実は決して目新しいことではないことがわかる。ではなぜ今日このようなテーマが重要になってきたかといえば，官僚機構による公共サービスの供給が画一的かつ極めて非効率になっており，同様なサービスを民間のネットワーク組織を活用して供給する場合に，サービスの多様化や費用の引き下げなどの，官僚機構に対して期待できない成果目標が，民間のネットワーク組織との連結により達成される可能性が大きく，多様な民営化手法の導入が社会においてもより重視されてきたことによると思われる。

そこで，重要なことはこれらの民間のネットワーク組織との連結によって実現される効率性と旧来の官僚機構によって達成される効率性の比較の視点と，そのような多様な民営化の導入の推進により形成されるネットワーク組織自体のタイプの選択・適切性の視点との2点に存すると考えられる。

さらに，上述の Goldsmith and Eggers の研究が示唆するところは，政府と民間の間の組織連結の組み合わせの選択に関して，財サービスの供給に政府の関与の度合いが異なることや，財やサービスの特質に応じた官民供給ネットワークの最適ミックスの重要性も推察されるところである。

かくして，制度設計については供給される公共財・サービスの特質に依存することから組織形態一般についての検討は適当ではなく，逆にこれまで考察されてきた特定の民間ネットワーク組織がどのように官僚機構に代替しうるかという点に焦点をあてて考察する。この視点から，Goldsmith and Eggers の研究において指摘されている事例を見ると，ネットワーク組織を統合する主体に関しては，必ずしも①政府がすべての統合役となる必要はなく，他にネットワーク組織のまとめ役として，②主契約業者に統合を任せることや，さらには③第三者の民間サービス提供者による統合も可能であると見ている（pp. 75–88）。

これらのネットワークにおける組織形態に関しては，図6–7，図6–8，図6–9に例示されているネットワーク組織である。

これに対して本論文では，官僚機構の垂直的に拡大されたヒエラルキー構造とネットワーク組織の結合地点は，官僚機構の上位（国）・中位（県）・下位

第6章 公共部門改革とネットワークによるガバナンス 171

図6-7 統合役としての政府

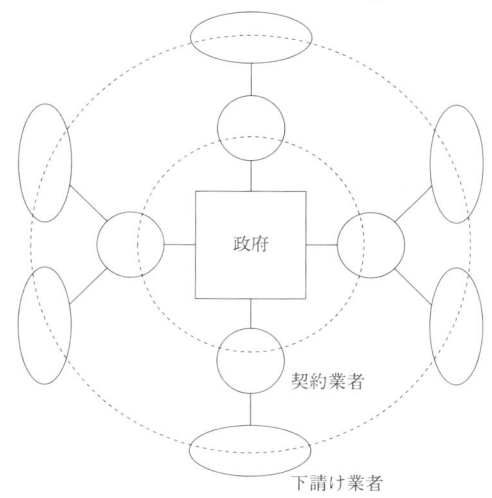

(出所) Goldsmith and Eggers (2004, p. 77)

図6-8 主契約業者による統合

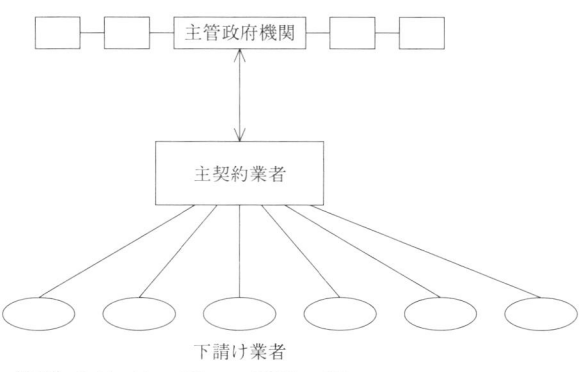

(出所) Goldsmith and Eggers (2004, p. 80)

(市町村) のどのレベルにおいてもありえると考え,このことを図6-10で示している。

このとき,ネットワーク組織がより上位の官僚組織との結節点をもつほど与えられる権限は大きくなると推察される。それは,ネットワークとの結合に

172　第2部　公共部門改革

図6-9　第三者による統合

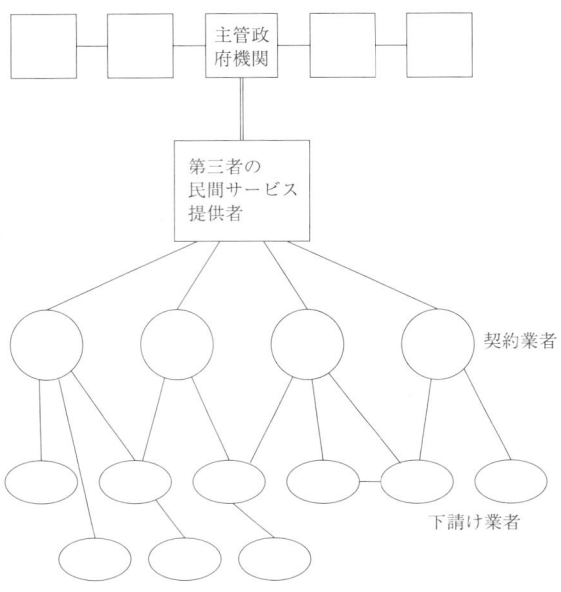

（出所）Goldsmith and Eggers (2004, p. 83)

図6-10　官僚組織階層とネットワーク組織の連結可能性

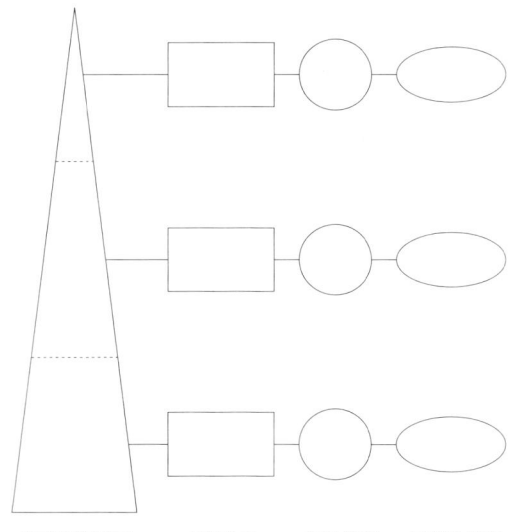

官僚組織階層　　主契約者　　契約業者　　下請け業者

よって結節点以下のレベルの垂直的官僚組織の機能が、水平的市場ネットワーク組織によって置換されるからである。以下では典型的ネットワーク組織例として、このうちの主契約業者による統合事例の1つであると思われるPFI事業において必ず出来する特定目的会社（Special Purpose Company：以下SPCと表記）の役割について検討する。PFIは国家の刑務所の運営から地方自治体の図書館の運営まで極めて多様な組織事例があり、さらに、SPCの仕事を中央ならびに地方の政府自身が担う場合と民間の独立組織が担う場合の両方のケースについてもネットワークのもつ基本的な特質には大きな変化はなく、相違点が存在するのは政府の関与の度合いである。それは規制される領域の程度が相対的に大きくなるのか、逆に自由裁量の領域が相対的に大きくなるのかという点であり、規制項目の数の多寡によって生じる程度の多様性の問題である。

7. 事例研究：特定目的会社（SPC）のネットワーク性

　PFI事業は政府の省庁の公共サービス供給を担う手段としても広く活用されており、また地方自治体の民間のノウハウを活用した資本整備をともなう公共サービスの供給から始まり、現在では経営面でのノウハウを中心とした経営管理の一括委託まで多様な形態によってサービス供給に貢献しており、単なるサービスの一部を民間が担うアウトソーシングというよりは、民間の裁量によって決定される領域が多く、官僚機構のネットワーク化の典型的モデルの1つの可能性を示すものとして考察しうると思われる。もちろん本章では考察していないが、政府の官民競争入札等管理委員会によって推進されている「官製市場」改革も極めて有望な官民のネットワーク連結の可能性を示唆するものであると見ることができる（八代尚宏（2005, 12ページ））。これについては今後の検討課題である。

　PFI関連法令等に基づいて各都道府県、市町村が導入のための活用指針を作成しているところが多い。その指針に基づいて実際にPFIを導入している事例の一例を取り上げその特徴を検討することにする。山内弘隆・森下正之監修（2003）において先行的取り組みについて現状報告がなされているが、そのな

かの取り組みの一例として，神奈川県におけるPFIの事例が紹介されるとともに，資料として「神奈川県におけるPFIの活用指針」が掲載されており，指針と現状の両面を見るには好都合であり，これらの資料を検討する（309-337ページ）。

この仕組みを策定し，運用する上で重要なPFIの特徴として活用指針に見られるのは，①民間の創意工夫の活用，②公共性の確保，③VFM（Value For Money：PFIの導入により節約および創出された価値額）の検証，④リスク分担，⑤収益性の確保，が指摘されている。また，PFI活用による期待される効果としては，①公共サービス水準の向上，②事業コストの削減，③財政支出の平準化，④産業の振興，等が指摘されている。さらに，PFI事業において採用される基本的な原則は，①公共性原則，②民間経営資源活用原則，③効率性原則，④公平性原則，⑤透明性原則，の5つであり，具体的な事業実施の方式として，3つの主義，すなわち①客観主義，②契約主義，③独立主義が重視されている（312-313ページ）。

次に，神奈川県のPFIの導入例を見る。これは［神奈川県］神奈川県におけるPFIの取り組み～保健福祉大学，衛生研究所，近代美術館葉山館（新館），海洋総合文化総合ゾーンの事業内容に関して，PFI事業実施に関わる一般的なスケジュールにおいては，基本構想の策定から始まり，次のようなプロセスを経る。従来方式とPFI方式を対比して記載すると，表6-2のようになる（314ページ）。

これが従来の公共事業とPFIのケースの実施プロセスであり，この表では上から下へと単線的に策定されているが，実際は各活動に必要な日数を考慮した活動ネットワーク（activity network）が描ける。そのなかで可能な最短の事業期間を決定する臨界経路分析（critical path analysis）がなされ，それを基本線の臨界経路として，他の部分的作業はその流れの関連期日に間に合うように連結されることになる。このプロセスは経営分野ではPERT（Program Evaluation and Review Technique）と呼ばれており，アメリカ海軍の艦隊弾道ミサイル計画のなかで開発され，日程管理，原価管理，人材管理などのような分野に適用されてきた。

表6-2 PFI実施に係わる一般的なスケジュール

計画年度	従来方式	PFI方式		
準備	基本構想策定 （予算措置）	基本構想策定 総合評価方式の流れ	（具体的な作業） PFI方式方式の決定	
1年目	調査設計 （予算措置）	調査設計	アドバイザー契約	
		実施方針策定検討	市場調査	
		要求水準検討		
		VFM検討	PFI事業手続き詰め	
		事業規模等予算審査		
		実施方針の公表	民間意見招請	
		総合評価方式表明		
		要求水準書案公表		
		落札者決定基準案公表	VFMの検証	
2年目	基本設計 （予算措置）	特定事業の選定	募集要項の作成	審査会での検討
		債務負担行為の設定	入札説明書の作成	
			要求水準書の作成	
		入札公告	落札者決定基準作成	
		入札	審査基準作成	
		審査	条件規定書の作成	
			事前資格審査	
		事業者の選定	入札	
		仮契約	契約書案作成	
3年目	実施設計 （予算措置）	契約の議会議決 設計	モニタリング	
4年目	入札	建設		
	議会議決 （予算措置） 建設（2~3年）			
6年目	事業実施 （予算措置）	事業実施		

（出所）山内弘隆・森下正之（2003, 314ページ），原表を大幅に修正している。

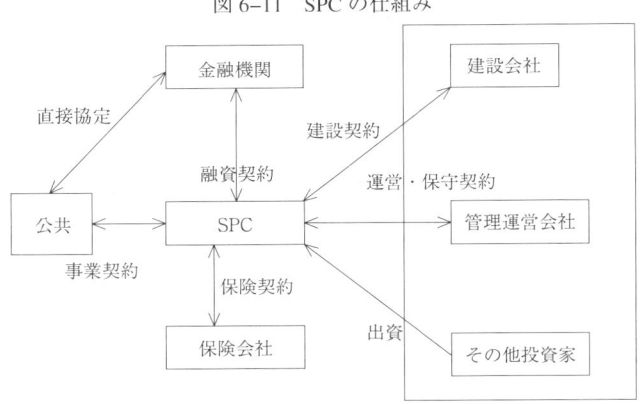

図 6-11　SPC の仕組み

```
              金融機関 ─────────→ 建設会社
              ↑  ↑                    ↑
        直接協定│  │融資契約      建設契約│
              │  │              運営・保守契約
              ↓  ↓                    │
     公共 ←→ SPC ←──────────→ 管理運営会社
         事業契約 │
              │保険契約        出資
              ↓                      │
           保険会社              その他投資家
```

（出所）山内弘隆・森下正之（2003，312 ページ）

　ここでの分析視点は，当該事業の実施にあたってそれを情報の流れと見たときに，1回ずつの検討で最終理想案に到達できる経路を進むことは不可能であり，実は単線的な一方的な情報の流れというよりはフィードバックを何度も繰り返して進んでいく経路プロセスといった方が適切であろう。例えば，事業計画と具体的設計案と費用査定の間には情報のフィードバックが際限なく連続しているかもしれず，最終の決定段階にいたるには相当の人・時間とが必要になるであろう。その処理速度を考慮したとき，システムの設計によっては大きな人・時間の費用の格差が生じることになる。

　次に，神奈川県の PFI の指針のなかに指摘されている一般的な PFI 事業の仕組みを見ると，図 6-11 のように想定されている。

　この図において，従来型の公共事業であれば，官僚機構において仕事が分担され，事業の進行に応じた各段階において予算措置を実施して，最終的な事業実施に向かう。PFI 事業を採用するケースでは，PFI 事業を公共主体が従来通りに実施した場合とコスト比較，および性能比較をする必要があることから，公共主体には当初の基本構想の策定と調査設計をする段階までは，従来通りの実施プロセスを通る必要がある。それ以後は民間の入札プロセスの実施に関わることになる。この調査設計段階は基本設計の初期段階にあたり約 30% の経

費が掛かると指摘されている（49ページ）。

　これに対して，PFI導入の場合には，民間企業は入札の準備のために枠で囲んだ企業連合体（コンソーシアム）を形成して，技術，金融資金，保険，建設，投資，等に関わる当事者間で相互調整を行い，入札に向かう。このコンソーシアムの相互調整メカニズムこそ，PFI方式による事業遂行において，①民間の創意工夫の活用，③VFMの検証，④リスク分担，⑤収益性の確保，という前述の基本的な特徴を発揮することを可能とするプロセスであると思われる。そしてこの相互調整部分を丁度一企業のようなブラック・ボックスと見なすならば，関連当事者の諸情報と公共部門から提出される性能発注書をインプトすることによって，SPCの情報アウトプットとして提案書が産出され，それに基づいて公共当局と契約するというメカニズムになっている。受注した場合には，このコンソーシアムが特定目的会社として設立されることになる。

　SPCにより作成された提案書は競合他社の提案書および公共部門自体が供給する，いわゆる官僚的供給の場合と性能，コスト等が対比されることになる。そこで，他社ならびに官僚的供給の提案書よりも優れた提案を実現するまで情報，コスト，性能発注水準等の間で再検討が繰り返されるが，このプロセスはもし主要一企業が入札に望む場合は企業内の諸調整に対応するが，ほとんどの場合に複数企業がコンソーシアムを組んで調整するため，その当事者間の情報交換過程は極めて多重的な回数の多い情報交換の実施を示すことになろう。それをSPC組織と各当事者とを結ぶ1本の辺で情報交換を示せば，異なる2点間において正確に1つの辺の連結で結ばれているとの意味でSPCを中心とし，他の関連当事者を6個の頂点とする6角形の完全グラフ（complete graph）で表される。さらに情報の流れに方向を示す矢印を付けると各辺を逆方向の2本の辺によって示されるグラフ，すなわちダイグラフ（directed graph）となる。

　このとき，この関連当事者の中である1当事者がある成案に関して改善要求すれば，他の当事者はすべてその新情報に応じて再調整しなければならず，その結果のフィードバックは成案の修正がある時点で終了する均衡状態にいたる

までに続く。この過程は，もし情報処理プロセスが何度もの演算を実施し，諸条件を同時に満たす最適解を見いだすプロセスと見れば，もし線形の制約条件であれば，いわゆる線形計画法（リニア・プログラミング，LP）の手法が有益となると思われる。

しかしながら，制約条件がたとえ線形で与えられたとしても，サービス供給に関連した技術開発自体が新規に行われるとすれば，単なる制約条件付き最適解を求めるのみではなく，制約条件自体をシフトさせるいわゆる新結合による技術革新をも民間のもつノウハウの活用を通じて制度設計に組み込むコーディネーター機能が不可欠となる。SPCがこのような創造的機能を発揮できるコンソーシアムとしてそのネットワークのもつ強みを発揮できるときには，単に個別の受注案件に貢献しうるのみではなく，その活用の可能性も大きく拡大すると期待されると思われる。

次に，同じく山内弘隆・森下正之監修（2003）のなかで取り上げられている11例に関する成果と課題について検討する。

PFI法が成立したのが1999年であるから，これらの事例は先駆的に導入された事例である。従来の公共事業の入札方式では価格面だけの競争であるため，いったん入札によって工事を受注したならば，公共事業者がサービスの質的水準を引き下げることによって事業者利益を最大化し，可能な限り費用を削減することが当然のこととして行われてきたため，いわゆる，手抜き工事が横行するという欠陥があった。このことはたとえ認可基準を厳しく運用したとしても，近年の建築基準の偽装まで出来するにいたっては，何をかいわんやである。これは入札方式のもつ限界であって，その改善のためには事前，事業中，事後の審査を厳しくすることであるといわれていたが，財政予算の制約を考慮すれば，監視費用に多くを割くことは難しくその実現は困難なことであった。

しかし，PFI事業の導入にあたっては民間のノウハウを積極的に活用して要求する質の水準を維持・担保することを制度的に内在させた審査プロセスが考案され実用化されている。それは審査委員会の審査基準に質基準を導入するという試みであった。質の基準を確保することが入札審査を勝ち抜く絶対条件で

あることによって，公共工事事業者の供給行動は全く違ったものになることが期待される。それによって公共事業の質の低下という致命的欠陥に対する有効な歯止め効果が働くことが期待されることになった。かくして費用面の競争および質の面の競争が同時に行われ，公共サービスがもつ低品質あるいは画一的なサービスという限界に関してはかなりの改善が期待されることになった。しかしながら，まだその基準は万能ではないと思われる。

まずは取り上げた事例に関する入札によるコスト面について，自治体側が従来方式でサービスを提供する場合に掛かる費用の概算を見積ることを調査費用としてあらかじめ計上しており，その費用水準と入札の価格の水準とのコスト格差を value for money として評価し，その 11 事例について，資料が入手できなかった事業については当時の新聞発表記事等の確認によって比較してみると，表 6-3 のようになった。費用のみが評価基準ではないことは当然であるが，公共事業を PFI 方式で実施することによってある程度の費用削減効果が出

表 6-3　PFI の費用削減効果一覧

① 金町浄水場事業（浄水場常用発電）……5％ の費用削減効果あり。
② 神奈川県事業（保健福祉大学，衛生研究所，近代美術館葉山館（新館），海洋総合文化総合ゾーン事業）……12.2％ の費用削減効果あり（無利子融資の場合の最大効果）。
③ 千葉市事業（消費生活センター・計量検査所複合施設整備事業）……29％ の費用削減効果あり。
④ 福岡市事業（臨海工場余熱利用施設整備事業）……30％ の費用削減効果あり。
⑤ 泉大津市事業（泉大津市松之浜駅東地区再開発事業）……42.2％ の費用削減効果あり（当時の新聞による）。
⑥ 岡山県事業（情報通信基盤を備えたインキュベーションセンター整備・運営）……6.5％ の費用削減効果あり（名目値の県支出額による）。
⑦ 調布市事業（小学校の整備・維持管理・運営）……17.3％ の費用削減効果あり。
⑧ 市川市事業（中学校校舎・給食室・公会堂設備等並びに保育所整備 PFI 事業）……11％ の費用削減効果あり（ただしリスク調整後による）。
⑨ 長岡市事業（「高齢者センターしなの（仮称）整備，運用及び維持管理）……17.2％ の削減効果あり。
⑩ 杉並区事業（新型ケアハウス整備等事業）……0.5％ の費用削減効果あり。
⑪ 高知市事業（高知医療センター整備事業）……4.2％ の費用削減効果あり。

（出所）山内弘隆・森下正之（2003，45-260 ページ），一部は他資料から作成している。

ていることが傾向的に見られている。

次に，質を考慮する側面に関しては，表6-3の③千葉市のPFI事業を事例として取り上げる。質的側面についての評価点を確認する。この事業では二次審査に5グループの企業連合体が残った。すなわち，商社を中心にする2グループと建設会社を中心とする3グループである。30年間にわたる事業であり，総事業費（賃貸料と委託費）の提案額も現在価値（割引率は長期国債の過去の平均金利の4％）に換算されている。

価格以外の評価得点は，施設の事業計画に関して配点10点，施設の設計・建設に関して配点40点，施設の維持・管理に関して配点20点，特定計量器定期検査業務に関して配点30点，民間事業施設に関して配点10点，それゆえ，合計110点となっている。ただし，発注の性能用件を満せば基礎点70点が与えられ，質評価の加点幅が約3割しかないため，総体的に費用が重視されている。

表6-4は各グループの費用と得点，そして総合評価を示す。

総合評価（A／B）は効果対費用のコストパフォーマンスを示すものであり，G3が第1位であることがわかる。第2位はG2であった。結果として費用が最小の提案が選定されている。この例で質指標が最高であったのはG2であった。

入札に参加した事業体に関しては，従来は公共事業として個々の取引相手と個別に取引を行ってきたが，例えば個別分野を大きく区分すると，サービス供給に関連した商社，箱物の提供の建設業者，資金調達の平準化サービスの金融

表6-4 総合評価（1円当たり効果）

グループ	A 価格以外の評価	B 提案額（単位千円）	A／B×10の9乗
G1	88.16	2,315,943	38.07
G2	101.35	1,445,524	70.11
G3	97.34	1,153,263	84.40
G4	91.61	1,720,977	53.23
G5	94.57	1,590,898	59.44

(出所) 山内弘隆・森下正之（2003，103ページ），原表を簡潔にしている。

機関，経営管理サービス企業等との間において，個別契約を結ぶことになる所であった。しかし，企業コンソーシアムとしての特定目的会社（SPC）を設立し，官側との取引が1企業に集約されることによって極めて多くの取引コストが削減されたと思われる。このような方式が全国的にシステム化されればされるほど，いわゆる学習効果が大きくなり，ますます容易に導入・拡大し続けることになる。企業も個別の財・サービスを販売することから，総合サービス企業，いわゆるトータル・ソリューションズの提供へというサービス経済化の傾向が強まると推察される。それゆえ，また検討すべき課題も拡大することになる。

その課題の1つとして，上記の11のPFIの事例のなかにおいて，その後破綻した事例が生じている。それは④［福岡市］臨海工場余熱利用施設整備事業である。この事業は，臨海工場でゴミを焼却したときに発生する廃熱で発電を行い，余熱利用のメイン施設としては健康増進の施設である海水温水プールで，海水，海藻，海泥を疾病予防，健康増進，リハビリに役立てる海洋療法を提供するタラサ・テラピーである。

開設初年度には年間24.7万人の利用者を見込んでいたが，実際には10.9万人に終わり，最終損失約3千万円を計上した。そこで，次年度には総合的なフィットネス部門の強化が図られたが，事業者は収益悪化し続け，3年目の平成16年には民事再生手続きに入り，いったん施設が閉鎖され，翌年4月に新SPCの下，事業が再開された。

その破綻の原因を明らかにする調査検討委員会による「タラソ福岡の経営破綻に関する調査検討報告書」によれば，「民間事業者が負う需要リスクの割合が民間事業者の提案するサービス提供料の価格に連動するスキームである」点に制度の欠陥を求め，その上で，事業者の売り上げの極めて楽観的な見積り，金融機関の審査機能の不完全さ（リスクマネーの供給はせず単に土地などの評価額を限度としていた），市当局の閉鎖リスクへの未対応（破綻した場合の対応を考えていなかった），等の諸欠陥のために破綻したとされた。

通常，PFI事業においては，公共主体とSPCとの間においてリスク負担の詳

細についての契約書を取り交わし，あらゆるリスク項目を想定しているはずである。この失敗事例を見ると公共事業にありがちな過大な需要予測が行われていることを含めて，審査委員会もリスクを見抜けなった。審査における参照資料として政府がPFI推進委員会のホームページ等によって資料を提供するという基礎的なサポート環境の整備・充実が極めて重要であったことが示唆されている。

8．おわりに

日本における公共部門の改革において主張されてきた主要点は，英国流のNEXT STEP方式（Goldsworthy（1991）），すなわち，①公的供給を廃止するか，さもなければ②民営化が可能か，さもなければ③民間委託できるか，さもなければ④独立行政法人として外部化するか，さもなければ⑤省庁に吸収するか，という審査プロセスの導入であった。この検討の進捗に合わせて法案が成立してきたと推察される。ようやく英国の1990年代後半に到達した感がある。日本においても政府の広範な民営化政策の導入で，垂直的階層構造をもつ官僚制国家から，多くの公共サービス供給を民間と市場に委ねた水平的構造をもつネットワーク国家へと変質しつつあり，政府の役割まで大きく変わろうとしている。また，政府が契約によって公共サービスを供給するときに，契約を実行できないという意味で契約の落とし穴についての課題を克服することが重要となっている（Van Slyke（2003））。また，Provan and Milward（2001）によれば，ネットワークの評価については，3つのレベル，すなわち，コミュニティ，ネットワーク，組織から見る必要があり，その有効性の基準が互いに影響し合い，その統合が必要であるとする。さらにはネットワークによるガバナンスをもたない国家像としての「中空の国家」（hollow state）（Goldsmith and Eggers（2004））となっており，その課題に取り組む必要が提起されている。

本章ではこれらの課題については取り上げられなかったが，福祉に関わるサービス供給に関してその問題点を極めて明確に論じたLipsky（1980）のストリート・レベルの官僚制と呼ぶ，サービス供給者と受給者が直接的に接する

ネットワーク的な公共サービスの提供システムの問題について言及しておこう。この点については Hupe and Hill（2007）はストリート・レベルの官僚制をミクロ・ネットワーク関係（a micro-network of relations），あるいは多次元的「蜘蛛の巣」の関係性とも呼んでいる。そこで，サービスを受容する市民レベルの視点から見るならば，本来的には官僚機構が縦割り方式で個別に各市民の要求する公共サービスを供給しているのであるが，個別市民のレベルにおいては，すべての公共サービスが公共機関同士の連携したネットワークとしてサービスを提供しているように受け取ることが多々ありうる。例えば，高齢の要介護者がいる家庭を例にとると，介護認定には市役所の福祉課，判定のための診察の医者，ケア・マネジャー，家族の生活を支える主たる稼得者，デイ・サービス事業者，等々の相互的な協力によってはじめて要介護者に適切なケアサービスが供給されることになる。この点を市民への公共サービスの供給ネットワークと捉えるならば，そのネットワークが有効に機能しているかどうかは大変に重要な問題になる。特に，関連する当事者同士の連携が不可欠であることから，これらを相互調整するコーディネーターの役割が不可欠のように思われる。ネットワーク政府の課題はこのような，「仕事を通して市民と直接相互作用し，職務の遂行について実質上裁量権を任されている行政サービス従事者」であるストリート・レベルの官僚制に関わる，官僚，医師，教師，警官，ソーシャルワーカー，判事，弁護士や裁判所職員，保健所職員，政府や自治体の施策の窓口や，サービスを提供する公務員などによるサービス供給の総合的なネットワークシステムの効率の向上にまで配慮することが要請されていると思われる。人口高齢化が急速に進み，高齢者を含めたサービス供給体制の整備が国民の喫緊の課題となっているからである。

　かつて英国の Walsh（1995）が英国 NHS（National Health Service）を事例として取り上げ，「政府は市場の放逸な作用によって大規模な病院を閉鎖に導くようなことは望んでこなかった。今発展しようとしているものは市場でも階層制でもない新しい組織の形態であるが，それはむしろ厄介なことに両者の中間のものである。」（p. xviii）と指摘した如く，今後の公共部門改革においては階層

制とネットワークの融合する効率的システムの創出にカギがあると思われる。

しかしながら，改革を率先して導入してきた英国では政治的に受けの良い制度改革が率先して導入されていくときに，持続的に遂行される組織変化によってマネージャーやコーディネーターによる公共サービス供給における官民協調による協働システムの安定性が妨げられているとの McMurray（2007）の指摘も重要な示唆を与えている。かくして，安定的かつ効率的なネットワーク組織の形成とそれらの課題に取り組む有能なコーディネーターの創出には長期的な時間と持続的な協働作業が不可欠である。このコーディネーターの役割の実行者の創出という点に関しては，政府レベルにおいては市場化ネットワークの連結を推進する有能な官僚の必要性を示唆し，地方レベルでは，例えばハローワークにおける国と地方の情報と権限の統合を可能とする官僚の必要性を示唆し，さらに，ストリート・レベルでの福祉・教育・医療のネットワークに関わる有能な官僚の必要性を示唆しているといえる。それぞれのレベルにおいて垂直的ヒエラルキーと水平的ネットワークが連結することにより，民間の活力とノウハウを利用したネットワークの効率性が改善されると推察されるが，コーディネーターの輩出自体が今後の大きな課題でもあると思われる。

引用・参考文献

青木昌彦・奥野正寛編著（1996）『経済システムの比較精度分析』東京大学出版会。
浅沼萬里（1995）「グローバル化の途上にある企業ネットワークの中での生産と流通のコーディネーション――日本の自動車産業で達成されたフレキシビリティの評価」青木昌彦，ロナルド・ドーア編 NTT データ通信システム科学研究所訳『国際・学際研究　システムとしての日本企業』NTT 出版。
今井賢一（1982）「政府と企業――その組織連関と行政過程」（『季刊現代経済』27 号）日本経済新聞社。
今井賢一・伊丹敬之・小池和男（1982）『内部組織の経済学』東洋経済新報社。
植草益編（1995）『日本の産業組織』有斐閣。
植村利男（1993）「第 2 臨調の行財政改革と X 非効率」（『経済学論纂』（中央大学）第 34 巻第 3・4 合併号）79–94 ページ。
―――（2006）「公共部門民営化の根拠と組織形態の選択基準」中野守編『現代経済システムと公共政策』中央大学出版部，27–50 ページ。
―――（2007）「巻頭言　公共部門改革の行方」（『公共選択の研究』第 49 号），1–4 ページ。

―――（2008）「官僚機構のX非効率の慣性領域理論による考察」（『経済学紀要』）亜細亜大学経済学会，1–19ページ。
大友篤（1982）『地域分析入門』東洋経済新報社。
総務省自治財政局財務調査課（2007）「地方公共団体財政健全化法における早期健全化基準等について」事務連絡。
辻清明（1986）『新版日本官僚制の研究』東京大学出版会。
野口悠紀雄・新村保子・内村広志・竹内正俊・金村俊樹・巾村和敏・高橋俊之（1979）『予算編成における公共的意思決定過程の研究』経済企画庁経済研究所。
福岡市PFI事業推進委員会報告書（2006）「タラソ福岡の経営破綻を超えて―PFI事業の適正な推進のために」。
藤本隆宏（1995）「部品取引と企業間関係―自動車産業の事例を中心に」植草益編『日本の産業組織』有斐閣。
八代尚宏編著（2006）『「官製市場」改革』日本経済新聞社。
山内弘隆・森下正之監修（2003）『自治体版 Private Finance Initiative―その戦略と実務』地域科学研究会。
『労働経済白書』平成13年版。
Al-Hakim, L. (2002), "A Note on 'Maximally Weighted Graph Theoretic Facilities Design Planning'", *International Journal of Production Research*, Vol. 40, No. 2, pp. 495–505.
Aoki, M. (1988), *Information, incentives, and Bargaining in the Japanese Economy*, Cambridge University Press.（永易浩一訳（1992）『日本経済の制度分析』筑摩書房）
Brown, T. L. and Potoski, M. (2003), "Contract-Management Capacity in Municipal and County Governments", *Public Administration Review*, March/April, Vol. 63, No. 2, pp. 153–164.
Brown, T. L., Potoski, M. and Slyke, D. M. (2006), "Managing Public Service Contracts: Aligning Values, Institutional, and Markets", *Public Administration Review*, May/June, pp. 323–321.
Dowding, K. and James, O. (2004), "Analysing Bureau-saping Models: Coments on Marsh, Smith and Richards", *British Journal of Political Science*, Jan., Vol. 34, pp. 183–189.
Downs, A. (1966), *Inside Bureaucracy*, the Rand Corporation.（渡辺保男訳（1975），『官僚制の解剖』サイマル出版）
Dunleavy, P. (1991), *Democracy Bureaucracy and Public Choice*, Harvester Wheatsheaf Tokyo.
Goldsmith, S. and Eggers, D. (2004), *Governing by Network: the New Shape of the Public Sector*, The Brookings Institution Press.（城山英明・奥村裕一・高木聡一郎監訳（2006）『ネットワークによるガバナンス』学陽書房）
Goldsworthy, D. (1991), *Setting Up Next Steps*, London: HMSO
Hupe, P. and Hill, M. (2007), "Street-Level Bureaucracy and Public Accountability", *Public Administration*, Vol. 85, No. 2, pp. 279–299.

Leibenstein, H. (1966), "Allocative Efficiency vs. X-Efficiency," *Americam Econoimic Review*, Jun. pp. 392–415.

―――― (1969), "Organizational or Frictional Equilibria, X-Efficiency, and the Rate of Innovation", *Quarterly Journal of Economics*, Nov., Vol. 83 issue 4, pp. 599–623.

―――― (1976), *Beyond Economic Man*, Harvard University Press.

Lipsky, M. (1980), *Street-Level Bureaucracy*, the Russell Sage Foundation.(田尾雅夫・北大路信郷訳(1980)『行政サービスのディレンマ―ストリート・レベルの官僚制―』木鐸社)

March, J. G. and Simon H. A. (1958), *Organizations*, John Wiley & Sons, Inc. (土屋守章訳(1977)『オーガニゼーションズ』ダイヤモンド社)

Marsh, D., Richards, D. and Smith, M. J. (2004),"Understanding and Explaining Civil Service Reform : A Reply to Dowding and James", *British Journal of Political Science*, January, Vol. 34, pp. 189–92.

McMurray, R. (2007), "Our Reforms, Our Partnerships, Same Problems : The Chronic Case of the English NHS", *Public Money & Management*, February, pp. 77–82.

Mueller, R. K. (1986), *Corporate Networking-Building Channels for Information and Influence*, the Free Press, a Division of Macmillan Inc.(田尾雅夫・北大路信郷訳(1991)『企業ネットワーキング―創造的組織を求めて』東洋経済新報社)

Niskanen, W. A., Jr. (1971), *Bureaucracy and Representative Government*, Aldine・Atherton Inc.

―――― (1991), "A Reflection on Bureaucracy and Representative Government", Andre Blais and Stephane Dion (eds.), *the Budget-Maximizing Bureaucrat-Appraisals and Evidence*, University of Pittsburgh Press, pp. 13–31.

Provan, K. and Milward, H. B. (2001), "Do Networks Really Works? a Framework for Evaluating Public-Sector Organizational Networks", *Public Administration Review*, July/August,Vol. 61, No. 4, pp. 414–423.

Radner, R. (1992), "Hierarchy : The Economics of Managing", *Journal of Economic Literature*, September, pp. 1382–1415.

Van Slyke, D. M. (2003), "The Mythology of Privatization in Contracting for Social Service", *Public Administration Review*, May/June, Vol. 63, No. 3, pp. 296–315.

Walsh, K., (1995), *Public Services and Market Mechanisms*, Macmilan Press.

Wilson, R. J. and Watkins, J. J. (1990), *Graph An Introductory Approach,* John Wiley & Sons, Inc. (大石泰彦訳(1997)『グラフ理論へのアプローチ』日本評論社)

Williamson, O. E. (1975), *Markets and Hierarchies,* The Free Press. (浅沼萬里・岩崎晃訳(1980)『市場と企業組織』日本評論社)

Zhou, X. (2002), "A Graphical Approach to the Standard Principal-Agent Model", *Journal of Economic Education*, Summer, pp. 265–276.

第 7 章

ガバナンス制度と経済的パフォーマンスとの間にはいかなる関係が存在するのか[1]

1. はじめに

　本章では,各国のガバナンス制度は,経済的なパフォーマンスに,いかなる影響を与えているのか,という問題について,経済データや制度に関するデータを利用して検討を行う。

　制度と経済的なパフォーマンスの関係は,North (1990) が「制度が諸経済の成果に影響を与えることは,ほとんど争う余地がない。長期にわたる諸経済の成果の相違が基本的に制度発展の様式によって影響されることもまた,争う余地がない」と指摘しているように,相互に影響を与え合っていると考えられ

---

[1] 本章は,公共選択学会第12回全国大会にて報告した「汚職と政治経済システムとの関係についての考察―政治的及び経済的データによる第1次的接近―」を大幅に加筆・修正した論文である。本章を執筆するにあたり,公共選択学会での討論者の奥井克美教授(追手門学院大学経済学部)に,「汚職」の問題に関する先行研究に関して有益な示唆を与えてくださった谷口洋志教授(中央大学経済学部)に感謝申し上げる。さらに,加藤創太上席研究員(東京財団)と小林慶一郎上席研究員(独立行政法人経済産業研究所)には,東京財団仮想制度研究所「制度変化のスピードと補完性プロジェクト」および独立行政法人経済産業研究所「新しいマクロ経済モデルの構築および経済危機における政策のあり方プロジェクト」を通じて大きな示唆を与えていただいた。感謝申し上げる。なお,本章におけるすべての誤謬はいうまでもなく,筆者の責任である。

る。ここで，「相互に」と指摘したのは，Aoki（2001）が「制度は経済主体たちの戦略的相互作用を自己拘束的に統治（govern）する一方，不断に変化する環境の下で彼らの実際の戦略選択によって再生産される」と述べるように，制度と経済的なパフォーマンスの関係は，一方的なものではなく，双方向のものであると考えられるからである。

こうした問題について，Glaeser and Shleifer（2002），Hadfield（2006），Glaeser, La Porta, Lopez-de-Silanes and Andrei Shleifer（2004），La Porta, Lopez-de-Silanes and Shleifer（2007）などでは，法制度の起源が経済的なパフォーマンスにどのような影響を与えているのか，ということについて検討している。また，Roland（2000）は制度変化と経済的なパフォーマンスに関する考察を行っている。これらの先行研究では，North（1990）が指摘するように，制度と経済的パフォーマンスの関係を明らかにしている。

そこで，本章では，第1に経済的パフォーマンスの変化とガバナンス指標の変化の関係について考察する。第2に，ガバナンス指標の中で，「汚職防止のコントロール」に着目し，その指標と経済的パフォーマンスの関係について考察する。第3に，ガバナンス指標間の相互関係性について考察を行う。

なお，本章の考察で利用するのは，経済的なパフォーマンスについては，2007年度の『世界開発報告』に掲載されているデータとIMFのデータである。ガバナンス制度の指標については，The Fraser Instituteの発行する*Economic Freedom of the World 2006 Annual Report*のデータ，世界銀行が実施しているAnticorruptionプロジェクトに関連して公表されているデータ（*Governance Matters 2007*及び*Governance Matters 2008*）である。

また，ガバナンス制度に関するデータについて，説明を加えておく。

「政治の透明性」，「政治の安定性」，「政府の効率性」，「規制の質」，「法の支配」，「汚職防止のコントロール」という5つの指標からなる世界銀行のデータは，2001年から毎年，Daniel KaufmannやAart Kraayが中心となって，*Governance Matters*というレポートに基づいて作成された指標である。指標の作成においては，Kaufmann and Kraay（2008）によれば，「35のデータソース，32の

異なる組織が提供する数百人からの採取測定に基づいている」と説明されている。また，世界中の公共部門，民間企業，NGO の専門家のガバナンスについての意見を反映していると述べており，現在では，212 カ国についてサーヴェイが行われている。

次に，The Fraser Institute の *Economic Freedom of the World* のデータは，141 カ国の「政府の大きさ」，「法制度構造と財産権の保障」，「金融」，「貿易の自由度」，「信用市場，労働市場，ビジネスに関する規制」の 5 点について，評価が行われたデータである。

本章では，このような形で，これまでの先行研究の内容を踏まえた上で，ガバナンス制度が経済的なパフォーマンスにどのような影響を与えるのか，という問いを中心に，ガバナンス制度と経済的なパフォーマンスの関係について検討を行う[2]。

2. GDP の変化とガバナンス制度の進展

まず，経済的なパフォーマンスの変化とガバナンス制度の変化の関係について確認してみよう。

世界銀行のデータの 212 カ国のうち，時系列的に利用可能な 140 カ国の GDP の変化と経済制度に関するデータについて，OECD 加盟国（ノルウェイを除く 29 カ国），BRICs 新興国，その他の国の 3 つのグループに分類し，それぞれのデータの 1996 年以降の変化を図 7-1 に表し，その違いから発見される特徴を整理

---

[2] なお，筆者は，法制度のエンフォースメントと汚職水準の高さの問題について，矢尾板 (2008) でデータ分析を行っている。矢尾板 (2008) では，法制度のエンフォースメントを示すデータとして，知的財産権の分野で議論される各国市場における海賊版比率と政治的側面に関するデータや経済的側面に関するデータを用いて分析を行った。この結果，各国の市場で海賊版比率が高い国の特徴は，GDP の低さ，司法の独立性の低さ，汚職水準の高さの 3 つにあるということを明らかにした。さらに，汚職水準の高さは，貿易障害に関する規制の強さと民主主義レベルの低さ（政治的自由度の低さ）との関係が強いことを明らかにした。本章で，ガバナンスの問題のなかで，「汚職」の問題を取り上げた理由のひとつとして，矢尾板 (2008) で検討を行った汚職の要因分析の発展研究としての位置づけがある。

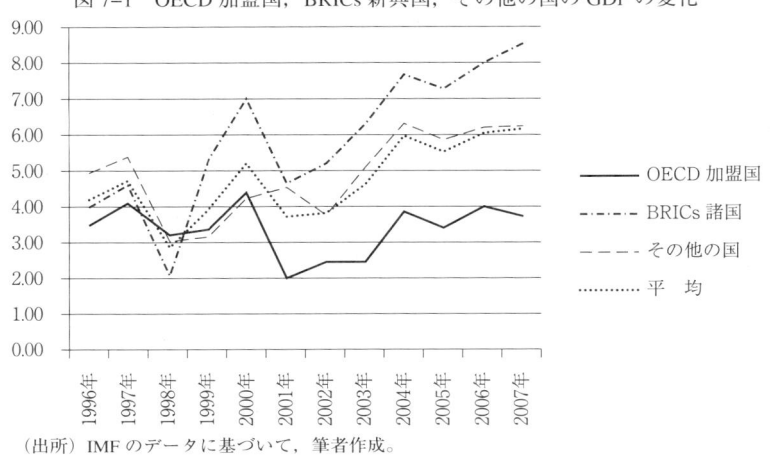

図 7-1 OECD 加盟国, BRICs 新興国, その他の国の GDP の変化

(出所) IMF のデータに基づいて, 筆者作成。

する。

　図 7-1 では, OECD 加盟国, BRICs 新興国, その他の国のグループに属する各国の GDP の変化を各年ごとに集計し, 平均値を算出した。さらに, この3つのグループの平均値を算出し, 各グループと世界全体の平均との比較を可能にした。なお, 各グループの平均値を算出するにあたり, 変動係数を調べると, 表 7-1 のようになった。

　表 7-1 から明らかになることは, OECD 加盟国のグループでは, 変動係数は, その他のグループと比べて小さく, GDP の変化にグループ内での大きな格差は存在しないということである。グループ内の各国のほとんどが, 同じような GDP の変化となっているということである。

　BRICs 諸国やその他の国のグループにおいては, BRICs 諸国では 1999 年まで, その他の国では 2002 年まで, OECD 加盟国と比べて, 変動係数は相対的にやや大きく, グループ内の格差がやや存在していたことが明らかになる。

　しかし, 近年では, 各グループとも変動係数は, 0.5 程度もしくはそれを下回る値となっており, グループ内での格差は小さくなっていると理解できる。そのため, グループごとで平均値を算出し, それを比較する意義があると考えられる。

第7章 ガバナンス制度と経済的パフォーマンスとの間にはいかなる関係が存在するのか　191

表7-1　OECD加盟国，BRICs新興国，その他の国のGDPの変化に関する変動係数

	OECD加盟国	BRICs諸国	その他の国
1996年	0.595	1.502	1.558
1997年	0.595	0.717	2.787
1998年	0.909	2.802	1.810
1999年	0.817	0.642	1.491
2000年	0.361	0.372	0.968
2001年	1.070	0.624	1.553
2002年	0.897	0.519	1.453
2003年	0.898	0.588	0.820
2004年	0.480	0.236	0.690
2005年	0.615	0.441	0.648
2006年	0.455	0.402	0.662
2007年	0.555	0.292	0.588

（出所）IMFのデータに基づいて，筆者作成。

　そこで，図7-1について，各グループのGDPの変化を検討すると，次のようなことが明らかとなる。1996年以降の12年間において，第1に，OECD加盟国では2%から4%を小さいながらも安定的に推移している。第2に，BRICs諸国は，1998年の2%台を除けば，約4%から8%の大きな変化率を示している。第3に，その他の国は，1998年と1999年の3%台前半を除けば，約4%から6%のやや大きい変化が安定的に続いている，ということである。この点から経済パフォーマンスの変化の様相が，3つのグループではそれぞれ特徴があることが明らかとなる。

　また，1998年は，アジア金融危機が発生した1997年の翌年であるが，OECD諸国はあまり変化率が低くなっていないことに比べて，BRICs諸国やその他の国では，変化率が他の年に比べて小さくなっているということもわかる。さらに，BRICs諸国とその他の国を比較すれば，BRICs諸国は，翌年に大きな変化率となっているのに比べ，その他の国は回復していないということが明らかと

図7-2 OECD加盟国，BRICs新興国，その他の国のGDPの変化に関する変動係数の推移

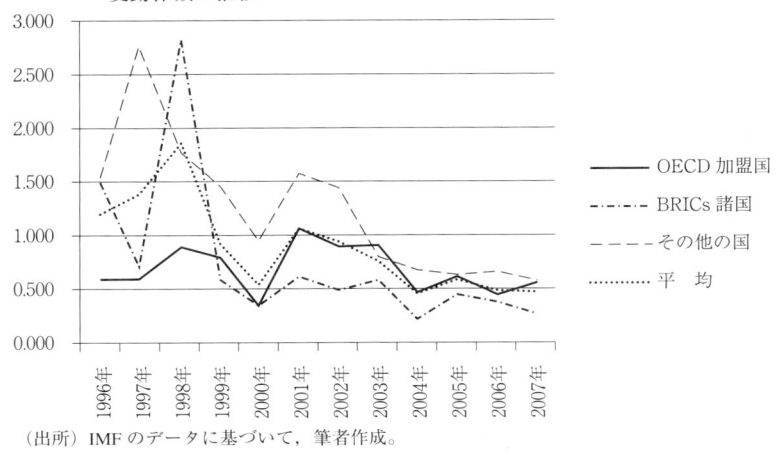

（出所）IMFのデータに基づいて，筆者作成。

なる。この点は，危機に対する経済の脆弱性との関連が想定される[3]。

さらに，表7-1で示した変動係数を図で表すと，図7-2となる。

変動係数は，格差を示すひとつの有力な指標である。それを1996年から2007年までの12年間について，図7-2でまとめると，OECD加盟国，BRICs新興国，その他の国とも，各グループ内のGDPの変化に関する格差が縮小し，収束してきていることが明らかとなる。また，アジア金融危機にともなう1997年に，その他の国の格差が拡大しているが，OECD加盟国やBRICs諸国は，その翌年に格差が拡大している。これは危機の影響が，危機が発生したその他の国グループから，OECD加盟国やBRICs新興国に，貿易や金融のチャンネルを通じて，伝播したことが予測できる。すなわち，世界は同時に危機を迎えたのではなく，若干のタイムラグを通じながら波及・伝播したと理解することも可能である[4]。

---

3) この点については，本章の直接的なテーマではないので，経済基盤の脆弱性が危機において，経済パフォーマンスに与える影響，さらには回復までの時間が異なることを仮説として指摘し，この点は，サブプライムローン問題に端を発する2008年の経済危機との比較を行い，別の論文で検討を深めることとする。
4) この点についても，本章の直接的なテーマではないので，危機の波及や伝播に関

次に，各国のガバナンス制度に関する指標も3つのグループごとに整理した。ここで整理を行った指標は，世界銀行が公表しているガバナンスに関する6つの指標である。

「政治の透明性」，「政治の安定性」，「政府の効率性」，「規制の質」，「法の支配」，「汚職防止のコントロール」について，各グループの1996年から2007年までの時系列的な変化をグループ間で比較すると，いずれの指標もOECD加盟国が高い水準にあり，BRICs諸国やその他の国は低い水準にあることがわかる。特に，BRICs諸国とその他の国の水準は，マイナスの水準で，ガバナンスの状態が悪いことが示されている。

BRICs諸国とその他の国の2つのグループを比較すると，この11年間でBRICs諸国がその他の国と比べて，良い状態であるのは，「政府の効率性」のみであり，「政治の透明性」や「政治の安定性」においては，近年，その他の国よりも下回っていることが明らかとなる。また，「規制の質」については，2005年まではBRICs諸国がその他の国よりも上回っていたものの，近年では，ほぼ同水準となっている。さらに，「汚職防止のコントロール」については，1996年以降，BRICs諸国はその他の国と同水準か，もしくはその他の国よりも下回っている状態にある。

その他の国の水準の変化がプラスの方向で変化しているのであれば，その他の国の国内におけるガバナンス制度の改善が進展し，BRICs諸国の国内における改善が進展をしていない，ということがいえるかもしれない。しかし，図7-3から，その他の国の状態は改善の方向にあるとはいえず，同一水準で推移している指標が多く，このことから，相対的に，BRICs諸国のガバナンス指標が悪化してきていることが原因であると考えられる。

OECD加盟国においては，高い水準で推移しているものの，6つの指標において，近年では，同一水準，もしくは，やや悪化の方向で推移していることも

する研究の可能性を指摘しておくのみとする。このテーマについても，2008年の経済危機との比較を行うことによって，伝播のスピードが異なるのであれば，それは経済環境や制度とかなり関連があるのではないか，という仮説を明記しておく。

194　第2部　公共部門改革

図7-3　OECD加盟国，BRICs新興国，その他の国のガバナンス指標の変化

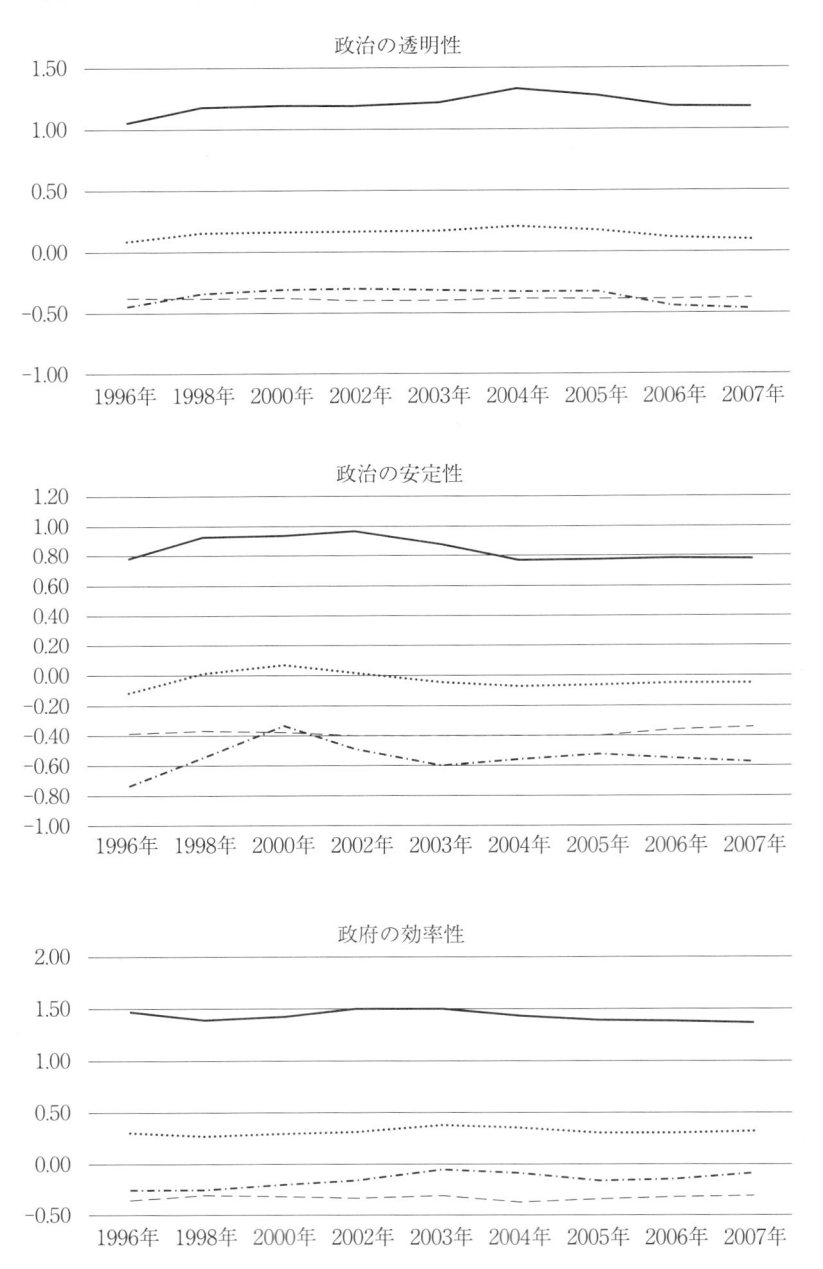

政治の透明性

政治の安定性

政府の効率性

第 7 章 ガバナンス制度と経済的パフォーマンスとの間にはいかなる関係が存在するのか 195

規制の質

法の支配

汚職防止のコントロール

――― OECD加盟国　―・―・― BRICs諸国　―――― その他の国　……… 平　均

（出所）世界銀行のデータに基づいて，筆者作成。

図7-3から見ることができる。特に，政府の効率性に関しては，1996年水準を下回っている。

ここで，図7-1と図7-3を合わせて検討してみよう。すなわち，GDPの変化の推移とガバナンス指標の変化を合わせて考えると，次のようなことが明らかになる。第1に，OECD諸国は，GDPの変化は，やや低い水準で安定的に推移しており，ガバナンス指標の変化は，高い水準で安定的に推移している。第2に，BRICs諸国は，GDPの変化は，高い水準ではあるが，やや不安定的に推移しており，ガバナンス指標は低い水準で，やや悪化傾向にある。第3に，その他の国は，GDPの変化は，高い水準で安定的に推移しており，ガバナンス指標は，低い水準で，安定的に推移している。これを表にまとめると，表7-2のように整理できる。

表7-2 GDP変化とガバナンス指標の変化の特徴

	OECD加盟国	BRICs諸国	その他の国
GDP変化の水準	やや低い	高い	高い
GDP変化の安定性	安定的	不安定的	安定的
ガバナンス指標の変化の水準	高い	低い	低い
ガバナンス指標の変化の安定性	安定的	やや不安定的	安定的

(出所) 筆者作成。

かつてOECD加盟国も高い経済成長を実現していた時期があった。例えば，日本は1970年代に「ジャパン・アズ・ナンバーワン」と揶揄されるほどの高度成長経済を迎え，発展した。現在では，ブラジル，ロシア，インド，中国のBRICs諸国が高い経済成長を実現している。そして，BRICs諸国に続いて，その他の国のグループに属する国々も高い経済成長を始めている。このような時系列的な成長の過程を捉えれば，経済成長は，ある段階に到達すると，高度成長から安定成長の段階に転換するのではないか，ということが考えられる。その過程を，その他の国（高度成長経済）とOECD加盟国（安定成長経済）の比較

で見立てるとするならば、BRICs 諸国は、変化の過渡期にある経済モデルに見立てることができるのではないかと考えられる。そうすると、経済成長の段階の過渡期もしくは転換期においては、一時的な不安定性が生じることが予測できる[5]。

また、3つのグループの比較から、傾向として捉えられるのは、経済成長が先行し、その後にガバナンス指標の改善が行われるのではないか、という仮説である。この点は、村上（1992）が指摘するように、キャッチアップ型の効率性の問題とも関係するだろう。しかしながら、ガバナンス指標では、こうしたキャッチアップ型の制度は、悪い評価となっている。そのために、GDP の変化とガバナンス指標の変化の傾向は一致しないものと考えられる。ここで検討するべき点は、ガバナンス指標が高い水準となった場合、すなわち、どのような経済モデルが 3％ から 5％ 程度の安定的な中成長を実現するのか、ということであろう。現実的にも、現在の日本では、さまざまな改革が試行錯誤のなかで行われている[6]。

3. 汚職と経済成長の関係

次に、ガバナンス指標のなかから「汚職防止のコントロール」に関する指標を取り上げ、経済成長との関係を検討してみよう。これは、例えば、McMillan（2002；邦訳 197 ページ）の「汚職が多いことは、少ない投資、そして低い成長を意味している」というような指摘のように、汚職は経済成長に負の影響が与えられることが先行研究からも考えられるからである。

Rose-Ackerman（1978）では、汚職の問題とは、「民主主義過程における決定や立法の実施を防ぐために、合理的な経済主体が行う競争的な活動（Rose-Ackerman 1978, p. 211）」であると説明している。

こうした定義から、汚職の問題は、経済問題として捉えれば、レントシーキ

---

5) この点は、加藤・小林（2007）が指摘するような制度転換と経済的パフォーマンスとの関係に関する指摘とも関係すると考えられる。
6) この点についても、加藤・小林（2007）の指摘と関連する。

ングの問題と同様に，意思決定過程において，合理的な経済主体が競争的に自身の利益最大化行動によって，他の主体の余剰を減少させたり，死荷重を発生させたりするなどの経済的非効率性を生みだす問題であると捉えられるだろう。それが，McMillan（2002）が指摘するような汚職と低い成長を結び付けるのである。この点については，具体的に以下の2つの視点から説明することができる。

　第1点として，汚職の存在により富の公正配分が困難になるという問題である。すなわち，汚職の存在は，不公正な富の移転をもたらす，ということが考えられる。汚職による不公正な富の移転や分配は，社会的損失を生じさせる。そのために，適正な経済成長を実現することができない，と考えられる。これは，McMillan（2002；邦訳198ページ）が「汚職が市場の機能を低下させ，国を貧しくするという一般的な傾向は，決して驚くべきことではない。」と指摘することを一致する。

　第2点として，このような不公正な富の移転や分配に関する情報が対称的である場合，つまり，完全情報として，投資家が持っていれば，投資家は社会的損失を勘案し，社会的損失が発生するような市場なり国を投資先として選ばないだろう，という問題である。これは，McMillan（2002；邦訳197ページ）が述べている「少ない投資」という点に該当する。このように，汚職は，経済成長の足かせになる可能性が高いといえる。

　ここで，汚職と経済成長の関係について，2007年度の世界開発報告に掲載されているデータ，The Fraser Institute の発行する *Economic Freedom of the World 2006 Annual Report* のデータ，そして，世界銀行が実施している"Anticorruption"プロジェクトに関連して公表されているデータ（*Governance Matters 2007* および *Governance Matters 2008*）に基づき，OLS による回帰分析を行う。

　なお，この3つのデータで一致する最も新しいデータは，2005年のデータであったので，本研究では，その2005年のデータを用いることにする。これらのデータの基本統計量は，表7-3のように表せる。

　まずは，「汚職防止のコントロール」の高さと経済的豊かさの関係について

第7章 ガバナンス制度と経済的パフォーマンスとの間にはいかなる関係が存在するのか　199

表7-3　基本統計量(1)

	平　均	標準誤差	中央値	標準偏差
1人当たりGDP	12757.2	1126.785	7910	11655.55
政府の効率性	0.246219	0.096889	-0.04758	1.002224
汚職防止のコントロール	0.137967	0.10431	-0.24113	1.078996
政府の大きさ	6.144756	0.129496	6.106196	1.339514
法制度と財産権の保護の高さ	6.112211	0.16579	5.869285	1.714947
金融システムの自由度	8.191889	0.151967	8.724001	1.571957
貿易の自由度	6.794849	0.09157	6.756409	0.947212
規制の低さ	6.554604	0.096661	6.677682	0.999866
政府支出のシェア	5.806196	0.202246	5.812027	2.09205
軍の政治への関与の低さ	6.984112	0.259112	8.194444	2.680279
契約のエンフォースメントの高さ	6.474127	0.187015	6.711229	1.934501
財産権売買への規制の低さ	6.892756	0.209771	7.413102	2.169883
貿易規制の低さ	5.791107	0.172986	5.90174	1.789381
信用市場への規制の低さ	7.880469	0.123572	8.083706	1.276174
労働市場への規制の低さ	5.930451	0.1145	5.892695	1.184394
ビジネスへの規制の低さ	5.852891	0.119346	5.806259	1.234529

(出所) 2007年度の世界銀行『世界開発報告』より。
The World Bank, *Governance Matters 2008*
The Fraser Institute, *Economic Freedom of the World 2006 Annual Report*

確認してみよう。単回帰分析を行ったところ，次の(1)式のような結果を得た。

$$\text{汚職防止のコントロール} = \underset{(-16.419^{**})}{-7.289} + \underset{(16.578^{**})}{0.830} \log GDP \quad (1)$$

調整済み決定係数は，0.721。（　）内は，t値。＊＊は5％水準で有意を示す。

t値や調整済み決定係数を確認したところ，「汚職防止のコントロール」と経済的豊かさは，強い関係性があることが理解できる。すなわち，「汚職防止のコントロール」を高めるためには，経済的な豊かさを高めることが必要であ

表 7-4　基本統計量(2)

	最　小	最　大	合　計	標本数	出　所
一人当たり GDP	650	41950	1365020	107	*1
政府の効率性	-1.67709	2.217001	26.34548	107	*2
汚職防止のコントロール	-1.46783	2.500542	14.76251	107	*2
政府の大きさ	2.405269	9.251792	657.4889	107	*3
法制度と財産権の保護の高さ	1.762099	9.414163	654.0066	107	*3
金融システムの自由度	0	9.759875	876.5321	107	*3
貿易の自由度	2.834134	9.409569	727.0489	107	*3
規制の低さ	3.310289	8.751051	701.3426	107	*3
政府支出のシェア	0	9.946992	621.2629	107	*3
軍の政治への関与の低さ	0	10	747.3	107	*3
契約のエンフォースメントの高さ	0	9.708346	692.7315	107	*3
財産権売買への規制の低さ	0	9.92933	737.5249	107	*3
貿易規制の低さ	1.555065	8.931997	619.6484	107	*3
信用市場への規制低さ	2.651691	9.943277	843.2102	107	*3
労働市場への規制低さ	3.550336	8.717375	634.5582	107	*3
ビジネスへの規制低さ	3.014024	9.014802	626.2594	107	*3

(出所)　*1：2007 年度の世界銀行『世界開発報告』より。
　　　　*2：The World Bank, *Governance Matters 2008*
　　　　*3：The Fraser Institute, *Economic Freedom of the World 2006 Annual Report*

るということが説明できる。この点は，矢尾板 (2008) においても説明がなされている。

　経済的豊かさを説明する 1 人当たり GDP は，本研究において用いる各変数との相関関係も強い。そのため，本研究では，多重共線性の問題を考慮し，経済的豊かさが「汚職防止のコントロール」の高さと強い関係があるということを認めた上で，回帰分析の枠組みから除外する。

　ここで，「汚職防止のコントロール」と関係が強いと考えられる「政府の効率性」との関係について，回帰分析で確認しよう。

$$汚職防止のコントロール = -0.118 + 1.039 \, 政府の効率性 \quad (2)$$
$$(-4.178^{**}) \quad (37.838^{**})$$

調整済み決定係数は，0.931。（　）内は，t 値。＊＊は 5％ 水準で有意を示す。

(2)式の結果から，調整済み決定係数，t 値ともに，「政府の効率性」は，「汚職防止のコントロール」と強い関係をもつことが明らかとなった。また，GDP との関係を比較すれば，「政府の効率性」の方が強いということもわかる。その点で，「汚職防止のコントロール」は，経済的豊かさとの関係よりも，制度的側面との関係を考察する意義が大きいと考えられる。

そこで，「汚職防止のコントロールの高さ」と，「政府の大きさ」，「法制度と財産権保護の高さ」，「金融システムの自由度」，「貿易の自由度」，「規制の低さ」の 5 つの変数との関係について，重回帰分析で確認してみよう[7]。

まず，「政府の大きさ」，「法制度と財産権保護の高さ」，「金融システムの自由度」，「貿易の自由度」について分析を行うと，次のような結果を得られる。

$$\begin{aligned}
汚職防止のコントロール = &-3.882 - 0.064 \, 政府の大きさ \\
&\quad (-11.617^{**}) \quad (-1.949) \\
&+ 0.502 \, 法制度と財産権の保護の高さ \\
&\quad (15.268^{**}) \\
&+ 0.028 \, 金融システムの自由度 \\
&\quad (0.741^{**}) \\
&+ 0.142 \, 貿易の自由度 \\
&\quad (2.641^{**})
\end{aligned} \quad (3)$$

調整済み決定係数は，0.841。（　）内は，t 値。＊＊は 5％ 水準で有意を示す。

$$\begin{aligned}
汚職防止のコントロール = &-3.512 - 0.053 \, 政府の大きさ \\
&\quad (-10.586^{**}) \quad (-1.557) \\
&+ 0.519 \, 法制度と財産権の保護の高さ \\
&\quad (14.252^{**}) \\
&+ 0.064 \, 金融システムの自由度 \\
&\quad (1.730) \\
&+ 0.043 \, 規制の低さ \\
&\quad (0.705)
\end{aligned} \quad (4)$$

---

7) 貿易の自由度と規制の低さは，多重共線性をもつので，両変数を切り離し，2 つの回帰式で分析を行った。

調整済み決定係数は，0.831。（　）内は，t値。＊＊は5％水準で有意を示す。

　(3)式と(4)式の結果，「政府の大きさ」と「金融システムの自由度」，そして，「規制の低さ」については，「汚職防止のコントロール」の高さと関係性は低いことが明らかとなった。

　(3)式，(4)式より，「汚職防止のコントロール」の高さと関係が強いのは，「法制度と財産権の保護の高さ」であることが明らかとなった。そこで，次に，「法制度と財産権の保護の高さ」について，「軍の政治への関与度の低さ」，「契約のエンフォースメントの高さ」，「財産権の売買に関する規制の低さ」の変数に分解し，それぞれの変数と「法制度と財産権の保護の高さ」との関係について，重回帰分析を行った。

　その結果，次の(5)式を得た。

$$
\begin{aligned}
\text{法制度と財産権} = &\ 0.486 + \underset{(11.220^{**})}{0.362}\ \text{軍の政府への関与の低さ} \\
&+ \underset{(7.765^{**})}{0.347}\ \text{契約のエンフォースメントの高さ} \\
&+ \underset{(3.323^{**})}{0.123}\ \text{財産権の売買への規制の低さ}
\end{aligned}
\quad (5)
$$
(1.553)

調整済み決定係数は，0.800。（　）内は，t値。＊＊は5％水準で有意を示す。

　(5)式について，t値を比較してみると，「軍の政治への関与度の低さ」が最も関係が強く，次に「契約のエンフォースメントの強さ」との関係が強いということが明らかとなった。すなわち，軍事政権下では，汚職防止のコントロールが低くなる，汚職が行われやすい，ということである。

　「契約のエンフォースメントの強さ」については，どのような要因が契約のエンフォースメント[8]と関係があるかについて検討をしてみよう。

　ここで，特に，「政治の失敗」の視点から検証を行うことを目的とし，次の

---

[8] 「エンフォースメント」という言葉について，矢尾板（2008）では，法制度をいかに機能させるか，という実効性の問題であることを定義している。

変数を用いて分析を行うこととする。変数としては，大きな政府かどうか，という点で，「政府支出の割合の大きさ」を代理変数として考える。次に，市場規制の低さとして，「貿易規制の低さ」，「信用市場の規制の低さ」，「労働市場の規制の低さ」，「ビジネスへの規制の低さ」を示すそれぞれの指標を用いる[9]。その重回帰分析の結果は，次のようになる。

$$\text{契約のエンフォースメントの高さ} = \underset{(1.934)}{2.508} - \underset{(-2.797**)}{0.228}\ \text{政府支出割合の大きさ}$$
$$+ \underset{(2.446**)}{0.251}\ \text{貿易規制の低さ}$$
$$+ \underset{(2.191**)}{0.358}\ \text{信用市場への規制の低さ} \quad (6)$$
$$+ \underset{(1.054)}{0.170}\ \text{労働市場への規制の低さ}$$

調整済み決定係数は，0.316。（ ）内は，t値。＊＊は5％水準で有意を示す。

$$\text{契約のエンフォースメントの高さ} = \underset{(-0.98)}{-0.107} + \underset{(0.649)}{0.39}\ \text{政府支出割合の大きさ}$$
$$+ \underset{(3.376**)}{0.592}\ \text{ビジネスへの規制の低さ}$$
$$+ \underset{(2.178**)}{0.355}\ \text{信用市場への規制の低さ} \quad (7)$$
$$+ \underset{(1.00)}{0.17}\ \text{労働市場への規制の低さ}$$

調整済み決定係数は，0.311　（ ）内は，t値。＊＊は5％水準で有意を示す。

(6)式，(7)式とも調整済み決定係数は，小さい結果となった。しかし，(6)式で，t値を確認すると，「契約のエンフォースメントの強さ」は，「政府支出の割合の大きさ」，「貿易規制の低さ」，「信用市場への規制の低さ」の3つの変数と関係があることが明らかとなった。(7)式では，t値を確認すると，「信用市場への規制の低さ」，「ビジネスへの規制の低さ」の2つの変数について，関係性を確認できた。特に，「ビジネスへの規制の低さ」が比較的に強い関係を

---

[9] 貿易規制の低さとビジネスへの規制の低さは，多重共線性をもつので，両変数を切り離し，2つの回帰式で分析を行った。

もつことが明らかとなった。これは(6)式における「貿易規制の低さ」との関係よりもt値が大きいことがわかる。すなわち，「契約のエンフォースメントの高さ」とは，「ビジネスへの規制の低さ」が比較的に強い関係をもつということが明らかとなった。

(6)式と(7)式を比較すると，政府支出の割合については，不安定的であり，安定的に契約のエンフォースメントと関係が強いのは，「信用市場への規制の低さ」，「貿易規制の低さ」，「ビジネスへの規制の低さ」であることが明らかとなった。

4. 制度間の関係性について

次に，世界銀行のデータに基づいて，1996年から2007年まで，各年の「汚職防止のコントロール」とその他の5つのガバナンス指標との相関値を時系列的に整理した。第1に，OECD加盟国とBRICs諸国を合わせた33カ国についての結果（Case. 1），第2に，OECD加盟国のみの29カ国についての結果（Case. 2），第3に，その他の国についての結果（Case. 3）である。

図7-4では，「汚職防止のコントロール」指標に対して，3つのケースとも，「法の支配」，「政府の効率性」，「規制の質」との関係が相対的に高く，「政治の安定性」と「政治の透明性」の関係が相対的に低い。

また，各ガバナンス指標との相関値を比較してみると，Case. 1では，相対的にその差が小さく，Case. 2では，相対的にその差が大きいことがわかる。その他の国のグループと比較すると，OECD加盟国やBRICs諸国などでは，ガバナンス指標間の関係が強いことがわかる。これは，制度間でお互いに影響を与え合っているということである。本章の分析だけでは把握できないが，これは「制度の補完性」が存在する可能性を示している。

また，Case. 1とCase. 2の比較では，Case. 1よりもCase. 2の方が相対的に，差が広がることがわかる。すなわち，制度間の関係性は，OECD加盟国にBRICs諸国が入ると強くなり，OECD加盟国のみであると，BRICs諸国が入っていないときよりも弱くなるということがわかる。

第 7 章 ガバナンス制度と経済的パフォーマンスとの間にはいかなる関係が存在するのか 205

図 7-4 ガバナンス指標間の相関関係

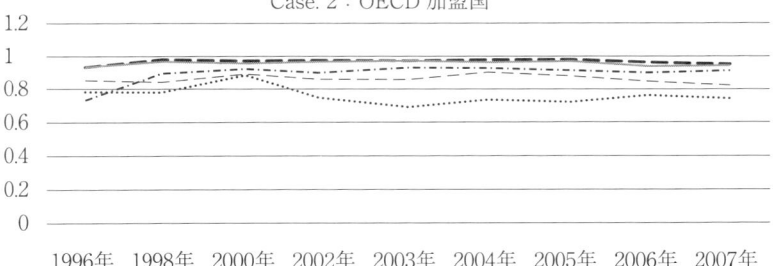

Case. 1：OECD 加盟国＋BRICs 諸国

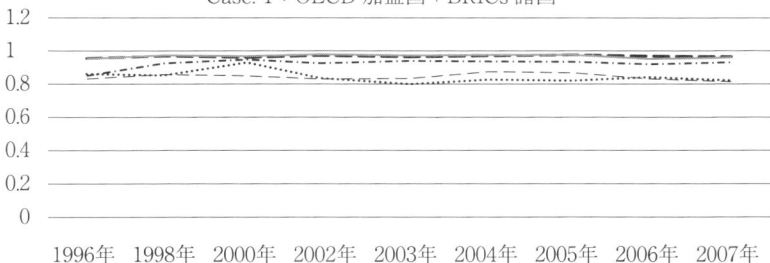

Case. 2：OECD 加盟国

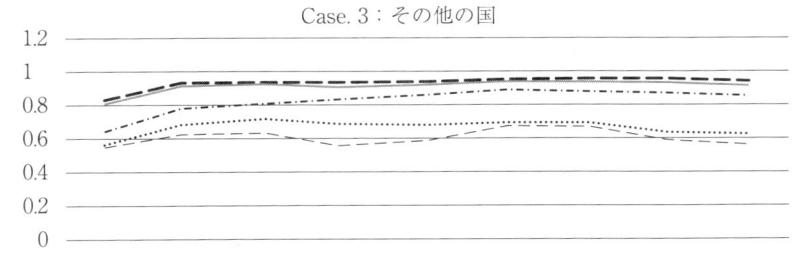

Case. 3：その他の国

－－法の支配 －・－規制の質 ――政府の効率性 ……政治の安定性 －－政治の透明性

（出所）IMF のデータに基づいて，筆者作成。

これを，第2節の表7-2と関連して考えると，ガバナンス指標で不安定的な要因が入っている方が，制度間の関係性が強くなる，というような仮説を想定することができる。

この点について，「制度の補完性」の観点から考えれば，補完的な関係にある複数の制度は，相互に関係性が強い方が，よりシナジー効果を発揮し，それぞれの制度が強靱になるものと考えられる。つまり，急激な経済成長や制度転換にあたって，制度が不安定的になると，それを補完するために，制度間の関係性が強くなるのではないか，と推測することができる。

この点を表7-5で整理してみよう。

表7-5 制度間の関係性とその近似性

	OECD加盟国+BRICs	OECD加盟国+BRICs	その他の国
制度間の関係性	強い	強い	相対的に弱い
制度間の関係性の近似性	高い	政治的安定性以外は，近似的。	政治的安定性と透明性以外は近似的。

つまり，Case.1以外のOECD加盟国単独とその他の国の場合には，政治的安定性との関係性は，相対的に弱く，OECD加盟国にBRICs諸国が加わると，どのガバナンス指標とも関係が強くなるといえる。

さて，視点を変えて検討をしてみるために，「汚職防止のコントロール」の指標が高い国を整理すると，表7-6になる。表7-6に示された国の多くは，OECD加盟国であり，欧州の国が多い。また，比較的に社会福祉を重視している国も多い。また，これらの国々に関するGDPの変化やガバナンス指標について，全体の平均を比較すると，表7-7となる。

GDPの変化は，1996年から2007年までのデータを集計し，平均値を求めている。上位10カ国の平均は，3%程度と安定的な変化率となっているが，世界全体の平均と比較して，下回っていることが明らかになる。しかしながら，ガバナンス指標の比較においては，すべての指標とも世界全体の平均を上回っていることがわかる。特に，上位10カ国を整理するための基準である「汚職防止のコントロール」以外の指標では，「政府の効率性」や「法の支配」が世

表7-6 汚職防止のコントロール指標が高い国

順位	国
1位	フィンランド
2位	デンマーク
3位	ニュージーランド
4位	アイスランド
5位	シンガポール
6位	スウェーデン
7位	スイス
8位	オランダ
9位	英国
10位	カナダ

(出所) 世界銀行のデータを基に筆者作成。

表7-7 上位10カ国の平均

	上位10カ国の平均	世界全体の平均
GDPの変化	3.322941667	4.634861905
説明責任	1.373	−0.068214286
政治の安定性	1.194	−0.139
政府の効率性	2.058	0.059214286
規制の質	1.64	0.0635
法の支配	1.834	−0.047071429
汚職防止のコントロール	2.214	−0.000928571

(出所) GDPの変化は，IMFのデータ，ガバナンス指標は世界銀行のデータを基に筆者作成。

界全体の平均と大きな差があることがわかる。

　この点から，「汚職防止のコントロール」にとって，重要なガバナンス指標は，「政府の効率性」と「法の支配」であることがわかる。すなわち，こうしたガバナンス指標との制度的な関係性や補完性が「汚職防止のコントロール」の指標を高めるために，大きく貢献していることが予測できる。この点は，第3節の回帰分析の結果からも説明される。

5. お わ り に

本章の考察により明らかになった点をまとめると，以下のようになる。

(1) 時系列的に，OECD 加盟国，BRICs 諸国，その他の国を比較すると，必ずしも経済成長とガバナンス指標の変化は一致をしていない。OECD 加盟国の経済成長は，1996 年から 2007 年までの 12 年間において，安定的であったが，やや低成長であった。しかし，ガバナンス指標の変化は，安定的に向上をしている。また，その他の国においては，経済成長は安定的に高成長をしているが，ガバナンス指標の変化は安定的ながらも小さい。一方で，BRICs 諸国は，経済成長もガバナンス指標の変化もやや不安定的ではあり，ガバナンス指標の変化は小さいが，高い経済成長となっている。ガバナンス指標をいわゆる「経済社会資本」と考えるならば，その脆弱性は問題となるが，その資本整備は，高い経済成長の後に変化するということが考えられる。つまり，ある程度の経済成長が果たされた上で，こうした経済社会資本の整備が行われることが説明できる。これは，戦後における日本の経済，政治，社会，行政などの歴史から得られる直感からも同様の認識を持つことができよう。

(2) 経済成長とガバナンスの問題について，「汚職」の問題がしばしば指摘される。クロスセクションによる回帰分析の結果から，その点は説明できる。また，「汚職防止のコントロール」については，「政府の効率性」や「法の支配」（特に，分析においては契約のエンフォースメントの高さ）との関係が強く，この点を改善することが，汚職防止水準を向上させ，経済成長に寄与するものと考えられる。そして，「契約のエンフォースメント」については，貿易，金融，ビジネスへの規制の緩和が重要であることがわかった。

(3) 制度間の関係性や補完性の観点について，時系列的に，指標間の相関値や「汚職防止のコントロール」の指標の上位 10 カ国におけるガバナンス指標の確認から，「汚職防止のコントロール」に大きな影響を与えているのは，「政府の効率性」であることがわかった。この点は，第 3 節での回帰分析の結果からも説明ができる。

表7-8 GDP変化，ガバナンス指標の変化，制度間関係性の特徴

	OECD加盟国	BRICs諸国	その他の国
GDP変化の水準	安定的やや低い	不安定的高い	安定的高い
ガバナンス指標の変化の水準	安定的高い	不安定的やや低い	安定的に低い
制度間の関係性	OECD+BRICs：強い OECDのみ：やや強い		やや弱い

(出所) 著者作成。

また，本章の検討結果を表にまとめると表7-8となる。

本章の検討から得られる第1の示唆は，時系列的な変化で捉えると，経済成長とガバナンス指標の変化は，同時期に並行して変化していくのではなく，タイムラグが存在するということである。そのタイムラグは，経済成長が先行し，その後にガバナンス指標の改善が行われるというものである。この点は，BRICs諸国とOECD加盟国以外のその他の国における課題となるだろう。また，BRICs諸国とその他の国の比較から，BRICs諸国のガバナンス指標が一時的に不安定となっていることから，経済成長の過程においてガバナンス改革が始められるということが推測できる。

第2に，経済成長に負の影響を与えると考えられる「汚職」の問題について，クロスセクションの分析により，経済的な豊かさと汚職の関係性が説明され，その要因については，「政府の効率性」や「法の支配」という指標であることが，制度間の関係性の視点からも説明できた。この点については，BRICs諸国とOECD加盟国以外のその他の国における経済成長とガバナンス改革の両立の必要性を示すものであると同時に，OECD加盟国における今後の成長にとっても，政府の効率性の向上や市場を基盤とした法の支配を高める経済改革が重要であることを示唆するものと思われる。

今後の課題としては，「汚職防止のコントロール」の指標が高い国が北欧諸国などの高福祉国であったことから，政府の大きさの問題と政府の効率性の問題を，どのように検討をしていくのか，ということである。この点は，今後の

わが国における経済成長を見据えた財政構造改革や社会保障改革にも有益な示唆を与えるだろう。「経済成長と財政構造改革の両立」について，否定的な見解も多く見受けられるが，本章の考察に基づき，検討を深めることで，経済成長と財政構造改革や社会保障改革の両立に関する示唆を得られるものと予測できる。このような検討が必要な理由は，小林・加藤（2008）が「合成の誤謬」の問題に触れ，「既成の「仕切り」を打破し，局所解のパッチワークではなく正しいグランド・デザインを描く体制を整えることが肝要となる」と指摘するように，制度間や政策間の関係性にも着目し，総合的に問題を検討する必要があるからである。政策的な正解は必ずしも政治的な正解ではなく，局所的な正解は，必ずしも全体的な正解ではない。制度間や政策間の関係性は，正の影響を与えることもあれば，負の影響を与えることもある。少なくとも，本章の検討結果は，この問題の存在を指摘できたと考えている。

参 考 文 献

奥井克美（2004）「政治的自由と経済的自由のデータによる世界各国の経済体制の考察」（『国際公共経済研究』第 15 号）52-60 ページ。

加藤創太・小林慶一郎（2007）「担保主義から情報工学へ進化する日本型金融システム」（『週刊 金融財政事情』2007 年 4 月 30 日・5 月 7 日春季合併号（2740 号））。

小林慶一郎・加藤創太（2008）『日本経済の罠 増補版』（日経ビジネス人文庫）日本経済新聞出版社。

村上泰亮（1992）『反古典の政治経済学』中央公論社。

矢尾板俊平（2008）「知的財産権の公共選択分析―グローバル化，高度情報化時代における制度設計に関する総合政策研究―」博士論文，2008 年 3 月。

Aoki, M. (2001), *Toward a Comparative Institutional Analysis*, Massachusetts Institute of Tchnology.（瀧澤弘和・谷口和弘訳（2001）『比較制度分析に向けて』NTT 出版）

Glaeser, Edward L. and Shleifer, Andrei. (2002), "Legal Origins", *The Quarterly Journal of Economics* 117, pp. 1193-1229.

Edward L. Glaeser, Rafael La Porta, Florencio Lopez-de-Silanes and Andrei Shleifer (2004), "Do Institutions Cause Growth?", *NBER WORKING PAPER SERIES*, vol. 10568, June 2004. http://www.nber.org/papers/w 10568

Hadfield, Gillian K. (2006), "The Quality of Law in Civil Code and Common Law Regimes : Judicial Incentives, Legal Human Capital and the Evolution of Law", *American Law & Economics Association Annual Meetings, paper* 40.

Kaufmann, Daniel and Kraay Aart (2008), "Governance Matters VII: Aggregate and Individual Governance Indicators, 1996-2007", *World Bank Policy Research Working Paper*, No. 4654, June 24, 2008.

Mauro, Paolo (1995), "Corruption and Growth", *Quarterly Journal of Economics*, 110, pp. 681-712.

McMillan, John (2002), *Reinventing the Bazar: A Natural History of Markets*, W.W. Norton & Company. (瀧澤弘和・木村友二訳 (2007)『市場を創る―バザールからネット取引まで―』, NTT出版)

North, Douglass C. (1990), *Institutions, Institutional Change and Economic Performance*, Cambridge University Press. (竹下公規訳 (1994)『制度, 制度変化・経済効果』晃洋書房)

Rafael La Porta, Florencio Lopez-de-Silanes and Andrei Shleifer (2007), "The Economic Consequences of Legal Origins", *NBER WORKING PAPER SERIES* vol. 13608, November 2007. http://www.nber.org/papers/w13608

Roland, Gerad (2000), *Transition and Economics: Politics, Market, and Firms*, The MIT Press.

Rose-Ackerman, Susan (1978), *Corruption: A Study in Political Economy*, Academic Press.

―――― (1999), *Corruption and Government*, Cambridge University Press.

―――― (2006), *International Handbook on the Economics of Corruption*, Edward Elgar.

データ出典

世界銀行編著［田村勝省訳］(2007)『世界開発報告：経済開発と次世代』一灯舎。

The Fraser Institute, *Economic Freedom of the World 2007 Annual Report*
http://www.freetheworld.com/release.html

International Monetary Found, Data and Statistics
http://www.imf.org/external/data.htm

The World Bank, *Governance Matters 2008*, Data and Research Papers
http://info.worldbank.org/governance/wgi/

第 3 部

日本における制度改革と経済政策

第 8 章

外国人労働力受け入れと公的年金制度[1]
――中位投票者モデルによる単純労働の受け入れの検討――

1. はじめに

先進諸国の公的年金制度の多くは，賦課方式（pay-as-you-go system）で運営されており，人口高齢化にともなう年金財政の圧迫が危惧されている。基本的な賦課方式による年金財政は次のように与えられる。ただし，W は賃金所得，L は労働力人口，τ は保険料率，Z は年金受給者人口，b は1人当たり年金給付額，をそれぞれ意味する。

$$\tau \cdot W \cdot L = b \cdot Z \quad \Leftrightarrow \quad \tau = \frac{b}{W} \cdot \frac{Z}{L}$$

人口高齢化は Z/L の上昇を意味し，勤労世帯の負担の増大を意味する τ の引き上げを軽減・回避するために，さまざまな年金改革案が出されてきた。支給開始年齢の引き上げは年金受給者人口 Z の減少に，年金給付額の減額は b の引き下げに対応する。また，消費税等の税方式への移行は保険料負担者の裾野を

---

[1] 本章は2008年公共選択学会（関西大学）での報告原稿を加筆修正したものである。学会報告での討論者の飯島大邦氏（中央大学），および愛知学院大学での経済政策研究会参加者の方々から，多くの示唆に富んだ有益なコメントを頂いた。ここに記して感謝したい。なお，本章に関する誤謬のすべては筆者に帰すものである。

広げるという意味では L の増大であるが，高齢者の負担分は b の実質的減額とも解釈されよう。そして，年金制度への効果を必ずしも主たる目的とはしないが，少子化対策は L の増大を通じて年金財政に寄与しうる。少子化対策の公的年金制度への効果を扱った研究としては Wigger（1999）等があげられる。他方，直接的に L に影響を与えうる他の政策手段の１つとして「移民政策」があげられる。

人口減少社会に突入した日本においても，「補充移民」(replacement migration) を目的とした移民政策の推進・拡張に積極的な意見が各方面から提出されている[2]。日本経団連の奥田会長は，2001 年 11 月の講演において，移民受け入れにより社会保障費用の拡大などにともなう税負担を抑制できるとの試算を明らかにした上で，消費税率を上げる際も「毎年 1％ ずつ引き上げる段階方式の採用」を提言した。さらに，2002 年 4 月には，円滑な国際労働力移動に向けた規制の改革・緩和に加え，年金のポータビリティを確保するため諸外国との年金協定の締結を政府に促すなど，より踏み込んだ提言をしている。また，日経連の労働問題研究委員会も，2001 年 1 月の報告において，日本の産業・社会の活力増強を目的として外国人の積極的受け入れとその環境整備の推進を提言している。その後，2005 年の法務省「第三次出入国管理基本計画」や 2004 年の経団連による「外国人受け入れに関する提言」において，専門的・技術的外国人労働者，特に「高度人材」のより積極的受け入れ促進が明記された。他方，外国人単純労働力について，政府はその受け入れを公式には認めていないが，就労制限の無い日系人受け入れや技能実習生の対象職種の拡大などを通じて，現実には高度人材以上の数を受け入れている。さらに，2007 年 6 月に自民党

---

2) 2000 年の国連人口部による「補充移民」報告では，補充移民が人口の減少と高齢化への解決策の１つとなりうるかが検討された。労働力人口の減少と人口高齢化が急速に進展する日本のケースについては，2005 年時点での生産年齢人口を維持するためには 2050 年まで毎年 60 万人以上の移民受け入れが必要との報告が出され，話題となった。これは統計数字上での単純な計算値に過ぎないのであるが，日本において外国人労働力受け入れの議論が注目されるようになった１つの契機である。吉田・河野（2006）第 1 章・河野稠果「世界人口の動向と国際人口移動」11 ページ参照。

「外国人材交流推進議員連盟」が公表した提言書では，日本の総人口の10％に相当する1000万人規模の移民受け入れを今後50年間で目指すことを明記し，合わせて移民法および移民庁の設置を提言した。他方，2004年の内閣府「外国人労働者受け入れに関する世論調査」においても確認されるように，外国人単純労働力受け入れに対する国民的な合意形成にいたっておらず，むしろその社会的コストへの意識から受け入れに消極的な回答の割合が高い。

日本の外国人労働力受け入れは，「出入国管理及び難民認定法」（入管法）により27種の在留資格を規定しており，大きくは活動に基づく在留資格（23種）と身分／地位に基づく在留資格（4種）に分類され，入管法第7条による上陸審査基準に基づき資格審査が行われている。

外国人労働力受け入れに関する日本政府の見解は，1988年6月の「第6次雇用対策基本計画」においては，専門的・技術的労働者を「可能な限り受け入れる」とする一方で，単純労働者の受け入れについては「十分慎重に対応する」としている[3]。それを受けて，翌1989年の入管法の改正においては，在留資格の活動範囲を拡大させる一方で，不法就労の規制対象の明確化と罰則規定を強化した。1992年4月「第7次雇用対策基本計画」においても単純労働者の受け入れには「国民のコンセンサスが必要」とし，依然として慎重な姿勢を維持していた。

その後，1992年の『国民生活白書』や1997年国立社会保障・人口問題研究所の将来人口推計等により，2000–02年をピークに日本の労働力人口が減少し，それがもたらす経済的・社会面影響がマスメディアで取り上げられるようになり，人口減少問題への国民の関心も一定程度形成されるにいたった。また産業界からの外国人労働力受け入れのための制度上の整備を求める要請が強まってきたことも背景にあり，政府は2005年3月の「第3次出入国管理基本計画」において，「人口減少時代における外国人労働者の受け入れの在り方を検討すべき時期に来ている」とし，次いで2005年5月経済財政諮問会議の「日

---

[3] 日本の外国人労働力受け入れに関する政策の歴史的経緯については，吉田・河野（2006）第8章・鈴木江理子「日本の外国人労働者受け入れ政策」に詳しい。

本 21 世紀ビジョン」報告書においても「広義の資格・技能をもち，仕事や生活に当たって不自由のない日本語を取得した外国人には原則日本での就労を可能とする。このため，入国・就労の資格となる技能を大幅に拡大する。」とし，外国人労働力受け入れに関してそれまでよりも相対的に積極的な方針を打ち出してきている[4]。

こうした国際労働力移動が高まりを見せる中，二重払いや保険料掛け捨てなど社会保障分野でのさまざまな問題に対応するため，日本政府も諸外国との国際社会保障協定の締結を推進している。これまで，米国やドイツなど7カ国と協定発行を終え，他にオランダなど3カ国とは署名済みで協定発効の準備を進めている。欧米企業に比して，労使折半での負担を強いられる日本企業は多額の保険料の二重払いを余儀なくされており，国際競争上不利な立場に置かれていることが指摘されている。また，産業空洞化の回避や国内経済の活性化を実現する上で，日本の直接投資を取り巻く環境の整備が緊急の課題となっているが，社会保障協定の締結も日本企業の海外直接投資や外国企業による対日直接投資を促進するインセンティブとしてもその効果が期待されている[5]。

外国人労働者と公的年金に関する先行研究として，Wildsain（1994）および

---

[4] 日本の外国人登録者数は 2006 年末で 208.5 万人であり，総人口の 1.63％の水準で，10 年前の 1996 年比で約 1.5 倍となっている。この期間中，特に中国および南米出身者の増加が顕著である。また，在留資格で見ると，永住者 40.2％，定住者 12.9％，日本人配偶者 12.5％，留学 6.3％，家族滞在 4.4％，研修 3.4％ の順であり，「専門的・技術的労働者」に対応する人文知識国際業務（2.7％）や技術（1.7％）は低い水準にとどまっており，政府が積極的受け入れを推進する，興行を除く「専門的・技術的労働者」の登録者数は約 13 万人と依然として少ない。

[5] 外国人労働者に対する日本の社会保障制度の適用は，基本的には事業所および労働時間により区別される。従事する職務・業務に該当する在留資格をもつ外国人が健康保険・厚生年金保険の適用事業所で常用雇用されており，その所定労働時間が1月当たりおおむね 17 日以上であるケースでは，健康保険・厚生年金の被保険者となる。他方，自営業の外国人，健保・厚生年金の非適用事業所で雇用されている外国人，健保・厚生年金の適用事業所で雇用されているが労働時間等の自由で被保険者とならない外国人のケースでは，国民健康保険・国民年金（第 1 号）の被保険者となる。しかしながら，労使折半の保険料負担を軽減する意図で，雇用側の企業および外国人労働者の間での利害が一致し，非加入となるケースが多い。岩村（2007）参照。

Razin and Sadka (1995) は，静学的分析において非熟練労働力 (low-skilled worker) の流入が受入国側住民の経済的負担を増大させる点を強調した。また，Razin and Sadka (1999)(2000) は，動学的分析により移民労働力の保険料負担の発生が受入国側住民の負担軽減につながる可能性を指摘した。Scolten and Thum (1996) は，移民政策により生じる世代間の便益格差に注目し，各世代にとっての最適な移民受入率の違いから，中位投票者モデルにより移民受け入れ水準の社会的意思決定を分析した。また，久下沼 (2003) は Scolten and Thum (1996) の分析を拡張し，移民の途中帰国にともなう年金保険料掛け捨てが生じる場合の最適な移民受け入れの水準について分析した。Hillman (2002) は，移民と自国民との間での社会規範や習慣の違いを Social Distance と呼び，それが自国民にもたらす負の効果を移民受入国側の社会的費用として分析した。

本章では，Razin and Sadka (1995) の分析を応用し，外国人の単純労働者の受け入れについて，受入国側国民の公的年金制度に関連しての世代間・世代内での利害関係が明確にされ，その上で中位投票モデルに基づく外国人労働力の受け入れ水準に関する社会的決定を検討する。さらに，Hillman (2002) の示した移民受け入れの社会的費用を考慮した場合の最適移民受入率の変化を検討する。

2. 基本モデル

中位投票者モデルの利用には，個人を何らかの属性にしたがって分類し，それに起因する選好水準の違いを明確化する必要がある。例えば，Scolten and Thum (1996) や久下沼 (2003) のように年齢階級（若年勤労世代・壮年勤労世代・退職世代）や所得水準等がその分類基準として利用される。ここでは，社会を構成する投票者を，「単純労働者」「技術的労働者」「退職者」の3つの集団に分類して，単純労働者の移民受け入れに関する選好水準の違いを明確にし，中位投票者を特定する。

個人の生涯は勤労期（第1期）と退職期（第2期）の2期間から成るものと

し，t期には勤労世代（t世代）と退職世代（t-1世代）が共存しt期の人口を構成する。さらに，t期の勤労世代（t世代）人口は，単純労働者（low-skilled worker）L_t と専門的・技術的労働者（以下，専門労働者，high-skilled worker）H_t に分類されるものとする。同様に，t期の退職世代人口についても，$N_{t-1}=L_{t-1}+H_{t-1}$ とする。次に，t期に受け入れる外国人労働力（受入移民）人口を M_t とし，L_t と同質の単純労働力であるものとする。これより t 期の総労働力人口 N_t は次のように与えられる。

$$N_t = L_t + H_t + M_t \tag{1}$$

これより，国内人口成長率 n_t は，次式のように与えられることになる。

$$n_t = \frac{L_t+H_t}{L_{t-1}+H_{t-1}} - 1 \tag{2}$$

また，粗移民受入率 γ_t と置き，次式のように与える。

$$\gamma_t = \frac{L_t+H_t+M_t}{L_t+H_t} = 1 + \frac{M_t}{L_t+H_t} = 1+\mu_t \tag{3}$$

もし外国人労働力を受け入れないならば，$M_t=0$ より，$\gamma_t=1$ となる。また，$\mu_t=1-\gamma_t$ とし，純移民受入率と呼ぶ。

以上の t 期の人口構成をまとめたものが次の表 8-1 である。

表 8-1　t 期の人口構成

勤労世代人口：N_t	単純労働者 L_t ＋ 専門労働者 H_t ＋ 受入移民 M_t
退職世代人口：N_{t-1}	単純労働者 L_{t-1} ＋ 専門労働者 H_{t-1}

そして，受入移民も含めた t 世代と t-1 世代との間での世代間人口比率を D_t とし，次式のように与える。

$$D_t(\gamma_t) = \frac{N_{t-1}}{N_t} = \frac{L_{t-1}+H_{t-1}}{L_t+H_t \; M_t} = \frac{1}{(1+n_t)\gamma_t} \tag{4}$$

次に，生産関数は単純労働力と専門労働力の 2 種類の労働力によって与えられるものとする。

$$Y_t = (L_t + M_t + H_t) \quad F_L>0,\ F_H>0,\ F_{LL}<0,\ F_{HH}<0,\ F_{HL}>0 \tag{5}$$

ここで，労働市場を完全競争市場と仮定すれば，実質賃金 w は限界生産力に等しくなり，さらに他の事情を一定とすれば，移民受入率 γ_t の関数として表すことができる。

$$w_t^L = w_t^L(\gamma_t),\ \frac{\partial w_t^L}{\partial \gamma_t}<0\ ,\quad w_t^H = w_t^H(\gamma_t),\ \frac{\partial w_t^H}{\partial \gamma_t}<0 \tag{6}$$

つまり，単純労働者受け入れは，自国の単純労働者の賃金を引き下げ，逆に専門労働者の賃金を引き上げることになる。

次に賦課方式で運営される公的年金において，現役世代の賃金に対する年金給付の比率である所得代替率 q は一定に維持されるものと仮定する。また，勤労世代への保険料率を τ_t とし，その率は単純労働者・専門労働者に共通であるものとする。また，退職世代は彼らが勤労期に単純労働者と専門労働者のいずれであっても，同額の年金給付を受け取ることになる一方で，勤労世代については，保険料率 τ は共通であるが，単純労働者と専門労働者では賃金 w が異なるため保険料額も異なる。つまり，世代間再分配システムとして運営されるここでの公的年金制度は，同時に世代内再分配も実現しているものとする。以上より，公的年金制度の財政収支は次式のように与えられる。

$$\tau_t \left[w_t^L \cdot (L_t + M_t) + w_t^H \cdot H_t \right] = \overline{q} \cdot \overline{w}_t \cdot (L_{t-1} + H_{t-1}) \tag{7}$$

ここで，$\overline{w}_t$ は勤労世代の平均賃金であり，次式のように与えられる。

$$\overline{w}_t = (1-\theta) \cdot w_t^L + \theta \cdot w_t^H,\ \theta = \frac{H_t}{L_t + H_t + M_t} = \frac{H_t}{N_t} \tag{8}$$

また，(7)式を保険料率 τ_t について整理し，(3)(4)を代入することで次式を得る。

$$\tau_t = \frac{\overline{q} \cdot \overline{w}_t \cdot (L_{t-1}+H_{t-1})}{w_t^L(L_t+M_t)+w_t^H \cdot H_t} = \frac{\overline{q} \cdot \overline{w}_t \cdot (L_{t-1}+H_{t-1})}{\overline{w}_t(L_t+M_t+H_t)} = \overline{q} \frac{1}{(1+n_t)\cdot \gamma_t} = \overline{q} \cdot D(\gamma_t) \tag{9}$$

これより，勤労世代の保険料率 τ_t は粗移民受入率 γ_t の関数として表すことが

また，移民受け入れによる勤労世代の平均賃金の変化は，以下のように与えられる。

$$\frac{\partial w_t}{\partial \gamma_t} \cdot \frac{\partial \gamma_t}{\partial M_t} = \frac{H_t \left(w_t^L - w_t^H\right)}{\left(L_t + H_t + M_t\right)^2} < 0 \ , \ if \ w_t^L < w_t^H \tag{10}$$

3. 移民受入率についての社会的選好

ここで，国内の投票者を退職世代，単純労働者，および専門労働者の3つのグループに分類し，その移民受入率 γ に関する選好水準を明確にする[6]。

すでに労働市場から引退し第2期目にある退職世代は，移民受け入れによる年金給付水準への影響にのみ関心を払うことになる。

$$Max \quad \overline{q} \cdot \overline{w}(\gamma_t) \tag{11}$$

そして，移民受け入れは勤労世代の平均賃金を低下させ，所得代替率 q が一定とされる年金制度の下では年金給付額の低下をもたらすがゆえに，退職世代の選好する移民受入率は $\gamma_t=1$，$M_t=0$ となる。

次に，勤労世代の選好について検討する。勤労世代の生涯所得に対する移民受け入れの効果は次の3つに分類される。

移民受入 ─┬─→ 効果①：賃金 w の変化を通じた効果
　　　　　├─→ 効果②：保険料率 τ の変化を通じた効果
　　　　　└─→ 効果③：将来の年金給付の変化を通じた効果

---

[6] Scolten and Thum（1996）や久下沼（2003）が外国人労働力の流入にともなう国籍および参政権の取得を前提としたのに対し，ここでは外国人労働力が移民先の国の国籍を取得し参政権を得るケースは無視している。日本での外国人労働力への参政権については，地方・中央のいずれも日本国籍取得者にのみ認められている。欧州では EU 域内からの長期在住外国人に対して地方レベルでの選挙権・被選挙権を認める国が多数あるが，国政レベルでの参政権は外国人には認めていない。外国人の参政権に関しては，吉田生・河野（2006）第7章・大塚友美「国際人口移動と政治的行動」参照。

勤労世代はその生涯所得 LI を最大化するよう移民受入率 γ の選択を行うものとする。単純労働力の生涯所得の最大化は次式のように与えられる。

$$Max \quad LI_t^L(\gamma_t) = w_t^L(\gamma_t) \cdot \left[1 - \overline{q} \cdot D_t(\gamma_t)\right] + \overline{q} \cdot \overline{w}_{t+1}(\gamma_t) \quad (12)$$

その1階の条件式は以下のように与えられる。

$$\frac{\partial LI_t^L}{\partial \gamma_t} = \frac{\partial w_t^L}{\partial \gamma_t} \cdot \left[1 - \overline{q} \cdot D_t(\gamma_t)\right] - w_t^L \cdot \overline{q} \cdot \frac{\partial D_t(\gamma_t)}{\partial \gamma_t} + \overline{q} \cdot \frac{\partial \overline{w}_{t+1}}{\partial \gamma_t} = 0 \quad (13)$$

ここで，右辺の3つの項で示される効果を分類し，その正負を示す。

表8-2　移民受入の単純労働者の生涯所得への効果

右辺第1項	効果①：賃金 w の変化を通じた効果	$\frac{\partial w_t^L}{\partial \gamma_t} \cdot \left[1 - \overline{q} \cdot D_t(\gamma_t)\right] < 0$
右辺第2項	効果②：保険料率 τ の変化を通じた効果	$-w_t^L \cdot \overline{q} \cdot \frac{\partial D_t(\gamma_t)}{\partial \gamma_t} > 0$
右辺第3項	効果③：年金給付の変化を通じた効果	$\overline{q} \cdot \frac{\partial \overline{w}_{t+1}}{\partial \gamma_t} < 0$

専門労働者も単純労働者と同様，その生涯所得 LI^H を最大化する移民受入率 γ を選択するものとする。

$$Max \quad LI_t^H(\gamma_t) = w_t^H(\gamma_t) \cdot \left[1 - \overline{q} \cdot D_t(\gamma_t)\right] + \overline{q} \cdot \overline{w}_{t+1}(\gamma_t) \quad (14)$$

その一階の条件式は以下のように与えられる。

$$\frac{\partial LI_t^H}{\partial \gamma_t} = \frac{\partial w_t^H}{\partial \gamma_t} \cdot \left[1 - \overline{q} \cdot D_t(\gamma_t)\right] - w_t^H \cdot \overline{q} \cdot \frac{\partial D_t(\gamma_t)}{\partial \gamma_t} + \overline{q} \cdot \frac{\partial \overline{w}_{t+1}}{\partial \gamma_t} = 0 \quad (15)$$

ここで，右辺の3つの項で示される効果を分類し，その正負を示す。

表8-3　移民受入の専門労働者の生涯所得への効果

右辺第1項	効果①：賃金 w の変化を通じた効果	$\frac{\partial w_t^H}{\partial \gamma_t} \cdot \left[1 - \overline{q} \cdot D_t(\gamma_t)\right] > 0$
右辺第2項	効果②：保険料率 τ の変化を通じた効果	$-w_t^H \cdot \overline{q} \cdot \frac{\partial D_t(\gamma_t)}{\partial \gamma_t} > 0$
右辺第3項	効果③：年金給付の変化を通じた効果	$\overline{q} \cdot \frac{\partial \overline{w}_{t+1}}{\partial \gamma_t} < 0$

以上より,単純労働者と専門労働者について移民受入率 γ に関する生涯所得最大化の 1 階の条件を整理し,その生涯所得への効果を比較すると,以下のようになる。

表 8-4 移民受入の勤労世代の生涯所得への効果

	単純労働者	専門労働者	備　　考
第 1 項	−	＋	$F_{LL}<0,\ F_{HL}>0$
第 2 項	＋	＋	$w^L<w^H$ より専門が大
第 3 項	−	−	両者で同値

したがって,勤労世代の 2 つのグループそれぞれが選好する移民受入率 γ は,単純労働者のそれが専門労働者のそれを下回ることになる。

以上より,内点解を前提とした場合について,t 期に共存する 3 グループの選好する移民受入率の関係は次のように与えられる。

$$\gamma_t^H > \gamma_t^L > \gamma_t^2 = 1 \tag{16}$$

すなわち,移民受入率に関する社会的意思決定においては,勤労世代の単純労働者が中位投票者となる。

単純労働者の選好する移民受入水準は,(13)式の 1 階の条件式を満たす。他方,社会的に最適な移民受入率は,社会の構成員全体の生涯所得 SLI を最大化する水準である。それは,次の式の最大化を実現する γ の選択である。

$$\begin{aligned} Max \quad SLI_t &= LI_t^L(\gamma_t) \cdot L_t + LI_t^H(\gamma_t) \cdot H_t \\ &= \left[L_t \cdot w_t^L(\gamma_t) + H_t \cdot w_t^H(\gamma_t) \right] \left[1 - \overline{q} \cdot D(\gamma_t) \right] \\ &\quad + (L_t + H_t) \cdot \overline{q} \cdot \overline{w}_{t+1}(\gamma_t) \end{aligned} \tag{17}$$

その 1 階の条件式は次のように与えられる。

$$\frac{\partial SLI_t}{\partial \gamma_t} = L_t \cdot \frac{\partial LI_t^L}{\partial \gamma_t} + H_t \cdot \frac{\partial LI_t^H}{\partial \gamma_t} = 0$$

$$= L_t \left(\frac{\partial w_t^L}{\partial \gamma_t} \cdot \left[1 - \overline{q} \cdot D_t \left(\gamma_t \right) \right] - w_t^L \cdot \overline{q} \cdot \frac{\partial D_t \left(\gamma_t \right)}{\partial \gamma_t} + \overline{q} \cdot \frac{\partial \overline{w}_{t+1}}{\partial \gamma_t} \right) \quad (18)$$

$$+ H_t \left(\frac{\partial w_t^H}{\partial \gamma_t} \cdot \left[1 - \overline{q} \cdot D_t \left(\gamma_t \right) \right] - w_t^H \cdot \overline{q} \cdot \frac{\partial D_t \left(\gamma_t \right)}{\partial \gamma_t} + \overline{q} \cdot \frac{\partial \overline{w}_{t+1}}{\partial \gamma_t} \right) = 0$$

右辺第1項の（ ）内は，第3節で示した単純労働者の1階の条件式であり，同様に右辺第2項の（ ）内は専門労働者の1階の条件式である。そして，(16)式で与えられる各グループの最適移民受入率の関係から，(18)式を満たす社会的に最適な移民受入率 γ^* は以下の位置に与えられる。

$$\gamma_t^H > \gamma^* > \gamma_t^L > \gamma_t^2 = 1 \quad (19)$$

すなわち，中位投票者である単純労働者が選好する移民受入率 γ^L は，社会的に最適な移民受入率 γ^* よりも低くなり，民主的な社会的意思決定は過少な移民受入水準しか実現できないことになる。

4. 移民受け入れの社会的費用

内閣府（2004）「外国人労働力受け入れに関する世論調査」によれば，単純労働者の受け入れを認めない，あるいは限定的と回答した人が全体の65%に達し，その理由を複数回答で尋ねたところ，「治安が悪化する恐れがある」74%，「地域社会の中でトラブルが多くなる恐れがある」49%などとなっている[7]。この点は，Hillman（2002）が移民と自国民との間での社会規範や習慣の違いなどの点での「社会的距離」（social distance）の拡大により自国民にもたらされる負の効果を移民受入国側の社会的費用として明示的に分析したことに対応する。ここでは，上記の中位投票者モデルにHillman（2002）の移民受け入れの社会的費用を追加した場合に生じる中位投票者の選考および社会的最適水

---

[7] 内閣府（2004）の同アンケートで「特に条件を付けずに単純労働者を幅広く受け入れる」と答えた者の割合は僅か16.7%で，残り17.7%は「わからない」と答えた者である。また，受け入れない理由として他に多かった回答は，「不況時には日本人の失業が増加するなど雇用情勢に悪影響を与える」（40.8%），「日本人が就きたがらない仕事に，単に外国人を活用すればいいという考えはよくない」（28.3%）などである。

準の変化について考える。

結論としては，直感的な推論からも導かれるように，移民受け入れの社会的費用が追加的に加わるならば，勤労世代いずれのグループの選好する移民受入率 γ もより低い水準となる。

はじめに，個人の生涯効用 LW を以下のように定義する。

$$LW = U\left(LI(\gamma)\right) + V\left(S(\gamma)\right) \qquad \frac{\partial V}{\partial S} > 0, \qquad \frac{\partial S}{\partial \gamma} < 0 \qquad (20)$$

ここで，右辺第1項は，生涯所得 LI に依存する効用を示し，前節までの分析で取り上げたものに相当する。右辺第2項は，社会が共有する規範や習慣の同質の度合い S がもたらす効用であり，移民の受け入れは社会的同質性 S の低下を通じて個人の効用を低下させるものと仮定する。

t 期の退職世代は，年金給付額と社会的同質性 S からの効用の和を最大化する。

$$Max \quad \overline{q} \cdot \overline{w}_t(\gamma_t) + V(S(\gamma_t)) \qquad \frac{\partial \overline{w}_t}{\partial \gamma_t} < 0, \quad \frac{\partial V}{\partial S}\frac{\partial S}{\partial \gamma_t} < 0 \qquad (21)$$

年金給付水準にのみ関心を向ける退職世代にとっては，移民受け入れにより現役世代の賃金の下落にともなう年金給付額の減少と，社会的距離の拡大にともなう効用の低下だけが生じるため，その選好する移民受入率は $\gamma_t=1$，$M_t=0$ のままであり，移民の受け入れを拒否することに変わりはない。

勤労世代の2つのグループそれぞれの1階の条件式も以下のように修正されることになるが，移民受入費用が加わることで，いずれのグループもその選好する移民受入率 γ が低下することになる。

$$\frac{\partial LW_t^L}{\partial \gamma_t} = \frac{\partial w_t^L}{\partial \gamma_t} \cdot \left[1 - \overline{q} \cdot D_t(\gamma_t)\right] - w_t^L \cdot \overline{q} \cdot \frac{\partial D_t(\gamma_t)}{\partial \gamma_t} + \overline{q} \cdot \frac{\partial \overline{w}_{t+1}}{\partial \gamma_t} + \frac{\partial V}{\partial S}\frac{\partial S}{\partial \gamma_t} = 0 \qquad (22)$$

$$\frac{\partial LW_t^H}{\partial \gamma_t} = \frac{\partial w_t^H}{\partial \gamma_t} \cdot \left[1 - \overline{q} \cdot D_t(\gamma_t)\right] - w_t^H \cdot \overline{q} \cdot \frac{\partial D_t(\gamma_t)}{\partial \gamma_t} + \overline{q} \cdot \frac{\partial \overline{w}_{t+1}}{\partial \gamma_t} + \frac{\partial V}{\partial S}\frac{\partial S}{\partial \gamma_t} = 0 \qquad (23)$$

したがって，ここで追加されたHillman（2002）の移民受け入れの社会的費用が存在する場合であっても，中位投票者は依然として勤労期にある単純労働者のままであるが，その選好する移民受入率はより低い水準となる。

5. おわりに

本章では，外国人単純労働力受け入れにともなう世代間および世代内での公的年金制度を通じた利害関係が分析された。外国人単純労働力受け入れにともなう現役世代の平均賃金の下落は，所得代替率が一定の下では年金給付額の下落をもたらすため，退職世代にとっての最適な外国人単純労働力の受入水準はゼロとなる。他方，現役世代のうち国内単純労働力にとっては，労働力として競合する外国人単純労働力の受け入れにともなう賃金下落による不利益を被る一方で，年金保険料率の低下による負担軽減という利益が生じる。さらに，現役世代のうち国内専門労働力にとっては，補完関係にある外国人労働力の受け入れは，賃金上昇と保険料負担軽減という2つの利益をもたらすことになる。この関係から，各グループの選好する移民受入率は，退職世代・現役世代の単純労働力・現役世代の専門労働力の順番で高くなる。これより，外国人単純労働力受け入れに関する社会的意思決定は，中位投票者である現役世代の単純労働力が選好する水準に選択する。

他方，個人の生涯所得を最大化する社会的に最適な外国人単純労働力の受入水準は，中位投票者である現役世代の単純労働力が選好する水準を上回ることになり，民主主義による社会的決定は過少な受入水準しか実現しないことが明らかになった。

さらに，外国人労働力受け入れにともなう社会的距離の拡大がもたらす効用の低下をその社会的費用として取り込むならば，自国民が選好する外国人労働力の受入水準はさらに低下することになる。

本章で取り上げた外国人労働力受け入れの社会的費用以外のものとしては，受け入れにともなう学校教育など各種公的サービスにおける外国人対応のための公費負担の増大などが考えられる。他方，外国人労働力の受け入れは，税収

増大の効果をもたらす一方で,納税者である外国人労働力の公共サービスの利用率の低さから,受入国側の国民1人当たりの公共サービスからの便益の拡大を生じさせる可能性もある[8]。さらに,外国人労働者の高い貯蓄率による投資および経済成長への効果を積極的に評価する研究もある。これら外国人労働力受け入れの経済的な効果を取り入れた分析は,残された課題としたい。

参 考 文 献

岩村正彦(2007)「外国人労働力と公的医療・公的年金」(『季刊社会保障研究』Vol. 43 No. 2)国立社会保障人口問題研究所,107–118ページ。

久下沼仁筰(2003)「外国人労働力受け入れと公的年金制度―中位投票者モデルによる理論分析―」(『経済学部論集』第13巻2号)京都学園大学経済学部学会,55–73ページ。

内閣府(2004)「外国人労働力受け入れに関する世論調査」。
http://www8.cao.go.jp/survey/h16/h16-foreignerworker/index.html

吉田良生(1998)「国際人口移動の現状と課題」河野・濱編著『世界の人口問題』第5章 大明堂,117–142ページ。

吉田良生・河野稠果(2006)『国際人口移動の新時代』原書房。

Browing, E. K. (1975), "Why the Social Insurance Budget is Too Large in Democracy", *Economic Inquiry*, Vol. 13, pp. 373–388.

Hillman, A. L. (2002), "Immigration and Intergenerational Transfers", *Economic Policy for Aging Societies*, H. Siebert (ed.), Springer, pp. 213–226.

Krieger, T. (2006), *Public Pensions and Immigration ; A Public Choice Approach*, Edward Elger.

Razin, A. and Sadka E. (1995), "Resisting Migration : Wage Rigidity and Income Distribution", *American Economic Review*, Vol. 85, No. 2, pp. 312–316.

――― (1999), "Migration and pension with international capital", *Journal of Public Economics*, Vol. 74, No. 1, pp. 141–150.

Scholten, U. and M. Thum (1996), "Public Pension and Immigration Policy in a Democracy", *Public Choice*, Vol. 87, pp. 347–361.

Wigger, B. U. (1999), "Pay-as-you-go Financed Public Pension in a Model of Endogenous Growth and Fertility", *Journal of Population Economics*, Vol. 12, pp. 625–640.

---

8) 国際労働力移動がもたらす受入国側および送出国側それぞれの経済的効果については,吉田(1998)参照。

第 9 章

公的不動産の処分方法に関する理論的考察[1]

1. はじめに

　完全競争市場では一物一価が成立し唯一の無裁定価格が存在する。この場合市場のせり人が存在するようなワルラス的市場であっても，せり人が存在しない非ワルラス的な探索市場であっても各主体は裁定取引による利益を得ることはできない。したがって，特にどのような市場に参加するかは各主体にとって問題ではない。しかし，不動産市場のような非完備な市場では情報が不完全であり，取引相手を探索する費用および取引に要する費用などが存在し，一物一価は成立しない。このような市場では，どのタイプの市場（ワルラス的市場あるいはオークション，または非ワルラス的な探索市場（サーチ市場））に参加するかにより取引の利益は異なるかもしれない。このようなことから不動産の処分方法は市場が比較的完全な株式などの金融資産とは違った難しさがある。

　公的な不動産の有効活用といった意味でPRE（Public Real Estate）戦略が重要であるが，最近日本郵政の「かんぽの宿」の入札が社会的な問題となった。日本郵政は赤字経営の「かんぽの宿」の売却を計画し，雇用の維持などを条件と

---

[1] 本研究は平成19年度文部科学省科学研究費（基盤研究c 科研課題番号19530211）に基づく研究である。

して数十件の物件を一括で入札を行った。最終的には2社のみが入札し，雇用条件などない純粋な不動産の市場価格よりかなり低い金額で落札された。当時（2009年3月）の総務大臣よりその入札の経緯などに問題があるので入札を白紙撤回するように求められ，マスコミもこれを大きな問題として取り上げた。結局大臣の要求にしたがって入札は白紙撤回された。

　ここでの大きな問題は，一般の市場（サーチ市場）で売却（随意契約）するか入札かの選択が適切であったか，入札が適当であるとしてその設計（個々の不動産を個別に入札するか，数十件を一括で売却するかなど）が適切であったか，入札が公平であったか（最終的に2社が入札した経緯）である。

　最初のサーチ市場か入札かの問題は，民間の場合と異なり，公的主体の場合随意契約にしたとき相手方の選定が適切だったか，収賄の疑いはないかなど問題もあり，近年は入札を行うケースが多くなっている。しかし，基本的にはどちらの処分方法が適切かは問われなければならない。次の問題は，売り手にとって期待売上額が大きくなるのは，数十件を別々に入札する場合か，一括（バルク）で入札する場合かである。後者は入札者数を大きく減少させ落札価格を低くするが，前者の手法を採用した場合，赤字の宿が多いなかで雇用条件を付けると不動産の活用のオプションが奪われることから入札されない（売却できない）物件が多数現れる可能性は否定できない。売却できない可能性のある物件がある場合の入札の設計である。最後の入札の方法が公平であったかを問われるのは当然であり，この論文では特に問題にしない。

　本研究の関心は，日本郵政の「かんぽの宿」の処分方法の具体的検討ではなく，不完全な市場における公的不動産の処分方法の理論的検討である。これは日本郵政の「かんぽの宿」だけでなく，一般的な不動産の処分方法に指針を与えるものである。本論文の構成は，2節で理論的モデルを解説し，3節で公的不動産をサーチ市場で処分するか，入札で処分するのが適当かについて理論的な検討を行う。そして，4節で入札を行う場合入札の設計として，合計の落札価格を最大にするために，個別の物件ごとに入札を行うか，売却できない物件をなくすためにすべての物件を一括して入札を行うかの理論的な検討を行う。

Multiple Auctionを含めてオークションに関する論文は多数存在し，オークションと探索市場を比較した文献もいくつか見られる。Wang（1993）は供給者のオークションでの売却か価格提示しての売却（登録市場）かの選択を議論し，需要者の評価のばらつきが大きい場合オークションが有利なことを明らかにし，Mayer（1995）は需要者がオークションに参加するのは落札価格が探索市場での取引価格より低くなるためであるとして，ブーム期，不況期など市場の状況によるオークションのディスカウント率を検討する。Quan（2002）は供給者，需要者がオークションと探索市場の参加条件を検討し，各市場への均衡参加数，期待取引価格を議論する。Arnold = Lippman（1995）は n 個の商品を処分する供給者を想定し探索市場とオークションのどちらが有利かを検討する。前川（2008）はサーチ市場における登録市場（価格を付けて物件を公開して売り出す），交渉市場とオークションの3つのタイプの市場を取り上げ，各主体がどのような状況でどのタイプの市場を選択するかを議論している。それによれば，競争条件が市場の選択に大きな影響を与えていることを明らかにしている。すなわち，競争的な市場ほど登録市場が選択され，次いで交渉市場が選択される。売り手にとってオークションが選択されるのは希少性のあるような非競争的なものであるとしている。

2．モデルの仮定

2-1　モデルの構造

想定する不動産市場としてサーチ市場とオークションを考えるが，想定する不動産が「かんぽの宿」のような非住宅であるのでサーチ市場としては交渉市場を想定する[2]。また，オークションのタイプには入札（シールドビッドタイプ（封印型））と競売（オープンタイプ）があり，前者には第一価格封印型オークショ

2）　住宅流通市場は価格を付けて住宅を売り出す登録市場（Listing Market）であるが，非住宅市場は売り物件が公開されることは少なく売り手と買い手が互いに交渉相手を探索して，マッチング後交渉する市場（交渉市場）である。

ン, 第二価格封印型オークション[3]が, 後者にはイングリッシュオークション（競り上げ）, ダッチオークション（逆競り）がある[4]。わが国の公的主体がオークションを行う場合一般的に入札を採用し第一価格封印型オークションを行うので, 本論文でも入札のうち第一価格封印型オークションを採用して議論を行う。

なお, 各主体の不動産に対する評価に関してオークションの理論では3つのモデルがある。1つは, 各主体自身の評価にのみ依存して各主体の評価額（オークションに参加する際の評価額）が決まる私的価値モデル（private value model）, いま1つはオークションの他の参加者に影響される相互依存価値モデル（affiliated value model）であり, 最後の1つは参加主体に共通の評価額がある共通価値モデル（common value model）である。本論文ではオークションだけでなく全体を通して私的価値モデルのうちさらに各主体の評価が独立（他の主体の評価とは無関連）であることを仮定した独立私的価値モデル（independent private value model）によって議論することとする。そして, その各主体の評価額は2-3で定義する留保価格とする。

公的主体が処分すべき不動産を複数もっていることを想定し, 同時にそれらを処分するケースを考える。これはオークションのケースでマルチオークションになるが, このケースでは不動産であり, 異質性が強いといったことを意識しなければならない。

---

[3] 入札は入札者が他の誰にも入札額がわからないように封筒を封印して行うものであり, 第一価格封印型オークションは最も高い入札額を提示した入札者が落札者になり, 落札価格は落札者の入札額（最も高い入札額）であり, 第二価格封印型オークションは最も高い入札額を提示した入札者が落札者になるが, 落札価格は落札者の入札額でなく次に高い（2番目に高い）入札額である。第二価格封印型オークションは入札者が正直に自分の評価を申告するものであり, 理論的なオークション（ビックレイのオークション）といわれている。

[4] 競売は公開型（オープン）のオークションであり, イングリッシュオークション（競り上げ）は価格を徐々に引き上げてゆく競売であり, 2番目に高い評価額をもっている入札者が負け, 最高の評価をしている入札者だけ残ったときに落札される。この意味から第二価格封印型オークションに類似するといわれている。ダッチオークション（逆競り）は価格を徐々に引き下げていき最初に購入する意志を示した者が落札する。この意味から第一価格封印型オークションに類似するといわれている。

なお，複数のタイプの市場が存在する場合，各市場の均衡も検討することが必要であるが，本論では不動産処分を検討する公的主体を対象として分析し，市場の均衡は与えられたものとし，売主としての公的主体の行動が市場に影響を与えないことを前提とする。

すなわち，売り手，買い手の数はそれぞれ $\overline{N}^s$ および $\overline{N}^b$ であり，各タイプの市場（交渉市場およびオークション）の参加者数は，売り手の場合それぞれ，N_B^s および N_A^s，買い手の場合それぞれ，N_B^b および N_A^b であり，$\overline{N}^s \geq N_B^s + N_A^b$，$\overline{N}^b \geq N_B^b + N_A^b$ の関係が成立しているが，市場の均衡 ($N_B^s = N_B^b$, $N_A^s = N_A^b$) は達成されているとする。

以下，2-2 で公的主体の市場選択の際で重要となる不動産処分にともなう期待利益について議論して，次に 2-3 で各主体が市場に参加する際の不動産の評価額となる留保価格を定義する。その際 3 節以降で展開するモデルの仮定も同時に示すことにする。

2-2 各タイプの市場における各主体の期待利益

各タイプの市場に参加したときの各主体の期待利益（π）は次のように表す。なお，各主体はリスク中立的であり期待効用でなく期待利益で議論できるとする。

$$\pi = \Delta G(\cdot) E[TP] + \Delta^2 (1 - G(\cdot)) G(\cdot) E[TP] + \Delta^3 (1 - G(\cdot))^2 G(\cdot) E[TP] + \cdots \cdots \quad (1)$$

$E[TP]$ は取引が成立したときの期待取引利益である。なお，取引利益（TP）は，売り手（公的主体）の場合「取引価格（P）- 供給価格（V_s）」であり，買い手場合，「需要価格（V_b）- 取引価格（P）」である。Δ は相手方を探索するまでの時間にかかる割引因子（$0 \leq \Delta \leq 1$）であり，市場が不完全なほど小さくなり，取引相手の相対的な数（「買い手の数／売り手の数」または「売り手の数／買い手の数」）が少なくなるほど小さくなる。$G(\cdot)$ はマッチングした取引相手と取引成立する確率を表す。取引が成立しなかった場合（その確率は $1 - G(\cdot)$），

次の交渉相手が探索してくるまで待つ,これを無限に繰り返すとする。これを仮定すると,(1)式は公比が $\Delta(1-G(\cdot))$ の無限等比級数の和となり次の(2)式のようになる。なお,取引成立確率は各主体によって異なる(2-3の仮定2を参照)。

$$\pi = \delta(\cdot) E[TP] \qquad \delta(\cdot) = \left(\frac{\Delta G(\cdot)}{1-\Delta(1-G(\cdot))}\right) \qquad (2)$$

(2)式の右辺 $\delta(\cdot)$ は期待利益(取引利益の現在価値)を計算するための割引因子である。

完全競争市場の場合 $\Delta = 1$ であり,$\delta(\cdot) = 1$。逆に相手方を探索できないほど不完全なとき $\Delta = 0$ であり,$\delta(\cdot) = 0$,したがって,$0 \leq \Delta \leq 1$ であるので,$0 \leq \delta(\cdot) \leq 1$ である。

オークションの場合も基本的に同じように示されるが,取引成立確率などサーチ市場の場合と若干扱い方が異なるので,簡単に説明しておく。

$$\pi^A = \delta_A(\cdot) E[TP], \quad なお,\quad \delta_A(\cdot) = \left(\frac{\Delta_A G_A(\cdot)}{1-\Delta_A(1-G_A(\cdot))}\right) \qquad (3)$$

オークションでの $E[TP]$ は売り手の場合は「期待落札価格($E[R(n)]$)-供給価格」($TP_s = E[R(n)] - V_s$),買い手の場合,「需要価格-期待落札価格」($TP_b = V_b - E[R(n)]$)。Δ_A はオークションの頻度,あるいはオークションを行う手続きに依存した参加できるまでの時間にかかる割引因子,$G_A(\cdot)$ は買い手であれば落札できる確率,売り手であれば落札される確率(入札者がゼロでない確率),n は入札者数である。

2-3 留保価格およびその分布に関する仮定

サーチ市場あるいはオークションにおいて取引するか否かの基準価格を留保価格(reservation price)というが,それは競争条件によって変化する。そして,留保価格は当該交渉を中断して他の取引相手を探索して取引する期待利益(アウトサイドオプションの行使の期待利益)[5]と同じ利益を当該取引で得られる取引

---

5) アウトサイドオプションとは,現在の交渉においてプレイヤーがもつ「他の交渉相手を見つけて取引するという選択権」であり,競争的市場ほどこの選択権行使の

価格であり，売り手の留保価格は売ってもよいと思う価格の下限値，買い手の留保価格は買ってもよいと思う価格の上限値と定義される。

交渉市場を念頭に留保価格を検討する。売り手 i の留保価格を z_i とし，その上限と下限はそれぞれ $\overline{z}$ と $\underline{z}$ とする。その買い手 j の留保価格を w_j とし，その上限と下限はそれぞれ $\overline{w}$ と $\underline{w}$ とする。それらは(4)式で示される。各式の左辺は留保価格で取引した場合の取引の利益，右辺がアウトサイドオプション行使の期待利益である。

$$z_i - V_{si} = \delta(\cdot)\left(\int_{z_i}^{\overline{w}}(p(w,z_i)-V_{si})f(w|w\geq z_i)dw\right)$$

$$V_{bj} - w_j = \delta(\cdot)\left(\int_{\underline{z}}^{w_j}(V_{bj}-p(w_j,z))f(z|z\leq w_j)dz\right) \qquad (4)$$

なお，V_{si} は売り手 i の供給価格，V_{bj} は買い手 j の需要価格である。

各式の左辺は留保価格で取引した場合の取引の利益，右辺がアウトサイドオプション行使の期待利益である。右辺の大括弧内がもう１回探索した場合に，売り手であれば留保価格以上の留保価格をもつ買い手を見つけその留保価格で取引した場合の，買い手であれば留保価格以下の留保価格をもつ売り手を見つけ取引した場合の期待利益である。そのときの取引価格はそれぞれ $p(w,z_i)$，$p(w_j,z)$ である。

$\delta(\cdot)$ はアウトサイドオプションの行使した場合の割引因子（取引成立確率 $G(\cdot)$ と探索にかかる割引因子 Δ から説明される因子…前項(2)式）である。瞬時に取引相手を探索できる完全競争市場の場合 $\delta(\cdot)=1$，双方独占市場などアウトサイドオプションを全く行使できない場合は $\delta(\cdot)=0$ である。

本論では議論を単純化する意味から(4)式で求められた各主体の留保価格について次の仮定をする。

<仮定1> 売り手と買い手の留保価格は同一の分布にしたがい，買い手の留保価格の上限（$\overline{w}$）と供給者の留保価格の下限（$\underline{z}$）の間を一様に分布するこ

期待利益が大きい。

とを仮定する。したがって，売り手の留保価格の確率密度（$f(z|)$）と買い手の留保価格の確率密度（$f(w)$）は次のように表される。

$$f(z) = f(w) = \frac{1}{\overline{w}-\underline{z}} \qquad \text{A 1)}$$

この仮定の下で，$f(w|w \geq z_i)$は$w \geq z_i$の条件の下でのwの確率密度であり，$f(z|z \leq w_j)$は$z \geq w_j$の条件の下でのzの確率密度であるので，次のようになる。

$$f(w|w \geq z_i) = \frac{1}{\overline{w}-z_i} \qquad f(z|z \leq w_j) = \frac{1}{w_j-\underline{z}} \qquad \text{A 2)}$$

また，交渉市場の取引成立確率について次の仮定をおく。

＜仮定2＞ 交渉市場の取引成立確率は次のように示される。

$$G_i(\cdot) = \left(\frac{\overline{w}-z_i}{\overline{w}-\underline{z}}\right) \qquad G_j(\cdot) = \left(\frac{w_j-\underline{z}}{\overline{w}-\underline{z}}\right) \qquad \text{A 3)}$$

Appendix 1 に示すように，これら仮定の下で，各主体の留保価格の上限と下限を検討すると，完全競争市場の場合$\Delta = 1$から$\delta(\cdot) = 1$となり，$\underline{z} = \overline{w}$となる。買い手の留保価格の上限と売り手のそれの下限が一致しているので，市場参加可能なすべての売り手と買い手の留保価格は同一となる。すなわち，$\forall i, j$ $z_i = w_j = \underline{z} = \overline{w}$。なお，$\forall i, j$ $V_{si} > \overline{w}, V_{bj} < \underline{z}$の供給価格または需要価格をもつ主体は市場に参加できない。

逆に$\delta(\cdot) = 0$の場合，$\underline{z} = \underline{V_s}$，$\overline{w} = \overline{V_b}$，また，(4)式から$z_i = V_{si}$，$w_j = V_{bj}$となる。

$1 > \delta(\cdot) > 0$の一般的なケースにおいて，市場がより不完全になり$\delta(\cdot)$が小さくなるほど$\underline{z}$は下落し，$\overline{w}$は上昇して両者の乖離は大きくなる（Appendix 1参照）。

なお，各主体の留保価格を定義したので，以下では各主体の期待利益を期待超過利益（留保価格で取引した場合を超える期待利益）に置き換えて議論を進めてゆく。

3. オークションか交渉市場の選択

　交渉市場およびオークションに参加した場合の売り手である公的主体の期待超過利益を検討し，オークションを選択する条件を検討する。

3-1　交渉市場における公的主体である売り手の期待利益

　交渉市場は，売り手と買い手が双方で交渉相手を探索しマッチングしたら交渉を行う。交渉は売り手の留保価格（z_i）と買い手の留保価格（w_j）の間で行われる。一般に双方とも相手方の留保価格を知らない非完備情報下における交渉になり，一方が相手方に関する情報をもっているRubinstein（1985）の非完備情報下の交渉モデルより複雑な交渉モデルを適用する必要がある。前川（2003）は双方が相手方の情報をもたない一般的ケースにおいてRubinstein（1985）を応用して議論している[6]。しかし，本研究では市場の選択に焦点をあてているので，モデルをいたずらに複雑にせずに単純化して議論することにする。

　単純化のため，売り手と買い手は互いにサーチし合い，マッチングしたら交渉を行うが，交渉は双方が相手方の留保価格を知っている下で交渉を行う（完備情報下の交渉）こととし，売り手 i と買い手 j が取引した場合の取引価格（$P(z_i, w_j)$）を示すと，次のように一次線形式で表される（Appendix 2を参照）。

$$P(z_i, w_j) = (1-\alpha) \cdot z_i + \alpha w_j \qquad \text{A 4)}$$

　α は，完備情報下の交渉解であるとすれば，Appendix 1の両者の「交渉における割引因子」によって決まってくる係数となるが，単に両者の交渉力等に依存して決定するものと考えることもできる。

　z_i の留保価格をもつ売り手 i の取引が成立する場合の期待取引価格は買い手の留保価格が上限と下限の間を一様に分布すると仮定すると次のようになる。

---

[6]　前川（2003 b）（pp. 169-187）はRubinstein（1985）モデルを参考としながら双方が相手方の留保価格を知らない状況における交渉を議論する。

$$E(P_i) = \int_{z_i}^{\overline{w}} p(z_i, w) f(w|w \geq z_i) ds = \frac{\alpha}{2}\overline{w} + \frac{2-\alpha}{2} z_i \qquad (5)$$

$f(w|w \geq z_i)$ は売り手 i の留保価格（z_i）以上であることを条件とした買い手の留保価格の確率密度であり，一様分布の仮定から 2-3 の A 2）式のように示される。また，売り手 i の取引成立確率（$G_{Bi}(z_i)$）は 2-3 の A 3）式のように示される。

そして，売り手 i の交渉市場における期待超過利益（$\pi_{si}{}^B$）は次のよう示される。

$$\pi_{si}{}^B = E\left[\delta_{Bi}(\cdot) \int_{z_i}^{\overline{w}} (P(z_i, w) - z_i) f(w|w \geq z_i) dw\right] \qquad (6)$$

なお，$\delta_{Bi}(\cdot) = \dfrac{\Delta G_{si}(\cdot)}{1 - \Delta_{si}(1 - G_{si}(\cdot))}$，

$\delta_{Bi}(\cdot)$ は取引時点の期待超過利益の現在価値を計算する割引因子であり，Δ_{Bi} は交渉市場における買い手を探索するまでの時間にかかる売り手の割引因子であり，市場の完全さを U，買い手の数が N_B^b，売り手の数が N_B^s とすると，$\dfrac{\partial \Delta_{Bi}}{\partial U} > 0$，$\dfrac{\partial \Delta_{Bi}}{\partial \left(\frac{N_B^b}{N_B^s}\right)} > 0$ である。

A 1）から A 5）の仮定の下で(6)式は(7)式のようになる。

$$\pi_{si}{}^B = \delta_{Bi}(\cdot) \frac{\alpha}{2}\left(\overline{w} - z_i\right) \qquad (7)$$

3-2　オークションにおける公的主体である売り手の期待超過利益

3-2-1　入札者の入札額

第一価格封印型オークションを行うとして，まず買い手の入札額を検討する。第一価格封印型オークションでは落札した場合落札者の入札額が落札価格となるので，入札額を評価額とした場合，落札しても超過収益（留保価格（評価額）－落札額）はゼロとなり，オークションに参加する意味がない。落札確率を上げながら超過収益も獲得しなければならない。

入札者の戦略は彼の期待利益が最大となるような入札額を提示することである。

　入札者の期待超過利益は次のように表される。

$$\pi_j = \max_{b_j}\left[F_1^{(n-1)}(\beta^{-1}(b_j))\cdot(w_j - b_j)\right] \tag{8}$$

　(8)式において $F_1^{(n-1)}(\beta^{-1}(b_j))$ は入札者 j の入札額が b_j であるとき，j を除く $n-1$ 人（上部の添え字 $(n-1)$ がこれを示す）の入札者のなかで最も高い入札額（下部の添え字1が1番を意味する）が b_j 以下である確率を示す。$\beta^{-1}(b_j)$ は $b_j = \beta(w_j)$ の逆関数であり，入札額を b_j とするような入札者の評価額（留保価格 w_j）を示しており，したがって，(8)式において $\beta^{-1}(b_j)$ と b_j を同時に解く。すなわち，b_j を引き上げれば，j を除く $n-1$ 人の入札者のなかで最も高い入札額が b_j 以下である確率は高くなるが，超過利益 ($w_j - b_j$) は小さくなる。(8)式の極大化条件を求め，入札者 j の最適な入札額を示すと次のようになる[7]。

$$b_j = \beta(w_j) = w_j - \int_{\underline{z}}^{w_j}\frac{F_1^{(n-1)}(b)}{F_1^{(n-1)}(w_j)}db \tag{9}$$

　各人の評価（留保価格）は一様に分布し，$f(w) = \frac{1}{\overline{w}-\underline{z}}$，$F(w) = \frac{w-\underline{z}}{\overline{w}-\underline{z}}$ として，(9)式を解くと(10)式のようになる。

---

[7] (8)式を b_i について微分して最大化条件を求めると①式のようになる。

$$\frac{f_1^{(n-1)}(\beta^{-1}(b_j))}{\beta'(\beta^{-1}(b_j))}(w_j - b_j) - F_1^{(n-1)}(\beta^{-1}(b_j)) = 0 \quad ①$$

これを整理した②式を解くと③式以降のプロセスで(9)式が導かれる。

$$F_1^{(n-1)}(w_j)\beta'(w_j) + f_1^{(n-1)}(w_j)\beta(w_i) = w_j f_1^{(n-1)}(w_j) \quad ②$$

$$\frac{d}{dw_j}(F_1^{(n-1)}(w_j)\beta(w_j)) = w_j f_1^{(n-1)}(w_j) \quad ③, \quad \beta(w_j) = \frac{1}{F_1^{(n-1)}(w_j)}\int_{\underline{z}}^{w_j} b f_1^{(n-1)}(b)db \quad ④$$

$$\beta(w_j) = w_j - \int_{\underline{z}}^{w_j}\frac{F_1^{(n-1)}(b)}{F_1^{(n-1)}(w_j)}db \quad ⑤$$

$$E[m(w_j)] = \int_{\underline{z}}^{\overline{w}} m(w_j)f(w_j)dw_j = \int_{\underline{z}}^{\overline{w}}\left(\frac{n-1}{n}(w_j - \underline{z}) + \underline{z}\right)\left(\frac{w_j-\underline{z}}{\overline{w}-\underline{z}}\right)^{n-1}\frac{1}{\overline{w}-\underline{z}}dw_j \quad ⑥$$

$$b_j = w_j - \int_{\underline{w}}^{w_j} \left(\frac{b-\underline{z}}{w_j-\underline{z}}\right)^{n-1} db = \frac{n-1}{n}(w_j - \underline{z}) + \underline{z} \tag{10}$$

(10)式は予想される入札者数（n）が多くなればなるほど入札額が大きくなることを意味している。

3-2-2 期待落札価格と売り手の期待超過利益

次に落札価格を検討する。まず，w_j の評価をする入札者の期待支払額（$m(w_j)$）は，彼の入札額に落札確率（$F_1^{(n-1)}(w_j)$）を乗じた(11)式のようになる。

$$m(w_j) = b_i\, F_1^{(n-1)}(w_j) = \left(\frac{n-1}{n}(w_j - \underline{z}) + \underline{z}\right)\left(\frac{w_j - \underline{z}}{\overline{w} - \underline{z}}\right)^{n-1} \tag{11}$$

1人の入札者の事前の期待支払額（$E[m(w_j)]$）は w_j の確率分布から次のようになる[8]。

$$E[m(w_j)] = \frac{n-1}{n(n+1)}(\overline{w} - \underline{z}) + \frac{1}{n}\underline{z} \tag{12}$$

売り手の立場からの期待落札額（$E[R(n)]$）は，1人の入札者の事前の期待支払額（$E[m(w_j)]$）に入札参加者数を乗じたものになるから次の(13)式のようになる。

$$E[R(n)] = n \times E[m(w_j)] = \frac{n-1}{n+1}(\overline{w} - \underline{z}) + \underline{z}$$

$$E[R(n)] = \beta_2 \overline{w} + (1 - \beta_2)\underline{z}, \qquad \beta_2 = \frac{n-1}{n+1} \tag{13}$$

このときの売り手の期待超過利益は次のようになる。

$$\pi_{si}^A = \delta_{Ai}(\cdot)\left(\frac{n-1}{n+1}(\overline{w} - \underline{z}) + \underline{z} - z_i\right)$$

---

8) $E[m(w_j)] = \int_{\underline{z}}^{\overline{w}} m(w_j)\, f(w_j)\, dw_j = \int_{\underline{z}}^{\overline{w}} \left(\frac{n-1}{n}(w_j - \underline{z}) + \underline{z}\right)\left(\frac{w_j - \underline{z}}{\overline{w} - \underline{z}}\right)^{n-1} \frac{1}{\overline{w} - \underline{z}} dw_j$

$= \int_{\underline{z}}^{\overline{w}} \frac{n-1}{n}\left(\frac{w_j - \underline{z}}{\overline{w} - \underline{z}}\right)^n dw_j + \int_{\underline{z}}^{\overline{w}} \underline{z}\left(\frac{w_j - \underline{z}}{\overline{w} - \underline{z}}\right)^{n-1} \frac{1}{\overline{w} - \underline{z}} dw_j$

$= \frac{n-1}{n+1}\left(\frac{w_j - \underline{z}}{\overline{w} - \underline{z}}\right)^n (w_j - \underline{z})\Big|_{\underline{z}}^{\overline{w}} + \frac{1}{n}\underline{z}\left(\frac{w_j - \underline{z}}{\overline{w} - \underline{z}}\right)^n\Big|_{\underline{z}}^{\overline{w}} = \frac{n-1}{n(n+1)}(\overline{w} - \underline{z}) + \frac{1}{n}\underline{z}$

なお，$\delta_{Ai}(\cdot) = \left(\dfrac{\Delta_{Ai} G_{Ai}(\cdot)}{1 - \Delta_{Ai}(1 - G_{Ai}(\cdot))} \right)$ (14)

$\delta_{Ai}(\cdot)$ はオークションにおける売り手の割引因子であり，$G_{Ai}(\cdot)$ は最低落札価格を z_i とするときの落札確率であり，$G_{Ai}(\cdot) = \Pr\left(n \geq \dfrac{\overline{w} + z_i - 2\underline{z}}{\overline{w} - z_i} \right)$ のように示される。Δ_{Ai} は売り手がオークションを企画する時間にかかる割引因子である。

右辺の最後の括弧内は期待取引超過利益（$E[TP]$）を示すが，期待取引超過利益が負になるのであれば売却しない。すなわち，留保価格の高い売り手は落札確率が低くなることから，オークションには参加しにくいことがわかる。

3–3　オークションか交渉市場かの公的主体である売り手の選択

公的主体である売り手がオークションを選択する条件は交渉市場に参加したときの期待超過利益（(7)式）と交渉市場に参加したときのそれ（(14)式）を比較した(15)式で示される。

$$\delta_{Ai}(\cdot)\left(\dfrac{n-1}{n+1}(\overline{w} - \underline{z}) + \underline{z} - z_i \right) \geq \delta_{Bi}(\cdot)\dfrac{\alpha}{2}(\overline{w} - z_i) \quad (15)$$

これを整理するとオークションが選択される条件は次のようになる。

$$\dfrac{\delta_{Bi}(\cdot)}{\delta_{Ai}(\cdot)} \leq \left(1 - \dfrac{2}{n+1}\dfrac{\overline{w} - \underline{z}}{\overline{w} - z_i} \right)\dfrac{2}{\alpha} \quad (16)$$

$$\delta_{Ai}(\cdot) = \left(\dfrac{\Delta_{Ai} G_{Ai}(\cdot)}{1 - \Delta_{Ai}(1 - G_{Ai}(\cdot))} \right), \quad G_{Ai}(\cdot) = \Pr\left(n \geq \dfrac{\overline{w} + z_i - 2\overline{w}}{\overline{w} - z_i} \right),$$

$$\delta_{Bi}(\cdot) = \left(\dfrac{\Delta_{Ai} G_{Ai}(\cdot)}{1 - \Delta_{Bi}(1 - G_{Bi}(\cdot))} \right) G_{Bi}(\cdot) = \left(\dfrac{\overline{w} - z_i}{\overline{w} - \underline{z}} \right)$$

(16)式によりどのような選択が適当かを議論してみよう。

まず，売り手である公的主体の留保価格（z_i）が相対的に低い場合，左辺は分子の $\delta_{Bi}(\cdot)$ と分母の $\delta_{Bi}(\cdot)$ がともに大きくなるので不定であるが，右辺は増加する。極端なケースで $z_i = \underline{z} = 0$ を想定すると，オークションで入札者が1

以上いる（$n \geq 1$）と想定した場合で，$G_{Bi}(\cdot) = G_{Ai}(\cdot) = 1$ であり $\delta_{Bi}(\cdot) = \Delta_{Bi}$，$\delta_{Ai}(\cdot) = \Delta_{Ai}$，である。そして，右辺は $n \geq 2$ であり，$\alpha = 0.5$ を想定すると，3分の4以上となり，オークションが選択されやすくなる。逆に公的主体の留保価格（z_i）が高く，買い手の留保価格の上限の0.6程度であり，$\underline{z} = 0$ を仮定すると，入札者が4人以上いないと右辺は負になり，オークションは絶対に選択されることはない。

以上のことから公的主体の留保価格（z_i）が低い場合オークションを選択した方がよいということになる。

次に市場が不完全の場合を考えてみよう。交渉市場で買い手を見つけることが難しい場合，左辺が相対的に小さくなる。したがって，オークションが選択されやすくなる。

これを明確にする意味で，(16)式の右辺を不変として左辺（ϕ）を市場の完全さ（U・・大きいほど完全）で偏微分し市場が完全になればこの式が成立しやすいか否かを検討する。

$$\frac{\partial \phi}{\partial U} = \frac{1}{\delta_{Ai}(\cdot)} \frac{G_{Bi}(\cdot)}{(1-\Delta_{Bi}+\Delta_{Bi}G_{Bi}(\cdot))^2} \frac{\partial \Delta_{Bi}}{\partial U} - \delta_{Bi}(\cdot) \frac{1}{(\delta_{Ai}(\cdot))^2}$$
$$\left(\frac{\partial \delta_{Ai}(\cdot)}{\partial \Delta_{Ai}} \frac{\partial \Delta_{Ai}}{\partial U} \Pr\left(n \geq \frac{\overline{w}+z_i-2\underline{z}}{\overline{w}-z_i} \right) + \frac{\partial \delta_{Ai}(\cdot)}{\partial \Pr} \Delta_{Ai} \partial \Pr\left(n \geq \frac{\overline{w}+z_i-2\underline{z}}{\overline{w}-z_i} \right) \frac{1}{\partial U} \right)$$
(17)

(17)式第1項は正であり，第2項の括弧内第1項は正，第2項は負[9]であり符号は不定である。しかし，市場が完全性によって Δ_{Ai} があまり変化しないとすれば，第2項の括弧内第1項は正の値は無視できるほど小さくなり，(17)式は正となる。

この場合，市場が完全になることにより左辺が正となり，オークションは選択されにくくなる。なお，オークションへの売り手の参加者が減少すると，交渉市場において売り手が多くなり相対的な買い手の数が少なくなって Δ_{Bi} が小さくなることから，$\delta_{Bi}(\cdot)$ が小さくなるとともに，逆にオークションへの相対

---

9) 市場が完全になると $\overline{w}$ と z_i の差が小さくなるため $\frac{\overline{w}+z_i-2\underline{z}}{\overline{w}-z_i}$ が大きくなることから確率は小さくなる。

的な買い手の数が多くなり n が大きくなることを通じて調整される。

　最後に交渉市場における交渉力（α）に関しては，売り手の交渉力が大きい（α が大きい）ほど(16)式は成立しにくくなる。すなわち，交渉市場へ参加しやすくなる。

　売り手が公的主体であることを考えると，民間である買い手と比べ留保価格が低いことが想定される。また，「かんぽの宿」のような不動産を考えると市場は不完全である。そして，公的主体は性格上民間の事業者に比べると交渉力はない。これらのことを考えると売り手が公的主体である場合はオークションを選択したほうがよい可能性が強い。

4．オークションにおける処分方法の選択

4-1　一括オークションと個別オークションの一般的な落札価格

　この節ではオークションを選択する場合，どのような処分方法が適切かを検討する。ここで検討するのは，オークションの設計といったメカニズムデザインではなく，日本郵政の「かんぽの宿」で問題となった不動産を「まとめて一括で入札するべきか」，「個別物件で入札すべきか」を検討する。

　公的主体が複数所有している不動産を $X = \{x_1, x_2, \cdots, x_n\}$ と表す。それぞれの不動産の留保価格は $\{z_{1i}, z_{2i}, \cdots, z_{ni}\}$ と表し，それぞれの買い手の留保価格の上限と下限は $\{\overline{w}_{1i}, \overline{w}_{2i}, \cdots, \overline{w}_{ni}\}$，$\{\underline{z}_{1i}, \underline{z}_{2i}, \cdots, \underline{z}_{ni}\}$ で示される。また，売却予定不動産全体の公的主体の留保価格は個別の不動産の留保価格から次のように示される。

$$z_i = \sum_{k=1}^{m} z_{ki} \tag{18}$$

不動産を全部一括でオークションを行う場合の買い手の全不動産の留保価格の上限と下限を $\overline{W}$ と $\underline{Z}$ で示すと，その上限（$\overline{W}$）は個々の不動産の留保価格の上限の合計を上回ることはなく，下限（$\underline{Z}$）は個々の不動産の留保価格の下限の合計を下回ることはない。

したがって、$\overline{W} \leq \sum_{k=1}^{m} \overline{w}_k$, $\underline{Z} \geq \sum_{k=1}^{m} \underline{z}_k$ (19)

オークションの期待落札価格は 3-2-2 の(13)式から，最低落札価格を供給者である公的主体とすると，すべての不動産をまとめて一括してオークションを行う場合次のようになる。

$$E[R(n_{all})] = \max\left[(\beta_{all}\overline{W} + (1-\beta_{all})\underline{Z}), Z_i\right] \quad \beta_{all} = \frac{n_{all}-1}{n_{all}+1} \quad (20)$$

なお下付きの添え字 *all* は全不動産という意味である。

そして，個別の不動産ごとにオークションを行った場合の合計の期待落札価格は次のようになる。

$$\sum_{k=1}^{m} E[R_k(n_k)] = \sum_{k=1}^{m} \max\left[(\beta_k \overline{w}_k + (1-\beta_k)\underline{z}_k), \underline{z}_{ik}\right] \quad \beta_k = \frac{n_k-1}{n_k+1} \quad (21)$$

p 個の不動産は $\beta_k \overline{w} + (1-\beta_k)\underline{z} > z_k$ であり，$m-p$ 個の不動産は $\beta_k \overline{w} + (1-\beta_k)\underline{z} \leq z_k$ の場合，(21)式は(22)式のようになる。

$$\sum_{k=1}^{m} E[R_k(n_k)] = \sum_{k=1}^{p}\left[(\beta_k \overline{w}_k + (1-\beta_k)\underline{z}_k)\right] + \sum_{k=p+1}^{m} z_{ki} \quad (22)$$

以下の項において各入札者が1つの不動産を落札したとき，次の入札の不動産の評価を与えない（需要曲線が水平）場合と与える（需要曲線が右下がり）場合を分けて議論する。

4-2 各入札者の需要曲線が水平の場合の一括入札と個別入札の比較

まず，各主体の需要曲線が水平の場合を議論する。そして，極めて単純化して議論をしてみよう。

次のような強い仮定を置く，すなわち，$\forall k \quad \beta_{all} = \beta_k$，$p = m$，「一括か個別かによるオークションのコストに差がないという特殊な状況」。

このような前提の下で一括オークションに対する個別にオークションの優位性は次のように表される。

第 9 章　公的不動産の処分方法に関する理論的考察

$$\beta_{all}\left(\sum_{k=1}^{m}\overline{w}_k - \overline{W}\right) - (1-\beta_{all})\left(\underline{Z} - \sum_{k=1}^{m}\underline{z}_k\right) \qquad (23)$$

$\overline{W} = \sum_{k=1}^{m}\overline{w}_k$，$\underline{Z} = \sum_{k=1}^{m}\underline{z}_k$ なら，（　）式はゼロであり差はない．この場合個別にオークションを行っても1人の人がすべての不動産を購入するということになり，一般にはありえない．

一般的には，$\overline{W} < \sum_{k=1}^{m}\overline{w}_k$，$\underline{Z} > \sum_{k=1}^{m}\underline{z}_k$ であり，個別のオークションが有利になるのは次の場合である．

$$\frac{\beta_{all}}{1-\beta_{all}} = \frac{n_{all}-1}{2} > \frac{\underline{Z}-\sum_{k=1}^{m}\underline{z}_k}{\sum_{k=1}^{m}\overline{w}_i - \overline{W}} \qquad (24)$$

(24)式によれば，入札者が相対的に多くなると個別のオークションが有利になるのに対して，入札者が相対的に少ないと一括オークションが有利になる．

この議論は極めて強い仮定に基づいているが，全体的に入札者が多い場合には個別のオークションが有利であることを示すものである．

少し仮定を緩め，一括オークションの場合と個別オークションのそれぞれの入札者数が異なることとすると，個別オークションの優位性を示す(23)式と個別のオークションが有利になる条件を示す(24)式はそれぞれ(25)式と(26)式に変更される．

$$\beta_{all}\left(\sum_{k=1}^{m}\overline{w}_k - \overline{W}\right) - (1-\beta_{all})\left(\underline{Z} - \sum_{k=1}^{m}\underline{z}_k\right) + \sum_{k=1}^{m}(\beta_k - \beta_{all})(\overline{w}_k - \underline{z}_k) \qquad (25)$$

$$\frac{\beta_{all}}{1-\beta_{all}} = \frac{n_{all}-1}{2} > \frac{\underline{Z}-\sum_{k=1}^{m}\underline{z}_k + \sum_{k=1}^{m}\frac{\beta_k - \beta_{all}}{1-\beta_{all}}(\overline{w}_k - \underline{z}_k)}{\sum_{k=1}^{m}\overline{w}_i - \overline{W}} \qquad (26)$$

個別オークションの方が一括オークションより相対的に入札者数が多くなれば，(24)式より(25)式の方が個別のオークションの有利性が強くなる．逆に一括オークションの方が相対的に入札者が多くなれば，(24)式より一括のオーク

ションが有利な方向に動く。一般には一括オークションは金額が多額となるので個別オークションの方が入札者数は多くなる。

4-3 各入札者の需要曲線が右下がりの場合の一括入札と個別入札の比較

前項の議論は，1つの不動産の落札が2つ目の不動産の入札における評価額に影響を与えないことを前提に議論していた。しかし，不動産価格は高額であり，個別の企業の需要曲線は水平と想定できるのはかなりの大企業である。「かんぽの宿」のような経営を行う主体は需要曲線は右下がりを想定した方がよいと考えられる。大企業で需要曲線は水平と想定できる企業が参加していたとしても，需要曲線が右下がりの企業が多く参加していることが考えられる。

いま，入札への参加者がたくさんの不動産を抱えられないほどの企業規模であることを前提にして議論してみよう。

議論を単純化するために，5つの企業と公的主体が売り出す不動産の数は3つとする。そしてその中には今回の「かんぽの宿」のような雇用維持の条件が付いているために留保価格がマイナスになるような不動産も含まれることを想定する。

買い手である5つの企業の3つの不動産の留保価格を次のようなマトリックスで表す。

$$\begin{Bmatrix} w_{j1}^1, w_{j1}^2, w_{j1}^3 \\ w_{j2}^1, w_{j2}^2, w_{j2}^3 \\ w_{j3}^1, w_{j3}^2, w_{j3}^3 \end{Bmatrix}$$

なお，w_{jL}^k は k 番目の不動産を L 番目に取得した場合（すでに「L-1」個の不動産を取得している場合）の買い手 j の留保価格である。

5人の買い手のマトリックスは(27)式のように示されるとする。なお，どのケースでも一様に分布が成立するよう数値を工夫し，期待落札価格が簡単に計算されるようにしている。また，「かんぽの宿」のケースを議論しやすいように，赤字経営と入札の際の雇用条件の付与などにより，公的主体だけでなく買い手の留保価格がマイナスとなる不動産が存在することを前提にしている。

第9章 公的不動産の処分方法に関する理論的考察　247

$$\text{買い手1}\begin{Bmatrix} 200, & 100, & 0 \\ 150, & 50, & -50 \\ 100, & 0, & -100 \end{Bmatrix},\ \text{買い手2}\begin{Bmatrix} 190, & 90, & -10 \\ 140, & 40, & -60 \\ 90, & -10, & -110 \end{Bmatrix},$$

$$\text{買い手3}\begin{Bmatrix} 180, & 80, & -20 \\ 130, & 30, & -70 \\ 80, & -20, & -120 \end{Bmatrix},\ \text{買い手4}\begin{Bmatrix} 170, & 70, & -30 \\ 120, & 20, & -80 \\ 70, & -30, & -130 \end{Bmatrix}, \quad (27)$$

$$\text{買い手5}\begin{Bmatrix} 160, & 60, & -40 \\ 110, & 10, & -90 \\ 60, & -40, & -140 \end{Bmatrix}$$

　売り手である公的主体の3つの不動産の留保価格はそれぞれ ｜30, 20, -100｜ であり，合計の留保価格は「-50」とする。

　全部を一括で購入する場合の留保価格については，買い手の評価が大きな不動産1を最初に，不動産2を2番目に，不動産3を3番目に取得するとして計算すると最も留保価格が大きくなるのでこれを採用する。すなわち，$W_j = w_{j1}^1 + w_{j2}^2 + w_{j3}^3$。したがって，それぞれの買い手の一括購入する場合の留保価格は次のようになる。

　　　買い手1，$W_1 = 200 + 50 - 100 = 150$,

　　　買い手2，$W_2 = 190 + 40 - 110 = 120$,

　　　買い手3，$W_3 = 180 + 30 - 120 = 90$,

　　　買い手4，$W_4 = 170 + 20 - 130 = 60$,

　　　買い手5，$W_5 = 160 + 10 - 140 = 30$

　以上の各買い手の留保価格は個別の不動産の場合も一括の場合も一様に分布するよう数値を設定している。

　買い手5人がどの場合の入札にも参加するとする。したがって $\forall k$ $n_{all} = n_k = 5$ $\forall k$ $\beta_{all} = \beta_k = \frac{5-1}{5+1} = \frac{2}{3}$ である。

　個別の不動産ごとに不動産1，不動産2，不動産3の順に入札を行う場合はそれぞれの期待落札価格は次のようになる。

不動産1　各主体の留保価格　｜200, 190, 180, 170, 160｜

　　　　期待落札価格　　$E\left[R^1(5)\right] = \frac{2}{3} \times 200 + \frac{1}{3} \times 160 = 186.7$

不動産2　各主体の留保価格は買い手1が不動産1を落札しているので

$\{50, 90, 80, 70, 60\}$

$$\text{期待落札価格} \quad E\left[R^2(5)\right] = \frac{2}{3} \times 90 + \frac{1}{3} \times 50 = 76.7$$

不動産3　各主体の留保価格は買い手1が不動産1を，買い手2が不動産2を落札しているので，$\{-50, -60, -20, -30, -40\}$

$$\text{期待落札価格} \quad E\left[R^3(5)\right] = \frac{2}{3} \times (-20) + \frac{1}{3} \times (-60) = -33.3$$

それらの落札価格の合計は　$186.7 + 76.7 - 33.3 = 230$

次に一括で入札を行う場合の期待落札価格を求める。

各主体が一括で不動産を購入する場合の留保価格は　$\{150, 120, 90, 60, 30\}$であるので，

$$\text{期待落札価格は} \quad E\left[R_{all}(5)\right] = \frac{2}{3} \times 150 + \frac{1}{3} \times 30 = 110 \quad \text{となる。}$$

必ずしも一般的でないかもしれないが，このケースでは個別にオークションを行った方が期待落札価格の合計は大きくなる。

このケースにおいて一括でオークションを行う場合が有利となる可能性を検討する。

1つは個別にオークションを行うと時間とコストが一括よりかかる可能性がある。いま1つは最低落札価格の問題である。

先に仮定したように公的主体の3つの不動産の留保価格はそれぞれ$\{30, 20, -100\}$であり，最低落札価格を留保価格とするならば，個別の不動産についてオークションを行った場合，すべて期待落札価格は最低落札価格を上回っている。しかし，最低落札価格が国民等の目から妥当な価格でなければならないとすれば，公的主体の留保価格を最低落札価格とすることはできない。少なくともマイナスの落札価格は認められない。

仮に不動産3の最低落札価格をゼロとすると，不動産3は落札されないので，公的主体は-100の価値はもち続けなければならない。落札される不動産と落札されない不動産の価値を合計すると合計の期待価値は$163.4 = 186.7 +$

76.7 − 100 となり，まだ個別のオークションの方が有利である。しかし，公的主体の不動産 3 の留保価格が − 153.4 以下であれば一括オークションの方が有利になる。すなわち，公的主体が処分できずに所有を継続せざるをえないような場合に大きな負担を強いられるようなときは，その不動産を処分するために一括オークションを採用することが適当な場合もある。一括オークションは個別で行う場合のマイナスの落札価格を隠す方法でもある。

また，3 つの不動産の最低落札価格が ｜30, 80, 0｜ で合計 110 であった場合，落札されるのは不動産 1 だけである。不動産 2 と 3 はもち続けなければならないので，期待される価値は留保価格になる。このとき合計の期待価値は 106.7 = 186.7 + 20 − 100 となり，一括でオークションした方が有利となる。

想定した各入札者の不動産に対する需要曲線が右下がりのケースでは，最低落札価格を売り手の留保価格にした場合，個別オークションが前項の分析（需要曲線が水平）より有利になる。ただし，最低落札価格が売り手の留保価格より高い設定が行われた場合あるいは少なくとも落札価格がゼロ以上とした場合は必ずしも個別オークションが有利とはならない。

4–4 この節のまとめ

前項までの分析をまとめると，1 つの不動産を取得した場合，他の不動産の留保価格に影響を与えないことを前提とし（各入札者の需要曲線が水平），最低落札価格を設けないとすれば，入札者数が多いほど個別オークションを選択すべきということになる。ただし，個別オークションの場合と一括オークションの場合の入札者数が異なるとき，相対的に入札者数が多くなるオークションの方法を選択する可能性が大きくなる。

4–3 のように 1 つの不動産を取得した場合，他の不動産の留保価格が低くなることを前提にすれば（各入札者の需要曲線が右下がりのより一般的なケース），最低落札価格を売り手の留保価格とし，落札価格がマイナスとなることを認めれば個別オークションが有利になる。ただし，最低落札価格が売り手の留保価格より高く設定された場合，あるいは落札価格がマイナスとなることを認めない

場合は必ずしも個別オークションが有利とはならない。また，この節の分析ではオークションを行うコストを考慮していないことは注意すべきである。

5. おわりに

本論文において，公的主体が複数の不動産を処分しなければならない場合どのような処分方法を選択した方がよいかを検討している。具体的には，交渉市場で処分（いわゆる随意契約）すべきか，オークション（入札）で処分すべきかを検討し，次にオークションで処分する場合一括（バルク）オークションか，個別オークションかを検討する。なお，検討は理論的モデルによるものであり，売り手，買い手の留保価格が一様に分布していることを仮定した上で，交渉市場で売却した場合の期待取引価格とオークションで処分した場合の期待落札価格を検討する。

交渉市場で処分（いわゆる随意契約）すべきか，オークション（入札）で処分すべきかの検討では次の結論を得た。1）売り手である公的主体の留保価格（z_i）が相対的に低い場合オークションが選択されやすくなる。逆に公的主体の留保価格（z_i）が高いとオークションは選択されにくい。公的主体が売り手の場合は留保価格が低い場合が多い。2）市場が不完全の場合は交渉市場で買い手を見つけることが難しく，オークションが選択されやすくなる。今回の「かんぽの宿」のケースでは市場が不完全な場合と考えてよい。3）交渉市場における交渉力（α）に関しては売り手の交渉力が小さい（αが小さい）ほどオークションを選択しやすくなる。公的主体は必ずしも交渉力があるわけではない。

以上の検討から公的主体が売り主である場合交渉市場でなくオークションを選択する合理的理由がある。

次に，オークションを選択する場合，複数の不動産を個別にオークションをした方がよいか，一括（バルク）でオークションを行うのがよいかを検討した。

1つの不動産を取得した場合，他の不動産の留保価格に影響を与えないことを前提（各入札者の需要曲線が水平）に議論したとき，最低落札価格を設けないとすれば，入札者数が多くなると見込まれるほど個別オークションを選択すべ

きということになる。ただし，個別オークションの場合と一括オークションの場合の入札者数が異なるとき，相対的に入札者数が多くなるオークションの方法を選択する可能性が大きくなる。

　1つの不動産を取得した場合，他の不動産の留保価格が低くなる（各入札者の需要曲線が右下がり）より現実的な議論をした場合，最低落札価格を売り手の留保価格（落札価格がマイナスとなることを認める）としたとき個別オークションが有利になる。ただし，最低落札価格が売り手の留保価格より高い設定が行われた場合，あるいは落札価格がマイナスとなることを認めない場合は必ずしも個別オークションが有利とはならない。

　個別にオークションをした方がよいか，一括（バルク）でオークションかは一言では言い難いが，売り手である公的主体が有利となるオークションは，最低落札価格を公的主体の留保価格とすること，すなわち留保価格が赤字経営でマイナスであれば，落札価格がマイナスであることも認める方向で考えると，個別にオークションを行うことが適当である。一括（バルク）でオークションを行った場合不良な不動産も買い手が一括して購入することになり，全体で安い落札価格になることが容易に想定される。

Appendix 1　留保価格の決定について

　2.3において売り手と買い手の留保価格を次のように定義した。左辺は留保価格で取引した場合の取引の利益，右辺がアウトサイドオプション行使の期待利益である。

$$z_i - V_{si} = \delta(\cdot)\left(\int_{z_i}^{\overline{w}} (p(w,z_i) - V_{si}) f(w|w \geq z_i) \, dw\right)$$
$$V_{bj} - w_j = \delta(\cdot)\left(\int_{\underline{z}}^{w} (V_{bj} - p(w_j,z)) f(z|z \leq w_j) \, dz\right) \quad ①$$

取引価格（$p(w,z_i)$, $p(w_j,z)$）に関して3-1のA4)式で仮定したように，誰とマッチングするかわからないがマッチングしたら相手方の留保価格を知っているものとし完備情報下で交渉するとして，次のように買い手の留保価格と売り手の留保価格の一次線形式で表されると仮定する（Appendix 2を参照）。

$$p(w,z) = \alpha w + (1-\alpha)z \quad ②$$

2-2で示した仮定1（留保価格の一様分布の仮定）の下で，売り手の留保価格の下限（$\underline{z}$）と買い手の留保価格の上限（$\overline{w}$）を明らかにすれば各主体の留保価格の分布が明確になる。

　そして，仮定1および仮定2（交渉市場における取引成立確率に関する仮定）と上記取引価格に関する仮定（②式）の下で，売り手の留保価格の下限（$\underline{z}$）と買い手の

留保価格の上限（$\overline{w}$）は，z_i を $\underline{z}$ に，w_j を $\overline{w}$ に，V_{si} を $\underline{V_s}$（供給価格の下限）に，V_{bj} を $\overline{V_b}$（需要価格の下限）に置き換え，①式を解くと次のようになる。

$$\underline{z} = \frac{2(1-\delta(\cdot))}{2-\delta(\cdot)(2-\alpha)}\underline{V_s} + \frac{\alpha\delta(\cdot)}{2-\delta(\cdot)(2-\alpha)}\overline{w}$$

$$\overline{w} = \frac{2(1-\delta(\cdot))}{2-\delta(\cdot)(1+\alpha)}\overline{V_b} + \frac{(1-\alpha)\delta(\cdot)}{2-\delta(\cdot)(1+\alpha)}\underline{z} \qquad ③$$

$\overline{V_b} > \underline{V_s}$ を仮定すると，供給価格の下限値をもつ売り手，需要価格の上限値をもつ買い手の取引成立確率はゼロでないので，完全競争市場の場合 $\Delta = 1$ から $\delta(\cdot) = 1$ となり，$\underline{z} = \overline{w}$ となる。買い手の留保価格の上限と売り手のそれの下限が一致しているので，市場参加可能なすべての売り手と買い手の留保価格は同一となる。すなわち，

$$\forall i,j \quad z_i = w_j = \underline{z} = \overline{w}.$$

なお $\forall i,j \quad V_{si} > \overline{w}, V_{bj} < \underline{z}$ の供給価格，または需要価格をもつ主体は市場に参加できない。

逆に $\delta(\cdot) = 0$ の場合，$\underline{z} = \underline{V_s}$，$\overline{w} = \overline{V_b}$，また，(1)式から $z_i = V_{si}$，$w_j = V_{bj}$ となる。$1 > \delta(\cdot) > 0$ の一般的なケースにおいて，市場がより不完全になり $\delta(\cdot)$ が小さくなるほど(3)式から $\underline{z}$ は下落し，(4)式より $\overline{w}$ は上昇して両者の乖離は大きくなる。

$$\frac{\partial \underline{z}}{\partial \delta(\cdot)} = \frac{-2\alpha}{(2-\delta(\cdot)(2-\alpha))^2}(\underline{V_s} - \overline{w}) > 0 \qquad ④$$

$$\frac{\partial \overline{w}}{\partial \delta(\cdot)} = \frac{-2(1-\alpha)}{(2-\delta(\cdot)(1+\alpha))^2}(\overline{V_b} - \underline{z}) < 0 \qquad ⑤$$

なお，留保価格の一様分布の仮定との整合性を採るため，および市場選択に関する議論の複雑化を避けるために以下のことを仮定する。

$$\partial\left(\frac{\overline{w}-\underline{z}}{\overline{w}-\underline{w}}\right)\frac{1}{\partial\Delta} = 0, \quad \partial\left(\frac{w_j-\underline{z}}{\underline{z}-\underline{z}}\right)\frac{1}{\partial\Delta} = 0 \qquad ⑥$$

Appendix 2　Rubinstain モデルによる完備情報下の取引価格の決定

Rubinstain の完備情報下の交渉モデルの解を A 2) 式のように一次結合の形で表現できる。Rubinstain は交渉により配分すべきパイ（合計の利益）の大きさを 1 として議論するが，前川（2003）にしたがって，パイの大きさを登録価格マイナス売り手の留保価格（$\overline{S_i} - s$）とすると，完備情報下の交渉解は次のとおり示される。なお，δ_s と δ_b はそれぞれ供給者と需要者の一手番にかかる割引因子である。

売り手が第一価格提示者の場合　　$p_s = \alpha_s \overline{S_i} + (1-\alpha_s)s$

なお，$\alpha_s = \frac{1-\delta_b}{1-\delta_b\delta_s}$ 　　　　　　　　　　　　　　　　　①

買い手が第一価格提示者の場合　　$p_b = (1-\alpha_b)w + \alpha_b z$

なお，$\alpha_b = \frac{1-\delta_s}{1-\delta_b\delta_s}$ 　　　　　　　　　　　　　　　　　②

交渉市場でのマッチング後の第一オファーを売り手が行う場合①式の形で取引価格が，買い手が第一オファーをするとすれば，②式の形で取引価格を示すことができる。①または②式のケースで $\delta_s > \delta_b$ であり，それらが1に限りなく近い場合は α_s は限りなく 0.5 に近くなる。以下ではこれを想定して議論する。$\delta_s > \delta_b$ の場合 α_b は小

さくなり，その差が大きくなるほどゼロに向かう．逆に $\delta_s > \delta_b$ の場合 α_b は大きくなり，その差が大きくなるほど 1 に向かう．

参 考 文 献

前川俊一（1997）「土地市場に関する不完備情報下の逐次交渉ゲーム」（『応用地域学研究』No. 2) 145-158 ページ．

―――――（2003 a)「不動産市場における取引価格のばらつきと社会的な損失」刈谷・藤田編『不動産金融工学と不動産市場の活性化』東洋経済新報社，67-96 ページ．

―――――（2003 b)『不動産経済学』プログレス．

―――――（2005）「不完全な不動産市場における供給者の市場選択」（『季刊住宅土地経済』冬季号）18-27 ページ．

―――――（2006）「不動産市場における供給者の市場選択と公共政策」『現代経済システムと公共政策』中央大学出版部．

―――――（2008）「非完備市場における各主体の市場選択：サーチ Versus オークション」（『Meikai University Discussion Paper Series』No. 22）．

Arnold, M. A. and S. A. Lippman (1995), "Selecting Institution : Auction Versus Sequential Search", *Economic Inquiry*, Vol. 18, pp. 1-23.

Hong, H. and M. Shum (2003), "Econometric models of asymmetric ascending auctions", *Journal of Econometrics,* 112, pp. 327-358.

Krishna, V. (2002), *Auction Theory*, Academic Press.

Lippman, S. and J. McCall (1976), "The Economic of Job Search ; A Survey", *Economic Inquiry,* XIV, pp. 155-189.

Menezes, F. M. and P. K. Monteiro (2005), *An Introduction to Auction Theory,* Oxford.

Milgorom, P. R. and R. J. Weber (1982), "A Theory of Auctions and Competitive Bidding", *Econometrica,* 50, pp. 1089-1122.

Mayer, C. J. (1995), "A Model of Negotiated Sales Applied to Real Estate Auction", *Journal of Urban Economics,* 38, pp. 1-22.

Muthoo, A. (1999), *Bargaining Theory with Application,* Cambridge University Press.

Quan, D. C. (2002), "Market Mechanism Choice and Real Estate Disposition : Search Versus Auction", *Real Estate Economics,* Vol. 30, pp. 365-384.

Rubinstain, A. (1985), "A Bargaining Model with Incomplete Information about the Preferences", *Econometrica,* 53, pp. 1151-1172.

――――― (1982), "Perfect Equilibrium in a Bargaining Model", *Econometrica,* 50, pp. 97-109.

Muthoo, A. (1999), *Bargaining Theory with Application,* Cambridge University Press.

Wang, R. (1993), "Auction versus Posted-Price Selling", *The American Economic Review,* Vol. 83, No. 4, pp. 838-851.

第 4 部

諸外国における制度改革と経済政策

第 10 章

北欧に見る労働市場改革と社会保障
——レーン゠メイドナー・モデルとその発展——

1. はじめに

　今回の深刻な不況の影響もあって，アメリカ型の経済成長方式への疑問が生じ，アメリカでも日本でも政権が変わり，政策転換が生じている。代わって福祉・環境・労働市場改革を重視する北欧（オランダも含む）型の経済成長方式への関心が日本では高くなっている。福祉・環境を重視する北欧の経済成長方式と社会保障については他の稿で扱ったので（丸尾，2009年3月，2009年4月），この章では，北欧の労働市場政策の理論と実際を紹介し，労働市場の改革が社会保障の改革と経済成長のために不可欠なことを示す。このことがまだ日本では十分に理解されていない。

　日本はまだ労働市場改革ともいうべきものを経験していないが，不況で雇用問題の解決が急務となっている今こそ労働市場改革で経済の再生を図るべきである。今の日本では①不況にともなう雇用経済の安定政策として，②生産性向上のため，③経済のグローバル化・市場化にともなう賃金格差拡大に対処するため，そして④社会保障財政改善のためにも労働市場改革が要請されている。

　この章では北欧特にスウェーデンの労働市場政策を検討して，日本の直面する経済的諸問題を同時に改善し，経済を活性化する政策の一環としてその理論

と経験が有益であることを示唆する。

2. なぜ今労働市場改革か——労働市場政策の目的——

筆者がスウェーデンを最初に訪れたのは，1963年であったが，そのとき北欧の政策で特に印象に残ったのは社会保障と労働市場政策だった。以来，40回ほどスウェーデンを訪れる機会があり，スウェーデンの経済・福祉・環境・労働市場について調査し，調査結果を発表してきた。

北欧の高い水準の社会保障制度はわが国でも1960年代以降，大いに注目され，多くの視察団が訪れ，数多くの報告や著作が発表されている。しかし，日本では長い間，完全雇用に近い時代が長かったためか，北欧の労働市場政策の意義と成果は，社会保障の場合に比して，注目されてこなかった。

労働市場改革ともいうべきものを経験していない日本にとって，北欧の労働市場政策は，現在，行き詰まりの感のある日本経済を再生する政策として，次のような点で役立つと推定される。

2-1　生産性向上——経済効率化——のために

第1に，経済の効率化のために労働市場改革は不可欠である。日本の経済は今日でも二重構造であり，規模でいえば労働生産性の高い国際的大企業と労働生産性の低い中小企業が並存している。産業でいえば，国際競争に曝されていて生産性が高い第2次産業の製造業の大企業部門と生産性が低い第1次産業とサービス産業が並存している。そしてこうした低生産性部門が存在するがために，日本経済全体の労働生産性が国際的にも上位にならない理由となっている。このことは日本生産性本部と社会経済国民会議が度々指摘してきていることであり，同本部が毎年発表する『生産性の国際比較2008年版』にも端的に現れている。

社会経済生産性本部の2008年の生産性国際比較では，名目の製造業の生産性は図10-1のとおりであり，日本は12位であるが，1人当たりGDPを当時

の為替レートに換算し比較すると順位が下り，20位前後である。この差は先に述べたとおり，第1に，サービス産業と第1次産業の労働生産性が低いためである。第2に，規模別に見れば，中小企業の労働生産性が大企業に比べて低いからである。

経済全体の生産性は高生産性部門と低生産性部門の生産性の加重平均であるから，高生産性部門の生産性が高くても，低生産性部門の生産性が低く，しかもその比重が高い限り，経済全体の生産性は高くならない。日本では，高生産性部門（製造業の大企業部門）の生産性は世界に誇るほど高いが，低生産性部門の生産性が低く，しかもそのウェイトが先進工業国としては大きい。

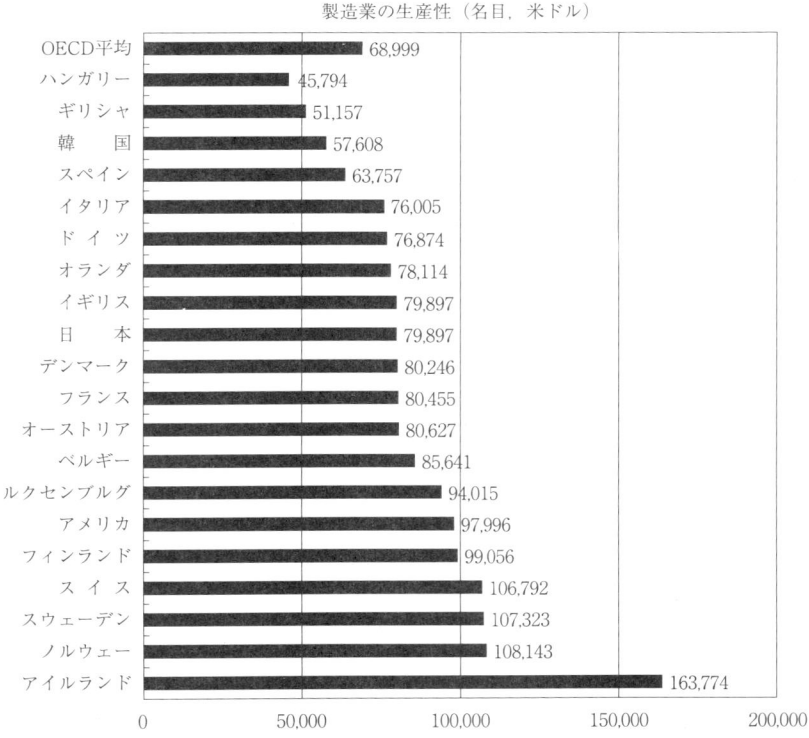

図10-1 製造業の生産性の国際比較

製造業の生産性（名目，米ドル）

OECD平均	68,999
ハンガリー	45,794
ギリシャ	51,157
韓 国	57,608
スペイン	63,757
イタリア	76,005
ドイツ	76,874
オランダ	78,114
イギリス	79,897
日 本	79,897
デンマーク	80,246
フランス	80,455
オーストリア	80,627
ベルギー	85,641
ルクセンブルグ	94,015
アメリカ	97,996
フィンランド	99,056
スイス	106,792
スウェーデン	107,323
ノルウェー	108,143
アイルランド	163,774

（出所）社会経済生産性本部『生産性の国際比較』2008年。

このことがわかれば，経済を効率化して日本をより豊かにするために生産性格差を縮小することと，低生産性部門の縮小で経済全体の平均生産性を引き上げることが，日本をより豊かにするために不可欠であることが理解される。

部門間の顕著な生産性格差の存在と格差是正の必要性が度々指摘されながら，改善が見られなかった1つの理由は，労働市場で賃金・労働条件の格差があることが容認されており，高生産性部門と低生産性部門の間で労働移動が行われにくく，二重構造経済だったからである。労働市場が1つであり，市場機能が十分働いていれば，「一物一価の法則」で，「同一労働同一賃金」が実現するはずである。賃金格差が大きいことはその意味で日本の労働市場は市場化が最も遅れている分野の1つである。

この問題に対処する上で参考になるのが1950–60年代のスウェーデン型の労働市場改革である。スウェーデンでは，低生産性部門での低賃金を認めない連帯賃金制度を守ったので，生産性の低い部門の企業が淘汰された。そこで失業した労働者に失業手当に見合う給付をして職業訓練を受けさせて転職を促した。これを行ったところに，1950–60年代のスウェーデンの積極的労働市場政策の最大の特徴の1つがある。もう1つの大きな特徴は，雇用と物価の同時安定を目指しある程度，成功したことである。

2–2　労働者間の賃金・処遇格差是正のため

労働市場の改革が今日，必要とされるのは，第2に，労働者間の賃金や身分格差ともいえる処遇格差を是正して公正を維持するためである。今日の日本では，高生産性部門と低生産性部門との間だけでなく，正規雇用者と全労働者の3分の1を占める非正規労働者との間にも賃金額はもとより賃金率（時間当たり賃金）と社会保険・福利厚生給付にも身分的ともいえる処遇格差がある。公正の観点からも効率を重視する市場原理の観点からも許容できないこうした大きな賃金・処遇格差を是正するためにも労働市場改革が必要である。スウェーデンでは労働市場政策の一環として連帯賃金制をとり，産業間，企業規模間の大きい賃金格差が生じないようにした。スウェーデンでは男女間の賃金格差も

小さいことで知られている。

　このスウェーデンの連帯賃金は労働市場政策のピーク時に比べると後退したが，オランダでは，1996年に「労働時間差による差別禁止」を定めた法律を導入し，フルタイム労働とパートタイム労働の賃金率の差が原則的になくなった。この改革の後，有利になったパート労働就業者が増え，パート労働者の比率は1997年には3分の1以上，就業者の38％がパート労働者が占めた（長坂，2000）。日本でも労働者の3分の1がパートや派遣などだという点で，日本はオランダと似ているが処遇方法は対照的である。日本では低賃金や雇用上の身分差は低生産性部門が生き残るためには止むをえないと信じられているが，適切な労働市場改革で正規対非正規，常勤対非常勤あるいはパート，男性対女性などの賃金率格差と処遇格差を是正すれば，就業者が増え，1人当たりGDPが増える可能性があることをスウェーデンやオランダの経験は示唆する。

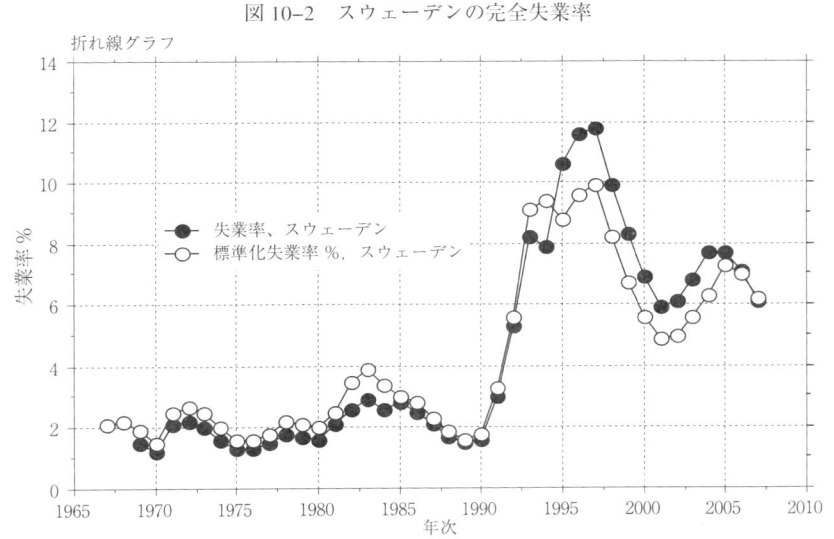

図10-2　スウェーデンの完全失業率

（注）非正規労働者であるという点では似ているが，労働者間に大きな賃金・処遇格差がある。

（出所）OECD Economic Outlook.

オランダは，この労働市場の改革を労使の全国組織の代表の合意（ワッセナーの合意）に基づいて全国的に行った点でもスウェーデンの労働市場改革と通ずるところがある。

古典派および新古典派理論では，労組などの力で賃金が硬直的であれば，失業が生ずるということになっているが，実際には労働市場政策が積極的に行われていた1950年代後半および60年代から80年代の北欧の失業率は相対的に低かった。しかし，1990年代初めのバブル崩壊によりその長所はかなり失われ（図10-2参照），他方，1996年に労働市場改革を行ったオランダでは失業率が顕著に低下した。

2-3　インサイダー・アウトサイダー・モデルと失業

労働市場政策の本来の目的は，失業を克服し雇用の安定を図ることである。その失業は総需要の不足で起こるが，総需要不足で起こる失業にはケインズ的総需要拡大というマクロ政策で対処できる。

労働市場政策は市場の不完全性で生ずる失業にも対処できるところに特徴があるが，労働市場の不完全性は，労働市場への情報提供，労働力のミクロ的需給調整などで対処できる。労働市場の不完全性は，情報の不完全性，労働移動の制約などのほか，労組が市場の均衡賃金以上に賃金を高くしているからだという説が，ケインズ-ピグー論争の時代からある。しかし，スウェーデンの指導的経済学者であったアサール・リンドベック等が指摘したように，強力な労組が失業の原因だとする論は，「労組が非常に弱い社会や労組が全く存在しない社会でも失業が存在するという事実によっても限界があることが示される」（Lindbeck, 1993）という。したがって彼は，古典派経済学的立場はとらないが，インサイダー・アウトサイダー・モデルと呼ばれるモデルで，労組が失業の原因になりうる場合を説明する。その説明によると，労働組合員は，労働者全体の利益でなく，労組組合員（インサイダー）の利益を重視し，非組合員（アウトサイダー）の利益は軽視するので，賃金や雇用条件に格差が生じ，失業も生ずるという。

このインサイダー・アウトサイダー・モデルを日本にアナロジカルに適用すれば，企業別労組に加入している日本の大企業の正規労働者はインサイダーであり，中小企業の労働者と大企業でも非正規労働者はアウトサイダーであり，経営状態が悪化した場合にまず犠牲になるのはアウトサイダーの労働者である。ただ日本の場合は，アウトサイダーの労働者に失業を強いるよりも低労働条件を強いることが多い。非正規労働者は企業内のアウトサイダーともいえる。

2-4　雇用安定と物価安定の両立のために

　北欧諸国で労働市場政策を導入した当初の強い動機は，後に述べるように，雇用と物価の同時安定を実現するためであった。今日の先進諸国では，物価は安定しているので，物価安定は労働市場改革のそれほど重要な動機にはならないが，雇用の安定は以前にも増して重要な課題である。

　労働市場では労働力の供給者の労働者と需要者である企業との間に情報の格差がある上に，交渉力にも大きな格差があり，市場が機能していない。政策的介入があって初めて労働市場で市場が機能するのである。スウェーデンなど，積極的労働市場政策が行われている北欧諸国では，労働市場でも市場機能が働いて，「同一労働同一賃金」に近い状態になり，賃金格差は小さい。その上，経済は効率的で労働時間が短い割には労働生産性が高く，1人当たりGDPも大きい。こうした複数の政策目的を効果的に実現できた1つの原因は，効率，雇用・物価安定という基本的経済政策目的と労働組合が要請した連帯賃金による公正という目的を同時に実現する労働市場政策が成果をあげたためである。

2-5　社会保障財政健全化のため

　筆者は，長年，スウェーデンの学者グループと経済・福祉・労働政策に関して共同研究をしてきており，すでに3冊の編著を英文で出版しているが，共同研究の相手の学者の中心は労働市場と社会保障の専門家であった。その2冊目の本 *Economic Policy and Labour Market* の共編者がストックホルム大学の

SOFI（社会問題研究所）のエスキル・ワーデンショー（Eskil Wadensjo）教授であった。その地位こそ，積極的労働市場政策の提唱者だったG. レーンが就いていた地位である。筆者の3冊目の英文編著『福祉政策と労働市場』（丸尾，アンドレ・ビョルクルンド，カール・レグラント編）はまさに社会保障と労働市場の関係を扱ったものであるが，その本でもワーデンショー教授は2つの章を書いている。その編著を up-to-date にして共編著として翻訳出版したのが，丸尾，カール・レグラント，レグラント塚口淑子編著『福祉政策と労働市場』（2009年）である。

1964年に北欧を訪れた時から，筆者は北欧の労働市場政策の独自性に注目して，何回か論文を書いてきたが（丸尾，1965，1981，1987，1992），特にこの本を編集する過程で，社会保障改革に労働市場改革が不可欠であり，両者の一体的改革が特に今日の日本で必要だと考えるようになった。今日，日本で労働市場改革を研究するに際しては，1960年代当時の政策目標に加えて，社会保障財政との関係に触れることが不可欠である。

2-6　社会保険の普遍化と費用負担者ベースの拡大のため

どういう意味で不可欠かというと，同じ公費を使うなら，失業手当や生活保護のような社会保障に使うよりも「welfare to work」でそれまで失業手当や年金を受給していた人を就業させることにつかう方が，GDPを大きくし，社会にとっての費用を安くする蓋然性が大きいからである。また労働市場政策で社会保障受給者だった人が税金と社会保険の負担者になれば，社会保障給付費が減り，社会保障の収入が増えるので社会保障財政の健全化に寄与する。特に年金制度財政にプラスに影響する。年金財政を改善する政策変数は基本的には3つである。すなわち，①年金給付率（所得代替率）引き下げ，②年金保険料率引き上げに加えて，③年金依存人口比率（年金受給者数の年金の費用負担者に対する比率）の上昇の緩和であるが，多くの先進工業国では①②は限界に達したとの認識から，社会保障財政改革の焦点は③に移りつつある。人口の少子・高齢化で年金給付を受け取る人は増え続けるが，その費用負担者は減少しつつあ

る。そこで人々の就業率を高め，しかも，パートや非正規労働者も社会保険加入を原則とすることが，社会保障財政の困難を緩和させる当面の道であるが，それを可能にするには積極的労働市場政策が必要になる。すなわち社会保障給付費の受給者を費用負担者に変え，人口高齢化にともなう年金依存人口比率の上昇を緩和することが，年金財政の健全化のために必要になる。

2-7　非正規労働者の正規化——排除から包摂へ——

　社会保険と税の対象者層を拡大することが社会保障財政の健全化のために必要だが，社会保険料を払わない非正規の労働者の比重が高くなると，社会保障の安定財源が期待できなくなる。だからそうならないためには，非正規労働者という身分的格差をなくして，すべての就業者が，原則として社会保険に加入する普遍的保険制度にすることも必要である。

　日本では労働市場における社会的弱者ともいうべき労働者の賃金を低くするだけでなく，社会保険，企業福祉などからも排除してきた。非正規労働者，特に女性，パートの女性，定年後の高齢者，障害者，外国人労働者を社会的に排除（exclude）してきた。この社会的に排除されてきた人々を労働市場に参加・包摂（inclusion）して就業できるようにすることがこれからの労働市場改革の方向であろう。そのことによって①就業率が上昇し，税・社会保険の負担者ベースが拡大すれば，そして②賃金・処遇の改善で就業者が増え，③低労働条件に依存して成立している低生産性部門を縮小させることができれば，日本経済にもプラスになる面も出てくる。

2-8　出生率回復にも労働市場改革は必要

　長期的に社会保障給付の依存者人口比の上昇を緩和するには出生率を回復させ，将来の就業人口を増やす必要があるからである。この点でも雇用政策と社会保障は関係する。

　さらに失業保険給付という社会保障支出は，同時に雇用政策そのものの一環でもある。このように雇用政策あるいは労働市場政策は社会保障と密接な関係

にあるが，スウェーデンで労働市場政策が導入された1960年代には，社会保障との関連はそれほど意識されておらず，社会保障との関連で労働市場政策が重視されるようになったのは，比較的最近のことである。

スウェーデンの労働市場政策は，1950-60年代に，実践的政策の試行錯誤的経験から生まれたものであり，生産性（＝効率）向上，労働者間の分配の公正，雇用と物価の安定という複数の目的を同時に実現しようとするものであった。その政策に理論的根拠を与えたのが，レーン＝メイドナー・モデルといわれる理論である。

このレーン＝メイドナー・モデルを説明する前に，スウェーデンの積極的労働市場政策とは何かを説明することにしよう。

3. スウェーデンの労働市場政策の特徴

3-1 スウェーデンにおける労働市場政策発展の歴史

スウェーデンの労働市場政策のはじまりは第2次大戦前にまでさかのぼるが，中央政府の組織として労働市場庁（Arbetmarknadsstyrelsen 略してAMS，英語ではLabour Market Boardと訳される）が政府に設置されたのは1948年であった。

しかし，労働市場庁の委員長のAxel Rubstadの影響もあり，当初，労働市場政策に対しては消極的であり，労働市場庁の職員を減らすことを勧告するなど，障害者雇用に関して以外は労働市場政策にあまり積極的ではなかった。全国労働組織（Landsorganizationen i Sverige 以下略してLO）の影響力もそれほど強くなかった。

一方，LOは1951年に後にレーン＝メイドナー・モデルとなる政策の概要を述べた報告 The Trade Union Movement and Full Employment（Meidner, Rehn et al., 1953）を発表したが，その頃から，労組の影響もあって労働市場政策に積極的になった。

3-2 スウェーデンの労使関係と労働市場の特徴

労働市場政策が有効に機能するには，労使の協力が必要であるが，スウェー

デンにはその条件が備わっていた。スウェーデンの労使関係の特徴は，労使ともよく組織されており，労使のコミュニケーションもよく，労使間に比較的ストライキなどの紛争が少ないことである。

労働者は現場のブルー・カラー労働者中心の LO，ホワイト・カラーのサラリーマンの TCO，専門職のサラリーマンの SACO，それに公務員全国連合 (SR) があり，全労働者の約 8 割が組合に組織されている。これとは別に TCO が中心となって組織した労使交渉カルテル PTK を結成している。他方，経営者側は，SAF という経営者団体を組織して，団体交渉にあたる。スウェーデンでは公的部門でも団体交渉が行われるので，経営側に公的部門 (国，自治体，国家会社) の交渉機関がそれぞれある (丸尾，1987)。スウェーデンでは 1966 年以降，すべての公務員はストライキ権を含む団体交渉権をもっている。

スウェーデンでは団体交渉機関がこのようによく組織されている上に，労働者の経営参加も発達している。経営参加も労働者が重役会のメンバーになる労働者重役制と，事項によっては共同決定権のある職場の労使協議制もある (スウェーデンにおける 1950-70 年代の労働者組織と労働者参加に関しては丸尾・永山著，1975)。そのほか労働側の権限が強い職場の労働環境オンブツマン制度を，従業員 25 人以上の職場では設置することが義務づけられている。オンブツマンとはスウェーデン語で代表者という意味であり，オンブツマンという制度は，本来は国の法律が遵守されているかどうかを見守るために国会によって任命される職であったが，後に法律の遵守を見守る代表者ということで，職場でも普及したものであり，正式のオンブツマンとは異なる。

その職場オンブツマンも元は職場の安全を守る職場安全オンブツマンであったのが，職場環境オンブツマンになり，職場の安全や労働環境を保全改善する上で役割を果たしている。

3–3 労働市場庁の組織の独自性

労働市場庁はその組織もユニークであり，官庁といってもその事実上の決定機構は styrelsen と呼ばれる委員会であり，労使などの利害関係団体の代表か

ら構成される。しかも，それは日本のような政府の審議会ではない。それは会社でいえば取締役会（board）であり，その他の組織では理事会であり，事実上の決定権をもつ委員会である。

3-4 スウェーデンの雇用政策と関連政策の歴史

スウェーデンの労働市場政策発展の背景を知るために，関連する歴史的事件や政策を参考までに示しておく。

表 10-1 スウェーデンの労働市場政策と関連する政策の歴史

1889 年	スウェーデン社会民主労働党成立
1898 年	LO（スウェーデン労働組合全国組織）成立
1902 年	SAF（スウェーデン経営者連盟）設立
1905 年	経営者連盟，経営者独自の権利として雇用と解雇の権利銘記
1906 年	全国労使代表による労使関係の協定成立（12 月の妥協）
1909 年	労使最初の大規模争議（ストライキとロックアウト）生ずる
1912 年	労組が社民党等と共同で労働者教育協会（ABF）をつくる
1918 年	週労働時間 48 時間法成立
1919 年	労使関係法成立
1920 年	産業民主主義委員会設立
1923 年	産業民主主義委員会多数派報告発表。労使代表による委員会を企業に設置することを提言。しかし，SAF の反対で実現せず
1923 年	団体協約法成立
1928 年	労働裁判所法（主として労使の団体協約を巡る裁判を行う）成立
1933 年	社会民主党絶対多数政権成立
1934 年	社会民主党政権，不況対策として公共事業拡大によるケインズ的不況対策を実施
1935 年	労使代表（労使のナショナル・センター）による「基本協約」（通称サルシェバーデン協約）成立。労使間の紛争をできる限り自主的平和的に解決しようとの合意成立
1942 年	職場の安全に関する全国協定成立
1943 年	職業訓練に関する全国協定成立
1946 年	企業に労使協議会を設置することに関する労使全国協定成立
1948 年	労働市場庁（AMS）設立
1949 年	労働者保護法（労働安全法）成立
1951 年	LO，レーン＝メイドナー政策案を受け入れる報告を承認
1960 年	国民基礎年金＋報酬比例型付加年金の二階建ての公的年金制度成立

1960 年	職業保健国家研究所設立
1967 年	産業安全と職業の保健サービスに関する全国労使協定成立
1968 年	職場の保健サービスに関する王立委員会の報告発表
1969 年	労使協力のための発展委員会を労使の全国代表の協約により設置
1969 年	LO，労働環境に関する調査を実施
1969 年	IO・社会民主党との共同政策プログラムで『よりよい労働環境』を発表
1970 年	労働環境に関する王立委員会設置
1970 年	職業安全保健全国ボード設置
1971 年	LO『労働組合運動と職場環境』を全国大会で採択
1971 年	障害者・高齢者など雇用困難者支援のための適応調整（adjustment）グループを従業員 50 人以上の企業に設置することを決める
1972 年	ストックホルムで国連人間環境会議が開かれ，スウェーデンは労働環境に関する報告を提出
1973 年	第 1 次石油危機
1973 年	労働環境に関する王立委員会の報告発表
1973 年	従業員 100 人以上の企業の取締役会への労働者代表取締役の参加を法制化
1974 年	同法を基礎に新労働者保護法成立
1974 年	雇用保障法ならびに障害者・高齢者など雇用困難者の雇用のための雇用促進法制定
1974 年	教育休暇法による労働者休暇制度の導入
1974 年	政府と公務員関係労組との間に職場の保健サービスに関するガイドライン等に関する協定成立
1975 年	ショップ・スチュワード（職場の労働者代表）の地位の改善と保障の法制化。ショップ・スチュアードが休暇を取る権利，教育訓練を優先的に受ける権利，雇用の地位の保障などの法制化により雇用困難者のための適応調整グループが設置される
1975 年	社会民主党総選挙に敗れ，保守 3 党政権成立
1975 年	企業の取締役会への労働者代表の教育訓練の費用負担に関しての労使協定の成立
1976 年	企業の取締役会への労働者代表参加に関する法律を従業員 25 人以上にまで拡充
1976 年	民間部門でも同様の協定成立
1976 年	LO，メイドナー委員会の被用者基金制度の構想を承認
1977 年	企業の会計監査に労働者を参加させるための経済委員会ないしコンサルタント制の導入を全国労使協定によって決定
1978 年	職場における労働生活に関する共同決定法（1977 年成立）実施
1979 年	労働環境法成立
1980 年	総選挙で保守党勝利
	保守 3 党政権再び成立
1982 年	総選挙で社民党勝利

1983 年	12 月労働者共同基金制度の導入に関する法成立
1984 年	労働者共同基金制度導入
1985 年	リニューアル基金制度導入
1992 年	Gota 銀行破産，金融危機始まる
1993 年	不況対策として危機に瀕した金融機関への公的資金注入を行う
1994 年	銀行およびその他の金融機関支援法可決
1995 年	労働市場庁，インターネットによる「求職銀行」を創設。すべての求職を雇用所に報告し，web 上に載せることにする
1995 年	社民党政権成立
1998 年	年金改革法可決
1999 年	新公的年金制度発足
2002 年	IT バブル崩壊
2006 年	保守系政権成立
2007 年	アメリカ発の世界的景気後退始まる
2007 年	職場開発保証の導入
2007 年	若者のための職場保証の導入
2007 年	スウェーデン移民のための改善策発表
	保守系政権成立
2008 年	長期傷病休暇から職場に復帰した者に対する対策強化

（注）2007 年以降のスウェーデンの雇用対策については OECD, *Economic Survey Sweden*, 2008.

4．スウェーデンの積極的雇用・労働市場政策の体系

　スウェーデンの労働市場政策にマクロ的雇用政策も含めるとその体系は表 10-2 のようになる。

　この表 10-2 のうち 1 の(a)は伝統的なケインズ型総需要拡大政策だが，2 つの点で，従来型の公共事業拡大政策とは異なる。1 つは，マクロの総需要拡大政策が制限的（restrictive）なことである。1960 年代当時，総需要拡大政策だけで失業を減らそうとすると，物価上昇率が大きくなりすぎるので，総需要拡大は制限的にして，それ以上の雇用創出はミクロの労働市場政策で対処した。第 2 は，雇用創出の公的支出は，伝統的公共事業への支出だけでなく，積極的労働市場政策，医療・介護・保育・教育拡充などの公的支出に多く回されてきたことである。1990 年代からは環境関連支出も多くなった。要するに公共事業でも需要と雇用拡大効果が大きく，その上，福祉に大きく寄与すると推定され

表 10-2　スウェーデンの積極的雇用政策の体系

1. マクロ雇用政策	(a)	ケインズ的な制限的総需要拡大政策による雇用創出公的支出の増減・減税など（ただし制限的）
	(b)	ビルトイン・スタビライザーによる経済変動の調節
	(c)	社会契約的所得政策による雇用と物価の安定
2. ミクロ的労働市場政策	(a)	各分野の労働力の需給の予測
	(b)	各地の職業紹介所による職業紹介活動と就業指導インターネットバンクによる雇用の需給調整（1995年から）
	(c)	地域的な労働需給調整高失業地域での投資助成高失業地域から雇用のある地域への労働力移動の助成
	(d)	職種間の労働力の需給調整—職業訓練・教育—雇用給付付きの職業訓練労働需要の高い職種に適合する職業教育・訓練—衰退産業から発展産業への労働力の移動の助成—
	(e)	失業対策事業への雇用
	(f)	労働市場における雇用上の社会的弱者（障害者，高齢者，若年の未熟練労働者，外人労働者などの雇用助成（今の日本では，非正規労働者，子育て期の女性なども，雇用上の社会的弱者になっている）
	(g)	失業手当（雇用保険給付）
	(h)	ワーク・ライフ・バランスの維持とワーク・シェアリング（雇用数増が，平均労働時間短縮）
	(i)	税・保険料負担者ベースの拡大による社会保障財政への貢献
	(j)	「福祉から労働へ」で社会保障給付節減

（出所）丸尾直美（1987年）の表に加筆した。

る公的支出を重視したことである。1960年代と70年代はスウェーデンの労働市場政策が発展した時期であったが，同時に福祉支出と福祉関係の雇用が非常に増えた時代であり，福祉関係の特に女性の就業者が増えた。

　2の(e)も伝統的失業救済事業の地方版であり，2の(g)も普通に行われる失業手当給付である。特徴といえば，失業が深刻な地域の労働者を，労働需要のある地域への移動を移動手当などで促したことと，高失業地域での産業育成で

失業者を減らしたことである。そのほか、失業給付の主要部分を労働組合が管理していることもスウェーデンの特徴である。

表10-2のなかで、特に特徴的な政策は、2の(b)と(d)と(f)である。求人と求職者の需給を調整する活動と公共事業で失業者に雇用を創出するのが労働市場政策の初めの頃からの活動であった。

他方、表10-2の2の(h)(i)(j)は近年になって問題になっている労働市場上の問題に対する政策である。この問題については後に詳しく述べる。

4-1 職業紹介とインターネットによる求職銀行（Vacancy Bank）

地域の公共職業紹介機関はニュータウンなどでは駅の近くの目立つところにあり、日本と比べると、身近な機関として利用されている。

1995年には労働者の需給調整をインターネットで行う求職銀行が設立され、求人求職活動がAMSで効率的に行われるようになった。

5. スウェーデン経済とレーン＝メイドナー・モデル

スウェーデンの労働市場政策に理論的基礎を与えたのはGösta RehnとRudlf Meidnerであり、その理論モデルはレーン＝メイドナー・モデル（以下、R-Mモデルと略称）と呼ばれる。その「R-Mモデルの顕著な1つの特徴は完全雇用と物価安定とを結びつけたことである。しかし、このモデルは、その出発点では、戦後における経済政策のその他の目的、すなわち経済成長と公正という目的をもっていた」(Milner and Wadensjö eds., 2001, p. 16)。すなわちR-Mモデルは表10-3のような政策目的とそれを達成する政策手段であった。(Milner and Wadensjö eds., 2001, p. 16 & p. 54)。

このような政策目的と政策手段を持つR-Mモデルは、LOと政府の政策の実践のなかから生まれたものであり、抽象的理論モデルではなく、「1950年代と1960年代に発展した制度（institution）と政策の大いに洗練された組み合わせであった」(Milner and Wadensjö eds., 2001, p. 55)。

第10章 北欧に見る労働市場改革と社会保障　273

表 10-3　レーン＝メイドナー・モデルの政策目的

効率化による経済成長……控えめな総需要拡大政策＋労働市場政策
完全雇用―――――労働市場政策による労働力移動と雇用保障
公　　正―――――連帯賃金制の維持
物価安定―――――控えめな総需要拡大＋労働市場政策

5-1　物価安定と失業率引き下げの両立

　当時の経済問題の1つは，完全雇用と物価安定を両立させることであった。P. M. サミュエルソンは，フィリップス曲線の縦軸を名目賃金上昇率から物価上昇率に置き換えて，横軸に失業率をとり，図10-3のような右下がりのトレード・オフ曲線を描いた。欧米先進工業国では1960-70年代初めに，このトレード・オフ曲線が東北方向にシフトしたため，完全雇用と物価安定を両立させることが困難になった。すなわち失業率をUからU″に下げようとして総需要を拡大すると，物価上昇がP″になってしまい，雇用安定と物価安定は両立しない。そこで総需要拡大の財政・金融政策は制限的（restrictive）に行い，マクロ総需要拡大による失業率はU′までにとどめ，望ましいU″までの引き下げはミクロの積極的労働市場政策によって行う。そうすれば失業率はU″まで下

図 10-3　物価フィリップス曲線と積極的労働市場政策の効果

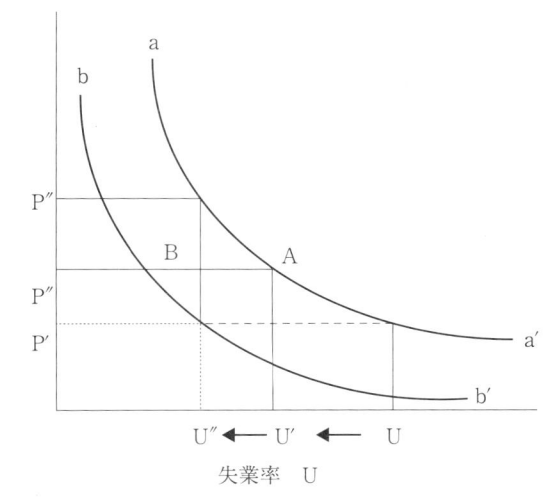

がり，物価上昇率も P′ にとどまり，雇用安定と物価安定という2つの政策目的を同時に実現できる。

これがレーン＝メイドナー・モデルに見られるポリシー・ミックスの核の部分であった。それは図 10-3 でいえば，このトレード・オフ曲線を南西に下方にシフトさせる政策である。その方法として所得政策も議論されたが，レーン＝メイドナー・モデルは，積極的労働市場政策によって，このトレード・オフ曲線を南西に下方シフトさせ，図 10-3 でいえば a—a′ 曲線を b—b′ 曲線へと下方（南西）にシフトさせ，失業率と物価上昇率をともに低くすることができることを示唆したのであった。

それは，物価安定と雇用安定という2つの政策目的を，ケインズ的総需要拡大政策と積極的労働市場政策という2つの政策手段で同時に実現する一種のポリシー・ミックスになっている。

5-2 貿易自由化による効率化と連帯賃金による賃金平準化の両立

1950 年代と 1960 年代のスウェーデンは貿易を自由化することが要請されていた。それは経済を効率化するためにも避けて通れない政策だった。貿易を自由化すれば，原理的にも市場の国際化によって，資源配分が効率化する。しかし，貿易自由化が行われれば，低生産性産業や低生産性部門の生産物は国際的に割高となり，低生産性企業は国際競争で淘汰されるか，その部門はコスト削減のために低賃金になり賃金の二重構造が生ずる。日本はこの問題に二重構造化で対処し，近年の資本・金融の国際的自由化に対しては，企業規模別二重構造に加えて正規社員と非正規社員の賃金および労働条件の企業内での二重構造化で対処している。しかし，1950-60 年代のスウェーデンは，強い労働組合のバック・アップもあり，連帯賃金（同一労働同一賃金）の原則に立ち，賃金格差を排する原則を堅持した。レーンもメイドナーも労働組合のエコノミストだから，当然，連帯賃金制を守るべきだと考えた。しかし，賃金などの労働条件を下げないと，生産性の低い企業や産業は採算が合わなくなって淘汰される。その意味では連帯賃金制は低生産性の会社を切り捨てる手段となった（Milner and Wadensjo eds., 2001, p. 63)）のである。日本などでは，それは避けたいので，低生産性企業は，生産性と労働条件が相対的に低い二重構造に甘んずるかあるいは格差を強いるか，低生産性部門では労働者を解雇し，失業が増えるということになる。

しかし，当時のスウェーデンの特に労働組合は，1930年代から連帯賃金を守り，賃金格差の拡大も失業も許容できなかった。そこで，①生産性向上と，②賃金・労働条件の公正と，③雇用安定を両立させる政策手段として積極的労働市場政策が実践のなかから生まれてきたのである。

連帯賃金による賃金格差是正は，ある部門の賃上げが他の部門の賃上げを生むという形での賃金スパイラルによるコスト・インフレを避けることにも寄与すると見られた。

全国の労働者の80％を傘下に擁する全国労働組合団体としては，連帯賃金と完全雇用を維持しながら，経済効率も上げるべきだと考えた結果，生まれてきたのが労働市場政策のアイディアであった。

5-3 ポリシー・ミックスとしての労働市場政策

この政策目的と政策手段の組み合わせも表10-4が示すように安定，公正，効率という3つの基本的政策目的を3つの政策手段で効果的に実現しようとするポリシー・ミックスになっている。ポリシー・ミックスとは，単に政策を組み合わせるという意味ではない。複数の政策目的を達成するために，それぞれの目的を効果的に達成できる複数（目的数と同数）の政策手段を効率的に組み合わせることによって，政策目的を効果的に達成するというJ. ティンバーゲンの定理を政策に適用した政策手法として知られる。

経済政策に適用したポリシー・ミックスはJ. E. ミードが提唱し，財政政策と金融政策と為替レート操作の組み合わせで財政収支安定，経済安定，国際収支改善という3つの目的を達成するマンデル゠フレミングのポリシー・ミックスや，減税と金融政策の組み合わせを行ったレーガノ・ミックスが有名だが，レーン゠メイドナー・モデルも先駆的なポリシー・ミックスの実践といえ

表 10-4　スウェーデンの積極的労働市場政策

政策手段＼政策目的	経済安定：物価・雇用の安定	分配の公正	経済効率化
労働市場政策：職業紹介と職業訓練，雇用助成，雇用給付金	完全雇用職が得られない場合は給付付きの職業訓練または失業手当		
連帯賃金制の維持		同一労働同一賃金賃金格差是正	
貿易自由化			貿易の自由化により，低生産性企業の淘汰。経済全体の効率化

るであろう。

5-4　事後的失業対策でなく事前の労働「市場化」政策

　スウェーデンの労働市場政策は雇用問題と労働市場への政府介入というよりも，労働力を市場化するための政策だといえる。周知のように商品市場では市場が十分に機能すれば，「一物一価の法則」が成立する。労働力の市場でも市場機能が十分働いて，労働力がよりよい労働条件を求めて自由に移動できれば，一物一価の法則に対応する「同一労働同一賃金」が実現するはずである。

　日本は近年の資本自由化により，生産要素の国際的価格均等化の原理で，低賃金国へのアウトソーシングが増え，低賃金国で代替できる産業の労働者とそうでない労働者との賃金・処遇格差が拡大する傾向がある（野口，2007）。労働者の非正規化による賃金と社会保険などの格差拡大はそのためだとの説も有力である。この問題に対処するためにも，レーン＝メイドナー・モデルとスウェーデンの積極的労働市場政策を研究して，雇用安定，生産性向上，賃金格差是正という現在の日本の3つの政策課題を新たな観点から同時に解決するポリシー・ミックスを研究する必要がある。

6. 労働市場政策とワーク・ライフ・バランス

6-1　ワーク・ライフ・バランスとワーク・シェア

　スウェーデンでは平均労働時間が日本よりはるかに短い。しかし，1人当たりのGDPでは，比較の方法と時期によって異なるが，2007年の為替レートでは日本並みないし近年では日本以上である。

　その1つの原因として労働力という人的資源を有効に利用してきたことがあげられる。近年使われる用語でいえば，労働力を有効に活用するワーク・ライフ・バランスと男女のワークシェアリングで生産と効用の両方を高めることに成功しているといえる。スウェーデンの労働市場政策は福祉政策とあいまってワーク・ライフ・バランスを自己選択しやすくすることによって効用を高めると同時に，就業率を高めることによって平均所得を高くすることに成功している。

　労働とライフのバランスは限られた時間を労働に使って賃金その他のベネフィットによって得る時間当たりの純限界効用と家庭生活（ライフ）に使うことによって得られる時間当たりの純限界効用が等しくなる（バランスする）とき，その人の効用が高くなると考える。純というのは労働による賃金から得られる効用だけでなく，労働にともなう負の効用を勘案した上での差し引きの効用だからである。労働時間（その収入等によって得られる効用）と生活時間によって得られる効用の無差別曲線が，労働（ワーク）と生活（ライフ）への時間配分比を示す直線とが接する点が効用を最大にするワーク（労働）とライフ（生活）への時間の最適配分点（均衡＝バランス）である。このワークとライフへの時間配分を個人が選択する自由が与えられていれば，あるいはそれに近い時間配分が行われていれば，そうでないときより個人の効用（≒満足度）は改善されると想定される。同様の推論を個人間の効用が比較できない男女間等のワーク・ライフ・バランスにも準用できる。

　こうして勤労者のワーク・ライフ・バランスが均衡に近づけば，人々の効用（満足度，幸福）は大きくなる。

このことは図10-4で無差別曲線を用いないでも説明できる。横軸に利用可能な総労働時間（例えば食事，睡眠を除く14時間）をとり，向かって左側から右へと労働（仕事）を増やしていくと，仕事による時間当たり限界効用（賃金等による）は逓減していくことを示している。他方，向かって右から左へとライフによる時間当たり限界効用を取ると，ライフによる限界効用もそれに回す時間が増えるにつれて逓減していく。結局，ワークとライフの限界効用が等しくなるQ点が均衡点であり，その点で，ワークとライフの時間当たり限界効用は等しくなり[1]，このときその人の総効用（面積whh'L）は最大になる。ワークが多すぎてライフへの時間配分点が少なすぎると，例えば，時間配分がワークへh−h_2で，ライフへh'−h_2だと，最適時間配分のときに比べて，ΔQabだけ総効用が小さくなる。

図10-4はT. シトフスキーが所得分配の平等化が総効用を大きくすることを示すために用いた図を時間配分に準用したものである。

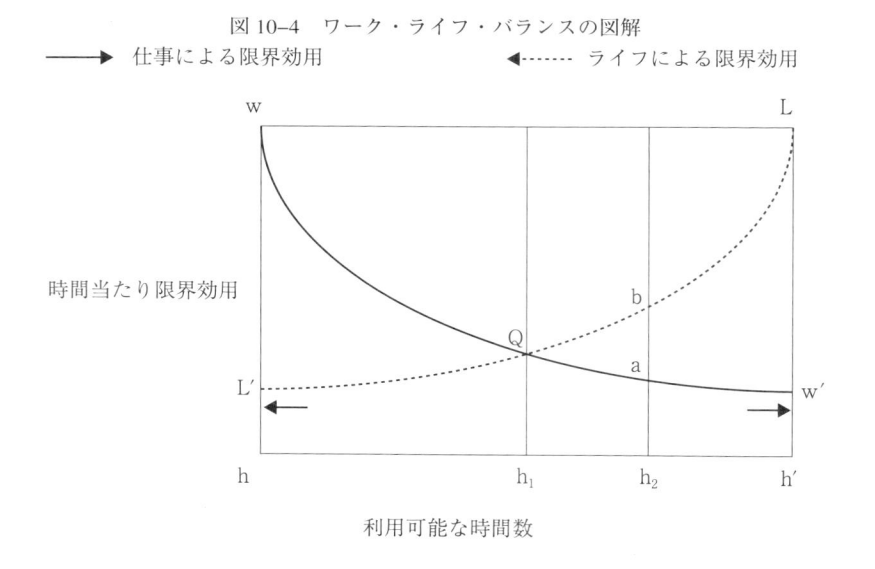

図10-4　ワーク・ライフ・バランスの図解

⟶　仕事による限界効用　　　　　⟵……　ライフによる限界効用

---

1) 交点Qで $\dfrac{\Delta u_l}{\Delta u_w} = \dfrac{h_l}{h_w}$ 　∴ $\dfrac{\Delta u_l}{h_l} = \dfrac{\Delta u_w}{h_w}$

　　Uは効用，hは時間数。添字のWは仕事，lはライフを示す。Δは限界値であることを示す。

ワーク・ライフ・バランスが必要であり，好ましいとの経済学的根拠はこのように示すことができる。

6-2 限られた時間内の時間配分の選択の自由

ワーク・ライフ・バランスはワークとライフの間の時間配分の問題であるが，1人の人間のある時点での時間配分の最適化だけではなく，拡大解釈すれば，次の(1)〜(4)のような場合の時間配分の最適化（均衡）もワーク・ライフ・バランスである。このような意味でのワーク・ライフ・バランスで効用の最適化を促すことも労働市場政策の目的といえよう。

6-3 生涯にわたってのワーク・ライフ・バランス

(1) ワーク（労働）・ライフ（生活）・バランスは，通常，働いている現在の自分のワークとライフをバランスさせるという意味で用いられる。しかし，次のような場合についてもいえる。

(2) ワーク・ライフ・バランスは，現役で就業する期間のワークと退職してからのライフのバランスに関してもいえる。日本人は常勤の労働者は定年までは超過労働が当たり前であるが，定年後は余暇をもてあます人が多い。これでは生涯にわたってのワーク・ライフ・バランスが良いとはいえない。スウェーデンの労働市場政策は年金など福祉政策との連携で，67歳まで働きたければ，就業を延長し，より多くの年金を受給できるようになる（丸尾，レグラント夫妻編，2009，第7, 8章参照）。近年のスウェーデンの年金改革の1つの目的は，「労働供給を増やし，退職を遅らすことを意図したからである」（Rein, Martin and Eskil Wadensjo, 1997）というが，ヨーロッパの年金改革はそのような方向に向かっている。

(3) ワーク・ライフ・バランスの考えは男女間についてもいえる。日本の場合，常勤男性の場合，労働時間は非常に長く，家庭ライフに向ける時間が非常に低い。他方，女性は就業率が低く，希望する職場でフルタイムで働けず，家庭ライフでの家事と育児を専ら行うことが多い。スウェーデンの場合には，

女性の就業と子育てとを両立させやすい雇用政策と選択的で弾力的な就業形態で女性の就業と子育て支援を両立させ，就業と子育てのための便宜を図っている。これも男女間のワーク・ライフ・バランス化の試みといえるだろう。

日本の女性就業率60％としても北欧・アメリカの現状並み，EUの目標並みの70％台に近づければ，女性被雇用者2297万人（2007年）で計算すると382万人｜2297（70/60−1）＝382.8｜増える計算になり，総労働時間を減ぜずに超過労働時間を減らすことが計算上はできる。

ただ女性就業率上昇は，「男は仕事，女は家事・育児」という「伝統的身分関係」の「保守的」制度と慣行の下では合計特殊出生率（TFR）を下げるというジレンマがある（丸尾・川野辺・的場編著，2007年参照）。このジレンマを解決するためにも，エスピン−アンデルセンのいう「不完全革命」（Esping-Andersen, 2009）の解決が必要である。すなわち，女性就業率引き上げと出生率回復に成功した北欧型の子育て支援の社会保障と労働市場改革による男女のワーク・ライフ・バランスの実現が要請される。スウェーデンでもオランダでも女性の就業と育児を両立させようとの要請が，労働市場改革の1つの動機となった。「オランダでは，育児への強い規範と，保育施設の不足が，パートタイム労働の制度化の原動力になった」（長坂，2000）といわれる。

（4）最後に，ワーク・ライフ・バランスは，日本の場合，常勤労働者と非常勤労働者の間でも問題になる。常勤労働者は家庭のライフを犠牲にするほど超過労働を余儀なくされる。他方，パートの非正規労働者はより多く働いて多くの賃金を得たくてもできない。こうしたいくつかの意味でのワークとライフのアンバランスをバランスさせれば当事者の効用あるいは満足度を高め，パレート最適に近づくという意味で効率的である。

7. スウェーデンの労働市場改革と各国への普及

7-1 他の北欧諸国とオランダへの波及

スウェーデンのレーン＝メイドナー型の労働市場政策は他の北欧諸国にも影響を与え，デンマーク，ノルウェー，フィンランドも同様な労働市場政策を導入

し、さらに遅れて 1996 年にオランダが北欧型に似た労働市場改革を行って注目された（他の国がどのような形で労働市場政策を導入しているかについては，Milner and Wadensjö eds., 2001 を参照されたい）。オランダは 20～30 年遅れて 1990 年代にスウェーデン型の労働市場改革に似た改革に成功した。オランダの労働市場改革で特に注目されたのは，「パートタイム革命」と呼ばれたほど，パートタイム労働者とフルタイム労働者の賃金率の差別と身分的差別を撤廃したことである。スウェーデンの労働市場改革でも「同一労働同一賃金」を原則としていたが，オランダでは，1996 年に労働時間差による差別を撤廃する法が成立し，より明確にフルタイム対パートタイム労働の処遇差別を禁止した。スウェーデンもオランダもこうした労働市場改革後，経済が発展した。スウェーデンは 1960 年代に「黄金の 60 年代」を記録し，その当時の完全失業率は 1～2% 台であった。オランダは労働市場の改革（1996 年）後，「オランダ病」といわれた時代から脱却して「オランダの奇跡」を実現した。1980 年代初めには約 10% を記録し，1995 年にも 7.2% だった失業率は 2000 年には 2.8% にまで下がり，その後も 2.5～5% にとどまっている（OECD, 2008）。

　パート・タイム革命後のオランダを見ると，まず女性の就業率が上昇した。25～49 歳の女性の就業数の年平均増加率は，1996 年以前の 1.8% から 1997 年には 3.5% に加速し，1998 年にも 3% であった（Jelle Visser, 2001）。やはり 1960 年代のスウェーデンのように公的部門の医療，福祉，教育分野の雇用増加が目立つ。失業率は低下し，1982 年から 1996 年の間に，年当たり 1.4% で労働力が増えた。EU ではその間，年平均 0.5% しか増えていないことからも，それが景気の変化だけによるものでないことが示唆される（Jelly Visser, 2001）。

　労働市場改革を行った 1950–60 年代のスウェーデンと 1886 年以降のオランダではともに雇用，特に女性の雇用が増え，失業率が低く維持され，経済が好調であったことは，偶然ではない。しかも，労働市場改革がかなり後退したスウェーデンに比べて，30 年以上遅れて，似たような労働市場改革を行ったオランダの方が近年では失業率も低く（図 10-5 参照），経済成長率も北欧並みないしそれ以上であり，経済成長の型が北欧型に近づいてきたことも注目される。

図 10-5　スウェーデンとオランダの失業率

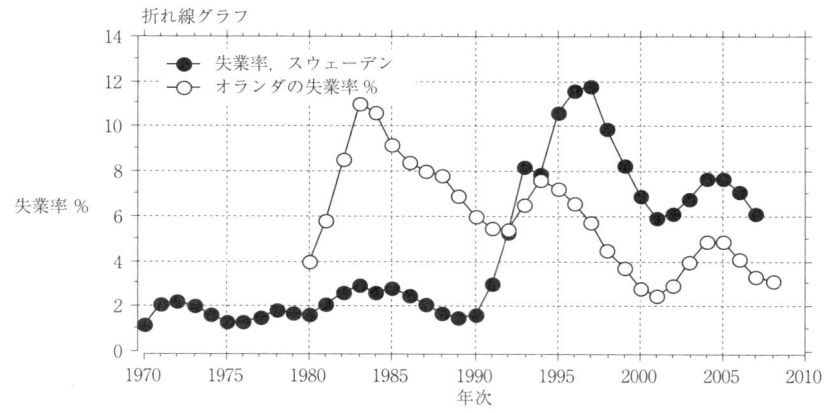

（出所）OECD, OECD Economic Outlook.

表 10-5　オランダの労働市場改革前と後の就業状態の変化

就業率 \ 年次	1984年改革前%	1996年, 改革後10年目%	1970-84年の変化率%	1984-96年の変化率%
全就業者	54.6	63.5	−0.2	＋0.7
15〜24歳	42.0	45.0	−1.3	＋0.3
25〜49歳	38.2	61.9	＋1.1	＋2.0
労働時間　常勤労働			−0.5	＋0.4
パート・タイム労働			＋3.9	＋4.6
非定型的			＋3.5	＋6.1
失業率　%	10以上	6.6(2000年代は2〜4%台)		

（出所）Jelle Visser, 2001.

7-2　オランダの労働市場改革はスウェーデンを超えたか

　オランダの労働市場改革は，スウェーデンでの労働市場改革から30年以上遅れて行われたとはいえ，2001年には「オランダと近年のスウェーデンの労働市場政策との比較に限っていえば，オランダはスウェーデンよりもずっとよくやったことはほとんど疑いない」（Jelly Visser, 2001）と評価する論者もあっ

た。1990年代のスウェーデンの雇用状態特に失業率が高止まりにあるという点では，そういえる。

　スウェーデンは1993年のバブル崩壊による不況以来，失業率はかつてのような水準に戻らず，積極的労働市場政策に対する評価も下がった。2007年刊のKulve他編のActive Labour Market Policies in Europeでも，「結論的にいうと，スウェーデンで最も頻繁に用いられ，最も金のかかる労働市場での訓練（AMU）は特に有益な計画とは思えない。失業率が低かった1980年代のような時代にはそれは有効に機能するように見えたが，高失業の時代には，その計画に参加した者が稼得能力を上げるにも雇用の可能性を高める上でも有効ではない」と結論している。確かにスウェーデンの失業率は1993年の不況克服後も不況以前の完全雇用水準よりずっと高い。今回の世界的不況下で雇用をどこまで護り，景気を克服できるかで両国の経済政策と労働市場政策に対する評価も変わってくるだろう。

　いずれにせよオランダを含む北欧型労働市場改革と社会保障改革は，その長短を研究して，取り入れるべき点が多い。日本では欧米の政策の長所を認識するには時間がかかるが，幸い最近，日本の政策の流れには大きな変化の兆しが見られる。この辺で福祉・労働・環境政策の改革（経済と福祉改革に関しては，丸尾，2009年3月，中央大学，環境政策に関しては，丸尾，2009年3月尚美学園大学を参照されたい）で長年の停滞と不況から脱却する道を見出すべきであろう。

8．北欧の経済・福祉・労働・環境政策——アメリカとの対比——

　以上，スウェーデンを中心に北欧の労働市場政策を見てきたが，労働市場が発達している国は近年，概して経済・福祉・環境政策でも成果を上げてきた。どの指標を選ぶかで判断が分かれる場合もある。スイスのZurcher Kantonalbankは100の社会指標を用いてOECDの30カ国の比較をしているが，その比較ではスウェーデンは1位，アメリカは最下位30位になっている（図10-6参照）。日本の生産性本部も主要国の社会指標で豊かさを比較しているが，その比較でも上位に来るのは北欧諸国である（社会経済生産性本部，2008）。参考ま

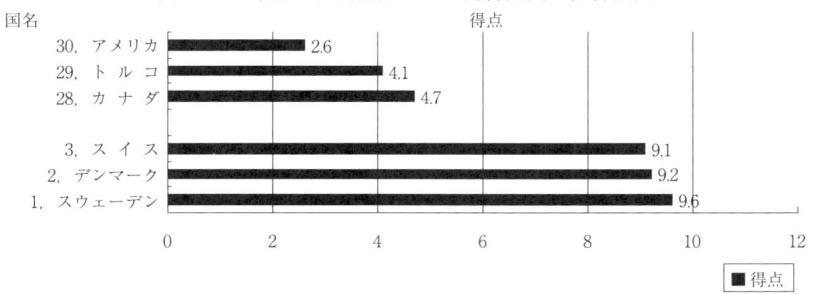

図 10-6　環境と社会指標による高得点国と低得点国

順位・国名	得点
30. アメリカ	2.6
29. トルコ	4.1
28. カナダ	4.7
3. スイス	9.1
2. デンマーク	9.2
1. スウェーデン	9.6

(出所) Zurcher Kantonalbank, "Sustainablity Rating for Countries : Comparison of the 30 OECD Countries", *Focus*, Jiune 2007.

でに北欧四国とアメリカの主な経済社会指標をあげておこう（表10-6）。

表 10-6　アメリカと北欧の主な経済社会指標（相違点を中心に）

	アメリカ型資本主義	北欧型福祉社会	日本
政治と政党	社会民主主義政党抜きの二大政党	保守対社会民主主義の二大政党	アメリカ型に近づいている
労組組織率	低い，約12％	高い，約80％	低い，約18％
所得と資産の分配	格差大	格差小	格差拡大の傾向
社会保障のGDP比	小，約16％	30％前後	約18％
医療の社会保障	医療保障は低所得層と高齢者に限定的	普遍的医療保障	普遍的医療保障，ただし自己負担率が高い
国民負担率	小，39.6％（2005年）	大，スウェーデン70.7％（2005年）	43.6*％（2007年），先進国の中では小
環境保全と省エネルギー政策	消極的。京都議定書に批准していない	積極的	環境政策には消極的だった
経常収支，2005-07年平均	赤字基調，2005-07年のすべて赤字。赤字の平均の対GDP比は－8.66％の赤字	黒字基調，2005-07年の北欧4カ国すべて黒字4カ国3年平均の対GDP比7.84％の黒字	黒字基調，3年平均で4.13％の黒字
財政収支，2005-07年平均	赤字，3年平均－3.066％の赤字	黒字，4カ国とも3年，平均7.091％の黒字	赤字，平均－3.5％の赤字
高齢化比率	比較的低い12～13％	比較的高い18％	高い22％（2008年）
平均寿命　男性　歳　　　女性	75.1　80.5	78.6　82.9	79.1　86.3
男女間賃金格差　男性賃金＝100	女性＝68.2	女性＝88.7	女性＝66.6
失業率％，2007年	4.6％	4.5％，北欧4カ国オランダ平均	3.9％

週間平均労働時間**		スウェーデン 39.4	
男　　性	45.9	33.1	46.5
女　　性	35.1	ノルウェー 38.3	35.1
		36.0	
女性就業率	高い	高い，70％台	低い，60％台
1人当たりGDP 2007年**	45,790ドル	46,518ドル	34,254ドル
合計特殊出生率，近年	高い，2.0％以上	1.76〜1.8％台	1.34％（2007年）

(注) *財政赤字を負担に含む。
　　**男女共同参画社会『統計データブック』。
(出所) 主として OECD, *Economic Outlook*, December, 2008 と OECD, *Factbook*, 2009.

9. 付　　　論

Gösta Rehn について

　Gösta Rehn（イエスタ・レーン，1913-96年）は，高校卒業後，1933-36年，ストックホルム社会事業高等専門学校へ進学した。同じ時期に彼は，現在のストックホルム大学の前身のストックホルム Högskola でも勉強した。そして社会事業高等専門学校卒業後，商務省の助手の仕事をしながらストックホルム Högskolao で勉強し，次第に LO の仕事をするようになり，1943年に LO の調査部に常勤で雇用された。その仕事を1940年代後半に受け継いだのがルドルフ・メイドナーである。レーンは LO との合意により，研究に時間を割くようになり，1940年代後半から政府の委員会の委員になった。1952-56年には，物価安定と完全雇用を両立させることを検討する委員会の委員であった。このときの経験が後のレーン＝メイドナー・モデルを産む1つの機会となったと思われる。彼はこのときの研究をストックホルム Högskola の経済学の学位論文として提出した。その後，レーンは LO に戻ったが，1959年に LO を去った。
　1959-62年には労働組合の LO から政府の財務省に転じ，経済部の部長を務め，パリにある OECD の経済問題の局長になり，1973年までその職にあった。そして1974年から1979年までストックホルム大学の社会研究所（SOFI）の教授であり，所長であった。その職は2002年に『労働市場と経済政策』を筆者と共編したエスキル・ワーデンショー教授が当時就いていた職であった。ワー

デンショー教授は，ストックホルム大学の SOFI の労働市場の教授職を 1980 年に G. レーンから引き継いだ。

このようにレーンは労働組合 LO 本部から政府の財務省や OECD の経済問題局，ストックホルム大学の教授などいろいろな職を経験したが，労働組合から政府の官僚になったり，大学の教授職に転職する者はスウェーデンでは特に珍しいというほどの経歴ではない。

G. レーンは沢山の論文を英語でも書いているが，その文献目録は Milner, Henry and Eskil Wadensjö eds., (2001) に掲載されている。

10. おわりに

本章では労働市場改革がなぜ今必要かの理由をいくつか説明した。幸い最近になって日本でも賃金や処遇格差の拡大が進行してきた労働市場を改革しなくてはいけないとの声が高くなった。高年者の定年延長や女性就業率の上昇を出生率回復と両立させるために積極的子育て支援する政策的支援も導入され始めた。介護サービス部門では，外国人労働力の積極的導入が行われようとしているが，将来外国人労働力問題は重要になってくるであろう。スウェーデンでは G. レーンのあとを継いだワーデンショー教授を主査とする外国人労働力研究の大規模研究が進められている。

他方，日本でも前政権の下で決められた出産一時金の 42 万円への増額や民主党政権下で導入されようとしている中学生までの月額 2 万 6000 円の子ども手当ては，出生率上昇には寄与するであろうが，こうした社会保障による子育て支援が女性就業率の改善に結び付くためには，労働市場の改革が必要である。

社会保障改革と労働市場改革を同時に進めることが政策目的を効果的に実現するために必要だとの明確な認識に基づいて，相互の関係を考慮しつつ，この 2 つの改革を同時に進めることが今の日本の大きな政策的課題である。

参 考 文 献

菊池幸子・丸尾直美監修（1978）『労働教育と産業民主主義』富士選書。
長坂寿久（2000）『オランダ・モデル：制度疲労なき成熟社会』日本経済出版社。
野口悠紀雄（2007）『資本開国論』ダイヤモンド社。
丸尾直美（1965）「北欧型社会主義体制と労働市場」武藤光朗編『福祉国家論―北欧三国を巡って』（社会思想叢書）社会思想社。
───（1981）「労働市場政策―積極的雇用政策―」『スウェーデンの社会政策』収載，成文社。
───（1987）「労働市場と労働政策」『スウェーデンハンドブック』収載，早稲田大学出版部。
───（1992）『スウェーデンの経済と福祉』，特に第4章「積極的雇用政策」中央経済社。
───（2002）「資産・金融型不況への対策：スウェーデンからの教訓」（『中央大学経済研究所年報』第32号(1)）。
丸尾直美・永山泰彦（1975）『世界の経営参加はここまで進んだ』ダイヤモンド社。
丸尾直美・川野辺裕幸・的場康子編著（2007）『出生率回復とワークライフバランス』中央法規。
丸尾直美・C. レグラント・レグラント塚口淑子編著（2009）『福祉政策と労働市場』ノルディク出版。
Esping-Andersen, G.（2009）, *Incomplete Revolution : Adapting WelfareState to Women's Roles*, Barcelona.
Kluve, Jochen et al. (2007), *Active Labour Market Policies in Europe : Perform and Perspectives*, Springer/.
Milner, Henry and Eskil Wadensjö eds. (2001), *Gösta Rehn, the Swedish Model and Labour Market Policies–International and national perspectives–*, Ashgate.
Lindbeck, Assar (1993), *Unemployment and Macroeconomics*, The MIT Press.
OECD (2008), *OECD Economic Surveys Sweden*, OECD.
───(2008), *OECD Economic Outlook*, December, OECD.
Visser, Jelle (2001), "Gösta Rehn and, Swedish Model and the Dutch Miracle" , in Milner and Wadensjö 2001.

第 11 章

中国における電気通信事業改革
―― 制度改革の論理と背景[1] ――

1. は じ め に

　2009年2月末における中国の固定電話加入者数は3億3,770万（普及率25.8％），移動電話加入者数は6億5,978万（同48.5％）となり，いずれも世界最大の電気通信市場となっている[2]。第11次五カ年規画期間（2006-10年）における2010年末の発展目標は，電話加入者数10億，うち固定電話加入者数4億（普及率30％），移動電話加入者数6億（同45％）とされているので，電話加入者目標はすでにほぼ達成された状況にある[3]。一見すると，中国の電気通信事業は極めて順調・好調であるかのように見える。

　しかし，中国の電気通信事業は極めて波瀾に富んだ歴史をもち，短期間に大きな改革を何度も経験している。最近においても，2008年には6社体制を3

---

1) 本章は，谷口（2009）での議論をベースとしている。
2) 中華人民共和国工業・情報化部「2009年2月電信用户和通信水平主要指標完成情況」（http://www.miit.gov.cn/n11293472/n11293832/n11294132/n11302706/12207479.html）。なお2009年2月末における日本の携帯電話・PHS加入者数は1億1,104万，2007年6月末における加入電話契約数・ISDN回線数・IP電話利用数合計は6,854万であり，中国市場の数分の1の規模である。
3) 「情報産業"十一五"規画」（http://news.xinhuanet.com/tech/2007-03/02/content_5791229_1.htm）を参照。

社体制とする電気通信事業再編成が行われ，2009年1月にはこれら3社に第3世代携帯電話（3G）の免許が交付されるなど，大きな改革が実施された。新世代移動通信である3Gの免許が移動通信系2社に交付されるのは当然だとしても，固定通信系2社のうち1社が移動通信会社の傘下に入る一方，残り1社に3G提供を認めたのは，従来の固定・移動分離体制を大きく変える政策転換である。

本章の目的は，こうした波瀾万丈の歴史をもつ中国電気通信事業を取り上げ，その制度改革がどのような論理で推進・実施されたのかを探ることである。

2．1994–98年：政企分離と新規参入

2–1 政企分離

中国における電気通信事業の歴史は，諸外国と多くの共通点をもっている。すなわち，当初は，①郵政と電気通信が分離されず，②国営ないし省庁によって，③独占的（一元的）に供給され，のちに，これら3つのすべてにおいて大きな改革が実施された[4]。しかし中国の場合は，社会主義市場経済体制という中国的特色をもった社会主義の看板の下，国家主導の事業再編成が何度も実施され，非常に特徴的な産業組織をもつにいたった。

中国の電気通信事業は，1990年代後半以降，大きな変貌を遂げた。1993年までは，政府の1省庁であった郵電部が傘下の電信総局を通じて電気通信サー

4）日本の場合，明治以降，郵政と電気通信の各サービスが逓信省（ときどき名称変更があった）によって一元的に供給されてきたが，1949年に郵政と電気通信が分離され，それぞれ郵政省と電気通信省となった。1952年に電気通信省が公共企業体の日本電信電話公社へと組織改革されたことにより，郵政省は電電公社の監督官庁となる。1953年には電電公社の国際通信部門が分離され，国際電信電話株式会社（KDD）が誕生する。1985年に電電公社は日本電信電話株式会社（NTT）となる。通信事業の民営化といわれたものの，国が所有するNTTの株式は長期にわたり60％以上を占めた。1985年には公衆電気通信法が電気通信事業法に改正され，電気通信事業への新規参入が可能となった。その後，通信各社は何度も組織再編を繰り返し，今日にいたっている。

ビスを一元的に提供してきた。1994年以降，①郵便と電気通信の分離，②政府と企業の分離，③事業者と規制者の分離，という形で最初の大改革が実施された。1994年2月に国務院は，郵電部の「三定」計画，つまり電信総局を独立採算制の下で全国電気通信網と電気通信サービスの統一経営を行う企業にするという計画を承認した。その結果，1995年4月には企業法人としての中国郵電電信総局（略称は中国電信，以下では郵電電信総局という）が誕生した[5]。1998年3月には，全国人民代表大会での決定を受けて政府機構改革が実施され，郵電部と電子工業部を統合した情報産業部が創設された。情報産業部は，全国の電子情報製品製造業，電気通信業，ソフトウェア業を主管とする監督・規制機関となった。こうして上記の①～③の分離が一応の完成を見た[6]。

2-2 新規参入

1990年代には政企分離の一方で，競争導入や組織改革も一部施行された。1994年7月に，移動通信・固定電話提供を目的として中国聯合通信有限公司が創設された。中国聯合通信有限公司の創設は，1992年末に当時の電子工業部，電力工業部，鉄道部が連合して第2の電気通信会社創設を国務院に要求して承認されたものである。公司への出資には大企業10数社も参加した。

中国聯合通信有限公司が欧州規格のGSM方式による移動通信の採用を決定し，1995年にサービス提供を開始するとすぐに，郵電電信総局もGSM方式採用を決定した。1997年に中国聯合通信有限公司は無線呼び出しサービスも開

---

[5] 中国電信（香港）有限公司（1998）『1997年年報』69ページ参照。新生・郵電電信総局誕生後も，郵政と電気通信は地方各級の郵電管理局や郵電局の下で運営されていたが，1997年1月に郵電部は郵政と電気通信の経営分離を決定し，試行のあと，1998年には全国で経営分離を実行した。「情報点検：電信領域改革放大事記」（http://telecom.chinabyte.com/465/1632965.shtml）を参照。

[6] ただし，形式的には政府と企業の分離が実現したといえるが，1995年の新生・中国郵電電信総局は公共企業体ないし公的企業であり，重要国有企業としてずっと政府の影響下におかれたため，政府と企業の完全な分離が実現したとはいえない。電気通信事業における政府と企業の密接な関係は，日本を含む多くの国で見られる現象であり，中国だけの特徴ではない。

始した。こうして移動通信市場における新規参入が始まり，加入料や通信料金の低下が生じたものの，中国聯合通信有限公司の規模が郵電電信総局と比べて非常に小さく，競争市場の形成にはいたらなかった。1998年末時点における移動電話の市場シェアは，郵電電信総局が94.5%，その他が5.5%であった[7]。

一方，郵電部は1987年に広東省郵電管理局を通じて移動通信網構築とサービス提供を開始し，郵電電信総局誕生後の1996年には広東省と浙江省においてGSM方式によるローミング・サービスを開始した。1997年3月には，移動通信会社の所有・支配を目的とする会社として中国電信（香港）有限公司が香港で創立された。同年9月3日に香港で登記され，同年10月22日にニューヨーク市場，10月23日に香港市場に上場された。上場に合わせて中国電信（香港）有限公司は中国電信（香港）集団有限公司と改称された。

郵電部および郵電電信総局が提供した固定通信サービスの加入者数は，1990年の685万から1997年の7,031万，1998年の8,742万へと急増した。一方，移動通信サービスの加入者数は聯通集団による供給もあり，1990年の1.8万から1997年の1,323万，1998年の2,386万へと，こちらも急増した。

2-3　1990年代改革の背景

1990年代に改革・開放以降における最初の電気通信事業改革が実施された背景には，中国内外における電気通信事業の急成長があった。図11-1によると，郵政サービス総量に対する電気通信サービス総量の倍率は，1978年の1.28倍から，1985年の1.42倍，1990年の2.38倍，1995年の7.72倍へと変化した。1978-95年における郵政サービスの年平均成長率（複利）は12.7%という高率であったが，電気通信サービスはそれをずっと上回る25.2%という超高率であり，3年間で倍増するスピードで成長した。

こうした超高度成長を遂げていた電気通信サービスにもかかわらず，そのサービスの質は低く，価格は高いことに利用者は強い不満をもっていた。その

---

7) データは，中国電信（香港）有限公司（1998）『1997年年報』11ページによる。

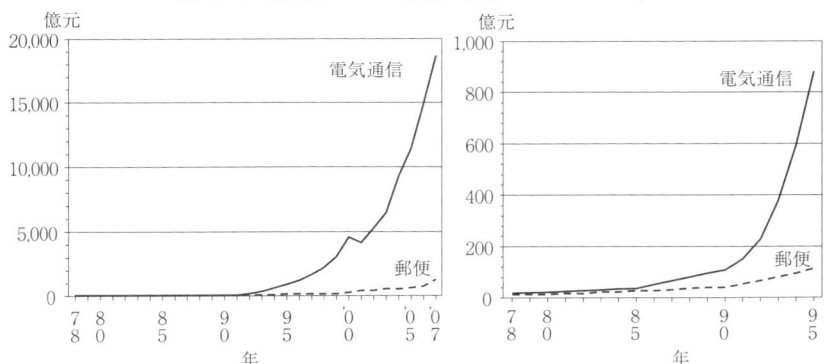

図 11-1　郵電サービス総量の推移：1978-2007 年

(注) 郵便サービスと電気通信サービスの総量を 1990 年不変価格で表示したもの。両方の図において，1979 年，1981-84 年，1986-89 年のデータが欠落している。
(出所) 中国国家統計局編（2008）『中国統計年鑑2008』中国統計出版社，635 ページ掲載データより作成。

原因は，政府と企業が一体化した（政企一体）体制下での公的独占の矛盾にあったとされている[8]。

1990 年代における電気通信事業改革実施の背景としてはさらに，社会主義市場経済路線の決定，国有企業改革と現代企業制度構築，WTO（世界貿易機関）加盟申請といった一連の大きな動きもあった[9]。すなわち，1992 年 1～2 月における鄧小平のいわゆる南巡講話により改革・開放路線の推進が明確となり，同年 10 月の中国共産党第 14 回全国代表大会では中国的特色をもった社会主義市場経済体制の建設という目標が確立された。1993 年 11 月の中国共産党第 15 期第 3 回中央委員会全体会議（15 期三全中）では，市場による資源配分を基礎としながら国家によるマクロ経済調整を行う体制の構築のほか，現代企業制度構築を通じて国有企業改革を進めることなどが決定されている。特に国民経済の支柱である国有大中型企業については，市場経済の要求への適応，経営管理と競争力の強化，財産権や権限の明確化，政企分離，管理科学的な現代企業制度への転換などが要請された。

---

8) 呉・黄・苑（2007），273 ページ，および宋・朱・徐・李ほか（2009），82 ページ。
9) この段落の内容については，王編（2008），292-293 ページに負う。

一方，1986年7月のガット（貿易関税一般協定）復帰申請以降，中国にとってガット加盟は重要な課題となっていた。しかし1989年6月の天安門事件の発生は，西側諸国を中心に中国の政治経済体制への不信感を招き，ガット復帰への道は険しくなる。これによって中国と欧米諸国の関係は悪化するものの，1992年1～2月の鄧小平による南巡講話や同年10月の党大会での社会主義市場経済路線の表明以降，中国は再びガット，その後のWTOへの加盟申請を望むようになる。

1995年にガットがWTOへと発展的解消をするとともに，中国はWTO加盟申請運動を続けた。1993年の中共15期三全中での国有企業の現代企業制度への転換表明のあと，1994年の中国聯合通信有限公司の設立，1995年の郵電電信総局の企業法人化，1997年の中国電信（香港）有限公司の設立と上場（後述），1998年の情報産業部創設へと続く一連の動きは，WTO加盟申請運動と無関係ではない。実際，当時のWTOでは電気通信分野の市場開放が重要テーマであり，中国はこうしたWTOの要求を充たす必要があった[10]。

3. 1999–2007年：電気通信事業の再編成とその後の展開

3–1　中国電信の分割と6大基礎電気通信事業者の誕生

中国聯合通信有限公司の参入にもかかわらず，中国の主要電気通信市場は巨大な郵電電信総局と弱小な中国聯合通信有限公司から構成される複占であり，非常に不完全な競争市場であった。また，WTO加盟が実現すれば市場開放が要求され，国内事業者と外国事業者との競争が生じるものの，国内事業者には外国事業者に対抗できるだけの力や基盤がない。こうした認識から，国内電気通信事業を強化するために1999年2月に情報産業部は，郵電電信総局の分割を決定した[11]。中国郵電電信総局およびその傘下の事業を，固定・移動・無

---

10)　中国通信企業協会（2008）は，独立監督機関としての情報産業部設立はWTO加盟への適応であったとしている（34ページ）。電気通信に関するWTOと中国との合意内容については，宋・朱・徐・李ほか（2009），92-94ページを参照。
11)　王・華編（2005），282ページ。

線呼び出し・衛星通信に4分割するという決定は，同年6月に国務院によって承認された。その結果，2000年から2001年末にかけて以下のような第1次分割・再編成が実施された。

移動通信事業は，2000年4月に移動通信事業を統括する国有企業として誕生した中国移動通信集団公司をトップとする中国移動グループに移管された。郵電電信総局傘下の国信尋呼有限責任公司とその子会社が行ってきた無線呼び出し事業は，2000年6月に中国聯通グループへの移管を完了した。衛星通信事業は，2001年12月に創立された中国衛星通信集団公司（中国衛通）に移管された。

分割後の中国郵電電信総局は2000年5月に中国電信集団公司と改称し，固定通信事業者として再出発した。政府は電気通信事業改革をさらに推進し，2001年11月に固定通信事業の南北分割・再編成を決定した。その結果，2002年5月に中国電信グループは，中国北部10省の固定通信事業を中国網通グループ（中国網絡通信集団公司）に移管し，南部21省で固定通信事業を展開する事業者として新発足した。こうして中国郵電電信総局がほぼ独占的に提供してきた電気通信事業は，固定通信（中国電信グループと中国網通グループ），移動通信（中国移動グループと中国聯通グループ），衛星通信（中国衛通グループ）に分割されることとなった。

2003年3月に国有資産の統一監督・管理に従事する国務院国有資産監督管理委員会（国資委）が創設されると，上記5グループの頂点に位置する企業は国資委の監督・管理下の中央政府所属国有企業（中央企業ないし中央国有企業）となった。さらに2004年には中国鉄通グループが中央企業のリストに加わった。

2000年12月に鉄道部の子会社として創立された鉄道通信情報有限責任公司（鉄通公司）は，2004年1月に国資委にその所有権と管轄が移され，名称を中国鉄通集団有限公司（中国鉄通）と変更した。中国鉄通は，鉄通公司の資産を引き継ぎ，固定網を含む全般的な電気通信サービスを全国で提供する企業として活動する。

表 11-1　6大基礎電気通信事業者の確立

基礎電気通信事業者	分　野	説　　明
中国電信集団公司	固定通信中心	中国電信グループの頂点，2000年5月設立
中国網絡通信集団公司	固定通信中心	中国網通グループの頂点，2002年5月設立
中国移動通信集団公司	移動通信中心	中国移動グループの頂点，2000年4月設立
中国聯合通信有限公司	移動通信中心	中国聯通グループの頂点，1994年7月設立
中国衛星通信集団公司	衛星通信	中国衛通グループの頂点，2001年12月設立
中国鉄通集団有限公司	固定を含む総合	中国鉄通グループの頂点，2004年1月設立

(出所)　筆者作成．

表 11-2　通信各社の通信サービス領域

業務分野	中国電信	中国網通	中国移動	中国聯通	中国鉄通	中国衛通
国際長距離電話	○	○		○	○	
国内長距離電話	○	○		○	○	
IP長距離電話	○	○	○	○	○	
短距離電話（注1）	○	○		一部	○	
移動電話（注2）	○	○	○	○		
デジタルデータ伝送	○	○		○	○	
衛星業務						○

(注) 1. 短距離電話は本地電話の訳．ローカル電話，市内電話と訳される場合もある．
　　 2. 中国電信と中国網通の移動電話は，固定通信網の無線市内電話（小霊通）を意味する．
(出所) 楊 (2007)，47ページ，表2-1の体裁を若干修正．オリジナルの出所は，黄海波 (2002)『電信管制：独占監督から競争促進へ』経済科学出版社．

　中国鉄通の追加により，中国の電気通信事業は6グループによる供給体制となった．そして，各グループの頂点には6大基礎電気通信事業者と呼ばれる中央企業が君臨することとなった（表11-1，表11-2）．6グループのなかでは，中国電信，中国網通，中国移動，中国聯通の4大電気通信事業者が98%前後の圧倒的なシェアをもつ[12]．

---

12) 例えば，大グループの電気通信サービス収入における4大電気通信事業者のシェアは，2002年98.6%，2003年98.3%，2004年97.9%であった．胡・黄 (2006)，40ページ，表2-7参照．

3-2 4大電気通信事業者の組織改革

中国郵電電信総局がほぼ独占的に行ってきた電気通信事業の分割によって4大電気通信事業者を中心とする体制ができた。固定通信は，小規模な中国鉄通を除けば，実質的には全国31省（自治区・直轄市を含む。以下同じ）を2分割した地域独占体制である。中国電信グループが南部21省，中国網通グループが北部10省を営業区域とする。移動通信は，中国全土を営業区域とする中国移動グループと中国聯通グループの複占体制である。

4大電気通信事業者の組織構造は，以下に述べるように，複雑な親会社・子会社間の支配・被支配関係をたどり，また，中核企業のみが内外市場での上場を果たすなど，外部者には非常にわかりづらい構造となっている。そこで以下では，2008年再編成前年にあたる2007年までの4グループの変遷について簡単に整理する[13]。

3-2-1 中国電信グループ

1995年4月に法人化された中国郵電電信総局は，第1次分割後の2000年5月に中国電信集団公司と改称し，固定通信事業者として再出発した。2001年11月の固定通信事業の南北分割・再編成決定により，2002年5月に中国電信集団公司は，南部21省（自治区・直轄市を含む）における固定通信事業者となった。同年9月に中国電信集団公司（以下では集団公司という）は，事業運営を行う中核会社として中国電信株式[14]有限公司（以下では有限公司という）を創設し，親会社となった。これは，集団公司傘下の4地域固定通信会社を有限公司に移管することにより実現した。同年10月に4地域固定通信会社は，有限公

---

13) 以下に述べる各社の歴史については，各社の年次報告書を参考にした。ただし，各年によって記述内容に微妙な差が見られる（つまり説明が若干異なる）。しかも年次報告書は，投資家向けに上場会社について書かれたものであるため，子会社や親会社についての詳細は省かれており，不明な点が多い。実際，上場会社の直接親会社には，英国領ヴァージン諸島で登記された会社（社名にBVI=British Virgin Islandsの文字を含む）がなることが多い。BVI会社は，法人税非課税，設立登記の容易さ，情報の機密性保持などのメリットを享受できる。
14) 本稿では，漢語の「股份」を「株式」と訳している。なお，持株を意味する「控股」は特に訳さず，そのまま用いている。

司の完全子会社となり，各地域の固定通信事業者となった。

有限公司は，2002年11月14日にニューヨーク市場（証券コードCHA），翌15日に香港市場（証券コード0728）に上場した。2003年12月に有限公司は集団公司から他の地域固定通信会社6社を買収，2004年6月にはさらに10社を買収した。この結果，有限公司は，集団公司を親会社とし，傘下に地域固定通信会社20社を所有する企業となった。以上により，集団公司や有限公司を取り巻く支配・被支配関係は表11-3のようになっている[15]。

表11-3 中国電信グループにおける支配・被支配関係

	支配・被支配関係（タテ）と組織・名称変化（ヨコ）	説　明
A	郵電部 → 情報産業部 → 国有資産監督管理委員会	Bの監督・管理
B	中国郵電電信総局 → 中国電信集団公司	中央国有企業で，Cの親会社
C	中国電信株式有限公司	上場会社で，Dの親会社
D	各地域固定通信会社（注）	各地域の固定通信事業者

（注）2008年1月に各地域固定通信会社が吸収合併され，中国電信株式有限公司の支社となった。

なお中国電信グループは南部21省における固定通信事業者であり，このため集団公司は南部21省全域に子会社を配置したが，地域固定通信事業を統括する有限公司はチベット自治区を除く20省に子会社を配置した。また，中国電信グループが提供するサービスは，市内・国内長距離・国際長距離電話サービス，インターネットとデータ通信，専用線などである。グループ各社は，中国電信やチャイナ・テレコムの名称で知られる[16]。

中国電信グループの2007年の総収入は1,754億元，純利益225億元，2007年末の固定通信加入者は2億2,033万（うち無線通信は5,804万），ブロードバン

---

15) 以下の表11-3～11-6は，グループ企業誕生から2007年末までの，つまり2008年の電気通信事業再編以前の動きについて整理したものである。
16) このため，中国電信とかチャイナ・テレコムといっただけではどの会社を指すかが明確でない。実際，一般の利用者が接触する中国電信とは，集団公司でも有限公司でもなく，有限公司傘下の地域固定通信会社であることが多い。例えば，上海市であれば，上海市電信有限公司が実際の営業窓口であり，ここが中国電信やチャイナ・テレコムの看板を掲げて営業を行っていた。ただし，2008年1月から中国電信株式有限公司上海支社に変わった。

ド加入者3,565万であり，世界最大の固定通信事業者となっている[17]。

3-2-2 中国網通グループ

中国郵電電信総局から北部の固定通信事業を移管された中国網通グループは，複雑な歴史をたどった。すなわち，1999年8月に4つの国有企業（中国科学院，中鉄通信中心など）によって中国網絡通信有限公司が創立され，1999年10月には外国人投資を可能とすべく中国網通集団(香港)有限公司（当初の名称は中国網絡通信(香港)有限公司）が香港で創立された。その後，上記の4国有企業は，中国網絡通信有限公司を所有すべく中国網絡通信控股有限公司を設立した。2000年12月に，中国網絡通信控股有限公司は完全子会社の中国網通集団(BVI)有限公司（当初の名称は中国網絡通信(控股)BVI有限公司）を通じて子会社の中国網絡通信有限公司の所有権を中国網通集団(香港)有限公司に売却する一方，中国網絡通信控股有限公司および中国網通集団(BVI)有限公司が中国網通集団(香港)有限公司の間接および直接の親会社となった。

2001年11月の固定通信事業の南北分割・再編成決定により，中国電信グループから移管された北部10省の固定通信網を基盤として，2002年5月に中国網絡通信集団公司が創立された。2004年4～6月には中国網通集団(香港)有限公司の上場を前提として，中国網通グループ内で再編が実施された。最終的所有者が中国網絡通信控股有限公司から中国網絡通信集団公司に変わる見返りとして，中国網通集団(香港)有限公司とその子会社の中国網通(集団)有限公司は，中国網絡通信集団公司所有の北部6省・南部2省（上海市と広東省の一部企業・個人対象）の固定通信網を新たに所有した。

中国網通集団(香港)有限公司は，04年11月16日にニューヨーク市場（証券コードCN），翌17日に香港市場（証券コード0906）に上場した。2005年10月に同有限公司は，中国網絡通信集団公司傘下で他の北部4省の固定通信網を所有する子会社（新天地通信有限責任公司）を買収し，北部10省・南部2省での固定通信網を傘下に収めた[18]。以上により，集団公司や有限公司を取り巻く

---

17) 中国電信株式有限公司（2008）『2007年年報』より。
18) 中国網絡通信集団公司の資産としては，国際通信設備や省間光ファイバ網などが

支配・被支配関係は表11-4のようになっている。

なお中国網通グループが提供するサービスは，市内・国内長距離・国際長距離電話サービス，インターネットとデータ通信，専用線，国際サービスなどである。グループ各社は，中国網通，チャイナ・ネットコム，CNCの名称で知られる。中国網通グループの2007年の総収入は825億元，純利益106億元，同年末の固定通信加入者は1億1,082万（うち無線通信は2,619万），ブロードバンド加入者1,977万である[19]。

表11-4 中国網通グループにおける支配・被支配関係

	支配・被支配構造（タテ）と組織・名称変化（ヨコ）	説　明
A	情報産業部 → 国有資産監督管理委員会	Bの監督・管理
B	中国網絡通信控股有限公司 → 中国網絡通信集団公司	中央国有企業で，Cの直接親会社，Dの間接親会社
C	中国網絡通信(控股)BVI有限公司→ 中国網通集団(BVI)有限公司	Dの直接親会社
D	中国網通集団(香港)有限公司	上場会社で，Eの直接親会社
E	中国網通(集団)有限公司およびその地域支社，中国網通国際有限公司など	地域の通信事業者，国際通信事業者

3-2-3 中国移動グループ

中国郵電電信総局から移動通信事業の移管を受けた中国移動通信集団公司も，複雑な歴史をたどってきた。中国郵電電信総局の移動通信部門として1997年3月に香港で創立された中国電信(香港)有限公司は，同年9月に香港で登記されたあと，同年10月22日にニューヨーク市場（証券コードCHL），翌23日に香港市場（証券コード0941）に上場された。上場に向けた組織再編過程で何重もの支配・被支配関係ができあがった。

上場会社は，1997年3月に創立された中国電信(香港)有限公司を名乗り，

　　残された。
19)　中国網通集団(香港)有限公司（2008）『2007年年報』より。

最初に創立された会社は間接親会社として中国電信(香港)集団有限公司と名称を変え、その傘下に完全子会社であり、かつ中国電信(香港)有限公司の直接親会社である中国電信香港(BVI)有限公司を所有した。中国電信(香港)集団有限公司自体は、中国郵電電信総局や郵電部(1998年以後は情報産業部)傘下の中央国有企業である。また、中国電信(香港)有限公司は、傘下に各地域の移動通信会社を所有した。

中国郵電電信総局の事業分割にともなって、移動通信事業を統括する国有企業として、2000年4月に中国移動通信集団公司が新設され、中国電信(香港)集団有限公司以下を傘下に収める企業集団の代表となった。同年6月に中国電信(香港)有限公司は中国移動(香港)有限公司に改称した。

中国移動(香港)有限公司は地域移動通信会社の積極的な買収を実施し、2000年末累計13社、2002年末累計21社、2004年7月までに累計31省31社の地域移動通信会社を完全子会社とした。いずれも直接親会社の中国移動香港(BVI)有限公司に新株を発行して子会社を取得した。2006年5月に、中国移動(香港)有限公司は中国移動有限公司に改称された。以上により、中国移動通信集団公司ないし中国移動(香港)有限公司を取り巻く支配・被支配関係は表11-5のようになっている。

表11-5 中国移動グループにおける支配・被支配関係

	支配・被支配構造（タテ）と組織・名称変化（ヨコ）	説　　　明
A	郵電部 → 情報産業部 → 国有資産監督管理委員会	Bの監督・管理
B	中国郵電電信総局 → 中国移動通信集団公司	中央国有企業で、Cの親会社
C	中国電信(香港)集団有限公司 → 中国移動(香港)集団有限公司	Dの直接親会社で、Eの間接親会社
D	中国電信香港(BVI)有限公司 → 中国移動香港(BVI)有限公司	Eの直接親会社（EへのF売却により）
E	中国電信(香港)有限公司 → 中国移動(香港)有限公司→ 中国移動有限公司	上場会社で、Fの直接親会社
F	各地域移動通信会社	各地域の移動通信事業者

なお中国移動グループが提供するサービスは，携帯音声，データ通信，IP電話，インターネットなどである。グループ各社は，中国移動やチャイナ・モバイルの名称で知られる。中国移動グループの2007年の総収入は3,570億元，純利益872億元，同年末の移動通信加入者は3億6,934万。国外でも使用できるローミング・サービスとしてGSM携帯では231の国・地域，GPRS（第2.5世代）携帯では161の国・地域で提供する（2007年末）[20]。

3-2-4　中国聯通グループ

移動通信・固定電話提供を目的として1994年に中国聯合通信有限公司が創立された。GSM方式による移動通信事業を中心にサービスを提供していた中国聯合通信有限公司は，1999年の電気通信事業分割決定を受け，中国郵電電信総局（のちの中国電信集団公司）の無線呼び出し事業をほとんど無償譲渡された[21]。同事業は，郵電電信総局傘下の国信尋呼有限責任公司およびその子会社が全国31省で展開していたものであり，2000年6月に中国聯通グループへの移管を完了した。

2000年から2001年にかけて中国聯通グループ内で大規模な組織再編が実施された。2000年2月に，グループ中核企業となる中国聯通株式有限公司が香港で創立され，中国聯合通信有限公司が提供してきた携帯電話等の事業と国信グループが提供してきた無線呼び出し事業がすべて中国聯通株式有限公司に移管された。同年4月に中国聯通株式有限公司は，中国聯合通信有限公司から継承した事業を運営する完全子会社として中国聯通有限公司を創立した。中国聯通株式有限公司は，2000年6月21日にニューヨーク市場（証券コードCHU），翌22日に香港市場（証券コード0762）に上場した。

一方，中国聯合通信有限公司は，2000年1月に中国聯通株式有限公司の直接親会社となる中国聯通(BVI)有限公司を2000年1月に設立し，2001年12月には中国聯通(BVI)有限公司の持株会社として中国聯合通信株式有限公司を設

---

[20]　中国移動有限公司（2008）『2007年年報』より。
[21]　1999年6月に国信の株式の99.67%が中国聯合通信有限公司に無償で譲渡された。中国聯通株式有限公司（2001）『2000年年報』71ページ。

立した。中国聯合通信株式有限公司は，国内投資家だけが購入できるA株発行会社として，2002年10月9日に上海市場に上場した[22]。こうして中国聯合通信有限公司―中国聯合通信株式有限公司―中国聯通(BVI)有限公司―中国聯通株式有限公司―中国聯通有限公司という5重の支配・被支配関係ができあがった。

中国聯通株式有限公司は，2002年以降，積極的な子会社戦略を採用し，GSMおよびCDMA携帯事業や海外事業を展開する企業を親会社から買収または自ら設立したり，無線呼び出し事業から撤退し国信の所有株を親会社に売却したりした。また，2005年9月までに国内事業を統合して中国聯通有限公司に集約した。中国聯通有限公司は，国内31省で携帯（GSMおよびCDMA）サービスを提供した。中国聯通有限公司以外の子会社には，香港と米国での通信事業を展開する聯通国際通信有限公司，マカオで移動通信・第3世代携帯電話（3G）サービスを提供する中国聯通(澳門)有限公司などがある。以上により，中国聯合通信有限公司ないし中国聯通株式有限公司を取り巻く支配・被支配関係は表11-6のようになっている。

なお中国聯通グループが提供するサービスは，携帯音声，データ通信，イン

表11-6　中国聯通グループにおける支配・被支配関係

	支配・被支配構造（タテ）と組織・名称変化（ヨコ）	説　　明
A	郵電部 → 情報産業部 → 国有資産監督管理委員会	Bの監督・管理
B	中国聯合通信有限公司	中央国有企業で，Eの間接親会社
C	中国聯合通信株式有限公司	Dの持株会社で，Eの間接親会社
D	中国聯通(BVI)有限公司	Eの直接親会社
E	中国聯通株式有限公司	上場会社で，Fの直接親会社
F	中国聯通有限公司，聯通国際通信有限公司，中国聯通(澳門)有限公司など	移動通信を中心とする各地域事業者

---

22) ここから中国聯通株式有限公司の年次報告書『年報』では，中国聯合通信株式有限公司のことを「A株公司」（A股公司）と呼んでいる。

ターネット，長距離電話である。グループ各社は，中国聯通やチャイナ・ユニコムの名称で知られる。中国聯通グループの2007年の総収入は995億元，純利益71億元，同年末の移動通信加入者は1億6,249万（うちGSMが1億2,056万，CDMAが4,193万）。国外でも使用できるローミング・サービスとしてGSM携帯では179の国・地域，CDMA携帯では17の国・地域で提供する（2007年末）[23]。

3-3　規制枠組の整備[24]

3-3-1　中華人民共和国電信条例（2000年）

1998年3月の情報産業部創設に代表されるように，政企分離が実現するとともに，法的枠組の整備も進展した。2000年9月に，電気通信事業の産業組織と規制を定めた中華人民共和国電信条例（以下では電信条例という）が制定・施行された。電信条例の主要内容は以下のとおりである。

- 全国電気通信業の監督管理は情報産業部が担当し，省・自治区・直轄市の電信管理局は情報産業部の指導の下で各行政区域内の電気通信業の監督管理を担当する（第3条）。
- 電気通信業は許可制であり，事業者は情報産業部または省・自治区・直轄市の電信管理局が発行する許可証を取得する必要がある（第7条）。
- 電気通信業は基礎電気通信業と付加価値電気通信業に分けられる。基礎電気通信業務は，公衆通信網の設備，公衆データ通信・基本音声通信のサービスを提供する業務をいう。付加価値電気通信業務は，公衆通信網を利用して電気通信・情報サービスを提供する業務をいう（第8条）。
- 基礎電気通信業の経営は，中国側の出資比率が51％以上であること（第10条）。
- 電気通信網間の相互接続は，経済合理性，公平・公正，相互協調の原則に基づいて行われる。電気通信市場におけるシェアが大きく，電気通信市場

---

23) 中国聯通株式有限公司（2008）『2007年年報』より。
24) 以下の説明は，谷口（2009）「中国のICT政策」に基づく。

に実質的な影響力をもつ主導的電気通信事業者は，相互接続要求を拒絶してはいけない（第17条）。
- 電気通信料金は原価主義を原則とし，国民経済・社会発展の要請，電気通信業の発展，電気通信ユーザーの支払い能力も考慮する（第23条）。
- 電気通信料金は，市場調節価格，政府指導価格，政府設定価格の3種とする。基礎電気通信業務は3種のいずれか，付加価値電気通信業務は市場調節価格または政府指導価格のいずれか，十分に競争的な市場の電気通信業務は市場調節価格とする（第24条）。

3-3-2 外商投資電気通信企業管理規定（2002年）

電気通信事業に対する外資規制の枠組については，2001年にさらに進展があった。同年12月に国務院常務会議を通過し，2002年1月に施行された外商投資電気通信企業管理規定（以下では管理規定という）では，電気通信事業に対する外資規制を規定した。管理規定は，2001年12月のWTO加盟を踏まえ，電気通信事業の市場開放を睨んで制定されたものである。管理規定の主要内容は以下のとおりである。
- 外商投資電気通信企業とは，外国投資家と中国投資家が共同出資した電気通信事業者である（第2条）。
- 外国投資家の出資比率は，基礎電気通信業務（無線呼出しを除く）49％以下，付加価値電気通信業務（無線呼出しを含む）50％以下とする（第6条）。
- 外商投資電気通信企業による基礎電気通信業務または複数省での付加価値電気通信業務の審査と許可・不許可の決定は情報産業部が行う（第11条）。省の範囲内での付加価値電気通信業務の審査は省・自治区・直轄市の電信管理局が先に行い，情報産業部が最終決定を行う（第13条）。
- 国際電気通信業務を行う場合は情報産業部の許可が必要であり，情報産業部が設立した国際通信ゲートウェイを必ず利用する（第18条）。

3-3-3 電気通信業務分類目録の更新（2003年）

情報産業部は，2000年の電信条例の施行に合わせて，基礎電気通信業務と付加価値電気通信業務の分類目録を作成し，それぞれ9種類に分類した。2003

年にこの目録を改訂し，同年4月から施行した。新目録では，基礎電気通信業務をさらに第1類と第2類に，付加価値電気通信業務も第1類と第2類に分類している。この分類では，「業務実施能力要求が比較的高い業務」を第1類，「比較的容易に提供しうる業務」を第2類とし，情報産業部は両者に対する差別的参入規制を目論んでいる[25]。例えば，第1類基礎電気通信業務に分類された固定通信・セルラー移動通信・第1類衛星通信・第1類データ通信の各業務に対しては，第2類よりも厳しい参入規制・価格規制が適用されることになる。

4. 電気通信市場の動向

中国の電気通信事業は急速な成長を遂げた。固定通信加入者は2000年末の1億4,483万から2007年末の3億6,545万へ，移動通信加入者は同期間に8,453万から5億4,729万へと急増した。世界最大の固定・移動通信市場の誕生である。しかし，市場の急拡大はいくつかの構造変化をともなっており，それは電気通信事業全体の持続可能性に疑問を投げかけるものであった。また，事業者の観点からも規制者の観点からも，3G技術に代表される技術革新にいかに対応するかという問題がずっと残されていた。後述する2008年の事業再再編成はこうした問題に対処するものであるが，その前に市場の動向について見ておこう。

4-1 固定電話と移動電話：衰退と成長

図11-2は，固定電話と移動電話の加入者数およびその増減の推移を見たものである。移動電話は一貫して高成長を示すのに対し，固定電話は2007年を境に停滞・減少に転じている。月ベースの増減を見ると，固定電話は2007年7月末にピークの3億7,245万を記録したあと，一貫して減少している。2009年2月末現在にいたるまで減少に歯止めがかかっていない。これに対し，移動

---

25) 呉・黄・苑編（2007），158-159ページ。

図11-2　固定電話と移動電話の加入者数およびその増減の推移：1990-2008年

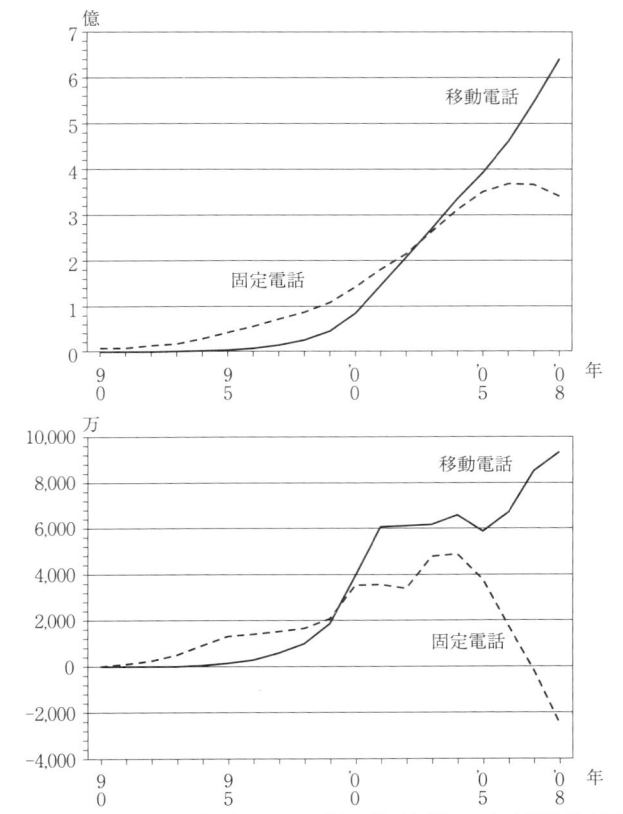

(出所) 中華人民共和国国家統計局編（2008）『中国統計年鑑2008』中国統計出版社，および中華人民共和国工業・情報化部（2009）『2008年電信業統計公報』より作成。

電話の月ベース増加数は2006年の平均564万，2007年の平均718万，2008年の783万へと，一貫して増加傾向にある。

移動電話の急成長にもかかわらず，その事業を展開できるのは中国移動と中国聯通のグループだけであり，他のグループは参入できない。ここに大きな問題が残されていた。

4-2　無線市内電話と無線呼び出し：発展から衰退へ

図11-3に示されるように，固定電話の減少の大部分が無線市内電話の減少

による。この無線市内電話は，日本のPHSに相当するものであり，中国内では小霊通として知られる[26]。小霊通は固定通信網の無線市内電話として普及した。1997年に浙江省杭州で日本のPHS技術を利用して試行導入され，99年から地方都市でサービスが開始された。

情報産業部は，高速データ通信が可能な3Gの普及を予想し，小霊通の普及拡大には当初消極的であった。しかし，移動通信に進出できない固定通信会社が小霊通の設備投資を積極的に行ったため，情報産業部が規制緩和することとなり，これが加入増大を実現させた。当初は大都市での営業が禁止されていたが，のちに地方都市から大都市への営業範囲拡大が認められ，固定電話と同一の低料金，携帯電話並みの利便性などと相まって小霊通の急成長をもたらした。

無線市内電話の加入者数は2004年に2,800万増，2005年に2,000万増とな

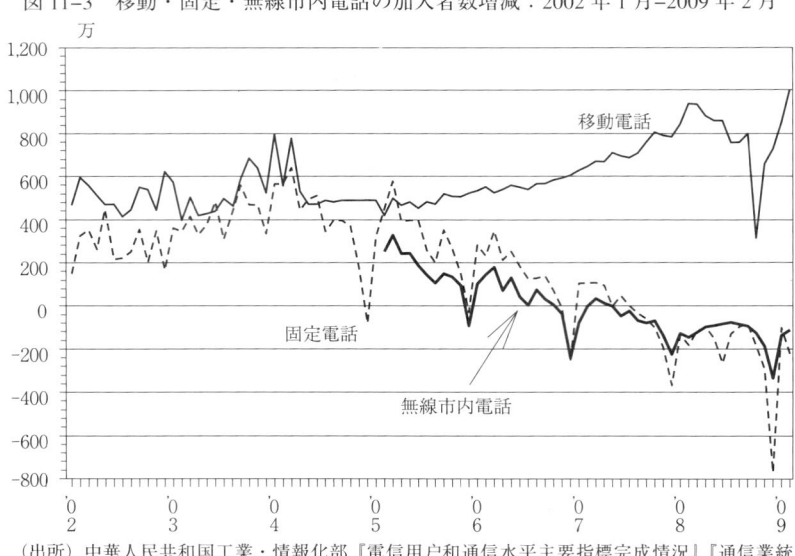

図11-3 移動・固定・無線市内電話の加入者数増減：2002年1月-2009年2月

（出所）中華人民共和国工業・情報化部『電信用戸和通信水平主要指標完成情況』『通信業統計月報』毎月版のデータより作成。

---

[26] 小霊通については，谷口（2009）「小霊通」を参照。

り，両年における固定電話増加分の57〜58%を占めた。しかし，無線市内電話に牽引された固定電話の成長は持続せず，無線市内電話は2006年10月末に9,342万のピークを記録したあと，一貫して減少傾向にあり，2009年2月末現在6,650万となっている。2006年末から2008年末の間に固定電話は2,700万減少し，うち無線市内電話は82%相当の2,220万減少した。固定電話は，無線市内電話に牽引された成長から衰退へと大きく変化した[27]。

無線市内電話以上に急成長から急衰退へと変貌した事業に無線呼び出しがある。1990年代に中国各地に無線呼び出し事業者が誕生し，サービスの加入者数は1993年末の561万から2000年末の4,884万へと急成長を遂げた。しかし2001年以降は毎年1,000万前後減少し，2005年末にはわずか97万となった。

4-3 価格の動向

電気通信サービスの価格水準は一貫して下落傾向にある。いま，中国工業・情報化部の使用する定義に従って[28]，

電気通信サービスの価格水準＝電気通信サービス収入
÷電気通信サービス総量（実質）

とすると，価格水準は2000年以降，毎年10%前後下落し，2000年から2008年の間に60%下落した（表11-7参照）。技術進歩や需要増加が見込めないサービスの場合，価格水準の下落は経営の圧迫要因となる可能性がある。

価格下落の理由としては，①市場競争，②通信技術の進歩による費用低下，③政府による価格規制，の3つが指摘されている。③については，1995年以降，価格・負担低減を中心とする価格調整政策が実施されてきた[29]。2000年の電信条例では，電気通信料金は原価主義を基本とすること，また，市場調節

---

27) それでも日本の2009年2月末PHS加入者456万と比べると10倍以上の大きさである。
28) 中華人民共和国工業・情報化部編（2008），26ページ。
29) 高編（2008），228ページには，料金規制の内容が簡潔に整理されている。

価格，政府指導価格，政府設定価格の3種に分かれることが規定された。「政府が市場をコントロールし，市場が価格を決定し，価格が需要を導き，資源が合理的に配分される」[30]という方針の下，政府設定価格を減少し，市場調節価格と政府指導価格を拡大する方向で価格調整が実施されてきた。さらに，2005年には基礎電気通信業務について，2008年には移動電話のローミング・サービスについてそれぞれ上限価格制が実施されるなど[31]，価格規制は簡素かつ明確になりつつある。

表11-7　電気通信サービス価格水準の推移：2000-08年

年	2000	2001	2002	2003	2003	2005	2006	2007	2008
（収入／総量）×100	95.8	90.7	81.2	71.0	57.7	51.2	44.5	39.8	36.3

(注) 電気通信サービス総量は2000年基準の実質価格表示。
(出所) 高編（2008），165ページ，表10-1，および中華人民用和国工業・情報化部編（2009）『2008年電信業統計公報』より作成。

4-4　電気通信サービス別収入の分布

表11-8により，2005-07年の電気通信サービス別収入を見ると，移動通信

表11-8　電気通信サービス収入の動向：2002-08年

年	収入				投資			
	2005	2006	2007	07/05	2005	2006	2007	07/05
移動通信	2,936	3,531	4,229	1.44	1,006	1,175	1,400	1.39
固定短距離	1,776	1,634	1,429	0.80	914	792	619	0.68
長距離電話	704	733	657	0.93				
データ通信	413	586	1,073	2.60	92	141	125	1.36
衛星通信	3.7	1.7	7.7	2.10	3.9	14.1	12.2	3.14
無線呼び出し	6.7	5.2	0.1	0.01				
合計	5,840	6,492	7,399	1.27	2,098	2,214	2,370	1.14

(注) 単位：億元。07/05=2007/2005の倍率。投資の固定短距離は固定通信全体。
(出所) 中華人民共和国工業・情報化編（2008），99ページ，表より作成。

---

30)　呉・黄・苑編（2008），142ページ。
31)　中国通信企業協会編（2009），23ページ。

表 11-9　電気通信サービス別収入の構成比（％）：2002-08 年

年	2002	2003	2004	2005	2006	2007	2008
移動通信	45.47	46.86	43.00	45.12	47.26	50.87	55.1
固定短距離	33.73	32.35	31.24	30.03	27.29	24.01	20.7
長距離電話	15.48	14.64	19.24	17.84	17.42	16.56	14.2
データ通信	4.44	5.70	6.23	6.84	7.92	8.40	9.8
衛星通信	0.20	0.09	0.06	0.06	0.03	0.11	0.1
無線呼び出し	0.68	0.36	0.23	0.20	0.07	0.05	

（出所）中華人民共和国情報産業部編（2004）『2003 年 1-12 月分通信行業経済運行状況』，（2005）『2004 年 1-12 月分通信行業経済運行状況』，（2006）『2005 年通信業発展統計公報』，（2007）『2006 年全国通信業発展統計公報』，（2008）『2007 年全国通信業発展統計公報』，および，中華人民共和国工業・情報化部編（2009）『2008 年電信業統計公報』より作成。

とデータ通信の収入が増加する一方で，固定短距離や長距離電話の収入が減少している。金額は小さいが，衛星通信が増加している一方で，無線呼び出しが激減している。同じ傾向は投資動向にも見られる。移動通信とデータ通信の投資が増加する一方で，固定通信の投資が減少している。

各サービスの収入動向により，電気通信サービス収入全体に占める移動通信とデータ通信の比率が上昇する一方で，固定短距離や無線呼び出しの比率が低下している（表 11-9）。このように，4-1 と 4-2 で指摘した成長部門と衰退部門の存在が収入面にも現れている。

4-5　電気通信事業者別の収入分布

中国における電気通信市場の特徴として，「両大，両中，両小」，つまり 2 つの大（中国移動と中国電信），2 つの中（中国網通と中国聯通），2 つの小（中国鉄通と中国衛通）の競争構造が指摘されてきた[32]。しかし，こうした競争状況に変化が見られる。すなわち，固定電話の停滞と移動電話の成長により，中国電信の比重が低下する一方で，中国移動の比重が上昇している。その結果，「1 つの巨大，3 つの中，2 つの小」の競争構造に変わりつつあり，中国移動の一

---

32) 中華人民共和国工業・情報化部編（2008），38 ページ。

表 11-10　電気通信事業者別収入の構成比（％）：2002-04 年および 2007 年

グループ	2002	2003	2004	2007	（投資）
中国電信	32.1	30.2	29.0	24.9	20.8
中国網通	15.9	16.2	15.9	12.8	12.6
中国移動	38.8	37.4	39.2	47.0	50.3
中国聯通	11.7	14.5	13.8	13.0	13.2
中国衛通	0.19	0.10	0.10	0.1	0.6
中国鉄通	1.20	1.60	2.00	2.2	2.6

（注）一番右の欄は，2007 年の投資総額に占める各社のシェア。
（出所）胡・黄編（2006），40 ページ，表 2-7，および中華人民共和国工業・情報化部編（2008），92 ページの図。

人勝ち状況がますます顕在化している（表 11-10）。

5．2008 年：電気通信事業の再再編成[33]

　各社が固定通信や移動通信に特化する体制の下では，電気通信サービスの成長と衰退は，そのサービスを提供する電気通信事業者の成長と衰退に直結している。例えば，移動通信サービスの成長とともに移動通信会社が成長し，固定通信サービスの停滞とともに固定通信会社が停滞する。こうした状況の下で固定通信事業者は，当初，無線市内電話に活路を見いだし，その成長に牽引された時期もあったが，持続することは困難であった。

　こうしたなか，電気通信事業者 6 社は，第 3 世代携帯電話（3 G）免許取得を目指して準備を進めてきた。3 G は，高速データ通信が可能な次世代携帯電話であり，国民生活や産業活動での広い利用が期待される。3 G 免許の交付をめぐって電気通信事業者の間では駆け引きが続いた。しかし，3 G は移動通信技術であり，これに固定通信事業者や衛星通信事業者が参入するのは従来の棲

---

[33] この節では，当事者を正確に示す必要がある場合を除き，通信事業者各社を一般名称で呼ぶこととする。例えば中国電信という場合には，中央国有企業の中国電信集団公司を指す場合もあれば，上場会社の中国電信株式有限公司を指す場合もあれば，中国電信グループ全体を指す場合もある。実際，2008 年 5 月 24 日発表の通告でも，中国電信や中国移動などの一般名称が使用されている。

み分け体制を否定することに他ならない。ここに大きな矛盾ないし課題が存在することは誰の目にも明白であった。

　通信市場の動向に見られる構造的変化や3G免許交付問題に決着をつけるべく，2008年には，電気通信事業の監督・管理体制の改革と電気通信事業者の再編成という2つの大きな改革が決定・導入された。

5-1　監督・管理体制の改革

　2008年2月の中国共産党第17期中央委員会第2回全体会議を通過した「行政管理体制改革の深化に関する意見」において，国務院機構改革の一環として「工業化と情報化を整理統合し，完全なものとする」ことが提示された。同年3月の第11期全国人民代表大会第1回会議を通過した「国務院機構改革法案」では，情報産業部を廃止して工業・情報化部として再編することが決定された。

　工業・情報化部の正式発足は2008年6月29日であり，その主要職責が正式に発表されたのは同年7月1日であった。工業・情報化部は，国家発展・改革委員会の工業業界管理・情報化の職責，国防科学技術工業委員会の原子力発電管理以外の職責，情報産業部と国務院情報化工作弁公室の職責を統合した組織である。電気通信に関係する工業・情報化部の職責としては，①情報化の推進や電気通信・テレビ放送・コンピュータ網の融合促進，②電気通信・情報サービス市場の監督・管理，③無線周波数資源の配置・管理や電波秩序の保護，④国家情報安全保障体系の建設や業界情報ネットワークの安全保障，などがある[34]。

5-2　電気通信事業の再編成の方向性

　2008年5月24日に，工業・情報化部，国家発展・改革委員会，財政部の3者共同の「電気通信体制改革の深化に関する通告」（以下では通告という）が発

---

[34] 中国通信企業協会編（2009），11-13ページおよび工業・情報化部ウェブサイト（http://www.miit.gov.cn/n11293472/n11459606/11606790.html）を参照。

表された。この通告は，3G免許交付と電気通信事業再編成を結びつけ，従来の6社体制を3社体制に絞り込むという形で，中国の電気通信事業の産業組織を大きく塗り替えるものである。通告の主要部分は以下のとおりである。

5-2-1　電気通信体制改革深化の必要性

・中国の電気通信事業は，①完全独占から競争導入へ，②政企一体から政企分離へ，③2社競争から多数競争へと変わり，「発展しながら改革し・改革しながら発展する」という路線を歩んだ。その結果，6社の基礎電気通信事業者による競争構造ができた。

・2001年から2007年の間に全国電気通信業務収入は年率11％超で成長し，加入者数は毎年1億増加し，2007年にはそれぞれ7,280億元と9.13億となった。固定通信・移動通信ともに世界最大規模となり，市場競争が進展し，料金水準が大幅低下し，サービス水準が顕著に向上し，改革発展は新段階にはいった。

・近年，地球規模で移動通信が急速に発展し，電気通信市場競争が激化し，業界は新たな機会と挑戦に直面している。特に移動業務の急成長と固定業務の伸び悩み，経済効率の低下，企業間の格差拡大，競争構造の不均衡といった新しい状況・問題が出現している。

・均衡のとれた競争形態，イノベーション能力の増強，電気通信企業の競争力の向上，業界の協調的かつ健全な発展を形成するには，全国をカバーする3つの既存通信網（第2世代移動通信網・固定通信網）の資産を十分に利用し，電気通信体制改革を深化させるべきである。

5-2-2　指導思想，主要原則，主要目標

・改革深化の指導思想は，第3世代移動通信（3G）の発展を契機として，現在の電気通信網資源を合理的に配置し，全業務経営を実現し，適切かつ健全な市場競争形態を形成し，独占を防止し，過度の競争と重複建設を避けることである。

・改革深化の主要原則は，電気通信技術発展の趨勢と全業務経営の要求を適合させ，改革の深化を通して電気通信業の持続的かつ健全な発展を促進するこ

とである。
- 改革深化の主要目標は，第1に，3件の3G免許を交付するとともに，全国ネットワーク資源をもち，実力と規模が近く，全業務経営能力と比較的強い競争力をもった事業者の形成を支援することで，電気通信資源配分の効率を高め，競争構造を完全にすること。第2に，自主的イノベーションの成果・規模を応用し，後続技術を持続的に発展させ，自主的イノベーション能力を向上させること。第3に，電気通信業界のサービス能力・水準を高め，監督管理体制を強化し，電気通信事業発展改革の成果を一般大衆に享受させること，である。
- 電気通信業界の現状に基づき，上記の改革目標を実現するために，中国電信が中国聯通のCDMA（資産と加入者を含む）を買収し，中国聯通と中国網通が合併し，中国衛通の基礎電気通信業務を中国電信に編入し，中国鉄通を中国移動に編入することを奨励する。

5-2-3　事業者の対応

- 基礎電気通信事業者6社は，本通告の精神に基づき，改革深化に関する建議や意見を真剣に研究し，正式の法案を早期に作成し，関係部門へ報告する。
- 改革の方案が組織再編成，ネットワーク資産の譲渡，上場会社の合併等の問題に絡む場合には，国際慣例にしたがい，国内外の資本市場の運営規則を順守して実施すべきである。
- 改革・再編成と3G免許の交付は相互に結びつき，再編成完成後に3G免許を交付する。

5-3　電気通信事業の再編成

　2000年代前半の中国電信を中心とする2回におよぶ再編成から数年後，政府から3度再編成案が提示された（表11-11参照）。中国電信の場合は大による中（中国聯通）の一部と小（中国衛通）の吸収，中国移動の場合は大による小（中国鉄通）の吸収，中国聯通の場合は中と中の合併であり，直面する状況は同じでない。以下のように，最も複雑な再編成を要したのは中国聯通であり，

表 11-11　2008 年電気通信事業再編成後の 6 社

グループ	再編成の内容	備考
中国電信	中国聯通の CDMA と中国衛通の基礎電気通信業務を追加	
中国網通	中国聯通傘下へ	中央国有企業から削除
中国移動	中国鉄通を傘下に	
中国聯通	中国網通を吸収合併	
中国衛通	基礎電気通信業務を中国電信へ	中央国有企業から削除
中国鉄通	中国移動傘下へ	中央国有企業から削除

逆に最も簡素な再編成で済んだのは中国移動であり，中国電信は両者の中間であった。

5-3-1　中国電信

通告発表の翌日の 2008 年 5 月 25 日，中国衛星通信集団公司は通告の精神に従って具体的方案を制定することを発表した。中国衛通の基礎電気通信業務（衛星中継器リース・販売業務を除く）の中国電信への譲渡は当初 2008 年末までに完成するとみられていたが，実際には 2009 年 2 月 19 日に経営主体の変更が決定され，同年 4 月 1 日から移行した。資産譲渡後に残された中国衛通は，中国直播衛星通信公司に編入され，一部は中国航天科技集団に譲渡される見込みである[35]。

CDMA の譲渡については，2008 年 6 月 2 日に中国電信と中国聯通の間で協議が行われ，1,100 億元の譲渡価格が公表された（662 億元は中国電信集団公司による CDMA ネットワーク資産購入に，438 億元は中国電信株式有限公司による CDMA ネットワーク業務の購入に充当）。同年 10 月 1 日に CDMA 業務の引き渡しが始まり，中国電信による移動通信サービスも開始された。

2009 年 2 月末現在の中国電信加入者は，固定通信 2 億 583 万（2007 年末より 1,450 万減），ブロードバンド 4,590 万（同 1,025 万増），移動通信 3,063 万（2008

---

[35]　http://www.cww.net.cn/news/html/2009/3/30/20093308743017.htm 参照。

年10月1日より155万増）となっている。

なお，中国電信株式有限公司は，子会社として地域通信会社20社を所有していたが，2008年1月に20社すべてを吸収合併し，支社（分公司）とした。また，親会社の中国電信集団公司が中国北部地区（旧中国網通営業地域）に有する子会社2社のうちの1社（北京市電信有限公司）を同年6月に買収して北京支社とし，同年7月から北京で固定通信および関連サービスを開始した。この結果，中国電信株式有限公司は，主に21省21支社を通じてサービスを提供することとなった。

5-3-2 中国移動

通告発表前日の2008年5月23日，中国移動通信集団公司は，中国鉄通集団有限公司を同集団公司に編入して完全子会社とし，独立経営を維持することを発表した。同年6月10日に国務院国有資産監督管理委員会は，中国鉄通集団有限公司を中国移動通信集団公司の完全子会社とすることを正式発表した。

2009年2月末現在の中国移動加入者は，移動通信4億7,067万（2007年末より1億133万増），うち3G加入者は26.8万となっている。なお，同じ中国移動通信集団公司の子会社であるものの，中国移動有限公司と中国鉄通集団有限公司は，相互接続を除けば直接的な関係をもたない。

5-3-3 中国聯通

CDMAの譲渡については，2008年10月1日，中国聯通は中国電信との間でCDMAの引き渡しを開始した[36]。CDMAを手放したとはいえ，中国聯通には1994年創立からの長年の経験と蓄積をもち，CDMAの3倍の加入者をもつGSM携帯電話が残った。

中国聯通と中国網通の合併については，上場会社同士がまず合併し，次に地域通信事業者同士，さらにグループ代表の中央国有企業同士が合併するという形をとった。2008年6月2日，両者の上場会社である中国聯通株式有限公司

---

36) 中国電信に売却されたCDMAは，中国聯通株式有限公司と中国聯通有限公司が所有する業務，資産，関連権利・債務，子会社の株式であった。詳細については，中国聯合通信株式有限公司（2009），58ページを参照。

と中国網通集団(香港)有限公司の合併計画が提示された。株主総会や関係当局の承認を経て，同年 10 月 15 日に正式合併が行われ，社名が中国聯合網絡通信(香港)株式有限公司に変更された。合併前の 2 社を所有した持株会社の中国聯通(BVI)有限公司と中国網通集団(BVI)有限公司は中国聯合網絡通信(香港)株式有限公司に対する共同所有会社となり，そのうち最大株主である中国聯通株式有限公司が直接親会社となった。

同年 10 月 15 日には，両グループの地域通信事業者であった中国聯通有限公司が中国網通(集団)有限公司を吸収合併する計画も提示され，2009 年 1 月 1 日に正式合併された。2008 年 10 月 16 日に社名を中国聯通有限公司から中国聯合網絡通信有限公司に変更した地域通信事業者は，中国聯合網絡通信(香港)株式有限公司傘下の完全子会社として地域通信事業を運営することとなった。

同年 11 月 16 日には，両グループの代表である中国聯合通信有限公司（聯通集団）による中国網絡通信集団公司（網通集団）の吸収合併案がまとまり，2009 年 1 月 6 日に国務院国有資産監督管理員会がこれを承認した。合併後の名称は中国聯合網絡通信集団有限公司となり，同有限公司がグループの新代表として，聯通集団と網通集団の資産・債権債務・業務をすべて継承する。これにともなって網通集団は中央国有企業から抹消された。ただし，網通集団の完全子会社である中国網通集団(BVI)有限公司は中国聯合網絡通信(香港)株式有限公司の株式の 29.49％（2008 年末）を所有する。

以上のように，中国聯通による中国網通の吸収が進展した。その結果，新生中国聯通グループの支配・被支配関係は，以下の 5 重構造となった。

　　　　中国聯合網絡通信集団有限公司（前・中国聯合通信有限公司）
　　　－中国聯合網絡通信有限公司（前・中国聯合通信株式有限公司）
　　　－中国聯通(BVI)有限公司
　　　－中国聯合網絡通信(香港)株式有限公司（前・中国聯通株式有限公司）
　　　－中国聯合網絡通信有限公司（前・中国聯通有限公司）

なお，2009 年 2 月末現在の中国聯通加入者は，固定通信 1 億 894 万（中国網通の 2007 年末より 188 万減），ブロードバンド 3,169 万（同 1,192 万増），GSM 移

動通信1億3,584万（中国聯通の2007年末より1,528万増[37]）となっている。

5-4 ３Ｇ免許の交付

「再編成完成後に３Ｇ免許を交付する」という通告における約束にしたがって，2009年1月6日に工業・情報化部は，3社に対する３Ｇ経営業務許可を批准し，翌1月7日に交付した[38]。中国電信は米国規格のCDMA 2000，中国移動は中国独自規格のTD-SCDMA，中国聯通は欧州規格のWCDMAの免許をそれぞれ取得した。

5-4-1　中国電信

中国電信は従来から移動通信への進出を希望していたが，既存技術での進出は難しいと考え，３Ｇでの移動通信進出を狙って実験を重ねてきた[39]。中国電信集団公司は，2004年に広東省広州と上海でCDMA 2000とWCDMAの実験を行い，2006年と2007年には河北省保定でTD-SCDMAの実験を行った。中国電信は，複数規格からCDMA 2000を採用し，中国聯通から引き継いだ800 MHz cdma 1xネットワークの周波数帯でcdma 1x EV-DO規格を展開することとした。

2009年1月7日，中国電信集団公司はCDMA 2000による３Ｇ業務経営免許を取得した。中国電信は，2009-11年の間に800億元の投資を行ってCDMAネットワークを改良し，1億のCDMA加入を実現するとともに，第1段階として80都市で３Ｇサービスを提供する予定である。2009年3月15日に上海で試行商用サービスを開始し，同年4月以降は全国規模で３Ｇ業務を展開する。

---

37) 中国電信に譲渡されたCDMAを含む2007年末加入者数は1億6,249万であったから，これと比べると2,665万減である。
38) 中華人民共和国工業・情報化部「我国発放3張第三代移動通信経営牌照」(http://www.miit.gov.cn/n11293472/n11293832/n11293907/n11368223/11886837.html)。
39) 中国電信に関する記述は，中国電信のウェブサイト情報，China Telecom Corporation Limited（2008），pp. 9-10および中国通信企業協会編（2009），50-51ページに基づく。

5-4-2　中国移動

中国移動は早期からTD-SCDMAを重視してきた。2006年1月に情報産業部がTD-SCDMAを3Gの中国標準とすることを発表した[40]。同年3月に中国移動はTD-SCDMA標準の支持を表明したあと，TD-SCDMAによる3G提供に向けて準備を進めた。2007年4月にネットワーク設備の大型入札を実施，2008年4月には8都市で試行商用サービスを開始し，同年8月の北京オリンピックでの試行商用サービスも無事にこなした。同年10月末には対象都市10，中継基地1.6万，利用者30万となった[41]。

中国移動通信集団公司は，2009年1月7日にTD-SCDMA規格の3G免許を取得したあと，同年1月10日に2009年計画を発表した。計画では，3G投資額588億元，新設中継基地6万（年末には合計8万超），2009年末には地級市の70%（東部地域は100%）をカバーする全国238都市でサービスを提供する。2011年末には地級市を100%カバーし，16万の中継基地を建設する予定である[42]。TD-SCDMAの加入者は2009年末に3,000万，2012年末には2.6億に達すると期待されている[43]。

5-4-3　中国聯通

中国聯通では，中国聯通株式有限公司の完全子会社であった中国聯通（澳門）有限公司が2007年10月18日にCDMA 2000規格による3Gサービスを開始した。しかし中国聯通が選択した3G標準はWCDMAであった。2009年1月7日，中国聯合網絡通信集団有限公司は，WCDMAによる3G営業免許を獲得するとともに，3G業務の全国展開を中国聯合網絡通信有限公司に授権した。

中国聯合網絡通信集団有限公司は，2009年3月1～2日に開催された合併後

---

40)　2002年10月30日には，製造業を中心とする業界支援団体のTD-SCDMA産業連盟が誕生している。2009年4月現在，中国移動はこの産業連盟の理事会メンバーとなっている。
41)　中国通信企業協会編（2009），18，54-55ページ。
42)　http://www.chinamobile.com/aboutus/news/200901/t 20090110_10837.htm および中国移動有限公司（2009）『2008年年報』20，27，28ページ。
43)　中国通信企業協会編（2009），54-55ページ。

初の工作会議において，ブロードバンドと3Gのネットワーク建設を重要課題とすること，3G業務では「ネットワーク構築・業務・サービス優先戦略」によりWCDMA技術の優位性を競争優位に転換すること，既存GSMネットワークの完全整備を継続してWCDMAネットワークとの効果的な補完性を構築することなどを示した[44]。中国聯通の計画では，2009年末に全国284都市で3Gサービスを提供し，2009年の投資額1,100億元のうち387億元を3G投資（GSMは237億元）に充当する予定である[45]。同年5月にWCDMAネットワークが開通し，サービスを開始した。

6. おわりに

6-1 3次におよぶ電気通信事業再編成の特徴

中国ではこれまでに3回におよぶ電気通信事業の再編成が実施された。2000–01年の第1次再編成では，郵電電信総局（中国電信）の業務・資産のうち，移動・無線呼び出し・衛星通信の3つが分離され，それぞれ中国移動・中国聯通・中国衛通に移管された[46]。2002年の第2次再編成では固定通信事業の分割が実施された。第1次再編成によって固定通信事業者となった中国電信の業務・資産を南北に分割し，北部10省を中国網通，南部21省を中国電信が担当することとなった。

2004年に中国鉄通が中央国有企業となったことにより，中国電信・中国網通・中国移動・中国聯通・中国衛通・中国鉄通の6大基礎電気通信事業者が誕生した。各事業者は，グループのトップに国務院国有資産監督管理委員会の中央政府所属国有企業（中央企業ないし中央国有企業）をもち，情報産業部による規制の下で，傘下の上場企業や地域通信事業者を通じて業務・サービスを展開した。6大事業者と呼ばれてはいたものの，実際には中国電信・中国網通・中

---

44) http://www.chinaunicom.com.cn/news/jtxw/file 104.html
45) 中国聯合網絡通信（香港）株式有限公司（2009），『2008年度業績公告』9，45，50ページ。
46) 以下では，各事業者名を一般名称で呼ぶこととする。注33も参照。

国移動・中国聯通の4大電気通信事業者が市場を支配した。固定通信は実質的に中国電信と中国網通による地域独占であり，移動通信は中国移動と中国聯通による複占競争であった。

電気通信事業は6社ないし4社体制の下で急速な発展を遂げたものの，固定通信に対する移動通信の優位性，特に中国移動の優位性が顕著となり，また，今後の有力技術である3G業務を誰が，いつ，どの技術を用いて展開するかが重要課題となった。2008年5月24日の「電気通信体制改革の深化に関する通告」は，3Gの発展を契機として電気通信事業の第3次再編成を迫るものであった。その内容は，6社を3社に絞り，これら3社が固定・移動通信等の基礎電気通信事業を全国展開し，併せて3G業務・サービスを全国展開するというものであった。

中国通信は，中国聯通のCDMA資産・業務を買収して移動通信に進出するとともに，中国衛通の基礎電気通信事業（衛星中継器リース・販売業務を除く）を買収して，中国衛通を基礎電気通信事業から撤退させる。中国移動は，中国鉄通を完全子会社として傘下におき，固定通信に進出する。中国聯通は，中国網通を吸収合併して固定通信に進出する。こうして3Gを含む固定・移動通信を全国展開する3社，すなわち「全国ネットワーク資源をもち，実力と規模が近く，全業務経営能力と比較的強い競争力をもった事業者」（2009年5月24日の通告，以下では通告という）が誕生することとなった。

電気通信事業の再編成とともに，電気通信事業の監督・管理体制も変更された。従来の規制者であった情報産業部は，関連組織・部門と統合拡大されて，「工業化と情報化の統合」を主要課題とする工業・情報化部に生まれ変わった。

6–2　3Gにともなう不確実性

中国における電気通信事業改革は，「発展しながら改革し，改革しながら発展する」（通告）という特徴をもつ。米国，英国や日本の経験を学びながらも，「中国的特色をもった社会主義」を標榜する社会主義市場経済構築を目指す中

国の特徴を示す典型的事例である。しかし，「中国的特色」をもつとしても，それが修正なしで進展することはありえない。2008年改革についていえば，地域独占・複占競争から3者寡占競争に変わり，有効かつ公正な競争が期待される反面，重大な矛盾が含まれている。それは3Gに関わる矛盾・問題である。

2008年5月24日の通告発表直後の同年6月に米国証券取引委員会へ提出した英文年次報告書（Form 20-F）において，中国電信，中国移動，中国聯通の3社は，非常に類似した内容を記している[47]。例えば中国電信は，以下のような趣旨のことを書いている。

3G免許発行の時期はいつか，どの3G標準が採用されるか，免許を取得できるかどうかについては不確実である。たとえ交付されても固定・移動通信網の両方で他社と競争せざるをえない。しかも，移動通信という新領域での業務・規制環境に対する経験不足のために効果的に競争できるかどうか保証できないし，3Gを中心とする技術変化の実施・対応にかかる費用が膨大であるだけでなく，こうした新技術を利用したサービスが市場で受け入れられるかどうかも全く保証されない。

中国移動も中国聯通も，同様の内容を書き記している。すなわち，「いつ，誰が，どの3G免許の交付を受けるのか」，「3G等の技術変化への対応には膨大な費用がかかる一方，3Gに対する需要は不確実であり，成功できる保証はない」[48]。

2009年1月7日の3G免許交付によって，「いつ，誰が，どの3G免許の交付を受けるのか」という不確実性は消えたものの，膨大な費用と将来需要に関わる不確実性や不安が残る。「3Gの発展を契機とした」電気通信事業の再編

---

47) China Telecom Corporation Limited (2008), pp. 9-10, China Mobile Limited (2008), pp. 7, 10-11 および China Unicom Limited (2008), p. 16。
48) 2008年5月24日の通告では，4G（第4世代移動通信）技術の国際標準化作業への積極参加が盛り込まれていた。移動通信分野は3Gに関わる不確実性だけでなく，将来の4Gに関わる不確実性をも抱えている。

成は，もし3Gが成功しなければ経営悪化を通じて新たな事業再編成を要請するであろう。この意味で，2008年改革は始まりであって終わりではない。

6-3 2008年改革に内在する根本的矛盾？

3G免許取得前には種々の不確実性や不安があったとはいえ，各社は免許取得に向けて再編成と3Gネットワーク・業務の構築を着々と進めた。2009年1月7日の3G免許交付発表に対しては各社とも歓迎の意向を示し，自社の3Gネットワーク・業務の発展に向けて強い決意を表明した。

ところで，3社はなぜ異なる3G免許を申請・取得したのか。その前に，国家・規制者の立場を考えてみる。本来なら国産技術のTS-DCAMA規格だけで3Gを展開することが望ましい。しかし，それは2つの理由で難しい。1つは，TS-DCAMAだけを認めることは，WTOの市場開放原則に照らして選択できない。もう1つは，TD-SCDMA以外の規格はすでに欧米日で普及している成熟技術であるのに対し，TD-SCDMAは普及前の後発規格であること。例えば，2008年6月末時点で，WCDMAの利用者数は世界全体で2.53億であり，3G全体の70％を占める[49]。

以上の理由でTD-SCDMAを含む3つの規格を認めることは，市場開放への対応であり，また，失敗を回避するための保険でもある。しかし実情は，TD-SCDMAの成功を絶対条件とする3規格競争である。もっといえば，TD-SCDMAの成功は，電気通信事業者の経営悪化よりも重視されるべき課題となっている。

2006年1月に当時の情報産業部は，TD-SCDMAを3Gの中国標準とすることを発表した。2009年1月7日の3G免許交付時には，工業・情報化部が「TD-SCDMAは3G発展のなかで最重要の地位」にあり，工業・情報化部，国家発展改革委員会，財政部，国務院国有資産監督管理委員会，科学技術部等の関係部門が，財政支援や政府購入などの一連のTD-SCDMA発展支援策を制

---

49) 中国通信企業協会編（2009），62ページ。

定すると発表した。こうして，TD-SCDMA の発展と成功は，重要な国家戦略目標となった。

ところで，TD-SCDMA 規格を採用するのは中国移動だけであるから，その成功は「中国移動の態度いかんにかかっている」[50]。別の見方をすると，TD-SCDMA の成功は中国移動の成功を意味する。したがって，3 者寡占競争といいながら，実情は中国移動の成功を不可欠とする競争とならざるをえない。ここから，電気通信事業に対する政府の態度は，寡占市場における「有効かつ公正な競争」の実現よりも，TD-SCDMA と中国移動の成功を重視したものとなる。つまり政府にとっては，独占禁止法による産業規制よりも，戦略的な産業政策による産業の誘導が関心事となる。もしこうした目論見が崩れたならば，第 4 次の再編成が不可避となるであろう。

以上の理由で，2008 年改革は，「中国的特色をもった社会主義」政策の実践というより，「中国的事情を抱えた国家主義的介入」政策の実践という意味合いが強い。

6-4 各社の選択した 3G 規格はなぜ異なるか？

最後に，各社が選択した 3G 規格がなぜ異なるかについて考えてみたい。3 つの規格を併存させることで効果的な競争を期待したことや，保険的な意味合いで併存させる必要があったという政府当局の立場[51]は別として，各事業者の立場から 3G 規格採用の意味を考えてみたい。

TD-SCDMA 規格については，普及前のリスクの大きな技術であり，膨大な設備投資がかかる。国家の支援が期待されるとはいえ，財力の乏しい企業は手を出せない。この理由で，中国電信を超えて巨大化した中国移動が TD-SCDMA に進出するのは，財力の面からも国家戦略の面からも自然なことであった。国の威信をかけた国家的課題を背負って，最大規模の中国移動が最も

---

50) 中国通信企業協会編（2009），19 ページ。
51) 各社による 3G 規格選択の背景には，政府による要請・要求があったことはいうまでもない。

熱心に TD-SCDMA に取り組んできたのは偶然のことではない。

　それではなぜ中国電信は CDMA 2000 を，中国聯通は WCDMA を選択したのか。中国電信は3規格の実験すべてに参加し，中国聯通は子会社を通じて CDMA 2000 のサービスをすでに展開していたにもかかわらず。1つのヒントは，従来規格の GSM と WCDMA との技術的親和性が高く，両者の機械設備には共通点が多く[52]，GSM/WCDMA 両用の携帯電話機が 2003 年頃から世界に出回っていることである。

　2008 年改革では，中国聯通の CDMA は中国電信に移管するとされ[53]，中国聯通には創立以来の経験と蓄積をもつ GSM が残った。ここから，中国聯通が GSM/WCDMA ネットワーク構築を目指すのは予想される反応である。2008 年改革によって，政府は，中国聯通が WCDMA を選択するように仕向けたともいえる。

　また，移動通信 No. 2 と固定通信 No. 2 の合併である新生中国聯通にとって，すでに最も普及した成熟技術である WCDMA によって 3G を展開することは，3G において競争優位に立つための最も有効な手段でもあった。

　残された中国電信の場合は複雑である。中国電信は移動通信業務の経験を実質的にもたず[54]，また，中国聯通からは CDMA を引き継いだ。こうした状況で WCDMA 規格を選択したならば，既存 CDMA ネットワークを活用できず，別個の 3G ネットワークを最初から構築することになる。もちろん，技術面・実施面で大きな困難が予想される TD-SCDMA 構築に着手するには移動通信事

---

52) 中国聯通によると，GSM と WCDMA の機械設備には 70% の共通点があるという。http://j.people.com.cn/94476/6571225.html 参照。
53) GSM でなく CDMA が中国電信に移管された理由は，3つ考えられる。第1に，3G 普及には時間がかかるため，移動通信業務の経験をもたない中国電信に，従来の移動通信業務の経験を積ませる必要があったこと。第2に，GSM ではすでに中国移動という巨大事業者がいて，中国電信が GSM に進出しても比較劣位を簡単に崩せないこと。第3に，GSM に比べて CDMA の市場規模が小さく，その分野を中国電信に担当させても，移動通信全体への影響が小さいこと。つまり失敗しても軽微で済むこと。
54) 中国郵電電信総局の時代には移動通信業務を行っていたものの，2000 年の移動通信分離によって固定通信事業者となってからは，移動通信業務の経験はない。

業の未経験が致命的である。そうすると，中国電信に残されたのは CDMA 2000 しかない。

以上のように理解すると，各社が異なる 3 G 規格を選択したのは偶然の結果ではなく，各社が置かれている環境や利害状況をうまく利用して，政府が非常に巧妙に仕組んだ仕掛けによるものであったと考えられる。

参 考 文 献

谷口洋志（2009）「中国電信」「中国網通」「中国移動」「中国聯通」「中国の ICT 政策」「中国の電気通信事業改革」「小霊通」長谷川啓之監修『現代アジア事典』文眞堂。
China Mobile Limited (2008), *Annual Report 2007* (Form 20–F), June.
China Telecom Corporation Limited (2008), *Annual Report 2007* (Form 20–F), June.
China Unicom Limited (2008), *Annual Report 2007* (Form 20–F), June.
陳小洪・馬駿・何霞ほか編（2007）『移動通信革命：産業発展与社会経済影響』北京郵電大学出版社。
高斌編（2008）『通信経済学』人民郵電出版社。
胡庄君・黄伝武編（2006）『中国電信発展分析』社会科学文献出版社。
蔣華圓編（2008）『電信資本運作』人民郵電出版社。
宋杰・朱螢螢・徐静・李剣華ほか（2009）『電信行業競争分析方法与実践』人民郵電出版社。
王佳寧編（2008）『中国経済改革 30 年：撫脈歴程』重慶大学出版社。
呉洪・黄秀清・苑春薈編（2007）『通信経済学』北京郵電大学出版社，第 2 版。
胥学編（2008）『現代電気通信業務』北京郵電大学出版社，第 2 版。
楊仲栄（2007）『中国電気通信業有効競合』中国商務出版社。
中国電信株式有限公司（2001–08）『年報』2000–07 年版。
中国電信(香港)有限公司（1998–2000）『年報』1997–99 年版。
中国聯合網絡通信(香港)株式有限公司（2009）『2008 年度業績公告』。
中国聯通株式有限公司（2001–08）『年報』2000–07 年版。
中国通信企業協会編（2009）『中国通信業発展分析報告 2008』人民郵電出版社。
中国網通集団(香港)有限公司（2005–08）『年報』2004–07 年版。
中国移動(香港)有限公司（2001–06）『年報』2000–05 年版。
中国移動有限公司（2007–09）『年報』2006–08 年版。
中華人民共和国工業・情報化部編（2008）『2007 中国通信統計年度報告』人民郵電出版社。

第12章

EU 加盟後のポーランド経済政策と経済成果

1. はじめに

ポーランドは社会主義・計画経済を経て，2004年5月のEU加盟以降EUの経済政策で発展してきている。社会主義時代のポーランド経済は，コメコン陣営で当初は上位につけていた。生産国民所得は，ポーランドは1961年から75年まで平均6～9%で上位につけていたが，1975-80年は1.2%で最下位に転落し，1981-85年は6カ国中唯一マイナスの−0.8%を記録した（木村武雄『ポーランド経済』87ページ）。そして，1980年7月食料品値上げを契機に勃発した連帯運動はポーランド経済をどん底に落とした。この1980年代の経済の停滞がその後の経済発展の基盤を揺るがし，社会主義陣営においても，劣等生の烙印を押された。国主導の計画経済の統制経済では，旨く機能していなくても，3800万の人々は何らかの手段で生活していたことも事実である。市場経済の導入にあたり，価格機構の構築が急務であった。最大の阻害要因であるインフレ撲滅が課題である。

1990年1月から91年12月にかけて実施された経済安定化政策，バルツェロヴィチ・プランは，当事者であるバルツェロヴィチが閣外に去って3カ月後の92年第2四半期から効果が現れ，プラスの経済成長となった。東欧のなか

で初めて，実質GDPがプラスに転じる嚆矢となったのはポーランドであった。その後も，欧州経済の回復や民間部門の拡大（95年央，GDPの6割）を背景に輸出と設備投資が成長を牽引し，東欧でトップクラスの経済成長を維持し続けていた。

しかしながら，2001年からの転換不況で景気が鈍化しEU加盟を控え不安材料となったが，EU加盟後は成長率も回復してきた。

本章では，1990年前半と同後半とEU加盟後（2年後）を比して，経済水準の変化を見てみることにする。

2．1人当たりの経済水準[1]（表12–1参照）

2–1　1994年（表12–1①）

表12–1①は，中欧諸国の経済規模をまとめたものである。ここで注目すべきことは，ポーランドは1人当たりの経済水準では，他の中欧諸国にかなり見劣りすることである（表12–1のD, H, I）。80年代の国内騒乱のツケは余りにも大きかったということである。小国スロヴェニアは別格として，ポーランドの場合，チェコとハンガリーに比較して1人当たりの輸出入ともこれらの国の3分の1の水準であり，生産や輸出が多少の上昇ではチェコやハンガリーの水準に追いつかない[2]。

2–2　1998年（表12–1②）

2–2–1　1人当たりGDP

ヴィシェグラード諸国の1人当たりGDPは，EUの水準に近づいているが，EU最低のポルトガルと比較しても，まだ2〜3倍の格差がある（表12–1②）。またヴィシェグラード諸国においては，ポーランドの実質成長率が高く，チェコやハンガリーとの差を詰めつつある。それでも，ポーランドは1人当たりGDPではまだチェコやハンガリーの7〜8割の水準である。

---

1)　盛田常夫『体制転換の経済学』新世社，1994年12月，180–199ページ。
2)　同上書，193ページ。

第12章　EU加盟後のポーランド経済政策と経済成果　331

表12-1　中欧経済とEU特定国の規模　(①1994／②1998／③2006)

		ハンガリー	ポーランド	チェコ	スロヴァキア	スロヴェニア	オーストリア	ギリシャ	ポルトガル	スペイン
A	住民（万人）	① 1040 ② 1020 ③ 1006	3820 3860 3810	1030 1028 1019	530 539 539	195 197 200	780 813 833	1042 1066 1114	990 992 1058	3919 3913 4389
B	名目GDP（億ドル）	① 390 ② 456 ③ 1120	925 1586 3409	360 564 1424	137 203 552	139 196 382	196 210 322	777 121 308	87 110 194	482 582 1224
C	対ドル・レート	① 105.1 F ② 214.4 F ③ 210.4 F	22723 Z 3.493 Z 3.103 Z	28.7 CZ 32.2 CZ 22.6 CZ	31.7 CS 34.7 CS 29.6 CS	126 T 166 T 191 T	11.2 S 10.5 S 0.797 ER	242 D 273 D 同左	165 ES 180 ES 同左	133 PS 149 PS 同左
D	1人当たりGDP（ドル）	① 3950 ② 4600 ③ 11127	2465 3830 8939	3499 5330 13896	2368 3770 10250	6015 9140 19218	24667 23820 38739	7455 11433 24136	8370 10184 18546	12319 13530 28047
E	ポーランドの1人当たりGDPを100とする指数	① 160 ② 120 ③ 124	100 100 100	141 139 155	96 98 114	244 238 214	1000 621 433	302 298 270	339 265 207	499 353 313
F	輸出額（億ドル）	① 76.13 ② 220 ③ 733.7	190.50 310 1174	142.95 270 951	6583 98 416	6819 89 213	449.4 578.2 1338	93.9 56 203	175.4 241.5 435	732.9 1090 2207
G	輸入額（億ドル）	① 112.48 ② 244 ③ 738.9	198.29 450 1244	147.31 300 921	6554 117 447	7247 96 228	552.3 673.2 1334	214.8 201 645	266.8 369.0 645	925.0 1327 3254
H	1人当たり輸出額（ドル）	① 732 ② 2150 ③ 7293	499 800 3082	1388 2620 9333	1241 1780 7734	3997 4513 10685	5762 7109 16067	1928 525 1825	1771 2434 4120	1870 2786 5030
I	1人当たり輸入額（ドル）	① 1081 ② 2390 ③ 7344	519 1160 3266	1430 2910 9041	1237 2160 8306	3716 4868 11410	7081 8277 16015	5789 1885 5807	2694 6695 6097	2360 3393 7414

（注）F : forint　Z : zlotys　CZ : koruny　CS : koruny　T : tolars　ES : escudo　PS : peseta
　　　D : drachma　S : shilling　ER : euro
（出所）①：盛田恒夫（1994）『体制転換の経済学』新世社，186ページ。
　　　　②：木村武雄（2000）『欧州におけるポーランド経済』創成社，197ページ。
　　　　および，木村武雄『経済用語の総合的研究（初版～第6版）』創成社，2001-08年。
　　　　その他各国公表データ，OECD, IMF, 世界銀行，ユーロスタット，国連統計年鑑。
（引用文献）木村武雄『EUにおけるポーランド経済』創成社，2009年，200ページ。

2-2-2　1人当たり輸出入額（ドル）

　ポーランドの輸出入額はチェコやハンガリーの3分の1の水準であり，現在のところ変わっていない。ポーランドの市場規模（3800万人）が，チェコやハンガリー（両国はそれぞれほぼ1000万人）に比べて4倍近く，貿易依存度が小さいせいもあるかもしれない。

2-3　2006年（表12-1③）

2-3-1　1人当たりGDP

　ヴィシェグラード諸国は，EUの先行国（オーストリア，ギリシャ，ポルトガル，スペイン）に接近した。そのスピードは，ポーランドよりチェコ等が速く，ポーランドと他のヴィシェグラード諸国の格差は若干ながら，拡がっている（Eの③）。

2-3-2　1人当たり輸出入額（ドル）

①の傾向は，この水準でも，踏襲されている。2001–02年の成長率が鈍化し影響が響いてきたと思われる。

3. 生産水準は体制転換前の水準を回復しているか[3]　(表12–2)

3–1　J　生産水準（1989年を100とする実質GDP）

3–1–1　1993年

GDPや生産高のデータの多くは対前年増加率で表示されている。体制転換前の水準を回復したかは必ずしも明示的でない。

盛田常夫によれば，ポーランドの生産水準に関して1989年を基準年として100とすると，93年末は，工業生産73.3，GDP 86.2となっている。ポーランドの工業総生産は指数表示で公表されている。しかしながら，91年以前は85年が基準年，92年以降は92年が基準年となっている。大雑把であるが，96年のデータ（96年2月110.3）を基に2つの連鎖指数をリンクすると，筆者が計算してみたところ，89年を100とすると，96年2月は86.77となった。まだ，体制転換前の水準を回復していないことがわかる。また89年の生産高は，92年基準では，127.12となった。この指数を超過した時，体制前水準を回復することになる。94年の第4四半期（127.6）のときだけ，超過したことがわかる。それ以降は少なくとも96年2月までは体制転換前水準を回復していない。

3–1–2　1998年

1989年の生産水準を100とする指数では，ポーランドの117を筆頭に，スロヴェニア103，スロヴァキア100となっており，旧ソ連・東欧諸国（27カ国）では体制転換後もほぼ10年たって，たった3国しか回復していない。チェコもハンガリーも95である。旧ソ連では，唯一ウズベキスタンが88と高い水準にある。クロアチア（78），ベラルーシ（77），ルーマニア（76），エストニア（76）は70台，ブルガリア（65），リトアニア（64），カザフスタン（61），キ

---

[3]　同上書，180–185ページ。および経済企画庁編（1996）『海外経済データ No. 58』平成8年5月，大蔵省印刷局73ページ。

第12章　EU加盟後のポーランド経済政策と経済成果　333

表12-2　旧ソ連・東欧諸国の生産水準と消費者物価水準（①1993／②1998／③2006）

国番号		ハンガリー 1	ポーランド 2	チェコ 3	スロヴァキア 4	ルーマニア 5	ブルガリア 6	スロヴェニア 7
J 1989年を 100とする実 質GDP	① ② ③	80 95 134	86 117 158	78 95 130	74 100 137	71 76 113	71 65 101	82 103 141
K 消費者物価 指数 （対前年比）	① ② ③	262 14.3 3.9	2263 11.8 1.0	234 10.7 2.5	241 6.7 4.5	2527 59.2 6.6	1807 22.0 7.3	867 8.0 2.5

国番号		クロアチア 8	セルビア 9	モンテネグロ 10	マケドニア 11	ボスニア 12	アルバニア 13	エストニア 14
J 1989年を 100とする実 質GDP	① ② ③	46 78 105	— — 64	— — 73	58 91	— — 75	86 143	58 76 145
K 消費者物価 指数 （対前年比）	① ② ③	27600 5.7 3.2	— — 12.5	— — 3.0	0.6 3.2	5 7.0	20.6 2.5	6900 10.6 4.4

国番号		ラトヴィア 15	リトアニア 16	ロシア 17	ウクライナ 18	ベラルーシ 19	モルドヴァ 20	アルメニア 21
J 1989年を 100とする実 質GDP	① ② ③	60 56 113	46 64 108	58 55 93	63 37 63	78 77 136	32 49	41 126
K 消費者物価 指数 （対前年比）	① ② ③	4900 4.7 6.5	10400 5.1 3.7	21000 27.8 9.7	81200 11.0 9.1	39500 77.0 7.0	8.0 12.8	8.7 2.9

国番号		アゼルバイジャン 22	グルジア 23	カザフスタン 24	キルギスタン 25	タジキスタン 26	トルクメニスタン 27	ウズベキスタン 28
J 1989年を 100とする実 質GDP	① ② ③	— 44 136	— 33 53	65 61 125	65 61 84（05）	49 41 79	142 44 177	82 88 137
K 消費者物価 指数 （対前年比）	① ② ③	— −0.8 8.3	— 3.7 9.2	29600 7.3 8.6	31100 13.0 5.6	29300 43.1 10.0	30000 17.0 10.5	15600 34.0 14.2

（備考）国番号は，木村武雄『経済用語の総合的研究』による。
（出所）①：盛田常夫（1994）『体制転換の経済学』新世社，181ページ。および The Vienna Institute for Comparative Economics Studies ならびに OECD データ他。
②：木村武雄（2000）『欧州におけるポーランド経済』創成社，200ページ。および EBRD, Transition report update, April 1999.
③：EBRD, Transition report, 2007. および木村武雄（2006，2007）『経済用語の総合的研究（第5版）並びに（第6版）』創成社。

ルギスタン（61）は60台，ラトヴィア（56），ロシア（55）がやっと50台である。トルクメニスタン（44），アゼルバイジャン（44），タジキスタン（41）が40台，以下ウクライナ（37），グルジア（33），モルドヴァ（32）が30台である。

3-1-3　2006年

天然ガスの輸出を起爆剤に，トルクメニスタンは177と脅威的成長を遂げた。例年1位が定位置だったポーランドが158。エストニア（145），アルバニ

ア（143），スロヴェニア（141），スロヴァキアとウズベキスタン（137），ハンガリー（134），チェコ（130），後発 EU 加盟国ルーマニア（113）とブルガリア（101）と続く。高度成長が続くロシアでもまだ 93，政治混迷の続くウクライナは 63。旧ユーゴ諸国はセルビアが 64，モンテネグロ 73，ボスニア 75。最下位争いしているモルドヴァは 49，グルジアが 53 といった所である。

3–2　K　消費者物価

3–2–1　1993 年

消費者物価指数の対前年変化率が 200% 台が，スロヴァキア（241），チェコ（234），ハンガリー（262），スロヴェニア（867），ブルガリア（1807），ポーランド（2263），ラトヴィア（4900），エストニア（6900），リトアニア（10400），ウズベキスタン（15600），ロシア（21000），クロアチア（27600），タジキスタン（29300），カザフスタン（29600），トルクメニスタン（30000），キルギスタン（31100），ベラルーシ（39500）。ウクライナ（39500）が最高。

3–2–2　1998 年

消費者物価指数の対前年変化率が 10% 未満の国は，4～5% のラトヴィア（4.7%），リトアニア（5.1%），クロアチア（5.7%），そしてスロヴァキア（6.7%），スロヴェニア（8.0%）と続き，10% 台前半にエストニア（10.6%），チェコ（10.7%），ポーランド（11.8%），ハンガリー（14.3%）となっている。

ポーランドはあと 1 桁もう少しで手が届くところまできた。実際，ポーランドの対前月消費者物価指数は，1998 年 10 月から 9.9% になり次第に低下し，99 年上半期 5～6% 台で推移した。

3–2–3　2006 年

消費者物価指数の対前年変化率が 1% 台は，ポーランド（1.0%）のみ。2～3% 台はチェコ，スロヴェニア，アルメニア（2.5%），モンテネグロ（3.0%），クロアチア，マケドニア（3.2%），リトアニア（3.7%），ハンガリー（3.9%）。4～7% 台はエストニア（4.4%），スロヴァキア（4.5%），キルギス（5.6%），ラトヴィア（6.5%），ルーマニア（6.6%），ブルガリア（7.3%）等。8～9% 台は

アゼルバイジャン（8.3%），カザフスタン（8.6%），ウクライナ（9.7%），ロシア（9.1%）。10%以上はタジキスタン（10.0%），トルクメニスタン（10.5%），セルビア（12.5%），モルドヴァ（12.8%），最高はウズベキスタン（14.2%）である。

4. インフレによる金融抑制（クレジット・クランチ）[4]（表 12–3）

4–1　1989–93 年（表 12–3 L・M・N）

1989 年以降，ポーランドでは価格自由化や賃金インデクゼーションによりインフレが急速に高まった。

また，大規模な国立商業銀行が寡占的に金利を決定し，他の銀行がそれに追随していた。そのため，金利は事実上規制されており，名目金利はインフレ動向に合わせ引き上げられたが，その調整はインフレの進行に比べ大幅に遅れた。実質金利は 89 年後半以降，インフレの急進に伴って急速にマイナス幅を拡大し，厳しい金利抑制が生じた。しかし，1990 年からの本格的な市場経済への移行政策の下で，マネーサプライの増加が抑制され，インフレが収束してきた。インフレの収束とともに 90 年後半から，実質金利は上昇に転じたが依然として小幅なマイナスが続いており，金利抑制が解消されていない。但し，実質金利の上昇にともなって，家計部門を中心にズウォティ建て預金のシェアが上昇し，家計からの預金吸収，ズウォティの国内交換性が回復した。

ポーランド国民は，所得のかなりの部分をドルで預金し，ポーランド経済にはズウォティの流通残高に相当するドルが流通していることも紛れもない事実である。逆にいうと，ドルが存在するお蔭で経済活動に必要な実質貨幣残高の供給が維持されているのである。怪我の功妙かもしれない。

赤字財政のときには，政府の国内債務水準が高い傾向にあり，そのため財政による余剰資金の吸収を誘発し，クレジット・クランチが発生しやすい。1991年第 4 四半期以降，リスクの小さい政府への貸出が増加して，成長の期待され

---

[4]　経済企画庁編（1994）『世界経済白書』平成 6 年版，大蔵省印刷局，175 ページ。および以下『世界経済白書』と表記。

表12-3　ポーランドの金融・雇用・賃金・財政動向 (1989-2006)

		1989	1990	1991	1992	1993	1994	1995	1996	1997	1998	1999
L	公定歩合		103.8	53.9	39.0	35.4	33.7	25.0	22.0	24.5	18.3	19.0
M	消費者物価指数	259.5	585.4	71.1	42.8	35.2	32.3	28.0	19.9	15.1	11.8	7.4
N	実質金利 (L-M)		-	16.4	-4.0	-0.9	1.5	-2.8	2.1	9.6	6.4	11.7
O	失業率 (％)		456.8	11.8	13.6	15.7	16.0	11.9	13.2	10.3	10.4	13.0
O'	失業者数 (万人)		112.6	215.5	250.9	289.9	283.8	262.8	235.9	182.6	183.1	235.0
P	財政赤字 (対GDP比％)		7.1	-6.7	-4.9	-2.4	-2.2	-3.1	-3.3	-3.1	-3.2	-3.3
W	対内直接投資 (億ドル)			1.0	8.3	5.8	19.0	11.3	27.4	30.4	49.6	63.4
W'	対外直接投資 (億ドル)											
X	金融深化率 (M2/GDP)			31.6	35.8	35.9	36.7	36.1	37.2	39.6	40.2	43.1
Y	名目平均月額給与	291.8	398.0	70.6	38.9	31.3	32.9	31.8	26.7	23.5	16.1	12.5
Z	実質平均月額給与	9.0	-24.4	-0.3	-3.7	-2.9	0.5	3.0	5.7	7.3	17.4	4.7

		2000	2001	2002	2003	2004	2005	2006
L	公定歩合	21.5	14.0	7.8	5.8	7.0	4.5	4.0
M	消費者物価指数	10.0	5.4	1.9	0.8	3.3	2.0	0.9
N	実質金利 (L-M)	11.4	8.5	5.9	5.0	3.5	2.4	3.0
O	失業率 (％)	15.1	18.9	20.0	18.9	18.2	16.9	12.3
O'	失業者数 (万人)	252.3	291.2	343.1	332.9	323.0	304.5	234.4
P	財政赤字 (対GDP比％)	-3.0	-5.1	-5.0	-6.3	-5.7	-4.3	-3.9
W	対内直接投資 (億ドル)	93.2	57.1	41.3	45.8	128.9	96.0	139.2
W'	対外直接投資 (億ドル)		0.9	2.3	3.0	7.9	30.2	42.6
X	金融深化率 (M2/GDP)	42.2	42.3	40.1	40.7	39.9	42.2	45.5
Y	名目平均月額給与	11.1	8.0	2.6	4.2	4.0	3.8	4.9
Z	実質平均月額給与	1.0	2.5	0.7	3.4	0.7	1.8	4.0

(出所) L：IMF, *International Financial Statistics*，ポーランド統計局，ポーランド国立銀行．
M：IMF, *International Financial Statistics*，ポーランド統計局，ポーランド国立銀行．
N：LからMを控除して求めた．
O：ポーランド統計局，経済企画庁『月刊 海外経済データ』各号．
O'：ポーランド統計局，経済企画庁『月刊 海外経済データ』各号．
P：EBRD, *Transition report* 各号．
W：ポーランド中央銀行 (NBP) (2001年以降)，ポーランド外国投資庁 (PAIZ)
W'：ポーランド中央銀行 (NBP) (2001年以降)，ポーランド外国投資庁 (PAIZ)
X：EBRD, *Transition report* 各号．
Y：*Rocznik Statystyczny* 各年，Warszawa：GUS (ポーランド統計局)
Z：*Rocznik Statystyczny* 各年，Warszawa：GUS (ポーランド統計局)

る民間企業への資金供給が圧迫されている。

　インフレの鎮静化にしたがい，1991年後半以降商業銀行貸出が増加している。内訳を見ると，非効率な国営企業への貸出が減る一方，成長企業への資金供給が拡大している。しかしながら，金融抑制がなければ，もっと増えた可能性がある。

4-2　1994-2000年

　消費者物価指数は，1994年32.3％あったが，95年から20％台前半，99年には10％を切って7.8％まで低下した。2000年になり少し上昇傾向となり，

10.0%になった。公定歩合も94年33.7%から次第に低下し，98年は18.3%までになった。そこから上昇傾向となり，2000年には21.5%まで上がった。その結果，実質金利は95年には一時マイナス2.8%になったものの，次第に増加し，1999–2000年は11%台を維持した。

4–3 2001年以降

2001年から転換不況が始まり，景気が減速した。消費者物価は01年に1桁の5.4%，そして2002–03年に2%以下で推移した。公定歩合は景気刺激の必要から次第に下げ，2001年14.0%，02年7.8%，03年5.8%まで低下させた。04年に一時7.0%まで上げたものの，05年から4%台で推移している。その結果，実質金利は01年は8.5%あったものの，02～03年は5%台，04年以降は2～3%台で推移している。02年から消費者物価指数，公定歩合は1桁台が定着し，その結果実質金利も安定的なものになってきており，ユーロ導入は眼前に迫ってきた。

5．失業と財政赤字の関係[5]（表12-3 O，O'，P）

5–1 1989–94年

民営化の進展にしたがい大量の失業者は不可避であるが，失業給付等の支払いの増加が懸念される。失業率15%（95年）は東欧主要国で最も高い水準である。東欧で人口が最も多いポーランドは，失業者の絶対人数も多い（263万人）。地域格差も大きいが，失業者の受け皿となる新規産業の育成はなかなか進展していない。今後，直接投資による外国企業の立ち上がりがこの問題解決の鍵となると見られる。それまで，失業手当等の財政支出が増加傾向にある。それとともに手厚い社会保障制度にも，財政上問題が山積みしている。年金の賃金スライド制，年金受給者に所得制限がないこと，医療費が無料であること等。適正な水準に調整しないと，財政赤字の拡大要素になりうる。失業給付は

---

5)　『世界経済白書』237–246ページ。

社会保障制度の枠組みのなかで再考の余地がある。

5–2　1995–97年

ポーランドの失業率は，1994年の16.0%をピークに年々低下の傾向にある。98年5月に10%を切り（9.7%），98年11月まで続いた（8月には一時史上最低の9.5%を記録した）。しかし98年12月から上昇傾向となり（10.4%），99年5月には11.6%となった。これは，ロシアの影響である。貿易構造では，ロシアのシェアは低下しているものの，依然ポーランドにとり第3位の貿易相手国である。対ロシア貿易は97年輸出で8.4%，輸入で6.3%を占めていた。98年夏のロシア経済危機で，対ロシア輸出への食料品，医薬品が激減した。しかしながら，財政赤字への影響は比較的軽微である。

5–3　1998–2004年

ポーランドの失業率は，1998年から上昇し始めた。02年には20.0%と史上最悪の事態となった。転換不況が04年まで続いた。EU加盟を控え，人・物・金の自由移動を保証した制度になる筈で，失業率も低くなることが期待された。しかしながら，一部の加盟国は，特にドイツ，オーストリアは，新たな民主主義国からの移民労働数の増加に対して懸念を表明していた。これらの国は自由な移動に対する制限をまず3年設けることができ，その後は3年の延長，さらに2年の更新を可能とした。それぞれの更新時に際し，EU閣僚理事会で制限を廃止するかどうかが決定されることになった。その後現在にいたるまで，ほとんどの既存加盟国が新規加盟国の出身者には域外国に対する制度を適用している（ジャン・ドミニック・ジュリアーニ，本多力訳『拡大ヨーロッパ』30ページ）。これらのことから，ポーランドのEU加盟にともなう労働者の域内移動は期待薄で失業率が劇的に下がる可能性は小さいと予想される。

5–4　2005年以降（EU加盟後）

ポーランドの失業率は，ここ数年18～20%の高留りだったものが，2005年

から 16.9% と下がり始め，06 年 12.3%，07 年には 10% を切って，9.6% まで下がってきた。EU 加盟効果かもしれない。賃金水準の高い英国への移民が増え，特に医師，看護師等の高度の技術をもった階層が目立つ。その結果，ポーランドの地方によっては，法で決められた医師・看護師の必要とする数を大きく割り込むケースが見られ，社会問題化した。

6. 企業の生産性は西欧水準に到達しているか[6]（表 12-4）

6-1　1992 年（表 12-4①）

　民営化された企業が，市場経済に合致した効率的な経営を行っているかをチェックすることは，重要な課題である。将来 EU に正式加盟すると，EU の他の加盟国の工業品が無制限にポーランド国内に流入することになり，生産性の低いポーランドの国内産業は存在も危うい。現在は賃金が西欧に比べて比較的低い水準にあり，それがメリットであるが，今後賃金水準は西欧並みになることが予想される。したがってほぼ同じ賃金水準における各国の生産性が将来的に問題となる。ここで，EU で最も遅れていると思われる，ギリシャやスペインの製造業と生産性を比較してみることにする。ポーランドについて，1992 年の 1 単位売上（年間 100 万ドル）当たりの人員をギリシャ，スペインと比較してみると，製造業全体では，ポーランドはギリシャ，スペインの 3～5 倍近い雇用人数を抱えていることになる。特に機械産業について比較してみるとさらに大きな差が見られる[7]。仮に，ポーランドがギリシャ，スペイン並みの生産性になった場合，雇用者を 5 分の 1～3 分の 1 にまで減らす必要がある。ポーランドの工業部門の被雇用者の約 3 分の 1 が機械部門にあることから，新規産業による雇用吸収がない限り，解決は難しい。日本も戦後，国鉄は，南満州鉄

---

[6]　同上書，237-238 ページ。
[7]　前政権下の価格形成と大きく関係がある。精密機械・電気機械，衣料・皮革等の価格は，コメコン内の価格体系では相対的に高く評価されていたものの，国際価格体系のなかでは，競争力は低い部門である。逆の価格付けは，金属，非鉄金属，木材・紙，食品等の部門である。これらの産業は，ポーランドの輸出寄与度が高い。
（『世界経済白書』平成 5 年版，222-235 ページ）

表12-4 ポーランド製造業の単位売上（年間100万ドル）必要人数

(①1992／②1994／③2004)

		ポーランド	ギリシャ	スペイン	ポルトガル
Q	製造業の売上高（現地通貨建）	① 633.3730兆ズウォティ ② 1123.35億新ズウォティ ③ 1922.04億新ズウォティ	499.9673億ドラクマ 62928.39億ドラクマ	26.4963億ペセタ 3487.19億ペセタ 1179.54億ユーロ	87147.38億エスクード 190.02億ユーロ
C	為替レート（対ドル）	① 13360ズウォティ ② 2.2723新ズウォティ ③ 3.3960新ズウォティ	154.8ドラクマ 242.6ドラクマ	95.5ペセタ 133.96ペセタ 0.8045ユーロ	165.99エスクード 0.8045ユーロ
R	ドル換算（ドル）	① 474万ドル ② 494.36億ドル ③ 565.97億ドル	322.97万ドル 259.39億ドル	2774万ドル 1.3396億ドル 1466.17億ドル	525.01億ドル 236.19億ドル
S	製造業全従業員数（万人）	① 232.2万人 ② 208.7万人 ③ 222.98万人	34.6284万人 42.6万人	190.74万人 207.32万人 244.2万人	41.4602万人 83.16万人
T	1人当たり年間売上（万ドル）	① 2.04ドル ② 2.30ドル ③ 2.53ドル	9.32万ドル 6.0ドル	14.54万ドル 10.0ドル 6.00ドル	12.6ドル 2.84ドル
U	各国の年間単位売上を1とした時のポーランドの値	① 1.00 ② 1.00 ③ 1.00	4.56 2.6	7.12 4.3 2.37	5.4 1.12

（備考）ポーランドは，1995年1月1日より1万分の1のデノミネーションを行った。スペイン，ポルトガルは1999年，ギリシャは2001年より，ユーロを導入した。なおT，Uは木村武雄が計算した。

（出所）UN, *International Yearbook of Industrial Statistics*, 各年版．
IMF, *International Financial Statistics*, 各月号．

（引用文献）①：経済企画庁（1993）『世界経済白書』平成5年版，第2-4-15表。
②：木村武雄（2000）『欧州におけるポーランド経済』創成社，208ページ。

道を中心とする引揚者を雇用したため，過剰労働者の調整は多くの摩擦を生み，下山国鉄総裁の怪死や三鷹事件が相次いで起こり，政治問題にまで発展した経緯があった[8]。400万近くの失業者（1995年）を抱えたドイツをはじめ，EU各国は失業問題で呻吟しており，他国の労働者を受け入れる余地は少ない。

6-2　1994年（表12-4②）

1994年のポーランドの製造業の単位売上（年間100万ドル）を1とする必要人数では，ギリシャは2.6，スペインは4.3，ポルトガルは5.4である。6-1で示した90年・92年データで，ギリシャは3.2，スペインは4.9と比べると，

---

8) 木村武雄（2008）『戦略的日本経済論と移行期経済論（第2版）』五絃舎，240ページ。

ポーランドの製造業の生産性は向上しているが，まだまだ，西欧の水準には追いついていない。

6-3　2004 年（表 12-4③）

2004 年のポーランドの製造業の単位売上（年間 100 万ドル）を 1 とする必要人数では，スペインは 2.3，ポルトガルは 1.1 である。6-2 で示した 1994 年データと比較すると，ポーランドの製造業の生産性の向上には目を見張るものがある。ポーランドのそれは，ポルトガルとほぼ同水準となり，スペインの水準まであと一歩の所まできた。

7．直接投資の問題点[9]（表 12-3 W，W'）

7-1　1993 年まで

ポーランドの外資受入れは 1976 年から開始されたが，流入する外資は僅かだった。しかし，91 年の外資法により外資受入れ体制が整備され，92 年には製造業部門を中心に外資が急増した。先進諸国にとっての投資先の魅力は，①将来性ある大規模な国内市場（3800 万人），②安価で優秀な労働力，③低い生産コスト等，である。

ポーランドにおいては，過去，外国の直接投資を阻む次の諸要因があった。政治的不安定，対外債務，高インフレ，強い労働組合等々（日本に限れば，これに地理的遠隔要因が加わる）などである。これらの阻害要因の内，対外債務問題の解決（パリ・クラブ 1991 年 4 月，ロンドン・クラブ 94 年 3 月）がポーランドへの直接投資を激増させた。94 年 3 月末まで，この傾向は続いた。この経緯は，そのときまで 3 年間のタックス・ホリデー，投資優遇業種の 6 年間のタックス・ホリデー等外資のみを対象とする優遇措置が採られた。それ以降は，国内資本と同様に，法人税（40%），付加価値税（7%，22%）等納税義務があり，優遇措置は国内企業と同様な，投資関連支出は初期投資金額を限度とする法人

---

9)　『世界経済白書』平成 6 年版，141-147 ページ。

税控除のみとなる。優遇措置の切れた後，外国企業の直接投資がどれ位の水準に推移するかが問題となる。余りにも落ち込みが激しいと別の措置を講じる必要がある。対外債務を多く抱える国は直接投資による資金繰りを楽にする効果を見逃せない。ポーランドの外資系企業は約300社で総生産額の3分の2が国外向けで，輸出での貢献（93年，輸出の13%）が大きい。また，雇用でも同企業はシェア2.5%（93年），国内販売額8%（93年）を占めている[10]。

1995年9月末までの投下投資は，3割強をアメリカが占め，最も多い。因みに90年アメリカセンサスによれば，ポーランド系アメリカ人は940万人を数える。化粧品メーカーのマックス・ファクターはポーランド系アメリカ人が創設した会社である。ワルシャワに次いで，ポーランド人の多く住む都市は，アメリカのシカゴといわれている。これは，食料部門に比較的大規模な投資が見られる。アメリカ商務省が掲げた10国の21世紀のイマージング・マーケットは欧州ではポーランドだけである（他の国の大宗は東南アジアの諸国である）。アメリカは官民一体となって，ポーランドへの投資を活発化させている。韓国の企業も積極的に欧州市場を睨んで，ドイツ国境際に工場を立地させている。国内市場への技術移転はどうなっているのか。中国政府は，日米欧のメーカーを手玉にとって，技術移転をより多くする企業に直接投資をさせている。日本公社債研究所の94年9月の発表によれば，直接投資の魅力度はポーランドは100国中53位である（チェコは同29位，ハンガリーは同37位）[11]。

7-2　1995-2003年

直接投資は，1995年から急増した。94年12.8億ドルから，95年は倍の25.1億ドル，96年はその倍の51.9億ドル，98年はそれを上回る66.9億ドルとなった。この数字は，ポーランド外国投資庁が管轄する1件の投資規模が100万ドル以上のものだけである。したがって，100万ドル未満の投資を合計すると，98年の直接投資は100億ドルを超過している。

---

10)　『ジェトロ白書』（投資編）1995年，322ページ。
11)　日本公社債研究所「カントリーリスク情報」No. 319, 1995年5月。

外国資本参加企業全体の被雇用者は 1996 年末時点で，60 万 9900 人にのぼる。これはポーランドの就業者の 3.8%，雇用労働者数の 6.4% にあたる[12]。96 年のポーランドの貿易に占める外国資本参加企業のシェアは輸出が 38%，輸入が 47% となっている[13]。また国内販売のシェアは 25.2% である。地域別構成では，対 EU 輸出で外国資本参加企業が 42.9%，輸入では 53.8% を担っている[14]。

今後，基幹産業の民営化が進展するにしたがい，直接投資からの技術移転が進み，生産性の向上につながると思われる。

日本格付投資情報センターの 1999 年 1 月調査結果によれば，直接投資のポーランドの魅力度は 100 国中，30 位である[15]（チェコは同 26 位，ハンガリーは同 29 位）。ポーランドは 95 年の 54 位からチェコ・ハンガリー並みまで，人気が高まっている。

7-3　2004 年以降

2004 年 1 月から法人税率の引き下げ（27% から 19% へ）もあり，EU 加盟（04 年 5 月）を追い風に，対内直接投資（ネット，フロー）は 03 年 45.8 億ドルから 04 年 128.7 億ドルに達した。そのうち 58% がグリンフィールド型で，地元での雇用促進につながった。05 年にやや対内直接投資が減って 96.0 億ドルになったものの，EU 補助金を活用し，高速道路を含む道路網，鉄道等の社会資本の充実に，地方への投資が目立った。西欧にあった製造拠点を縮小・閉鎖して，労働コストの低いポーランド等へ移管している点がある。失業率が 18% 前後と高く，豊富な労働力への期待もある。06 年 139.2 億ドルに対内直接投資が増え，欧州最大の薄型テレビの生産国となりつつある。これまで少なかった

---

[12]　渡辺博史「移行期のポーランド経済の展開と外資の進出」『中欧諸国の移行期経済の展開と投資環境』ロシア東欧貿易会，1999 年 3 月，23-24 ページ。
[13]　同上論文，23-24 ページ。
[14]　同上論文，23-24 ページ。
[15]　日本格付投資情報センター（旧日本公社債研究所）『R&I　カントリーリスク調査』99 年春号，1 ページ。

対外直接投資も過去最高の 42.6 億ドルに達した。そのうち 23 億ドルは石油化学大手の PKN オルレンによるリトアニア最大の精油所を買収したことによる（ジェトロ（2007）『貿易投資白書』）。

8．金融制度は健全か[16]（表 12-3 X）

8-1　1993 年

　一連の資本主義的銀行制度は，法的に整備された。つまり，中央銀行は政治的に独立し金融政策を司り，商業銀行は利潤追求に特化する。所謂二層銀行制度が導入された。通常，インフレの高い状態では，銀行の貸出金利はかなり高い水準に設定せざるをえない。そしてこの高い金利で資金を調達した企業が，収益を確保するのは容易ではない。したがって，高インフレの状態では，銀行の企業への融資は停滞せざるを得ない。ポーランドの金融制度は，高インフレ問題の他に，金融資産の蓄積が滞っていること，銀行の経営が不健全であること，証券市場の発達が行き渡っていないこと等々の問題がある。

　資本主義の発展とともにショウのいう金融深化が進む筈であるが，ポーランドではどうなのか。金融深化率（貨幣供給量 M_2 の名目の GDP 比）は大きな上昇は見られず，1993 年に 35％ と低い水準にとどまっている（因みに，タイ，マレーシアでは同比率は，70〜80％）。この比率の高まりは，預金の裏側にある貸出に関する債務契約が円滑に行われているかを示す。つまり，金融市場が拡大し，金融資産の蓄積が進む現象が「金融深化」である。金融深化は，発展途上国において，実質金利の安定化，プラス化にともなって進行している。また，金融深化の指標（M_2/GDP）と，経済発展の指標（1 人当たり GDP）の動向を見ると，相関性が高いことがわかる[17]。

---

16)　『世界経済白書』平成 6 年版，164-178 ページ。
17)　木村武雄（1998）『経済体制と経済政策』創成社，78 ページ。

8-2 1994–2004 年

金融深化率は，1994–95 年 36% 台，96 年 37.2%，97 年 39.6%，98 年 40.2%，99 年 43.1% と漸進的ではあるが，着実に上昇していた。2000 年から転換不況に入り，2000–03 年は 42% 台の横這い状態から 04 年 39.9% と若干低下し，05 年から EU 加盟を追い風に上昇機運となり（42.2%），06 年は 45.5% となっている。2006 年の金融深化率に関して，チェコは 61.6%，ハンガリーは 50.6% である。

9. 実質賃金の低下[18]　（表 12-3 M, Y, Z）

9-1 1993 年まで

工業生産や実質 GDP が 1992 年からプラス傾向を続けるなか，90 年から 93 年まで実質賃金の低下が続いていた。これはコストインフレを抑制するために，90 年に超過賃金税を導入した結果である。超過賃金税は消費者物価率と連動させて給与賃金引き上げの上限を決め，その超過分に累進的な課徴金を課す制度である。92 年の平均実質賃金は，80 年水準の 74% にすぎない。また，工業部門の賃金を他の諸国と比較すると，他の東欧諸国より高いが，主要な貿易相手国のドイツの約 10 分の 1 の水準である。それとともに，80 年代後半からの通貨切り下げによる，実質実効レートの減価傾向も加わり労働集約的製品では比較的優位となった。

国内的には，生活水準の引き下げを強いられたが，1994 年から僅かであるが 1.7% の実質賃金の上昇があった。94 年 6 月，コウォトコ蔵相の「ポーランドの戦略」によれば，95 年平均実質賃金 2.8% を目標としていた。

9-2 1994–2000 年

1994 年 32.3% の消費者物価上昇率が，95 年 28.0%，96 年から 2000 年まで

---

18) 渡辺博史（1994）「ポーランドの体制転換の経済的コストと急進的経済政策の軌道修正」，小川和男・渡辺博史「変わりゆくロシア・東欧経済　市場経済化の試練と西側の対応」，中央経済社，220–221 ページ。『世界経済白書』平成 6 年版，143–144 ページ。

は 10% 台を 10% へ向けて少しずつ低下していった。それに連れて名目賃金も低下したが，実質平均月額給与は 94 年に僅かであるが 0.5% のプラスになり，次第にそのプラス幅を拡大していった。95 年 3.0%，06 年 5.7%，07 年 7.3%，98 年 17.4%。経済成長の実利を実感できるようになった。

9–3 2000 年以降

2001 年から転換不況に入り，成長率の低下で消費者物価指数も低下傾向となった。01 年 5.4%，02 年 1.9%，03 年 0.8% と待望の 1% を切った。しかしながら，名目平均月額給与も 1 桁台に突入した。01 年 8.0%，02 年 2.6%，03–05 年は 4.0% 前後。その結果，実質平均月額給与は 1 桁台で推移し安定的となった。

10．EU におけるポーランド経済概観（2006 年）（表 12–5）

2001–02 年の転換不況を乗り切り，2004 年 5 月に EU に加盟したポーランドは，EU 域内では，どういう位置づけであるか，2006 年データを基に概観することにする。版図や人口では，欧州屈指（第 6 位）の大国であるのは間違いない。実質 GDP でもやや順位を落とし 9 位であるが大国であることに変わりはない。しかしながら，1 人当たり GDP になると，27 カ国中，後ろから 3 番目である。ルーマニアとブルガリアが加盟しなかったら，最下位のままであった。さらに地域別でこの問題を追求すると，次のようになる。ユーロスタットによると，2005 年の購買力平価（PPS）［NUTS 2］1 人当たり GDP で，EU 27 カ国平均を 100 とすると指数で，最下位はルーマニアの北東地区 24.2，下から 2 番目はブルガリアの北西地区と南中地区の 26.9，同 4 番同北中地区 27.7，同 5 番ルーマニアの南西地区（オルテニア）28.1，同 6 番同南地区（ムンテニア）29.1，同 7 番ブルガリアの北西地区 30.7，同 8 番ルーマニアの南西地区 30.9，同 9 位ブルガリアの南西地区 33.1，同 10 位ルーマニアの北西地区 33.7，同 11 位ポーランドのルブリン地区 35.0，同 12 位同下カルパチア地区 35.4，同 13 位ルーマニア中地区 36.0，同 14 位ポーランドの下シロンスク地区 37.9，同 15 位

同聖十字架地区 38.3, 同 16 位ルーマニアの西地区 39.8 である。つまり，ワースト 10 位までルーマニアとブルガリアの地区が占めており，この 2 国が加盟したことにより，ポーランドは最貧地区グループから免れたが，11～27 位まではポーランドの地区が多く並んでいる。

　実質成長率は 2002–06 年の平均では 4.1％ で，EU 27 カ国中 13 位で中頃である。一般政府収支は，ハンガリー －9.2％，イタリア －4.4％ に次いで悪い数字で 3 位の －3.9％ であるが，ユーロ導入基準 －3％ に今一歩である。政府債務残高は GDP の 47.8％ で，ユーロ基準の 60％ をクリアしている。宿痾であったインフレ率は，1.94％ とひと頃に比べれば，夢のような数字である。これもユーロ導入としては射程距離である。しかしながら，失業率は EU 27 で最悪の 18.0％ である。失業者の絶対数も 234.4 万とドイツ 343 万人とフランス 262 万よりは少ないが，スペイン 184 万，イタリア 167 万人，英国 159 万人より多い数字である。

　貧富の格差も大きい。EU 27 カ国で，5 分位方式で，最高第 5 分位を最低第 1 分位で割り算した数字では，6.6 倍もあり，ポルトガル 8.2 倍，リトアニア 6.9 倍より低いものの，EU 27 カ国中で下から第 3 番目で不平等度が高い。1 位のスウェーデン，スロヴェニアの 3.3 と比べると 2 倍の格差がある。

348　第4部　諸外国における制度改革と経済政策

表 12-5　EU 27 カ国経済順位

	I 版図 万平米	II 人口 万人	III GDP 億ユーロ	IV 1人当たり GDP,EU27 平均=100	V 実質成長率 2002-06年 平均%	VI 一般政府収支／GDP(%)	VII 政府債務残高／GDP(%)	VIII インフレ率 2002-06 年平均%	IX 失業率 (%)	X 失業者 (万人)	XI 貧富差 上20%／下20%
1	フランス 54.70	ドイツ 8207	ドイツ 23233	ルクセンブルク 278.6	ラトヴィア 9.0	ハンガリー -9.2	イタリア 106.8	ルーマニア 13.08	ポーランド 18.0	ドイツ 343.2	ポルトガル 8.2
2	スペイン 50.47	英国 5897	英国 19068	アイルランド 142.8	エストニア 9.0	イタリア -4.4	ギリシャ 104.6	ブルガリア 5.52	スロヴァキア 16.8	フランス 262.9	リトアニア 6.9
3	スウェーデン 44.99	フランス 5880	フランス 17937	オランダ 132.1	リトアニア 8.0	ポーランド -3.9	ベルギー 89.1	スロヴァキア 5.30	ブルガリア 12.6	ポーランド 234.4	ラトヴィア 6.7
4	ドイツ 35.69	イタリア 5678	イタリア 14767	オーストリア 128.7	ルーマニア 6.1	ポルトガル -3.9	ドイツ 67.9	ラトヴィア 4.92	リトアニア 10.2	スペイン 184.9	ポーランド 6.6
5	フィンランド 33.70	スペイン 3918	スペイン 9810	スペイン 126.6	ブルガリア 5.7	スロヴァキア -3.4	マルタ 66.5	ハンガリー 4.84	スペイン 10.1	イタリア 167.3	スペイン 5.9
6	ポーランド 31.26	ポーランド 3860	オランダ 5343	ベルギー 122.2	スロヴァキア 5.6	チェコ -2.9	ハンガリー 66.0	スロヴェニア 4.38	ギリシャ 9.8	英国 159.6	ギリシャ 5.8
7	イタリア 30.12	ルーマニア 2239	ベルギー 3142	スウェーデン 120.3	アイルランド 5.3	英国 -2.8	キプロス 65.3	ギリシャ 3.42	ラトヴィア 9.8	ルーマニア 75.2	イタリア 5.7
8	英国 24.48	オランダ 1573	スウェーデン 3068	イタリア 119.1	チェコ 4.6	ギリシャ -2.6	ポルトガル 64.7	スペイン 3.36	フランス 9.4	ギリシャ 43.5	英国 5.5
9	ルーマニア 23.75	ギリシャ 1066	ポーランド 2713	フィンランド 116.3	ルクセンブルク 4.4	マルタ -2.6	フランス 63.9	エストニア 3.30	ドイツ 8.9	ポルトガル 42.8	スペイン 5.4
10	ギリシャ 13.19	チェコ 1028	オーストリア 2580	ドイツ 113.6	ギリシャ 4.3	フランス -2.5	オーストリア 62.2	アイルランド 3.18	エストニア 8.8	ベルギー 38.2	アイルランド 5.0
11	ブルガリア 11.09	ハンガリー 1020	ギリシャ 2451	フランス 112.8	ハンガリー 4.3	ルーマニア -1.9	オランダ 48.7	ルクセンブルク 2.92	フィンランド 8.6	チェコ 37.2	ルーマニア 4.9
12	ハンガリー 9.30	ベルギー 1017	デンマーク 2202	イタリア 101.7	スロヴェニア 4.2	ドイツ -1.7	ポーランド 47.8	ルクセンブルク 2.92	ベルギー 8.2	スロヴァキア 35.5	キプロス 4.3
13	ポルトガル 9.20	ポルトガル 992	アイルランド 1748	スペイン 102.4	ポーランド 4.1	キプロス -1.5	スウェーデン 46.9	キプロス 2.58	イタリア 7.9	オランダ 33.6	ベルギー 4.1
14	オーストリア 8.38	スウェーデン 888	フィンランド 1674	キプロス 93.2	スペイン 3.3	スロヴェニア -1.4	英国 43.5	マルタ 2.46	チェコ 7.7	スウェーデン 32.6	マルタ 4.1
15	チェコ 7.87	ブルガリア 824	ポルトガル 1551	スロヴァキア 88.4	キプロス 3.3	オーストリア -1.4	スペイン 39.9	イタリア 2.42	ルーマニア 7.4	ハンガリー 31.7	ドイツ 4.1
16	アイルランド 7.02	オーストリア 813	チェコ 1137	ギリシャ 88.4	フィンランド 3.0	リトアニア -0.3	フィンランド 39.1	オランダ 2.14	マルタ 7.4	ブルガリア 30.6	フランス 4.0
17	リトアニア 6.52	スロヴァキア 539	ルーマニア 971	チェコ 79.3	スウェーデン 3.0	ルクセンブルク 0.1	スウェーデン 30.7	フランス 2.04	ポルトガル 6.7	フィンランド 20.4	オランダ 4.0
18	ラトヴィア 6.41	デンマーク 533	ポーランド 899	マルタ 75.5	英国 0.2	ベルギー 0.1	チェコ 30.2	ベルギー 1.96	ポーランド 6.5	オーストリア 19.6	ハンガリー 4.0
19	スロヴァキア 4.88	フィンランド 514	スロヴァキア 440	ポルトガル 74.4	ベルギー 2.0	ラトヴィア 0.4	デンマーク 30.2	ポーランド 1.94	スロヴェニア 6.4	デンマーク 11.4	ブルガリア 4.0
20	エストニア 4.51	アイルランド 361	ルクセンブルク 330	エストニア 67.5	デンマーク 1.9	オランダ 0.6	デンマーク 27.8	デンマーク 1.78	スウェーデン 6.3	アイルランド 9.5	スロヴァキア 3.9
21	デンマーク 4.30	リトアニア 360	スロヴェニア 298	ポーランド 65.3	オーストリア 1.8	スペイン 1.8	アイルランド 24.9	オーストリア 1.76	英国 5.0	リトアニア 8.9	オーストリア 3.8
22	オランダ 3.73	ラトヴィア 238	ブルガリア 244	スロヴェニア 62.7	マルタ 1.7	スウェーデン 2.2	ブルガリア 22.8	英国 1.68	デンマーク 4.8	ラトヴィア 8.0	ルクセンブルク 3.8
23	ベルギー 3.05	スロヴェニア 197	リトアニア 237	リトアニア 57.7	フランス 1.7	アイルランド 2.9	リトアニア 18.2	ドイツ 1.58	オーストリア 4.6	スロヴェニア 6.1	チェコ 3.7
24	スロヴェニア 2.02	エストニア 142	ラトヴィア 161	ラトヴィア 55.8	オランダ 1.4	ブルガリア 3.3	ルーマニア 12.4	チェコ 1.52	アイルランド 4.5	エストニア 4.1	フィンランド 3.6
25	キプロス 0.9251	キプロス 74	キプロス 145	ポーランド 52.9	ドイツ 0.9	エストニア 3.8	ラトヴィア 10.0	スウェーデン 1.50	キプロス 4.4	キプロス 1.8	デンマーク 3.5
26	ルクセンブルク 0.25	ルクセンブルク 42	エストニア 131	ルーマニア 37.6	イタリア 0.7	フィンランド 3.9	ルクセンブルク 6.8	リトアニア 1.34	ルクセンブルク 4.1	マルタ 1.2	スロヴェニア 3.3
27	マルタ 0.0316	マルタ 37	マルタ 51	ブルガリア 37.1	ポルトガル 0.7	デンマーク 4.2	エストニア 4.1	フィンランド 1.10	オランダ 3.9	ルクセンブルク 1.0	スウェーデン 3.3

(備考) 特段断りの無い限り，2006 年データ。
　　　XII は本書 61 ページより。IV と XIII は同じもの。
(出所) Eurostatt，その他（中央大学 EU 情報センター〔中央大学中央図書館内〕より多くの資料を利用させてもらった）。

第12章　EU加盟後のポーランド経済政策と経済成果　349

データー概観 (2006年)

	XII 1人当たり国民所得 1937(ドル)	XIII 1人当たり GNP,ドル 1970	XIV 1人当たり GNP,ドル 1980	XV 1人当たり GNP,ドル 1990	XVI 1人当たり GNP,ドル 1994	XVII 1人当たり GNP,ドル 2004	XVIII 1人当たり GNP,ドル 平均=100	IX 1人当たり GDP (PPS)EU27 平均=100,2005	X X 1人当たり GDP (PPS)EU27 平均=100,2005
1	英国 440	スウェーデン 4040	ルクセンブルク 15100	ルクセンブルク 29010	ルクセンブルク 39850	ルクセンブルク 70340	ルクセンブルク 278.6	ルーマニア北西地区 24.1	英国ロンドン地区 302.7
2	スウェーデン 400	デンマーク 3190	スウェーデン 13730	スウェーデン 19590	デンマーク 28110	デンマーク 44677	アイルランド 142.8	ブルガリア北西地区 26.9	ルクセンブルク 264.3
3	ドイツ 340	フランス 3100	ドイツ 12320	スウェーデン 23780	ドイツ 25580	アイルランド 44447	オランダ 132.1	ブルガリア南央地区 27.2	ベルギー ブリュッセル 240.5
4	ベルギー 330	ドイツ 2930	デンマーク 12010	デンマーク 22440	オーストリア 24950	オーストリア 38768	オーストリア 128.7	ブルガリア北央地区 27.7	ドイツ ハンブルク 202.1
5	オランダ 306	ルクセンブルク 2890	フランス 11200	ドイツ 22360	フランス 23630	スウェーデン 38524	デンマーク 126.6	ルーマニア南西地区 28.1	フランス パリ地区 172.6
6	フランス 265	ベルギー 2720	ベルギー 11120	フランス 19590	フランス 23470	フィンランド 35563	ベルギー 122.2	ルーマニア南地区 29.1（ムンテニア）	スウェーデン ストックホルム 172.2
7	オーストリア 190	オランダ 2430	オランダ 11010	オーストリア 19000	ベルギー 22920	オランダ 35559	スウェーデン 120.3	ブルガリア北央地区 30.7	英国バークシャー 168.0
8	チェコスロヴァキア 170	フィンランド 2390	フィンランド 9700	ベルギー 17580	イタリア 19270	英国 35485	英国 119.1	ルーマニア南東地区 30.9	ドイツ上バイエルン地区 165.6
9	ハンガリー 120	英国 2270	オーストリア 9360	オランダ 17570	フィンランド 18850	フランス 33896	フィンランド 116.3	ブルガリア南央地区 33.1	オランダ グロンニンゲン 164.0
10	ポーランド 100	オーストリア 2010	英国 8520	イタリア 16880	英国 18410	ベルギー 33808	ドイツ 113.6	ルーマニア北西地区 33.7	チェコ プラハ 160.3
11	ルーマニア 81	イタリア 1760	イタリア 6400	英国 16080	アイルランド 13630	英国 33212	フランス 112.8	ポーランドベル地区 35.0	オランダ ユトレヒト 158.4
12	ユーゴ 80	ハンガリー 1600	スペイン 5230	スペイン 11010	スペイン 29143	イタリア 103.7	ポーランドカルパチア地区 35.4	英国ボルダー南東 158.1
13	ブルガリア 75	ポーランド 1400	ギリシャ 4160	アイルランド 10370	ポルトガル 9370	スペイン 24360	スペイン 102.4	ルーマニア中央地区 36.0	ドイツ ブレーメン 157.1
14		アイルランド 1360	ポルトガル 2300	ギリシャ 6010	ギリシャ 7710	ギリシャ 18560	キプロス 93.2	ポーランドドラス地区 37.9	オランダ ホランド 154.7
15		ギリシャ 1090	ルーマニア 2290	ポルトガル 4950	スロヴェニア 16115	スロヴァキア 88.8	ポーランド聖十字架地区 38.3	スロヴァキア ブラティスラバ 147.9
16		スペイン 1020	ハンガリー 1930	エストニア 4170	ハンガリー 3840	ポルトガル 15970	ギリシャ 88.4	ルーマニア西地区 39.8	オランダ アントワープ 143.1
17		ルーマニア 930		ラトヴィア 3590	チェコ 3200	マルタ 13267	チェコ 79.3	ポーランドバルミ地区 39.2	スウェーデン オーランド 139.5
18		ブルガリア 760		ルーマニア 3110	エストニア 2820	チェコ 10475	マルタ 75.5	ルーマニア エスザックアルフェ 40.9	ドイツ シュツットガルト 138.7
19		ポルトガル 660		ハンガリー 2780	ポーランド 2470	ハンガリー 9962	ポルトガル 74.4	ルーマニア エスザックマジャール 42.3	イタリア ボルツァーノ 136.7
20				ブルガリア 2320	ラトヴィア 2290	エストニア 8331	エストニア 67.9	ポーランド オポル 42.5	イタリア ロンバルディア 136.5
21				ポーランド 1690	スロヴァキア 2230	スロヴァキア 7635	ハンガリー 65.3	ポーランドマオポルスカ 43.7	英国ベッドホードシャ 136.1
22				ルーマニア 1620	リトアニア 1350	スロヴェニア 6479	スロヴェニア 62.7	ポーランド デル アルフェ 44.4	ドイツ中部フランケ 135.6
23					ルーマニア 1230	ポーランド 6346	リトアニア 57.7	ルーマニア デル ドナウ 44.6	オランダ 南ホランド 134.5
24					ブルガリア 1160	ラトヴィア 5867	ラトヴィア 55.8	ポーランド クヴァイ沿海 44.7	スペイン マドリッド 133.9
25						ルーマニア 3374	ポーランド 52.9	ポーランド ルブフ 46.2	英国 ブリスト 133.9
26						ブルガリア 3109	ルーマニア 37.6	スロヴェニア中央地区 46.7	フィンランド ヘルシンキ 133.1
27							ブルガリア 37.1	ポーランド ウッチ 47.1	英国チェルシー 132.8

11. おわりに

ポーランドは，EU では，版図や人口の観点からは欧州屈指の大国であるが経済の観点からは，見劣りする。実質 GDP では，EU 27 カ国中，第 9 位（2006年）であり，1 人当たり GDP になると，後ろから 3 番目である。2007 年にルーマニアとブルガリアが EU 加盟しなかったなら，最下位のままであった。当面の経済政策課題は，ユーロ導入問題と失業問題である。一般政府収支は対 GDP 比で -3.9% で，ユーロ導入基準の -3% に今一歩である。しかしながら，失業対策で財政支出をしなくてはならないので，その点では二律背反の課題でもあり，時間的にはどちらを優先するかの課題でもある。

参 考 文 献

木村武雄（1998）『経済体制と経済政策』創成社。
─── （2000）『欧州におけるポーランド経済』創成社。
─── （2003）『ポーランド経済』創成社。
─── （2009）『EU におけるポーランド経済』創成社。
─── （2008）『戦略的日本経済論と移行期経済論（第 2 版）』五絃舎。
経済企画庁編（1994）『世界経済白書』平成 6 年版，大蔵省印刷局。
盛田常夫（1994）『体制転換の経済学』新世社。
渡辺博史（1999）「移行期のポーランド経済の展開と外資の進出」『中欧諸国の移行期経済の展開と投資環境』ロシア東欧貿易会。

執筆者紹介 （執筆順）

栗林　世 (くりばやし　せい)	客員研究員	（中央大学元教授）
寺本博美 (てらもとひろみ)	客員研究員	（三重中京大学現代法経学部教授）
飯島大邦 (いいじまひろくに)	研究員	（中央大学経済学部准教授）
五井一雄 (ごいかずお)	客員研究員	（中央大学名誉教授）
中野　守 (なかの　まもる)	研究員	（中央大学経済学部教授）
植村利男 (うえむらとしお)	客員研究員	（亜細亜大学経済学部教授）
矢尾板俊平 (やおいたしゅんぺい)	客員研究員	（三重中京大学現代法経学部講師）
久下沼仁笥 (くげぬまひとし)	客員研究員	（京都学園大学経済学部教授）
前川俊一 (まえかわしゅんいち)	客員研究員	（明海大学不動産学部教授）
丸尾直美 (まるおなおみ)	客員研究員	（尚美学園大学総合政策学部客員教授）
谷口洋志 (たにぐちようじ)	研究員	（中央大学経済学部教授）
木村武雄 (きむらたけお)	客員研究員	（青山学院大学経済学部非常勤講師）

制度改革と経済政策　　　　　　　中央大学経済研究所研究叢書　46

2010年3月12日　発行

　　　　　　　　　　　　　　飯　島　大　邦
　　　　　編　著　者　　　　谷　口　洋　志
　　　　　　　　　　　　　　中　野　　　守
　　　　　発　行　者　　　　中央大学出版部
　　　　　　　　　　　　代表者　玉　造　竹　彦

東京都八王子市東中野 742-1
発行所　中央大学出版部
電話 042(674)2351　FAX 042(674)2354

Ⓒ 2010　　　　　　　　　　　　　　　　　電算印刷

ISBN 978-4-8057-2240-4

中央大学経済研究所研究叢書

6. 歴史研究と国際的契機　　中央大学経済研究所編　A5判　定価1470円
7. 戦後の日本経済——高度成長とその評価——　中央大学経済研究所編　A5判　定価3150円
8. 中小企業の階層構造　中央大学経済研究所編　A5判　定価3360円
——日立製作所下請企業構造の実態分析——
9. 農業の構造変化と労働市場　中央大学経済研究所編　A5判　定価3360円
10. 歴史研究と階級的契機　中央大学経済研究所編　A5判　定価2100円
11. 構造変動下の日本経済　中央大学経済研究所編　A5判　定価2520円
——産業構造の実態と政策——
12. 兼業農家の労働と生活・社会保障　中央大学経済研究所編　A5判　定価4725円〈品切〉
——伊那地域の農業と電子機器工業実態分析——
13. アジアの経済成長と構造変動　中央大学経済研究所編　A5判　定価3150円
14. 日本経済と福祉の計量的分析　中央大学経済研究所編　A5判　定価2730円
15. 社会主義経済の現状分析　中央大学経済研究所編　A5判　定価3150円
16. 低成長・構造変動下の日本経済　中央大学経済研究所編　A5判　定価3150円
17. ME技術革新下の下請工業と農村変貌　中央大学経済研究所編　A5判　定価3675円
18. 日本資本主義の歴史と現状　中央大学経済研究所編　A5判　定価2940円
19. 歴史における文化と社会　中央大学経済研究所編　A5判　定価2100円
20. 地方中核都市の産業活性化——八戸　中央大学経済研究所編　A5判　定価3150円

中央大学経済研究所研究叢書

21. 自動車産業の国際化と生産システム　中央大学経済研究所編　A5判　定価2625円
22. ケインズ経済学の再検討　中央大学経済研究所編　A5判　定価2730円
23. AGING of THE JAPANESE ECONOMY　中央大学経済研究所編　菊判　定価2940円
24. 日本の国際経済政策　中央大学経済研究所編　A5判　定価2625円
25. 体制転換──市場経済への道──　中央大学経済研究所編　A5判　定価2625円
26. 「地域労働市場」の変容と農家生活保障　中央大学経済研究所編　A5判　定価3780円
　　──伊那農家10年の軌跡から──
27. 構造転換下のフランス自動車産業　中央大学経済研究所編　A5判　定価3045円
　　──管理方式の「ジャパナイゼーション」──
28. 環境の変化と会計情報　中央大学経済研究所編　A5判　定価2940円
　　──ミクロ会計とマクロ会計の連環──
29. アジアの台頭と日本の役割　中央大学経済研究所編　A5判　定価2835円
30. 社会保障と生活最低限　中央大学経済研究所編　A5判　定価3045円　〈品切〉
　　──国際動向を踏まえて──
31. 市場経済移行政策と経済発展　中央大学経済研究所編　A5判　定価2940円
　　──現状と課題──
32. 戦後日本資本主義　中央大学経済研究所編　A5判　定価4725円
　　──展開過程と現況──
33. 現代財政危機と公信用　中央大学経済研究所編　A5判　定価3675円
34. 現代資本主義と労働価値論　中央大学経済研究所編　A5判　定価2730円
35. APEC地域主義と世界経済　今川・坂本・長谷川編著　A5判　定価3255円

中央大学経済研究所研究叢書

36. ミクロ環境会計とマクロ環境会計　A5判　小口好昭編著　定価3360円
37. 現代経営戦略の潮流と課題　A5判　林昇一・高橋宏幸編著　定価3675円
38. 環境激変に立ち向かう日本自動車産業　A5判　池田正孝・中川洋一郎編著　定価3360円
　　──グローバリゼーションさなかのカスタマー・サプライヤー関係──
39. フランス─経済・社会・文化の位相　A5判　佐藤　清編著　定価3675円
40. アジア経済のゆくえ　A5判　井村・深町・田村編　定価3570円
41. 現代経済システムと公共政策　A5判　中野　守編　定価4725円
42. 現代日本資本主義　A5判　一井・鳥居編著　定価4200円
43. 功利主義と社会改革の諸思想　A5判　音無通宏編著　定価6825円
44. 分権化財政の新展開　A5判　片桐・御船・横山編著　定価4095円
45. 非典型労働と社会保障　A5判　古郡鞆子編著　定価2730円

＊定価は消費税5％を含みます．